EQUIPES VISUAIS

FERRAMENTAS GRÁFICAS PARA COMPROMETIMENTO, INOVAÇÃO E ALTA PERFORMANCE

EQUIPES VISUAIS

FERRAMENTAS GRÁFICAS PARA COMPROMENTIMENTO, INOVAÇÃO E ALTA PERFORMANCE

CRIAR

SUSTENTAR

ESTOU PRONTO PARA ME LOGAR, VOCÊ ESTÁ AÍ?

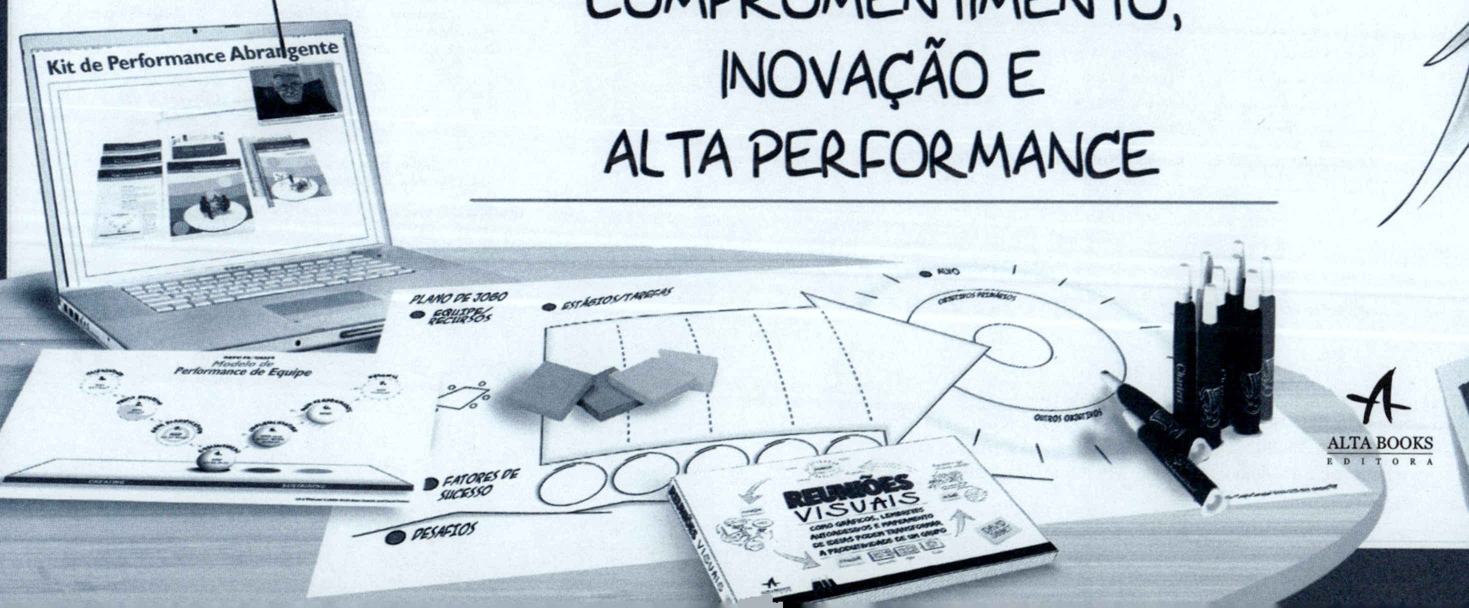

DAVID SIBBET

ALTA BOOKS
EDITORA

ISBN: 978-85-7608-667-3

Impresso no Brasil — 1ª Edição, 2015

Produção Editorial
Editora Alta Books

Gerência Editorial
Anderson Vieira

Editoria de Negócios
Thiê Alves

Supervisão e Qualidade Editorial
Angel Cabeza
Sergio Luiz de Souza

Supervisão de Texto
Jaciara Lima

Design Editorial
Aurélio Corrêa

Captação e Contratação de Obras
Cristiane Santos
Marco Pace
J. A. Rugeri
autoria@altabooks.com.br

Vendas Atacado e Varejo
Daniele Fonseca
Viviane Paiva
comercial@altabooks.com.br

Marketing e Promoção
marketing@altabooks.com.br

Ouvidoria
ouvidoria@altabooks.com.br

Equipe Editorial
Claudia Braga
Hannah Carriello
Jéssica Reis dos Santos
Juliana de Oliveira
Letícia Vitoria de Souza
Marcelo Vieira
Mayara Coelho
Milena Lepsch
Milena Souza
Natália Gonçalves
Nathália Curvelo
Raquel Ferreira
Rodrigo Araujo
Rômulo Lentini

Tradução
Kathleen Belfort

Copidesque
Patricia Chaves

Revisão Gramatical
Paola Goussain
Thamiris Leiroza

Revisão Técnica
Regência Consultoria,
Carlos Bacci Júnior
(Economista e empresário do setor de serviços)

Diagramação
Lucia Quaresma

Dados Internacionais de Catalogação na Publicação (CIP)

S563e Sibbet, David.
Equipes visuais / David Sibbet. – Rio de Janeiro, RJ : Alta Books, 2015.
312 p. : il. ; 17 cm – (Visuais)

Inclui bibliografia, índice e apêndice.
ISBN 978-85-7608-667-3

1. Liderança - Comunicação visual. 2. Desenvolvimento organizacional. 3. Sucesso nos negócios. 4. Inovação. 5. Comunicação - Tecnologia. I. Título. II. Série.

CDU 658.012.4
CDD 658.4092

Índice para catálogo sistemático:
1. Liderança : Comunicação visual 658.012.4

(Bibliotecária responsável: Sabrina Leal Araujo – CRB 10/1507)

ALTA BOOKS
EDITORA
Rua Viúva Cláudio, 291 – Bairro Industrial do Jacaré
CEP: 20970-031 – Rio de Janeiro – Tels.: (21) 3278-8069/8419
www.altabooks.com.br – e-mail: altabooks@altabooks.com.br
www.facebook.com/altabooks – www.twitter.com/alta_books

Este livro é dedicado aos meus inspiradores, Arthur M. Young e Allan Drexler, e a todos os jovens do mundo que trabalham em equipes e acreditam que a colaboração não é uma competência apenas eficaz, mas também necessária nos dias de hoje.

Sumário

Introdução

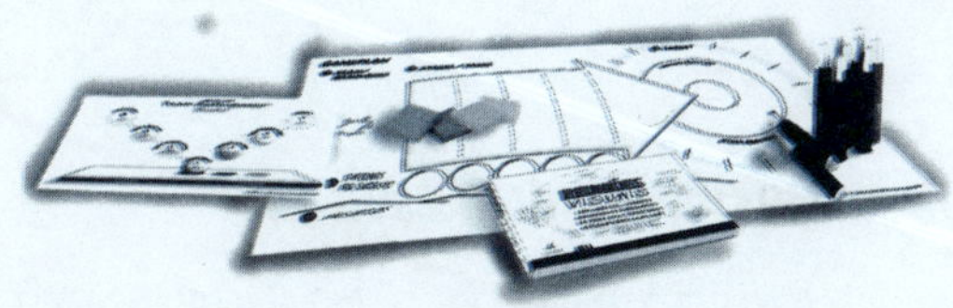

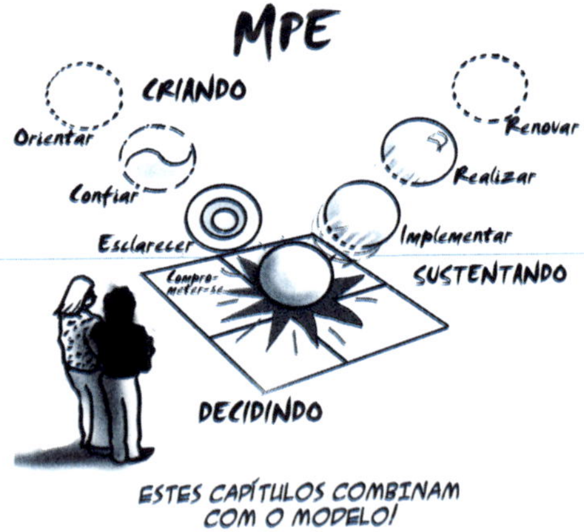

MPE
CRIANDO
Orientar
Confiar
Esclarecer
Renovar
Realizar
Implementar
SUSTENTANDO
DECIDINDO
ESTES CAPÍTULOS COMBINAM
COM O MODELO!

A BIRGIT ESTÁ CONECTADA
PARA VER ISSO?
Modelo de Performance
de Equipe

Introdução

Imaginando Melhores Resultados para as Equipes

Este livro é um desdobramento de 35 anos de trabalho com organizações e suas equipes, ajudando as pessoas a cooperarem para alcançar resultados. Eu já trabalhei no mundo inteiro, com empresas privadas, organizações sem fins lucrativos e governamentais, grandes e pequenas. Durante esse tempo, os princípios e práticas que direcionam este trabalho tornaram-se mais claros e mais fortes, e é hora de compartilhá-los amplamente. Nos últimos dez anos, principalmente, o interesse por essas ferramentas tem aumentado muito, especificamente pelo Modelo de Performance de Equipe Drexler/Sibbet® (MPE) e por um sistema de ferramentas relacionadas, que estão em desenvolvimento desde 1980. Cada vez mais o sistema é um padrão de referência nas escolas de desenvolvimento organizacional, e é o sistema de escolha de empresas como Nike, Becton Dickinson e Genentech/Roche. Este livro traz a introdução muitas vezes requisitada para o uso dessas ferramentas.

Minha Inspiração

Meu trabalho com as equipes é inspirado em três fatores. O primeiro é a convicção antiga de que, se as comunicações e as estratégias de inovação que as equipes bem-sucedidas de design utilizam fossem bem compreendidas, então todo o campo de desenvolvimento de equipe se beneficiaria. Descobri que trabalhar como designer amplia meu repertório de ferramentas quando se trata de iniciar, melhorar ou colaborar em trabalhos que implicam em compromissos compartilhados, inovação e alta performance. Simplificando, uma equipe visual é uma equipe em que todos trabalham como designers.

Minha segunda inspiração é meu trabalho com a Teoria do Processo, formulada por Arthur M. Young. Conheci seu trabalho na década de 1970. É o sistema mais completo que conheço para integrar as descobertas da ciência contemporânea com a sabedoria tradicional sobre como a natureza funciona. Ele forneceu um conjunto de lentes de valor inestimável para ver os padrões de processo que estão na base de qualquer tipo de grupo ou equipe de trabalho.

Minha terceira inspiração é Allan Drexler. Ele inspirou minha atividade profissional com as equipes em 1981, quando o conheci em um workshop que eu estava conduzindo sobre

PARA QUEM É ESTE LIVRO?

Novos líderes de equipe

Membros da equipe que almejam melhores resultados

Gerentes que querem apoiar ambientes de equipe

Líderes que querem apoiar a criatividade e a inovação

Jovens aprendendo sobre grupos

Pessoas interessadas em colaboração

Coaches

Gestores de recursos humanos

Profissionais de desenvolvimento de recursos humanos

Consultores que trabalham com equipes

Empresas sem fins lucrativos que trabalham com voluntários

facilitação gráfica. Na época, Allan era (e ainda é) um consultor de desenvolvimento organizacional que trabalhava com empresas como a General Mills e a RR Donnelley. Ele estava se concentrando em "organizações matriciais" — o tipo de organização em que os trabalhadores reportam-se tanto aos gerentes funcionais, em áreas como manufatura, recursos humanos e vendas, como também aos gestores de projetos de linhas transversais de negócios. Os conflitos internos que estas formas de organização geram são difíceis para as equipes. Ele era apaixonado por encontrar respostas.

Na época em que conheci Allan, eu estava imerso no trabalho visual com grupos e facilitação de reuniões e sessões de estratégia organizacional. Meu livro *Reuniões Visuais: Como Gráficos, Lembretes Autoadesivos & Mapeamento de Ideias Podem Transformar a Produtividade de um Grupo* é um resumo desta longa experiência. Mas eu também estava muito interessado nos problemas maiores quanto à eficácia da organização. Quando comecei a trabalhar com Allan, na General Mills, começou a emocionante aventura de criar o Sistema de Performance de Equipe Drexler/Sibbet/Forrester (TPS, em inglês), sintetizando seu rico campo de pesquisas em equipes e minhas explorações profundas de processos de grupo. Nosso objetivo era criar uma estrutura para equipes que fosse tão útil quanto os Indicadores de Tipo Meyers-Briggs (MBTI) são para os indivíduos. Essa intenção tem sido mantida desde então, resultando no envolvimento em uma ampla variedade de esforços explícitos de desenvolvimento de equipes em empresas como Nike, Mars, Procter & Gamble, Mentor Graphics, Otis Spunkmeyer, W.L. Gore, Hewlett Packard, Becton Dickinson, Chevron, Agilent Technologies, San Francisco Foundation e National Park Service.

Minha Motivação

Quando Richard Narramore, meu editor na John Wiley & Sons, lançou a ideia de escrever um segundo livro depois de *Reuniões Visuais*, pensei imediatamente na necessidade de mostrar como as reuniões visuais integram-se ao longo do tempo para obter resultados reais. Mas escrever sobre as equipes seria um desafio diferente. Há muitos, muitos recursos sobre trabalho em equipe (alguns líderes estão listados na quarta capa deste livro). Mas o que me atraiu, estando familiarizado com o campo, é que ainda não há muitos livros que foquem na aplicação do novo design e ferramentas de visualização para as equipes. Eu também sabia que Allan e meu trabalho no MPE tinham desenvolvido algumas novas abordagens para explicar a dinâmica da equipe por meio do poder da linguagem visual. Eu não sou um pesquisador, mas acredito que os profissionais mais antigos devem partilhar sua experiência como uma contribuição de campo. Concordei, então, em escrever *Equipes Visuais*.

Desde que me comprometi, outra motivação mais profunda veio à tona. Sou presidente da minha própria empresa, a Grove Consultants International, desde 1977 (ela passou por algumas mudanças de nome, mas basicamente é a mesma empresa). Nesse meio-tempo, muitas vezes fui líder de projetos de nossa própria equipe e de clientes. Também treinei um grande número de pessoas que aprenderam a facilitação e a arte da consultoria na Grove. Sei que a colaboração pode gerar resultados surpreendentes, criativos. Mas também sei que a colaboração é uma capacidade a ser aprendida, e o trabalho em equipe eficaz é, em tempo integral, desafiado em ambientes de trabalho, trabalho virtual, divisão ideológica e organizações sobrecarregadas e improdutivas. Também tenho plena consciência de que a escala e complexidade dos problemas em nossas cidades, estados, países e no mundo também estão aumentando. Vejo os jovens na Europa Oriental, Oriente Médio e Ásia alertando para isso de sua própria maneira. Vejo meus filhos e netos se dirigirem para esse mesmo mundo. Assim, minha motivação foi bem além do meu interesse pessoal em equipes. Sinto uma profunda obrigação de compartilhar o que aprendi de uma maneira que os jovens possam se beneficiar.

Por que "Equipes Visuais"?

O trabalho visual sempre foi uma característica presente na The Grove e na minha consultoria com as equipes. Ele vem de uma antiga paixão pelo design e por linguagem visual. O sucesso de *Reuniões Visuais* em atingir um novo público de consultores iniciantes, professores, facilitadores e pessoal de recursos humanos me convenceu de que o trabalho em equipe precisa da mesma contribuição.

A WHOLE NEW MIND

Daniel Pink apresenta seu popular livro com essa postura bem clara:

> "As últimas décadas pertenceram a um certo tipo de pessoa com um certo tipo de mente — programadores de computador que conseguiam decifrar códigos, advogados que podiam criar contratos, matemáticos que sabiam fazer cálculos. Mas o controle está mudando de mãos. O futuro pertence a um tipo muito diferente de pessoa, com um tipo muito distinto de mente — criadores, enfatizadores e reconhecedores de padrões e fabricantes de significado. Essas pessoas — artistas, inventores, designers, contadores de histórias, cuidadores, conselheiros, pensadores de outro nível — agora colhem as mais ricas recompensas da sociedade e partilham suas maiores alegrias."
>
> *(A Whole New Mind, 1)*

Uso o termo "equipes visuais" para apontar para três fatores que, nos últimos 20 anos, ampliaram significativamente as escolhas de como trabalhar em conjunto para alcançar resultados visualmente.

1. **A evolução das ferramentas de design tradicionais**, como quadros brancos, marcadores, cartolinas, fitas, câmeras, post-its e outras ferramentas. Elas são tanto mais elevadas em qualidade quanto cada vez mais interativas digitalmente.
2. **A explosão de ferramentas colaborativas digitais e mídia social** desde os anos 1990. As ferramentas colaborativas digitais incluem todos os softwares projetados para a colaboração em grupo, incluindo as ferramentas de redes sociais. A maioria deles integra textos, gráficos e vídeo, tornando possível trabalhar visualmente através de uma ampla variedade de mídias.
3. **O interesse crescente em "design thinking" e inovação**. A concorrência das economias emergentes aumenta a cada dia e coloca um prêmio na criatividade. A popularidade do livro de Daniel Pink, *A Whole New Mind: Why Right-Brainers Will Rule the Future*, é a crista de uma onda de pesquisas sobre psicologia cognitiva, neurociência e inteligência emocional, tudo apontando para razões pelas quais trabalhar mais como designers e artistas não é apenas possível, mas desejável.

Vivemos em uma época em que os gráficos e textos trabalham juntos continuamente em nossos sites, smartphones, revistas, comerciais e televisão. Já houve uma cultura mais visualmente estimulada e letrada? Não há nenhuma razão pela qual as equipes não possam tirar vantagem de tudo isso. Talvez elas não percebam como isso é fácil.

A Escola de Facilitação da "Costa Oeste"

A The Grove é parte de uma Escola de Facilitação e de Trabalho Organizacional da Costa Oeste (dos Estados Unidos), fortemente influenciada pela forma como os designers e arquitetos trabalham. (Está se espalhando rapidamente, muitos de vocês não a associariam à Costa Oeste.) Por muitos anos depois de terminar a faculdade eu estava determinado a me tornar arquiteto e, inclusive, me matriculei no curso. Mas uma oferta de emprego da Coro Foundation me levou a uma nova direção: para o desenvolvimento de liderança no setor público (eu fui um *Coro Fellow* — Parceiro da Coro — em Los Angeles, logo após a faculdade). Mas meu interesse no projeto se sustentou por si, já que levei minha paixão pela visualização para os reinos da arquitetura da informação, design gráfico, design de materiais de aprendizagem e desenho de processos. Inicialmente, apoiei seminários da *Coro Fellows*, sobre como eles aprenderam com suas experiências de campo e, depois, trabalhei por anos na estratégia de consultoria de projetos. Desenvolvi bastante prática ajudando empresas de arquitetura com suas estratégias, e trabalhei extensivamente no Vale do Silício, com as equipes de design da Apple, HP, Agilent Technologies, Juniper Network e outras empresas de alta tecnologia. Eu sei como designers de interface, designers de software, designers de chips e outras pessoas do campo da criatividade trabalham.

Como expliquei no livro *Reuniões Visuais*, tanto David Straus quanto Michael Doyle, fundadores da Interaction Associates (IA), são formados em arquitetura. Eles foram os pioneiros da facilitação como profissão na década de 70, e um de seus primeiros projetos foi escrever *Tools for Change* (Ferramentas para a Mudança) com subvenção da Carnegie Foundation. Seu objetivo foi mostrar aos professores e outros como usar os métodos de resolução de problemas de arquitetos e designers na sala de aula.

Geoff Ball, que trabalhou com Doug Englebart e foi outro pioneiro na facilitação gráfica, é formado em engenharia elétrica. Nós todos abordamos a colaboração da maneira que os arquitetos abordam — brincando com padrões e protótipos, visualizando contextos e pontos de vista, modelando propostas e anotando tudo no papel. Meu trabalho com a Apple Computer, durante a década de 1980, convenceu-me de que trabalhar como os designers era uma chave para a inovação.

As novas tecnologias que vêm do Vale do Silício tiveram uma influência estrutural. Durante a década de 90, liderei a The Grove em uma parceria estratégica com o Institute for the Future (IFTF), em Palo Alto, no Projeto de Usuários de Softwares de Grupo, um dos primeiros

A IMPORTÂNCIA DO DESIGN THINKING

Tim Brown, CEO da IDEO, é um dos líderes do movimento de design thinking. Ele escreve:

> O Design Thinking diz respeito às capacidades que todos temos, mas que são ignoradas por modos mais convencionais de resolução de problemas. Não é apenas centrado no ser humano: ele é profundamente humano em si. O design thinking depende de nossa habilidade de ser intuitivo, reconhecer padrões, construir ideias que tenham um significado emocional, bem como a funcionalidade, para expressar-se em meios que não sejam palavras e símbolos. Ninguém quer comandar um negócio baseado em sentimento, intuição e inspiração, mas um excesso de confiança no racional e analítico pode ser igualmente perigoso. A abordagem integrada no núcleo do processo de projeto sugere uma "terceira via".
>
> *(Change by Design, 4)*

Equipes Visuais une todas estas conexões em um livro que mostra como as equipes podem trabalhar como designers, mesmo que você não consiga imaginar ou pensar em si mesmo dessa forma.

esforços para pesquisar e mapear o crescente amontoado de tecnologia e softwares diretamente projetados para apoiar equipes e colaboração. A IFTF e a The Grove recrutaram um contingente de quase 50 organizações e agências de clientes. Eles nos apoiaram na escrita de um dos primeiros livros sobre softwares de grupos, com trocas duas vezes por ano, e conduziram várias pesquisas focadas no assunto e relatórios anuais. Estas ferramentas evoluíram para a definição de uma ampla gama de escolhas para as equipes que estão enriquecendo o trabalho distribuído e as aplicações de visualizações e multimídia em reuniões, expandindo as crescentes possibilidades de inovação. O projeto continua até hoje, já que o trabalho da IFTF Technology Horizons influenciou as áreas de redes sociais, crowdsourcing, jogos e simulações.

Conforme você encontrará em um dos capítulos sobre o uso da tecnologia com as equipes, o MPE guiou nosso trabalho com a IFTF e forneceu uma estrutura para pensar sobre o que e quando usar, dentro de toda a gama de estágios previsíveis de desenvolvimento da equipe. Consideramos esta e outras ferramentas metodológicas, tais como Gráficos de Grupo como sendo ferramentas colaborativas.

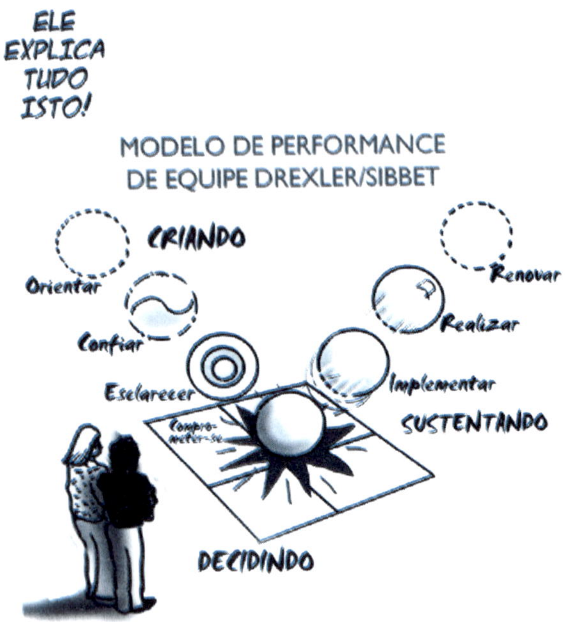

O que Há Neste Livro?

Equipes Visuais reúne todas essas conexões em um livro que mostra como as equipes podem trabalhar como designers, mesmo que você não se imagine ou pense em si mesmo com essa inclinação visual. O livro é escrito em sete seções e cada uma tem vários capítulos. Cada capítulo é resumido nas páginas da seção, por isso vou apenas fornecer uma visão geral aqui. Se você achar que determinado capítulo já é familiar a você, o livro foi concebido de modo que você possa ir diretamente para as seções relevantes. Ele também é projetado para ser prazeroso, quer você apenas o folheie e leia algumas partes, quer você mergulhe na leitura completa.

Seção I — "O que é uma Equipe Visual?" fornece uma visão geral das equipes visuais e o Modelo de Performance de Equipe Drexler/Sibbet, a linguagem de trabalho do livro. Seus capítulos tratam sobre a minha teoria de que as profissões de design, tais como arquitetura, design gráfico, design de informações, de software, webdesign, e até mesmo urbanismo, possuem um arsenal de métodos e práticas para os leitores que talvez não se considerem designers. Esta seção fornece algumas ferramentas iniciais para avaliar que tipo de equipe você está liderando e quais são as oportunidades para se tornar uma equipe visual. O capítulo sobre o MPE mostra um panorama de todos os principais desafios e fatores de sucesso para qualquer tipo de equipe, incluindo equipes visuais, e indica oportunidades específicas para se tornar mais visual e onde proporcionar benefícios.

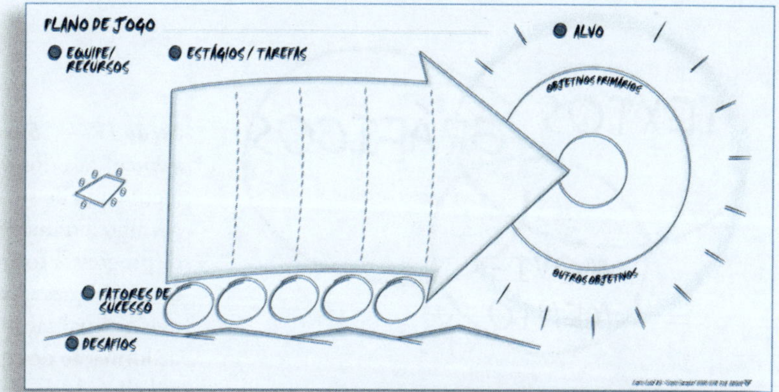

PLANO DE JOGO GRÁFICO PARA EQUIPES INICIANTES

A Seção III detalhará como usar este que é o mais popular dos Guias Gráfico da The Grove. Uma versão mais antiga foi também o primeiro modelo gráfico que já vi ser usado — por Geoff Ball — e me convenceu a pesquisar em registros gráficos de anos atrás. Ele se baseia em uma metáfora profundamente enraizada de que o planejamento é como uma viagem. Um bom plano de ação descreve onde você está, aonde quer ir e como pretende chegar lá.

Seção II* — *"Gerenciando Equipes Visuais" aborda diretamente a situação em que um líder é colocado no comando de uma equipe pela primeira vez e quer ter sucesso no trabalho. Se você está nessa posição, esta seção descreve princípios e práticas experimentados e reais. Ela identifica as quatro grandes tarefas de um líder de equipe, e o trabalho interno requer que essa pessoa seja excelente no que faz. Ela propõe ao líder o desafio de integrar foco no propósito, energia, informação e execução em um fluxo de trabalho suave e sem solução de continuidade. Promovo, também, uma reflexão sobre como líderes seniores podem trabalhar para dar apoio a ambientes inovadores, e utilizar ferramentas de avaliação para desenvolver equipes perenes. Como você perceberá, uma equipe eficaz é uma parceria entre liderança interna e apoio organizacional externo. Administrar essa conexão é a tarefa chave da liderança.

A Seção III irá detalhar como usar este mais popular de todos os Guias Gráficos da The Grove. Uma forma mais antiga foi também o primeiro modelo gráfico que já vi ser usado — por Geoff-Ball — e me convenceu a pesquisar em registros gráficos de anos atrás. Baseia-se em uma metáfora profundamente enraizada de que o planejamento é como uma viagem. Um bom plano de ação descreve onde você está, aonde você quer ir e como você pretende chegar lá.

Seção III* — *"Começando com a Equipe Visual — Criando Confiança, Foco e Comprometimento" guiará ao que o MPE chama de "criar" estágios de trabalho em equipe. Esses capítulos fornecem orientação específica para o propósito, construção de confiança, esclarecendo os objetivos e comprometendo-se com uma direção comum. Grupos de trabalho que não têm de cooperar fortemente irão, na verdade, beneficiar-se muito desta seção. Você também vai descobrir que, quanto mais ambiciosos seus objetivos em termos de alta performance, maior o investimento que você terá de fazer nos estágios iniciais do trabalho em equipe. Eles são o alicerce sobre o qual as fases posteriores serão construídas.

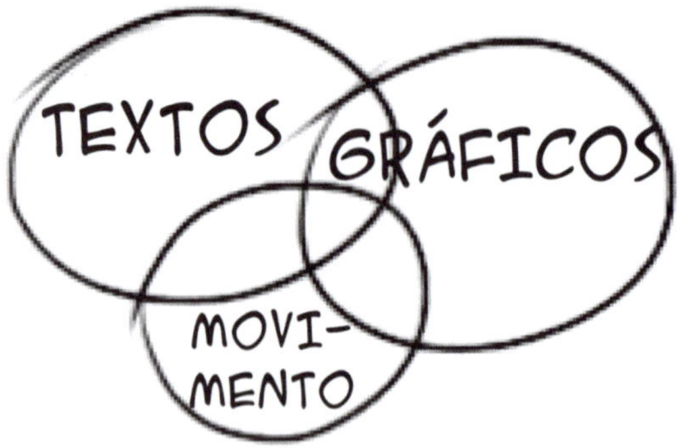

LINGUAGEM VISUAL

Bob Horn foi um dos primeiros a escrever de forma abrangente sobre a linguagem visual. Ele diz:

> Estamos apenas no início de outra revolução da comunicação, o equivalente moderno do que Gutenberg desencadeou (com a imprensa). A revolução da linguagem visual está acontecendo simultaneamente com outras revoluções de comunicações, a World Wide Web, animação, realidade virtual tridimensional e elementos visuais inteligentes e interativos. O novo mix de tecnologias e técnicas vai alterar irreversivelmente as comunicações no século XXI.
>
> *(Visual Language, 240)*

Seção IV — "Sustentando Resultados — Inovando para Alta Performance" fala dos três estágios de performance da equipe após o comprometimento de ser uma equipe verdadeira e interdependente. Eu compartilho ferramentas para gerenciamento de projetos e acompanhamento de progresso, tornando convincentes as apresentações visuais, que utilizam comunicações visuais e metáforas para orientar e inspirar alta performance, além de formas de usar a visualização para apoiar a partilha de conhecimento e melhoria organizacional na área de formação de equipes. Compartilho também a história de uma equipe de alta performance trabalhando para criar uma rede interestadual de limpeza ambiental.

Seção V — "Criando uma Cultura de Equipes Visuais — Pensando GRANDE sobre as Oportunidades" trata especificamente de como você pode introduzir a ideia de reuniões e equipes visuais para os seus gerentes e organização. Argumenta-se para a aprendizagem e desenvolvimento em curso nesta área, bem como a importância de ter uma linguagem comum robusta para a formação de equipes, especialmente se a sua empresa atuar globalmente e/ou em vários locais. O STP, por se basear na Teoria do Processo, funciona como um sistema operacional para grupos. Nas organizações em que as equipes visuais floresceram, os profissionais de desenvolvimento de recursos humanos que apoiaram os treinamentos descobriram que a abordagem comunicou muito de seus outros trabalhos também.

Seção VI — "Novas Ferramentas Tecnológicas — Uma Revolução na Colaboração Visual" aborda diretamente as oportunidades de equipes virtuais com novos softwares de visualização. Esta seção começa com a rica história da equipe do Projeto de Usuários de Software de Grupos, uma equipe real de alta performance visual. Você pode ver, através da lente da história, como as ferramentas e os métodos descritos ganham vida em uma equipe real, em ação. Capítulos específicos sobre web e teleconferência, tablets, salas de reunião, redes sociais e mobilidade abordam a história da IFTF. Eu não estou tentando escrever um livro abrangente aqui sobre o trabalho virtual, mas sim compartilhar os métodos de visualização testados e reais que nós exploramos e conhecemos bem. Eu não especulo sobre para onde isso tudo parece estar se encaminhando.

Seção VII — "Links, Ferramentas e Outros Recursos" sugere fontes para o desenvolvimento de uma compreensão mais geral das equipes. A The Grove envolveu dois *Coro Fellows* em assuntos cívicos para nos ajudar a pesquisar a área e documentar as principais ferramentas que não foram fornecidas pela The Grove. Nós identificamos sites que possuem informações particularmente úteis, assim como links para as diversas ferramentas que a The Grove oferece.

Um Resumo de Reuniões Visuais para Quem Não Leu

Equipes Visuais baseia-se em meu livro *Reuniões Visuais*. Para aqueles que não o leram, o seguinte resumo deve fornecer algum contexto. Como eu mencionei na introdução do último livro, escrevi muitos livros para facilitadores gráficos profissionais, facilitadores e consultores que publicamos através da The Grove. *Reuniões Visuais*, com John Wiley & Filhos, foi escrito para as legiões de pessoas que não são artistas ou necessariamente bons em desenho, mas que ainda assim querem participar da revolução visual.

Reuniões Visuais descreve como os gráficos e a linguagem visual podem apoiar o processo de grupos durante todo o ciclo de aprendizagem, de IMAGINAR através do ENVOLVIMENTO pelo PENSAMENTO para AÇÃO. Com muitos exemplos e histórias, eu pinto uma imagem de como o ambiente de design da Costa Oeste dos Estados Unidos deu origem às formas altamente visuais e ao trabalho orientado pelo design em reuniões, muito longe das profissões de design específicas, como arquitetura, engenharia, design gráfico e outros campos. (Este ponto de vista será aprofundado neste livro.)

Reuniões Visuais para Estimular Sua Imaginação

Para começar, eu exploro como a visualização pode ser usada em reuniões com você mesmo para estimular sua imaginação, como terapia da escrita, pensamento metafórico, diagramação e outras estratégias de visualização. "O papel é a interface do cérebro", como Paul Saffo, um especialista em projeções, membro do Projeto de Usuários de Software de Grupos, gostava de dizer. O desenho é a nossa forma de desenvolver novas perspectivas, especialmente no que diz respeito a pensar sobre os sistemas. Eu sugeri formas de utilizar metáforas compulsoria-

REUNIÕES VISUAIS AGORA EM CINCO IDIOMAS

Este livro inicial sobre como usar gráficos interativos, post-its e mapeamento de ideias para a colaboração de grupos é um best-seller. Foi publicado em agosto de 2010 por John Wiley & Filhos, e agora foi publicado em chinês, português, holandês, coreano e alemão. *Equipes Visuais* mostra como aplicar essas ideias no âmbito de um processo de grupo.

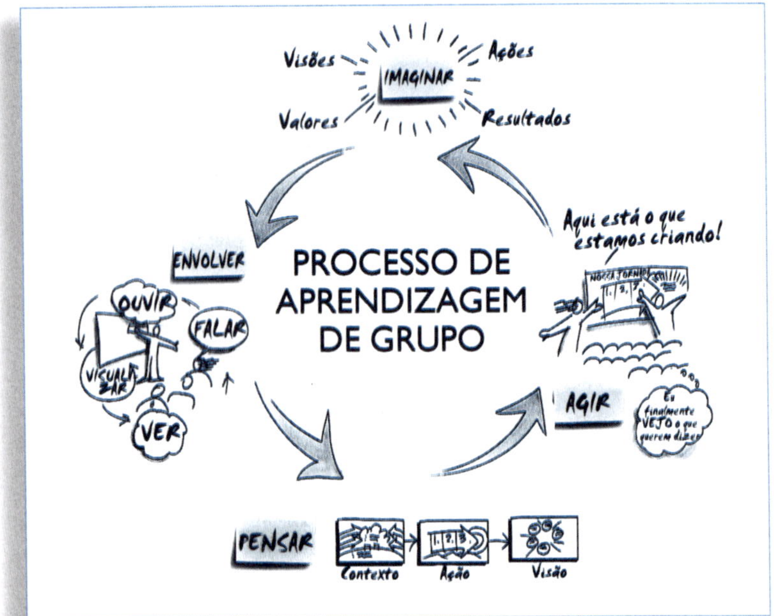

MODELO DE *REUNIÕES VISUAIS*

Reuniões Visuais é organizado ao redor desse modelo de aprendizagem de grupo. Ele ilustra as formas como a visualização é usada para todas as quatro fases do processo que vai da visão às ações.

mente para expandir o seu pensamento sobre suas próprias práticas e negócios, como, por exemplo, comparar o seu negócio a um jardim e identificar todas as plantas como se fossem diferentes tipos de clientes.

Eu recomendei que as pessoas lessem os excelentes livros de Dan Roam, *Back of the Napkin: How to Use Graphics for Selling and Problem Solving* e *Unfolding the Napkin*, juntamente com *Reuniões Visuais*.

Reuniões Visuais para Engajamento

A segunda parte de *Reuniões Visuais* lida com a comunicação gráfica interativa como uma forma superior de engajamento dos grupos. Eu condensei algumas das informações valiosas em um livro abrangente chamado de *Graphic Facilitation: Tapping the Power of Groups Through Visual Listening* (disponível através da The Grove) e mostrei que qualquer pessoa pode criar as estruturas simples e ícones usados em reuniões visuais. Proporcionei uma visão gráfica da forma como treinar pessoas para desbloquear sua capacidade de desenhar, praticando em larga escala, e alguns dos ideogramas e pictogramas mais comuns que as pessoas usam no registro gráfico.

Os capítulos também detalham como post-its, votação por pontos, desenho em grupo, formulários e outras estratégias possibilitam que as pessoas tenham acesso direto às informações. Eu afirmo que ter grupos que interagem com estruturas e molduras parcialmente concluídas aumenta muito o envolvimento. Reflito sobre o software de apresentação, como o PowerPoint. Embora reconhecendo que é um excelente ambiente de prototipagem individual, ele muitas vezes resulta em um tipo unilateral e agressivo de apresentação que pode não ser envolvente. [Se você quer aprender a usar o PowerPoint deve ler o livro de Nancy Duarte, *Slideology*, e seu livro associado, *Ressonância* (Alta

Books, 2012).] Em *Reuniões Visuais,* os capítulos sobre post-its entram em grandes detalhes sobre como usar essas ferramentas extremamente flexíveis.

Reuniões Visuais para Pensar Juntos

Na terceira seção de *Reuniões Visuais*, eu falo sobre o Teclado de Gráficos de Grupo, um quadro para pensar sobre os sete tipos arquetípicos de display. Este teclado é uma aplicação da Teoria do Processo de trabalho visual com grupos e mostra os displays como um duplo processo de criação e exibição e percepção do display. Os processos mais simples de visualização tornam-se bases para os mais complexos, assim como nos sistemas naturais. Há explicações detalhadas sobre cada formato de Grupo Gráfico e exemplos. Eu sigo isso com uma descrição dos modelos de planejamento visual da The Grove (chamados de Guias Gráficos) com muitos exemplos. Neste livro, vou descrever em maiores detalhes os que são especialmente relevantes para as equipes.

Os capítulos sobre o pensamento visual argumentam que todos os sistemas de pensamento baseiam-se na criação de displays — distinguindo as partes para que você possa olhar para os relacionamentos. Eu discorro sobre os tipos mais comuns, tais como Mapa Mental, diagramas de nexo causal, gráficos de gestão da qualidade total e assim por diante.

Reuniões Visuais para Ação

O passo final no ciclo de aprendizagem é levar as ideias à ação. Os capítulos desta parte de *Reuniões Visuais* mostram como planos de ação, mapas e Grove Infográficos apoiam a obtenção de resultados de reuniões. Essas ferramentas também são mais críticas para as equipes e serão tratadas mais profundamente neste livro. *Reuniões Visuais* descreve como o envolvimento dos líderes na criação de suas próprias comunicações visuais constrói capacitação e adesão do grupo.

PALAVRAS PARA AS EQUIPES

Ao fim do seu estágio na The Grove, Daniel Cheung e Victoria Bensen fizeram uma apresentação à equipe sobre o que eles descobriram sobre ferramentas para as equipes. "A palavra *equipes* parece ser usada para cobrir todo o trabalho das pessoas nas empresas", disseram eles. "Alguns até disseram que a palavra é usada em tal demasia que não comunica mais." Eles relataram que uma pessoa disse que o "trabalho colaborativo" está se tornando uma designação mais comum. Outra fez uma distinção entre "grupos de trabalho" e "equipes". Comecei a anotar todas as palavras que eu tinha ouvido com referência aos grupos que precisam cooperar para obter resultados. Aqui está a minha lista. Qual é a sua?

- Equipe
- Grupo de Trabalho
- Grupo de tarefa
- Força-tarefa
- Parceria
- Dupla
- Trio
- Quarteto
- Partido
- Grupo
- Família
- Conselho
- Comitê
- Time
- Função
- Unidade
- Esquadrão
- Gangue
- Pelotão
- Casulo
- Célula
- Tropa
- Trupe
- Corte
- Força
- Acampamento
- Comunidade de prática

ESCANEAR OU LER?

Este livro foi concebido para ser navegado como um site, lido como um livro, ou ambos. Os itens nestas margens contêm histórias, dicas e listas de verificação relativas ao conteúdo que está sendo abordado no capítulo.

Você pode notar que algumas caixas escuras têm cabeçalhos azuis com digitação reversa e passos numerados, como o exemplo aqui. Estes são os exercícios que você pode fazer e são escritos nesse estilo: como instruções.

EXERCÍCIOS

1. Leia todo o exercício de uma vez.
2. Mergulhe no livro para obter parte do contexto.
3. Faça uma pausa e realize o exercício com a sua equipe.

Todos os gráficos e ferramentas incluídas neste livro têm legendas que os explicam.

Os desenhos de modelos gráficos inclusos na The Grove são registrados e disponíveis para compra em nossa loja online: www.grove.com. Ideias, é claro, não podem ser protegidas. Minha esperança é que a abundância de exemplos incluídos neste livro possa incentivar os modelos e gráficos do leitor.

Os capítulos finais abordam como as reuniões visuais estão sendo ampliadas pelas novas tecnologias. Eu falo sobre tablets, conferências via web, programação orientada por objetivos e mundos virtuais.

Reuniões Visuais também tem uma boa seção de recursos para quem deseja colocar essas ideias em prática.

Reuniões e Equipes Visuais

Uma equipe visual, em certo sentido, é qualquer equipe que seja adepta de reuniões visuais! No entanto, na prática, a visualização vai bem além das reuniões para apoiar as comunicações intermediárias, relatando e avaliando os resultados também. Recursos visuais fornecem uma linguagem comum para o trabalho em equipe em toda a empresa. Katzenbach e Smith, os consultores da McKinsey & Company, que escreveram o livro amplamente respeitado *The Wisdom of Teams*, apontam que um de seus "achados incomuns" foi que "muitas das maiores equipes atuantes... na verdade nunca pensaram em si como uma equipe, até que o tema foi apresentado" (Katzenbach, 1993, página 4). Eu acho que o mesmo vale para as equipes visuais.

Você poderia pensar neste livro como a soma total de uma vida profissional de desenvolvimento de estratégias para o trabalho colaborativo. Quer você pense em si mesmo como uma equipe, quer não, se você estiver interessado em como as pessoas podem trabalhar melhor em conjunto, você vai ter muitas boas ideias. Em uma época de redes, múltiplas atribuições de equipe, trabalho virtual e mesmo organizações virtuais, a noção geral sobre o que uma equipe é e não é está evoluindo rapidamente. Espero que este livro ajude a fortalecer a sua confiança, para que você possa se tornar parte da inovação na forma como as pessoas podem trabalhar juntas de forma mais eficaz.

Agradecimentos

Gostaria muito de repetir os agradecimentos que fiz em *Reuniões Visuais* a todas as pessoas da The Grove Consultants International, da International Forum of Visual Practitioners, da Organizational Development Network, dos Pathwalkers, do Thought Leader Gathering e do Coro, que foram tão úteis na formação de minha carreira como profissional visual, mas a lista é longa. Aqui, quero deixar um agradecimento especial para aqueles que apoiaram o meu desenvolvimento como consultor organizacional e desenvolvedor de equipe.

Allan Drexler foi meu mentor e professor pela maior parte da década de 1980 e na década de 1990. Nossas empresas ainda estão em parceria de sucesso na propriedade compartilhada do Modelo de Performance de Equipe Drexler/Sibbet. Nós criamos juntos o workshop de cinco dias dos Laboratórios Nacionais de Treinamento na Criação e Manutenção de Equipes de Alta Performance, conduzido continuamente desde o início de 1980 por Allan e Russ Forrester, que se juntaram à nossa equipe de treinamento no início dos anos 1980. Russ e Allan desenvolveram uma avaliação construída em torno do MPE e criaram o Indicador de Performance de Equipe Forrester/Drexler, uma autoavaliação, e seu caderno associado de campo. Eles vivem na Costa Leste dos Estados Unidos e se uniram em vários projetos.

Tive a sorte de conhecer Arthur M. Young, o desenvolvedor da Teoria do Processo, quando publicou pela primeira vez em 1976. Fiz parte de seu Institute for the Study of Consciousness (Instituto para o Estudo da Consciência), de 1976 ao início dos anos 1980, e continuo em contato com os alunos iniciantes de Young. A MPE é uma das aplicações mais bem-sucedidas dessa teoria das organizações e foi reconhecida como tal pela Anodos Foundation, que continua o trabalho de Young. Um colega, Jack Saloma, já falecido, apresentou-me a Young e foi um parceiro intelectual no desenvolvimento de algumas das aplicações organizacionais da The Grove. Frank Barr e Michael Buchele também contribuíram, lutando pela sua aplicação da teoria para bioprocessos.

Minhas experiências de formação de equipes com o Institute for the Future têm sido parte integrante para a compreensão do MPE aplicada às novas tecnologias e apoiada por ferramentas de visualização. Obrigado a Bob Johansen, companheiro ilustre no IFTF, como líder da nossa equipe software de grupos. Juntaram-se a nós: Paul Saffo, Saveri Andrea, Martin Alexia, Robert Mittman e Stephanie Schacter pelo IFTF. Tomi Nagai-Rothe, Suzyn Benson e Mary O'Hara--Devereaux participaram pela The Grove.

Mary O'Hara-Devereaux veio à The Grove para colaborar no programa Medex da Universidade do Havaí. Com sua ajuda foi aplicado o MPE para a formação de enfermeiros(as) no Quênia e na Costa Rica. Mais tarde, colaborou na redação do livro *Global Work*. Nessa mesma ocasião, eu estava trabalhando com a equipe de treinamento na Mars, Inc. (liderada por Martin Prentice) para projetar um treinamento de facilitação global centralmente focado no MPE. Esta equipe foi fundamental para nos ensinar como treinar multiculturalmente com o MPE. Albert Gibson, Mary Jane Eckart, Eileen Matthews e Joan Scarrott, todos merecem um agradecimento especial. Eileen e Joan tornaram-se facilitadoras gráficas excelentes no processo. Recentemente a Mars financiou uma tradução russa do nosso *Team Leader Guide*.

Joan McIntosh merece agradecimentos especiais. Como diretora de marketing da The Grove durante os anos 1990, ela desenvolveu em parceria comigo um trabalho com uma equipe da 3M, e tornou-se tão amplamente envolvida que acabou se mudando para as Cidades Gêmeas (Mineápolis e Saint Paul), onde a 3M está sediada. Ela tem sido uma constante conselheira e amiga. Como fundadora do Change Agent's Café, Joan tornou possível para vários de nós trabalhar com essas ideias por quase 20 anos. Devo um agradecimento especial para Lenny Lind, Sandra Florstedt, Meryem LeSaget, Ewing Jim e John O'Connell, um dos pioneiros em novos jogos. Meryem é consultora e escritora profissional sobre novas ideias gerenciais que incluíram o MPE em seu livro em francês, *Manager Intuitif*. Ela tornou-se uma estudiosa da Teoria do Processo e suas outras aplicações. Outro parceiro da The Grove, Vaugn Strandgaard, levou os STPs para a Dinamarca e Europa. Jonas Kjellstrand e Roy Bartilson ajudaram a levar o sistema para a Suécia.

Os STPs, como sistema, não teriam se desenvolvido sem surpreendentes clientes-parceiros e com a ajuda do meu colega de longa data na The Grove, Ed Claassen, que trabalhou comigo em muitos dos projetos. Na Agilent Technologies, nossas parceiras de longa data, Christine Landon, Leslie Camino-Markowitz e Teresa Roche facilitaram a inclusão dos STPs no programa de um gerente de primeira linha do novo treinamento, no final da década de 1990. Ed trabalhou comigo e Pardini Bobby, e Linda Castillo na Agilent, na criação do *Team Leader Guide*. Tony Jimenez trabalhou na Chevron com Ed para desenvolver uma autoaprendizagem do módulo de performance da equipe para treinamentos de gerentes. Wendy Witterschien, da Becton, Dickinson and Company, trabalhou com Bobby Pardini na The Grove para adaptar estes materiais para um programa de autoaprendizagem baseado em flash disponível para todo o sistema da empresa. Kathy O'Connell e Kathryn Santana Goldman foram codesenvolvedoras na Genentech/Roche de um aplicativo de MPE de reciclagem de equipe. Nancy Stern trouxe a visão dos modelos estratégicos. Jennifer Clonmell traduziu o MPE para cinco idiomas, para uso da Citicorp. Na Nike, Inc., Hannah Greenfeld, Steve Bence, Jigna Desai e Nate James foram fundamentais para o teste de performance de equipe da The Grove e contribuíram para uma maior compreensão da integração dos modelos de desenvolvimento do MPE e outros modelos de desenvolvimento de equipe. Mais recentemente, a W.L. Gore apoiou o treinamento da equipe em escala global. Ed e eu viajamos para a Alemanha, Nova Jersey, Arizona e China, aprendendo muito sobre como as práticas variam amplamente dentro de um conjunto comum de desafios arquetípicos. Como colega e parceiro intelectual, Ed tem sido inestimável.

Também devo muito a esses clientes que aplicam as reuniões visuais em suas equipes. Obrigado a Susan Copple e Jim Lyons da HP, que criaram uma oportunidade de trabalhar com a equipe da BLAST. Obrigado a Joel Birnbaum, ex-diretor do HP Labs, e Barbara Waugh e Srinivas Sukimar. João Schiavo, presidente da Otis Spunkmeyer, e sua equipe foram campeões, incluindo Ahmad Hamade, Steve Ricks e Robyn Meltzer, em particular. Obrigado a Scott Kriens, ex-CEO da Juniper, que patrocinou aplicações arrojadas de reuniões visuais, e Joceyn Kung, a consultora que nos apresentou. Eu aprendi sobre as organizações de projeto de trabalho com Bryce Pearsall e Dale Hallock, líderes do Grupo DLR, Jon Petit, Griff Davenport e Steve McKay, parceiros da DLRG com os quais tive muitas discussões sobre como acontece o trabalho de equipes de design. Obrigado a Chris McGoff da The Claring por colaborar no sentido de levar este tipo de trabalho para o governo. Meu trabalho com Tom Wujec e a Autodesk acrescentaram imensamente ao meu entendimento do papel do design. A este respeito devo também agradecimentos a Dave Gray, da Xplane (agora Dachis Group), Kristina Woolsey do Exploratorium, Luke Hohmann da Innovation Games, e Bob Horn da MacroVU*.

Este livro não teria sido possível sem a equipe da The Grove. Laurie Durnell, nossa diretora de consultoria, e Tomi Nagai-Rothe, consultor sênior, que ensinaram os STP e adaptaram suas ferramentas para grupos cada vez maiores. Donna Lafayette gerencia nossos workshops de performance de equipe. Tiffany Forner, nossa diretora de arte, e Bobby Pardini, diretor de serviços de design, ajudaram diversas vezes. Rachel Smith, diretora de serviços de facilitação digital da The Grove, ajudou nos capítulos sobre a nova tecnologia. Anne Merkelson e Julia Sibbet ajudaram com *insights* sobre mídias sociais e marketing. Thom Sibbet, diretor de serviços ao cliente, tem se mostrado um elo estreito com nossos clientes de performance de equipe. Nossa equipe de suporte ao cliente — Noel Snow, Andrew Underwood e Ed Palmer (nosso gerente de TI) — forneceu um feedback muito prático sobre como os clientes utilizam as ferramentas. Muito pouco da minha vida profissional seria possível sem o apoio da chefe administrativa oficial da The Grove e minha assistente, Megan Hinchliffe. Também quero agradecer a Daniel Chueng e Victoria Benson, os *Coro Fellows* que estagiaram na The Grove e ajudaram a desenvolver a bibliografia. Um agradecimento especial para a equipe da John Wiley & Sons — Richard Narramore, meu editor, Deborah Shindlar, editora sênior de produção, e Lydia Dimitriadis, assistente editorial.

Uma nota final de agradecimento à minha esposa, Susan, professora de poesia e escritora. Partilhamos nosso estúdio em São Francisco. Seu apoio incansável faz de meu ofício de escrever uma alegria.

I: O que é uma Equipe Visual

Usando Ferramentas Gráficas em Todo Fluxo de Trabalho

I: O que É uma Equipe Visual?

Capítulo 1: Trabalhando como Designers O livro começa com um link para *Reuniões Visuais* e a ideia de que as formas de trabalho das equipes de projeto no Vale do Silício e outros centros de inovação estão transformando o modo de trabalho das equipes em geral. Os temas no livro são introduzidos através da história da Equipe de Vendas Avançadas LaserJet Boise.

Capítulo 2: Por que Ser uma Equipe Visual? Este capítulo explora a diferença entre grupos de trabalho e equipes, e compartilha uma ferramenta para avaliar a diferença entre eles. Ele apresenta uma representação gráfica dos tipos de equipes e algumas oportunidades para visualização.

Capítulo 3: Uma Interface Visual de Usuário para Equipes Este capítulo descreve o MPE, seus principais fatores de sucesso e comentários do meu trabalho com Allan Drexler no estabelecimento da criação de uma metodologia "Meyers-Briggs" para construção de equipes. Ele revisa os pressupostos que fizemos na sua concepção e fornece indicações para um estudo mais profundo. Eu explico as razões para passar de uma metáfora de "construção" para uma de "performance" e o uso de uma "bola quicando" como interface gráfica do usuário para pensar sobre o processo da equipe. Também será mostrado como este quadro leva a outros quadros visuais populares para pensar sobre as equipes.

1: Trabalhando como Designers

Por que Equipes Visuais Conseguem Resultados

Vamos começar nossa exploração das equipes visuais com uma história sobre um grupo de trabalho da Hewlett Packard (HP) que moldou profundamente minha maneira de pensar sobre o que é possível quando uma equipe aprende a usar a visualização para apoiar o seu trabalho. Então, no capítulo seguinte, vou descrever as maneiras específicas e práticas de visualização para ajudar sua equipe. Lembre-se de que este livro foi concebido para ser escaneado, bem como lido, e, por isso, se algum dos capítulos não for relevante para a sua situação, pule-o e passe adiante!

Ajude-nos a Apresentar à Gerência

Quando Susan Copple ligou e perguntou se eu poderia ajudar uma equipe da Divisão de Impressora de Boise da HP a preparar uma apresentação visual para a gerência, eu não suspeitava de que ambos estavam frente a um trabalho inovador que iria transformar o trabalho da minha empresa, a The Grove Consultants International, e muitas divisões da HP que pegaram carona no nosso sucesso. Inicialmente, pensei que fosse apenas um trabalho interessante de design de comunicação.

"Nossa equipe é uma força-tarefa multifuncional à qual foi atribuída a tarefa de encontrar os nossos próximos negócios bilionários", disse Susan. "Nós trabalhamos nisso por cerca de dois meses, mas há alguns desafios na forma como apresentar nossas conclusões. Você pode nos ajudar a projetar nossa apresentação dos resultados à alta gerência?"

Susan era uma profissional de qualidade na equipe e tinha trabalhado comigo antes. Ela disse à equipe que eu era um designer que ajudava com apresentações, embora a maior parte do meu trabalho na época fosse como consultor de estratégias e facilitador de reuniões visuais e processos de mudança. Mas, várias décadas de trabalho visual e design de muitos relatórios e resultados das reuniões, tornaram-me bem experiente no que é agora pensado como "design da informação" ou "design de apresentação". Susan sabia disso. Ela também sabia que a equipe não estava à procura de ajuda com o seu trabalho, mas como ele poderia ser comunicado.

Foi-nos atribuída a tarefa de encontrar os nossos próximos negócios bilionários... Você pode nos ajudar a projetar a apresentação?

Naquela época, em meados da década de 1990, a Divisão de Impressoras de Boise foi uma das mais bem-sucedidas dentro da HP e tinha de fato batido o recorde de ser a primeira divisão de 1 bilhão de dólares da empresa. Os computadores pessoais e impressoras LaserJet, que muitas vezes os acompanhavam, haviam explodido no crescimento das vendas após a introdução da impressora HP inicial em 1984. Os lucros entravam, mas o sucesso em alta tecnologia não dura para sempre. A gerência escolheu Jim Lyons, um de seus líderes de marketing mais criativos, conhecido por suas ideias inovadoras, assim como outros funcionários promissores em sua unidade de Boise, para conduzir um projeto de pesquisa de dois meses e recomendar para onde a divisão deveria olhar na busca pelas próximas grandes vitórias.

CONTE-ME SUA HISTÓRIA

No início de qualquer consultoria de equipe é primordial saber como ela surgiu e que trabalho foi feito até agora. Foi com este caminho que comecei com a Equipe de Vendas Avançadas LaserJet Boise quando eles começaram a estudar a forma de projetar apresentações de suas pesquisas para a gerência na busca pelas próximas grandes oportunidades para a divisão da HP LaserJet. Mapear a história visualmente é uma maneira garantida de todos falarem.

Qual é o Desafio?

Jim, Susan e alguns membros da equipe me encontraram em uma sala de conferências no aeroporto de São Francisco em uma de suas viagens à sede. Eu levei papel e canetas. Pedi aos membros da equipe que se apresentassem e me contassem a história de seu projeto. Descobri que eles foram chamados de equipe BLAST, sigla Boise LaserJet Advanced Sales Team (Equipe Avançada de Vendas LaserJet Boise). Eles repetiram o objetivo que Susan tinha me dito anteriormente, que era identificar as próximas oportunidades de negócios multibilionários para sua divisão. Logo eu tinha quase dois metros de gráficos detalhando a forma como eles receberam o pedido, realizaram uma pesquisa interna por telefone ou e-mail, diversas reuniões para começar a compreender suas descobertas e, agora, enfrentavam a tarefa de descobrir como informar isso à gerência. Eles não queriam que seu relatório fosse o fim de tudo. Eles realmente gostavam de suas ideias e queriam ver o que a divisão faria com elas.

Contudo, comecei a sentir que algo estava errado. Foi um pressentimento, não qualquer coisa que alguém realmente disse, mas a equipe não se sentia à vontade com seu trabalho. Jim era um administrador brilhante, mas um pouco enrolado, já que tinha um monte de ideias. Outro engenheiro e um profissional de planejamento de negócios eram muito ativos na conversa. Confiando na minha intuição, perguntei se havia algum problema.

"Sim", disse Jim. Ele começou a explicar que, na história relativamente recente da divisão, duas equipes anteriores haviam recebido projetos semelhantes e, na hora de apresentar seus resultados, bateram de frente com um muro de resistência e de resposta até mesmo hostil da gerência. "Foi uma experiência limitante no que diz respeito à carreira para muitos da equipe", disse ele. Esta nova equipe estava apavorada com o que vinha pela frente. Portanto, esse foi o motivo subjacente pelo qual eles queriam ajuda externa. Eles simplesmente não estavam confiantes de que suas estratégias tradicionais iriam funcionar. Esse desafio lhes deu a coragem para se tornar uma equipe verdadeiramente visual, inovar e superar todo o pensamento original sobre o que era possível em uma situação como a deles.

Pensando Como um Designer

Neste ponto na reunião, eu estava trabalhando como designer. Minha mente estava buscando possíveis "soluções" para o problema, embora eu realmente não soubesse o suficiente para estar confiante com qualquer uma. Mas isso é o que os designers fazem — brincam com as ideias em várias fases do processo. Vamos nos afastar da história um pouco e entrar em alguns dos pensamentos que no momento estavam lampejando em minha mente.

As equipes de projeto sabem que algo precisa ser produzido para cumprir metas e objetivos específicos, muitas vezes, dentro de condições e critérios determinados.

Embora existam muitos tipos de design, as equipes de projeto têm muito em comum em todas as disciplinas. As equipes de projeto sabem que algo precisa ser produzido para cumprir metas e objetivos específicos, muitas vezes dentro de condições e critérios determinados — limitações de orçamento, materiais especificados e a quantidade de tempo que pode ser despendida no projeto. A emoção do design é ser criativo dentro dessas limitações.

Design é também, na maioria dos casos, uma colaboração entre várias pessoas diferentes que têm uma participação no resultado. Qualquer pessoa que tenha trabalhado muito dessa maneira, seja projetando uma reunião, uma nova organização, criando uma apresentação ou projetando um produto ou um software, sabe que as primeiras ideias evoluirão à medida que os usuários derem o feedback. No projeto de software em particular, um processo chamado "desenvolvimento ágil"

Fazer *brainstorm* de muitas ideias, brincar com os testes e o que às vezes são chamados de "protótipos", trabalhar rapidamente e fazer melhorias são instrumentos básicos de um kit de ferramentas de um designer.

apresenta explicitamente soluções que são apenas boas o suficiente para entregar algum valor e, em seguida, repetir e melhorá-los em um ritmo rápido. Fazer brainstorm de muitas ideias, brincar com os testes e o que às vezes são chamados de "protótipos", trabalhar rapidamente e fazer melhorias são instrumentos básicos de um kit de ferramentas de um designer.

Se isso soa como uma descrição de qualquer equipe de projeto produtiva, você está lendo minha mente. Muitas equipes de projeto são implicitamente convidadas a trabalhar como designers e chegar a algo específico. Foi precisamente isto que me levou a escrever este livro. Depois de anos trabalhando com reuniões visuais e aplicando diversas ferramentas como as que acabei de descrever, percebi que o design thinking é, de uma maneira geral, útil para qualquer equipe de trabalho que precisa produzir resultados e ser criativa.

Eu sabia que o objetivo da equipe BLAST era: negócios multibilionários. Também descobri outro objetivo oculto, que era ter esta experiência de construção de carreira, que não fosse limitante para a equipe. E encontrei a restrição de ter apenas mais alguns meses para reunir tudo e de ter o relatório apresentado a uma das equipes de gestão de maior sucesso da HP — a gloriosa gerência LaserJet!

Suposições Iniciais

Desde o primeiro telefonema, algumas suposições iniciais sobre o desafio da equipe BLAST guiaram meu trabalho. Elas são produtos de muitas experiências diferentes e estudo das organizações. É o "software" mental de qualquer consultor ou designer. A chave é estar ciente delas.

- As pessoas (e empresas) bem-sucedidas podem pensar que estão abertas a novas ideias, mas eles têm muita ligação com o sucesso atual.
- Para as pessoas aceitarem o novo, precisam experimentar e sentir, não apenas pensar nele.
- Apresentações de slides são frequentemente um dos modos de apresentação menos envolventes.

- Eu imediatamente supus que o grupo de gestão ao qual a equipe BLAST iria se reportar era muito inteligente e estava bastante satisfeito com seu sucesso, e que precisava ser totalmente envolvido na emoção e potencial das novas ideias, como se fossem ver um sonho tornar-se realidade.

Como poderíamos ter engajamento verdadeiro?

Eu sabia, de uma longa experiência com reuniões visuais, que o uso de grandes murais é uma forma bastante envolvente de apresentação. Eles permitem que o usuário conte histórias e responda às perguntas de uma maneira que, em uma apresentação fixa, é impossível. Susan soube do trabalho da The Grove nesta área para outras partes da HP e deduzi que esta era provavelmente uma das razões pelas quais ela imaginou que eu pudesse ajudar. A equipe concordou imediatamente em evitar *slides*, mas não tinha experiência como equipe visual, num sentido verdadeiro. E eu não achei que murais visualmente atraentes seriam o suficiente.

Então, refleti sobre o que conheço como verdade universal: que todo mundo gosta de ver desenhos e esboços se desdobrando em tempo real. Mas não parece possível recorrer à facilitação gráfica ou registros ao vivo como forma de apresentar este assunto. A gerência buscava respostas, não uma experiência de facilitação.

Como muitos designers, descobri que, unindo duas ideias aparentemente sem relação e vendo se é possível fazer uma conexão, muitas vezes pode-se provocar um pensamento original. Neste caso, aconteceu. Uma ideia era usar murais. A outra era que o desenho ao vivo era envolvente.

Ideia Inovadora!

"Existe uma sala de conferências em qualquer lugar perto dos escritórios da equipe de gestão?", perguntei. Os membros da equipe BLAST se entreolharam, confusos. "Sim", disse alguém. "Por que você acha que eu achei isso interessante?", perguntei. Eles ainda estavam confusos.

"FORÇAR" INCLUI

- Denso conteúdo de slides
- Ideias completamente formadas
- Instruções diretas
- Nenhuma interação

"ATRAIR" INCLUI

- Estruturas simples, abertas
- Ideias incompletas
- Perguntas
- Convites
- Visualização interativa

"Tenho uma ideia", eu disse. "E se eu for para Boise alguns dias antes da apresentação, e nós, como uma equipe, criarmos grandes murais na sala de conferências, durante esse período?"

Sorrisos enormes se espalharam por vários rostos. Claro! A administração não seria capaz de ficar longe e, muito curiosa, iria entrar e começar a ver todas as ideias ali em tempo real, com o desenho e um monte de envolvimento! E se eles não entrassem, sabíamos que poderíamos fazê-los entrar! Isto asseguraria que as ideias não seriam percebidas como FORÇADAS aos gestores, e sim como ATRAENTES para eles.

Os leitores que estão familiarizados com a facilitação de grupos ou que leram *Reuniões Visuais* vão reconhecer a ideia de forçar/atrair — uma forma muito útil de pensar sobre a dinâmica de grupo. Forçar — apresentar o conteúdo, pedidos, respostas, ou qualquer coisa já pronta — geralmente cria resistência e "afastamento". Atrair — que envolve fazer perguntas reais, com espaços em branco e abertos, usando o silêncio, e esperar — cria envolvimento. A natureza abomina vácuos, as pessoas também.

Criando interação verdadeira

Então, nossa equipe já tinha uma ideia de trabalho, mas o desafio era identificar quais murais criaríamos nesse ambiente de workshop como parte da apresentação. Mais uma vez, como um facilitador de muitas sessões de planejamento nas organizações, eu tinha mais hipóteses.

- Compreensão popular de que novas ideias são filtradas através de experiências passadas.
- As suposições das pessoas sobre o contexto são tão críticas quanto as respostas à nova ideia.
- Se novas ideias encontrarem uma base para o sucesso passado, têm uma melhor chance de serem adotadas.

"Contexto" é uma palavra para tudo o que circunda uma ideia. No caso da equipe BLAST, incluía a relação da divisão com seu próprio grupo maior dentro da HP e da empresa como um todo, e suas suposições sobre por quanto tempo o mercado de impressoras iria se manter, a capacidade da mão de obra e assim por diante. Para que suas novas ideias de negócios fossem enraizadas, a equipe precisava descrever o solo e o ambiente.

Comecei perguntando à equipe sobre a história da sua divisão. Eu estava realmente procurando por algo bastante específico. Queria descobrir onde, no passado, aquela equipe de gestão em particular tinha obtido sucesso sendo rebelde e arriscando tudo. Eu sabia que, se a equipe conseguisse se conectar à alta administração com suas próprias experiências de risco no início da apresentação, a receptividade às ideias da equipe BLAST seria muito maior.

Não demorou muito. Uma folha de papel em branco foi levantada. Nela eu desenhei uma linha do tempo simples e conduzi uma revisão rápida, de meia-hora, sobre a história recente da divisão. Em 1992, a Divisão de Impressoras teve vários projetos fracassados que custaram muito dinheiro e a colocaram na mira da empresa. Todo mundo estava em risco. Eles precisavam de uma "vitória".

Impressão a laser era uma tecnologia nova no mercado dez anos antes, quando a LaserJet original surgiu. A Apple Computer teve um modelo competitivo introduzido um pouco mais tarde e cunhou o conceito de "Editoração Eletrônica" ao mercado. A oferta da LaserJet Boise era forte e, como uma solução do "homem comum", soava como loucura. A gestão da LaserJet, liderada por Dick Hackborn (que se tornou um influente membro do conselho da diretoria da HP na década de 2000), foi contra a política corporativa e trouxe uma impressora a laser que se conectava a qualquer PC e, eventualmente, aos Macs também (veja a história na lateral). Foi um salto para o sucesso. Na época do trabalho da equipe BLAST, a divisão estava num negócio altamente rentável de bilhões de dólares de hardware e toners, que continuava a crescer. Então, o sucesso da gestão atual era enraizado na rebeldia! Que sorte. "Devemos fazer um dos murais como sendo um resumo dessa história e vocês devem começar com ela", sugeri. Todos adoraram a ideia.

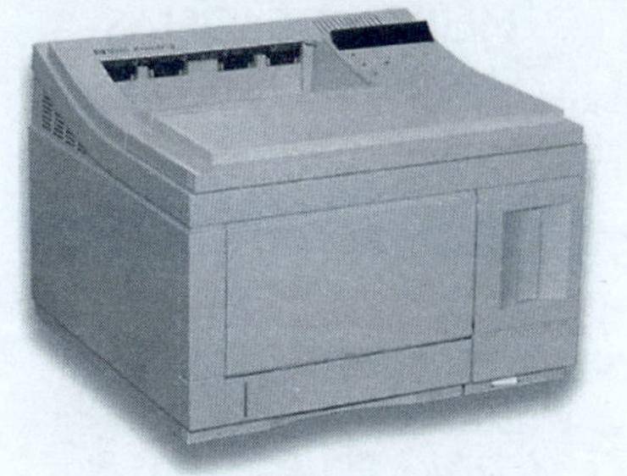

HP LASERJET 4

A HP LaserJet foi a primeira de uma série de impressoras a laser, lançadas em 1984 e continuando por várias versões (a LaserJet 4 de 1992 é mostrada aqui). Ao longo dos anos, inúmeros modelos foram projetados para uso caseiro, de pequenos negócios, e corporativo, incorporando outras funções, tais como digitalização, cópias e fax, e oferecendo cores, assim como a capacidade original de impressão monocromática (preto e branco). Foi sem dúvida uma das impressoras mais bem-sucedidas de todos os tempos e deu origem a muitas das linhas de impressoras HP que vemos hoje. Atestando sua popularidade e longevidade, uma extensa e crescente história da LaserJet pode ser encontrada no Wikipedia em http://en.wikipedia.org/wiki/Hp_laserjet. As impressoras a laser são uma das tecnologias responsáveis pela revolução na visualização em comunicações empresariais.

MURAL DE IDEIAS

Aqui estão alguns dos esboços de conceito para os murais da equipe BLAST.

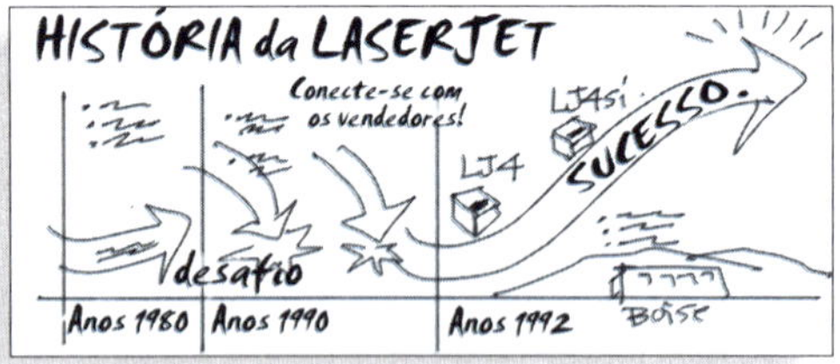

Os outros murais tomaram forma. A essa altura, eu já tinha começado a desenvolver padrões de quadros para reuniões visuais. Estes modelos não eram ferramentas pré-impressas reais como são hoje, mas foram desenvolvidos nessa prática.

Nós decidimos pelos seguintes murais:

1. **História da equipe** — mostrando todas as suas entrevistas e pesquisas (para construir a credibilidade).
2. **História da divisão** — para ancorar a apresentação no sucesso passado de correr riscos.
3. **Mapa de contexto do atual mercado de impressão** — para enquadrar as propostas.
4. **Visões das oportunidades pela equipe** — resumindo as grandes ideias em uma visão geral.
5. **Três planos de jogo** — um para cada uma das grandes ideias; duas iniciativas claramente definidas e denominadas, e uma terceira, mais geral, oportunidade direcionada para o processo.

Isso gerou sete murais ao todo. A equipe BLAST iria atrair a gestão para uma sala de pensamentos, não de conferências!

Resolvendo um Problema de Prioridades

Encontrei a equipe uma vez antes do grande evento para ajudar a rever o conteúdo e avivar as grandes ideias. Foi uma reunião de padrão visual, em que graficamente gravamos as conversas da equipe, usando todas as ferramentas descritas no *Reuniões Visuais* para ajudar o grupo a chegar a uma boa conclusão sobre o que faria.

Nesta reunião surgiu um outro desafio do projeto, resultante da luta da equipe com todas as atraentes ideias adicionais, além das duas grandes já existentes. Eles simplesmente não conseguiam chegar a um acordo sobre o que apresentar. Como o meu papel era o de um designer de apresentação, a eles não importava meu carrilhão de pensamentos. Minha mente começou a aplicar outro tipo de pensamento de design, que é transformar os problemas em suas cabeças e encará-los como ativos e recursos.

Neste caso, eu pensei, "que recompensa, ter tantas ideias". Se uma organização quer ter inovação em curso, não quer ter uma espécie de operação de efeito estufa ou um conjunto de projetos que possam testar e prototipar coisas novas em uma base contínua? Comecei a pensar em outras áreas onde isso é verdade. Eu poderia imaginar um agricultor tendo duas lavouras principais e, em seguida, à parte, um campo com muitas outras culturas. Nós decidimos ilustrar a terceira recomendação como um trator puxando o que parecia ser um arado com todas as ideias adicionais, como pequenas setas unidas a um quadro maior. Tínhamos um plano de trabalho.

Usando Subgrupos e Salas de Trabalho Compartilhadas

Eu fui para Boise três dias antes da grande apresentação, com cartolinas, canetas e crayons. (Descobri que esses bastões podem criar efeitos que se parecem com um aerógrafo se você esfregar as cores com papel absorvente.) Eu sabia que, se a equipe trabalhasse como designers e cooperasse nos murais, precisaria de uma estrutura para trabalhar. Eu já tinha visto que a equipe poderia tropeçar um pouco com um debate completamente aberto. Também sabia que, para desenhar esses murais, eu precisava de um acordo sobre o texto.

A forma como montamos o workshop foi uma experiência nova para mim, e realmente funcionou. Jim, como líder da equipe, tinha mais conhecimento relacionado ao que as recomendações da equipe deveriam realmente concernir. Ele e alguns outros precisavam tomar algumas decisões finais. Outros eram bons em comunicação interna. Eu era o encarregado da criação de murais reais, mas queria que alguém familiarizado com as recomendações da equipe me observasse e respondesse a quaisquer perguntas imediatas sobre a redação. Chegamos a um projeto que dividiu a equipe BLAST em três partes.

Como o meu papel era o de um designer de apresentação, a eles não importava meu carrilhão de pensamentos. Minha mente começou a aplicar outro tipo de pensamento de design, que é transformar os problemas em suas cabeças e encará-los como ativos e recursos.

A SALA DE TRABALHO DA EQUIPE BLAST

Em uma sala de conferências perto dos escritórios da diretoria, a equipe BLAST criou uma linha de montagem de três subgrupos para preparar a apresentação das grandes ideias. A gerência não pôde resistir e ficou observando, completamente atraída. O ambiente visual tornou isso possível.

1. **Equipe de Decisão:** Jim e dois dos membros mais experientes resolveriam todos os problemas pendentes que tinham a ver com o conteúdo a ser apresentado, tal como decidir sobre os nomes das grandes ideias e suas principais características.
2. **Equipe de Redação:** A segunda equipe pegaria as informações sobre o que a BLAST queria apresentar e determinaria as palavras exatas que precisavam estar no gráfico, usando notas autoadesivas e um esboço do mural.
3. **Equipe de Criação do Mural:** Eu desenharia o mural, trabalhando com uma outra pessoa para responder a quaisquer perguntas que eu tivesse e me certificar de que estava sendo claro e preciso.

Regras Básicas Ajudaram

Como equipe, todos concordamos sobre algumas regras básicas que ajudaram a tornar o processo viável. Eu sabia que teria de trabalhar de forma produtiva, usar o poder tanto da hierarquia, refletido pelas três equipes, quanto do consenso do grupo, trabalhando como equipe. Trazendo uma ideia das equipes que eu tinha visto trabalhar na Saturn Corporation, nova empresa automotiva da General Motors que era completamente baseada em equipes, sugeri que, se alguém encontrasse algum problema ou pergunta sobre a sua equipe com os quais não soubesse lidar, interrompesse a apresentação e convocasse uma reunião rápida com o grupo. Perguntei se eu poderia fazer o mesmo, funcionando como o "de fora" que representa o público desinformado. A essa altura a confiança da equipe era alta, e eles gostaram da ideia. Logo estávamos a todo vapor!

E como foi prazeroso! A sala de conferências era relativamente pequena e começou a "pegar fogo" rapidamente. Com certeza, a alta gerência não poderia ficar de fora. Eles pediram desculpas por bisbilhotar, mas estavam fascinados.

Eu encontrei uma maneira de fazer um esboço rápido dos desenhos dos murais para obter espaçamento e ideias visuais, colocando uma folha grande de papel por cima. O material que usei para fazer o cartaz era transparente o suficiente para que eu pudesse ver através dele, essencialmente traçando e melhorando o trabalho. Fazer versões de desenhos é um método padrão que arquitetos e designers usam para pensar. Três, quatro ou cinco versões resultam na criação de um projeto.

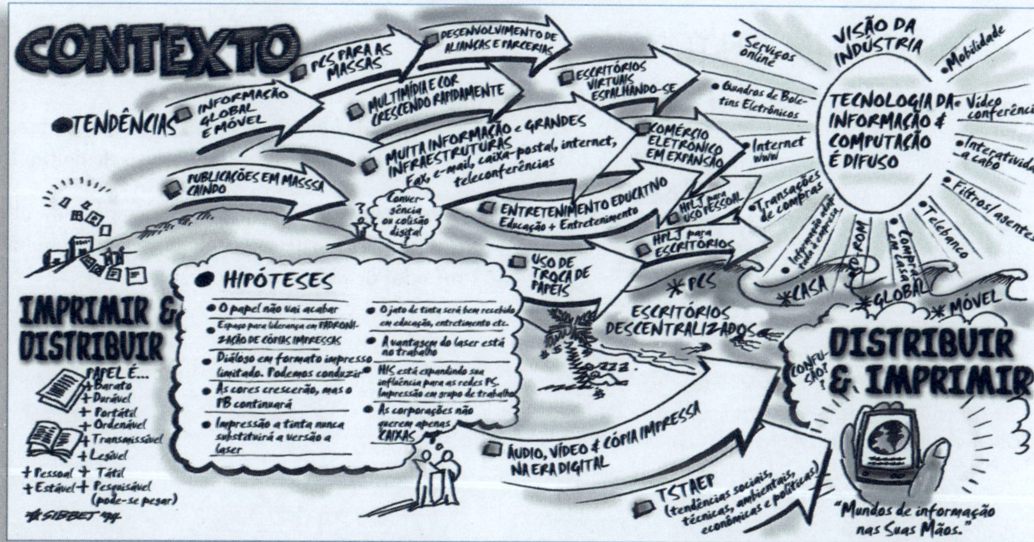

MAPA DE CONTEXTO DA EQUIPE BLAST

A equipe LaserJet Boise escolheu reunir todos os pressupostos que estava fazendo sobre o ambiente de impressão em um grande mural para definir o cenário para a apresentação dos próximos negócios bilionários para a empresa. Esta é uma versão em preto e branco do que foi uma versão final colorida muito eficaz.

Sucesso do Sucesso

O conteúdo real da apresentação era e é de propriedade da equipe BLAST, e não é essencial entender o poder desta história. Eu voltei para casa após os murais ficarem prontos, e a equipe entrou em sua apresentação, criando um teatro de ideias para seus gerentes, cada um tendo um papel na apresentação. Como os gerentes já tinham visto os murais antes, a apresentação se tornou uma celebração. A equipe BLAST não somente recebeu amplos agradecimentos, como também os gestores decidiram usar os murais como trampolim para a sua reunião anual de planejamento estratégico, para a qual me convidaram para facilitar, e os gerentes de nível de grupos decidiram fazer a mesma coisa em sua reunião estratégica.

Ouvi mais tarde que de fato a LaserJet Boise criou alguns novos negócios em torno das ideias, e os membros da equipe BLAST foram aproveitados em vários casos para novos trabalhos. A sua avaliação da indústria de mudar para um paradigma "distribuir e imprimir" foi perspicaz e tornou-se uma visão globalmente entendida dentro dos grupos de impressão da HP, incluindo a divisão Jato de Tinta, e foi além da indústria em geral. Assim, a equipe BLAST alcançou ambos os objetivos — o

NOTA DE JIM LYONS

Foi ótimo ter a chance de refletir sobre a equipe BLAST e seu impacto sobre o negócio de impressoras HP. Depois de trabalhar em comunicar as grandes ideias da BLAST dentro da empresa por alguns meses, acompanhando nossa equipe em estrutura matricial para os seus empregos "diurnos", fui convidado para chefiar uma das duas áreas de iniciativa de negócios que a equipe tinha identificado e trabalhei em estreita colaboração com outro colega que liderou a iniciativa da outra por algum tempo. Depois de uma grande carreira na HP que abrange 25 anos, optei por deixar a empresa em 2005, para buscar o ensino e a escrita. Isso me levou a uma posição como editor sênior da The Observer Hard Copy, da Lyra Research, uma newsletter da indústria (agora online) que há 20 anos tem sido a "voz" do negócio de impressão e imagem. Nesse papel, ainda sigo a HP, líder clara sobre grande parte do domínio de impressão e imagem. E, agora, quais são as duas maiores iniciativas estratégicas da empresa? –1) impressão móvel/em nuvem, aproveitando a mudança de PCs para dispositivos móveis; e 2) serviços gerenciados de impressão, novamente aproveitando os maiores clientes (corporativos e similares) para ter um gerenciamento abrangente de suas impressoras, all-in-one, copiadoras e suprimentos, levando em conta custo-benefício, muitas vezes altamente integrado com suas outras atividades de TI. Lembrando a BLAST e nossas duas "Grandes Ideias", apesar de inúmeras reviravoltas e mudanças ao longo do caminho, há uma alta correlação, e claro reconhecimento, entre as nossas duas recomendações e a estratégia atual.

principal, de identificar novos negócios de grande porte para a nova divisão, e realizar um processo de "esforço pela carreira". A observação de Jim Lyons desta página conta essa história.

Vamos sair deste exemplo específico para um olhar mais geral, e saber por que equipes visuais estão melhor posicionadas para obter melhores resultados do que aquelas que não usam reuniões visuais e métodos de planejamento.

2. Por que Ser uma Equipe Visual?

A Questão da Colaboração

Se você trabalha em equipes em sua empresa, não há dúvida sobre o que você vai conseguir. Como a HP, seus gestores provavelmente querem que você cumpra suas metas. Eu acho que ficariam felizes se você fosse mais criativo. Eles ficariam felizes se você estivesse prestando atenção aos custos e ao retorno sobre o investimento também.

Nós podemos fazer tudo isso, você pode pensar — *se* temos metas claras, abundância de recursos, tempo para trabalhar, pessoas que gostamos e líderes que confiamos! Você já pode adivinhar o que vou dizer a seguir. O caminho a percorrer não é tão simples. Embora a maioria dos pesquisadores concorde que os seres humanos são profundamente sociais, cooperar em times orientados para resultados dentro dos prazos e expectativas da nossa vida contemporânea de ritmo acelerado não é necessariamente natural. É preciso treinamento e prática para ser uma equipe de alta performance e, como Katzenbach e Smith enfatizam em *The Wisdom of Teams* ("A Sabedoria das Equipes"), a alta performance não acontece com muita frequência.

Eu também acredito que ninguém está pedindo para você ser uma equipe "visual".

Comece com Por Que VOCÊ Está Interessado em Equipes Visuais

Este livro vai compartilhar um quadro visual para pensar sobre as equipes e ferramentas e métodos testados e aprovados para trabalhar graficamente que vão aumentar muito suas chances de eficácia. Mas, antes de nos aprofundarmos nos próximos capítulos, vamos nos orientar para o *seu* propósito e intenção ao pegar este livro para ler. Algo deve ter despertado o seu interesse! Foi a ideia de que talvez seja possível divertir-se e obter resultados ao mesmo tempo? Foi uma lembrança de como era ser criança sem medo de criar e desenhar? Foi por ter lido *Reuniões Visuais* e querer aplicar essas ideias para desafios maiores do que apenas uma reunião? Ou talvez você esteja realmente em dúvida e não sabe por onde começar, e está disposto a chegar a algo diferente? Não importa, de verdade. O que importa é que você tem uma semente de esperança e a intenção de regá-la, e de tentar algo novo.

DESAFIOS DE EQUIPE

Marque os que se aplicam à sua equipe.

Orientação e missão

- ❑ *Definição clara de escopo e propósito*

Confiança e competência

- ❑ *Trabalho com várias gerações, culturas e fusos horários*
- ❑ Grandes talentos individuais que não entendem como liderar uma equipe ou não têm as habilidades corretas

Clareza e comunicação

- ❑ *A complexidade crescente de informações e dados*
- ❑ *Encontrar uma linguagem comum para falar sobre problemas da equipe*

Compromisso e recursos

- ❑ *Escolher a tecnologia de comunicação certa*
- ❑ *Obter apoio organizacional*
- ❑ Limitações de recursos
- ❑ *Participação em várias equipes*

Execução e prazos

- ❑ Lidar com um ambiente de trabalho 24 horas por dia/7 dias por semana
- ❑ *Alinhamento em estrutura matricial e colaboração*
- ❑ *Gerentes pressionando equipes enxutas a inovar*

Performance e melhoria

- ❑ Crescentes demandas por velocidade
- ❑ *Acompanhamento e avaliação do progresso*
- ❑ *Obter ajuda oportuna de outros membros da equipe*

Renovação e mudança

- ❑ Sistemas de interrupções por meio de reorganizações
- ❑ *Encontrar tempo para aprender e avaliar*

(*Itálicos indicam vantagem para as equipes visuais*)

Você vai precisar de persistência. Habilidades de grupo requerem prática. Olhe para todas as equipes de esportes ou de artes performáticas. Elas praticam! E elas fazem!

Então, você precisa de motivação. Veja as duas listas sobre isso, nesta e na próxima página. A lista da esquerda mostra os desafios que as equipes enfrentam no atual ambiente de trabalho. A da direita mostra algumas possibilidades para enfrentar tais desafios. Uma parte do seu sucesso na aprendizagem dos instrumentos e métodos deste livro vai incluir bastante descontentamento com a situação atual e muita pressão para uma visão de algo possível que você esteja disposto a mudar. (Se você prestar atenção na lista de desafios, vai perceber que eu deixei em itálico todos os itens em que a visualização é diretamente útil!)

A Vantagem das Equipes Visuais

Para trabalhar visualmente como equipe, existem vários argumentos-chave que surgem da lista de desafios à esquerda. Eu agrupei como os quatro "Cs":

1. **Convergência:** Uma equipe eficaz converge em um propósito comum e um conjunto de objetivos, compartilhando pressupostos coletivos sobre o que está fazendo. O trabalho visual concentra-se em um grupo, porque todo mundo está procurando uma tela, não as muitas versões diferentes dentro de sua própria imaginação.

2. **Comunhão:** Eu afirmo em *Reuniões Visuais* que as qualidades interativas, que se dedicam a trabalhar com gráficos, notas e mapeamento de ideias, são muito mais eficazes no apoio à construção de relacionamento, confiança e participação em vez de apresentações insistentes. Na entrega, cocriar comunicações para uma maior organização pode ser muito energizante, como eu descrevi na história da equipe HP.

3. **Controle:** A explosão de tipos de informação, canais de comunicação e uso global do inglês significa que encontrar padrões e tirar sentido dessa confusão é cada vez mais difícil. A visualização é um apoio direto à descoberta de padrões, e permite que as etapas de agregação e

análise do trabalho em equipe sejam uma atividade de grupo. A maioria dos progressos que os cientistas estão fazendo para entender sistemas dinâmicos vem da visualização e, literalmente, de ver os padrões. Equipes de trabalho podem aproveitar a mesma vantagem.

4. **Continuidade:** Conectar as atividades de todos ao longo do tempo é essencial para produzir qualquer coisa. A diferença entre confiar na percepção individual de todos e ter uma agenda compartilhada e um roteiro com o qual todos concordem é como mudar da água para o vinho. Registros gráficos permitem que as equipes informem os acionistas e patrocinadores, apoiem a ação após as opiniões e documentem as melhores práticas para futuras equipes.

Retrospectiva, Previsão e Insight para Ação

Em um nível ainda mais profundo, há razões para fazer da visualização algo central no trabalho em equipe. É uma chave para a imaginação de possibilidades. Na década de 1990, quando a The Grove formulou o processo de Visão Estratégica para dar suporte ao planejamento com modelos gráficos, concluímos que a razão pela qual os gestores queriam fazer estratégia era unir a melhor retrospectiva do passado e previsão sobre o futuro para criar *insights* para a ação no presente. Pense sobre estes três conceitos: todos remetem à "visão"! Quando pensamos sobre nosso entendimento ser incorporado nas narrativas sobre a forma como isto ou aquilo aconteceu, literalmente "vemos" os padrões de conexão e de fluxo. O mesmo é verdadeiro quando se imagina o futuro. Nós *imaginamos*. Formamos imagens. *Vemos* possibilidades. E o mesmo acontece quando trazemos nosso pensamento futuro de volta para o presente e determinamos planos de ação. Queremos vê-los claramente definidos.

Do ponto de vista da ciência cognitiva, é do conhecimento comum que os seres humanos não podem deter mais do que cerca de 4 a 7 pontos de dados em sua atenção de uma só vez, sem recorrer a monitores. Eu acho que é por isso que Geoff Ball, ao escrever sobre a memória de grupo explícita, quando foi trabalhar com Doug Englebart na SRI, afirmou que um monitor de trabalho compartilhado é a ferramenta mais produtiva que qualquer grupo pode usar para manter suas atividades.

OPORTUNIDADES PARA AS EQUIPES VISUAIS

Marque os que você consegue imaginar.

- ❑ Usar visões gráficas para energizar o senso de propósito de todos
- ❑ Registrar reuniões graficamente para honrar a contribuição de todos, construir a confiança e fomentar o respeito mútuo
- ❑ Transformar reuniões virtuais
- ❑ Mapear e visualizar decisões para unir informações e encontrar padrões
- ❑ Obter compromissos de todos para a ação em uma folha de papel (imagine só!)
- ❑ Partilhar visualmente os planos com os patrocinadores e apoiadores em potencial
- ❑ Tornar a tomada de decisões prazerosa e interativa
- ❑ Ver a imagem maior enquanto trabalha em detalhes
- ❑ Colaborar em vídeos, apresentações multimídia, murais e outras visualizações como uma maneira direta de se divertir e ser produtivo ao mesmo tempo
- ❑ Chamar atenção para o produto final e os resultados da equipe

CONFIRA A INTERDEPENDÊNCIA

1. Peça que seu time verifique o quanto todos precisam colaborar nas tarefas.
2. Distribua post its e anote todas as tarefas da equipe, uma por post it.
3. Crie uma escala de interdependência em um quadro branco ou cartolina, como ilustrado abaixo.
4. Cole os post its de acordo com o quanto a cooperação for necessária — "0" para pouco e "10" para muito.
5. Chegar a um acordo sobre os principais itens que requerem cooperação.

Você É um Grupo de Trabalho ou uma Equipe?

Se você está convencido sobre a visualização, a próxima questão é o quanto você precisa investir em ser uma equipe. A palavra "equipe" é usada de forma muito ampla dentro das empresas. Uma maneira de começar a pensar sobre quanto esforço você deseja colocar no desenvolvimento da equipe é fazer a distinção entre esses grupos de trabalho que, essencialmente, trabalham individualmente, talvez coordenados por um gerente e alinhados com os objetivos comuns, mas que estão trabalhando a maior parte do tempo em uma base individual, e as equipes que necessitam de cooperação. O primeiro tipo pode incluir as equipes que trabalham em contabilidade, ou call centers, atividades particulares, ou de alguns serviços profissionais. Neste livro, eu chamo esses tipos de equipe de "gru-

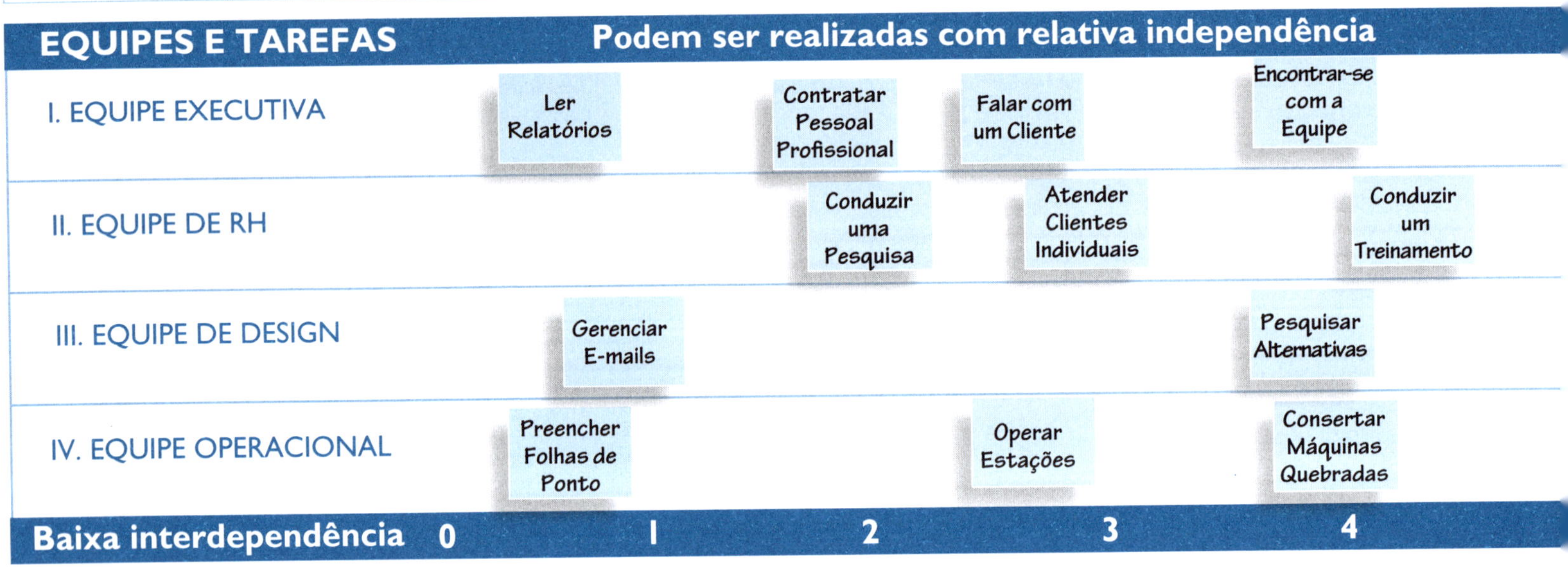

pos de trabalho". Há muitas maneiras nas quais a visualização pode apoiar esse tipo de trabalho. Mas há muitos casos em que o trabalho não pode ser concluído sem pessoas cooperando estreitamente. A equipe BLAST é um bom exemplo. Uma equipe de gestão, de produção, de design, de esportes ou de artes cênicas ou equipe de gestão da mudança da organização são exemplos de equipes onde as tarefas exigem uma coordenação e cooperação ao longo de todo o caminho. Ajuda se chamarmos esses grupos de "equipes".

Quanto esforço você, pessoalmente, ou como equipe, investe em aprender a trabalhar em conjunto deve ser um resultado direto de sua resposta ao exercício descrito nesta página.

Uma maneira de começar a pensar sobre o quanto de esforço você deseja colocar em desenvolvimento da equipe é fazer a distinção entre esses grupos de trabalho que, essencialmente, trabalham individualmente... e as equipes que necessitam de cooperação.

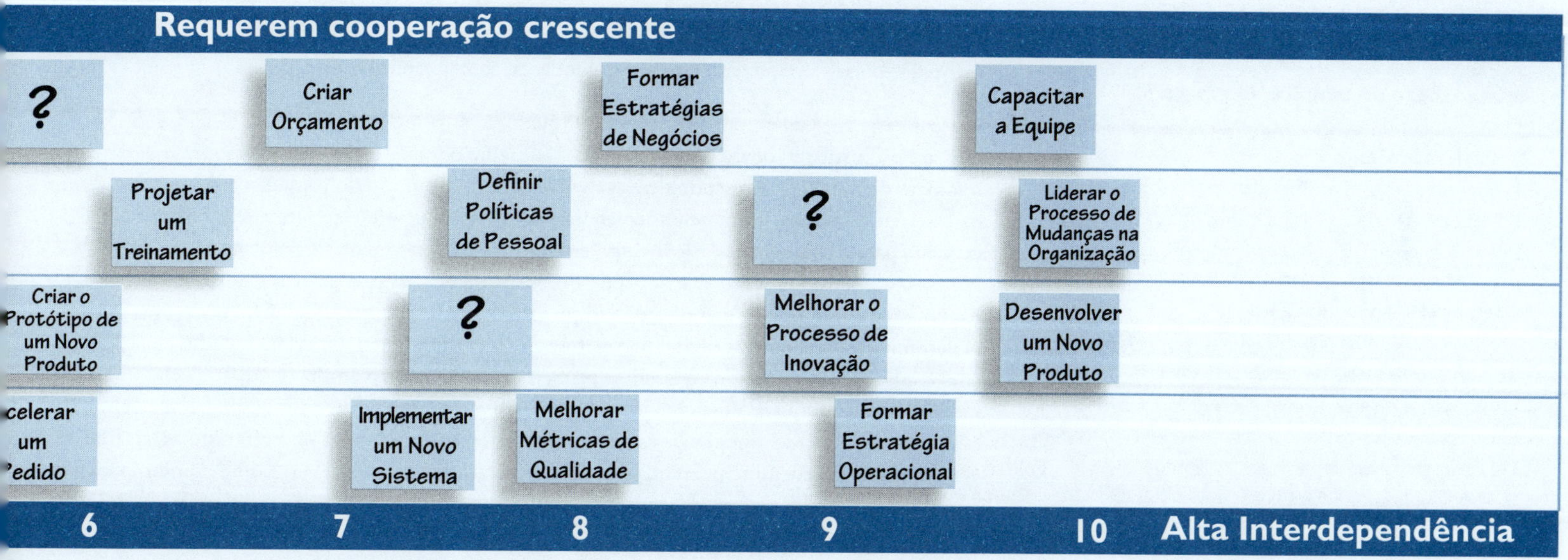

EQUIPES VISUAIS OBTÊM RESULTADOS ATRAVÉS DE...

Imaginar juntos

- ❑ Prever o sucesso, centrando sua atenção e usando histórias "visuais" para as possibilidades de cenários

Engajar e reconhecer

- ❑ Gravação visual na web e ao vivo para construir a confiança com *feedback* visual ativo
- ❑ Convidar a todos para se envolverem diretamente com post-its e votações por ponto
- ❑ Mapeamento de competências e interesses do grupo

Pensar GRANDE

- ❑ Mostrar como as partes se conectam em sistemas maiores e soluções com quadros e diagramas
- ❑ Criação de grandes espaços de trabalho virtuais com modelos gráficos e mapeamento de ideias

Ação ao longo do tempo e do espaço

- ❑ Classificar, colocar em rankings e decidir visualmente sobre as opções
- ❑ Suporte às equipes distribuídas entre as reuniões
- ❑ Mapeamento de acordos e planos de ação da equipe
- ❑ Ajuda às equipes a compreender como os papéis se integram ao longo do tempo com metáforas visuais

Informação e aprendizagem

- ❑ Gerenciamento de projetos com o acompanhamento visual e ferramentas de gestão de projeto
- ❑ Lembrança de acordo com *Infográficos*
- ❑ Uso de murais e mapas como sínteses para relatórios
- ❑ Utilizar casos visuais para apoiar a aprendizagem, avaliação da aprendizagem e criação de conhecimento ao final de projetos

Se você precisa cooperar para completar seu trabalho, então o investimento nos métodos e ferramentas deste livro vai valer a pena. Se você não precisa cooperar muito, mas se beneficiaria com mais camaradagem, clareza de metas e afins, então, pule para as partes que compartilham as melhores práticas nestes temas.

Apreciando Novas Ferramentas Colaborativas Digitais para Equipes

Vamos supor que você aprecie o valor de ser visual e quer mais como equipe. A próxima pergunta é "que tipos de ferramenta estão disponíveis?". Lembro-me de Jim Whittaker, o alpinista e fundador da REI (Recreational Equipment, Inc.), dizendo para as expedições de liderança da Apple na década de 1980, que a maioria dos escaladores, quando se juntam pela primeira vez, fala sobre ferramentas. É uma forma de calibrar competência e imaginar o que poderá acontecer na subida. Então, vamos fazer de conta que estamos em uma expedição para aprender sobre as equipes visuais. Esta será a sua chance de verificar com o que você está familiarizado ou não, e o que você poderia ter imaginado usar para apoiar sua equipe. Vou me aprofundar nisso nos capítulos posteriores.

No Capítulo 17, vou contar a história do Projeto de Software de Grupo para Usuários da The Grove e do Institute for the Future, realizado durante os anos 1990, quando as ferramentas colaborativas digitais estavam sendo desenvolvidas em um ritmo rápido paralelamente ao crescimento da Internet. O termo "ferramentas colaborativas digitais" se refere ao software projetado especificamente para a colaboração. Ele incluiu, em nossas pesquisas iniciais de videoconferências Lotus Notes, ferramentas de suporte a decisões, um software de gravação gráfico e quadros interativos. Argumentei então que os métodos de Grupo Gráfico e reunião visual também eram uma espécie de ferramenta colaborativa digital não eletrônica. À medida que a Internet explodiu em 1993, com o advento do navegador Mosaic (a primeira interface visual amplamente utilizada), estas ferramentas aceleraram seu desenvolvimento. Agora, na rede social nos anos 2000, os smartphones e tablets estão forçando ainda mais os limites do que é possível. Gostei de quão cedo as ferramentas colaborativas digitais funcionaram, porque forneceram um monitor de trabalho comum para grupos. Todas as características e benefícios à parte, permitiram que as pessoas vissem o que estavam fazendo ao longo do tempo e do espaço.

Uma das primeiras coisas que fizemos no projeto de Software de Grupos foi mapear esse fenômeno. Nosso primeiro relatório para os clientes, chamado *Leading Business Teams*, foi um dos primeiros livros publicados sobre o assunto. (Veja a história lateral na próxima página.)

Pensamento Visual Aplicado a Ferramentas Colaborativas Digitais

A visualização funciona em dois níveis para as equipes. Um deles envolve as ferramentas de comunicação e métodos que as equipes utilizam para realmente gerenciar o trabalho e dar sentido às coisas. O outro é usar conceitos visuais e modelos como um novo tipo de linguagem para pensar sobre a dinâmica da equipe e o processo organizacional em si.

Nós queríamos descrever as opções de ferramentas, por isso desenvolvemos o Mapa Quadrangular de Software de Grupos, explicando nossa intenção em *Leading Business Teams*:

> Uma meta inicial nossa no Projeto de Software de Grupos para Usuários era criar um mapa de uma única página que pudesse ser colocado na frente de alguém que nunca tivesse ouvido falar sobre a tecnologia emergente (neste caso, Ferramenta Colaborativa Digital) e ser usado para explicar o assunto em linhas gerais dentro de cinco minutos. Em dez minutos, um recém-chegado devia ser capaz de falar através do mapa enquanto fazia perguntas e comentários sobre o conceito de ferramentas colaborativas digitais. Quando os quadros são assim claros, então o foco pode estar no território e em encontrar novos padrões com ele. (Johansen 1991, 14)

Este é o argumento mais claro para o poder da linguagem visual que eu conheço. Vamos usá-lo agora para ver os tipos de ferramentas de visualização de que vou falar neste livro e que você pode pensar em aprender a usar. Para mapear qualquer coisa, um designer precisa de um "mapa base". Para mapas geográficos isso é um dado — a grade norte-sul-leste-oeste. Para mapas conceituais, é preciso pensar nas formas naturais como as pessoas entendem as coisas e encontrar um mapa base que seja intuitivamente claro. Mapas quadrangulares são bastante comuns, porque cruzam duas dimensões para criar quatro categorias. Esse é um equilíbrio perfeito entre simplicidade e complexidade. A arte é escolher as duas dimensões e fazê-las relevantes. O mapa de ferramentas colaborativas fornece um

Gostei de quão cedo as ferramentas colaborativas digitais funcionaram, porque forneceram um quadro de trabalho comum para grupos. Todas as características e benefícios à parte, permitiram que as pessoas vissem o que estavam fazendo ao longo do tempo e do espaço.

mapa base perfeito para avaliar todas as opções de ferramentas gráficas para as equipes compararem tempo e lugar. Eu atualizei o mapeamento para este livro para incluir todas as novas ferramentas que surgiram desde que escrevi o livro original em 1989.

Mesma Hora/Mesmo Local — Reuniões Presenciais

A forma tradicional e historicamente mais familiar para trabalhar como uma equipe é ao vivo, ao mesmo tempo e no mesmo lugar. Este é o espaço de reuniões presenciais e foi o foco do livro *Reuniões Visuais*. Muitos tipos de grupos de trabalho ainda estão localizados na mesma área geovisual ou de construção e podem reunir-se desta maneira. As ferramentas que vamos ver neste modo de grupos são:

- Anotação visual em cartolina
- Quadros estáticos e interativos e telas (e paredes) de multitoque
- Projeção de computador do mapeamento de ideias, gráficos de fluxo e outros softwares
- Murais de apresentação pré-definidos e gráficos
- Templates (modelos de documentos) gráficos de parede e de mesa
- Pastas de trabalho, planilhas e apostilas
- Quadros com Post-its
- Software de apoio à decisão para brainstorm, votação e classificação eletrônicas
- Computadores Tablets para registro gráfico ativo do que é projetado

Mesma Hora/Local Diferente — Reuniões Virtuais

Cada vez mais as equipes não estão no mesmo local, e estão distribuídas em locais diferentes, muitas vezes por todo o mundo. Mas elas ainda querem se encontrar de vez em quando, ao mesmo tempo,

LEADING BUSINESS TEAMS

Uma das primeiras coisas que fizemos no Projeto de Software de Grupos do Institute for the Future/Grove foi mapear o crescimento explosivo das ferramentas colaborativas digitais orientado no final dos anos 1980 e na década de 1990. Nosso primeiro relatório aos clientes, chamado *Leading Business Teams*, foi um dos primeiros livros publicados sobre este novo desenvolvimento por Addison Wesley, em 1991. Ele é chamado *Leading Business Teams: How Teams Can Use Technology and Group Process Tools to Enhance Performance*. Ele contém mapas para este território de novas ferramentas que são ainda muito relevantes nos dias de hoje.

ouvindo as vozes uns dos outros e, talvez, vendo-se em vídeo e olhando para as mesmas imagens. Reuniões ao vivo envolvem um componente virtual com várias pessoas ligando. Este é o modo de trabalho ao mesmo tempo/local diferente. Suas ferramentas são:

- Teleconferências com documentos-alvo
- Conferências via web com quadros brancos compartilhados e apresentações interativas
- Conferências via web com registro ativo em tablets
- Videoconferências com telepresença e quadros interativos integrados
- Quadros interativos e telefones
- Bate-papo ao vivo, com ou sem vídeo
- Software de apoio à decisão baseado no navegador

Horas/Locais Diferentes — Conexões via Internet

Uma terceira, e como você vai perceber, forma de trabalhar muito comum em um ambiente técnico hoje é em horas/locais diferentes. Este é o mundo do e-mail, sites de equipe e mídias sociais. As ferramentas usadas aqui incluem:

- E-mails e mensagens de texto
- Bancos de dados compartilhados "na nuvem"
- Quadros de avisos eletrônicos
- Mídias sociais, como LinkedIn, Facebook, Google+ e Twitter
- Fax e e-mails noturnos
- Ferramentas Colaborativas Digitais orientadas à gestão de projetos

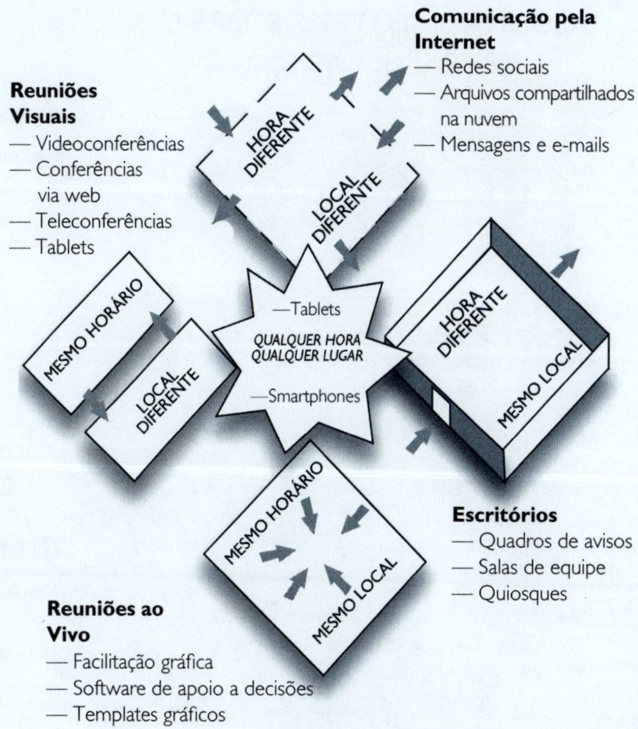

MAPA QUADRANGULAR DE SOFTWARE DE GRUPOS

Este é o modelo original publicado em *Leading Business Teams* para organizar escolhas de ferramentas colaborativas digitais. As novas tecnologias estão incluídas!

ALGUMAS HIPÓTESES SOBRE O TRABALHO VIRTUAL

No final dos anos 1990, eu fui convidado para ser um dos apresentadores da palestra sobre a primeira conferência de computadores organizada pela Organization Development Network, chamada de Collaborate 98. Centenas de pessoas participaram, ao longo de um período de três semanas, com cada um de nós, que concordaram em ser "anotadores", assumindo uma semana. Concordei em verificar a conferência duas ou três vezes por dia e responder aos comentários e perguntas que foram postadas após meu "discurso" introdutório de cinco páginas — na verdade, um ensaio que escrevi para a ocasião.

Eu tinha três hipóteses no momento, que são ainda mais relevantes hoje, quando se trata de trabalhar em situações de equipe que envolvem elementos virtuais, e são bastante relevantes para pensar sobre como usar este livro e todas as suas ideias. Eu tomei uma posição na qual três fatores iriam moldar a colaboração online.

1. **As reuniões ao vivo se tornam menos frequentes e mais importantes** à medida que têm de ser bem facilitadas, já que as equipes virtuais dependem delas para desenvolver as relações pessoais.
2. **Apesar da variedade de plataformas de comunicação, as equipes têm de concordar em uma ou duas medidas básicas** para se conectarem.
3. **O estreitamento de canais de comunicação** (ou seja, mensagem de texto, telefone versus encontro ao vivo) **exige uma metalinguagem mais robusta** para falar sobre a fala e pensar sobre o pensamento. Os modelos visuais neste livro são bons exemplos do que quero dizer.

Reuniões em Horas Diferentes — Mesmo Local

Isso nos traz de volta a um escritório físico ou espaço de trabalho. Quando as equipes são definidas, elas podem se comunicar visualmente através do ambiente físico de maneira que permitam a colegas de trabalho ver o que está acontecendo em momentos diferentes. Essas ferramentas incluem:

- Quadros de avisos físicos e paredes de gestão de projetos
- Cartazes
- Postagens de planos de ação e roteiros
- Salas de equipe com monitores
- Quiosques — físicos e eletrônicos

Qualquer Hora/Lugar — Mídia Social e Computação na Nuvem

Nosso Projeto de Software de Grupos previa o desabrochar das mídias móveis e a possibilidade de comunicação virtual em praticamente qualquer lugar. Com câmeras em smartphones e tablets, conexões Wi-Fi e de Internet tornando-se universais, e o acesso a dados a partir da nuvem se expandindo exponencialmente, a possibilidade de "a qualquer hora/em qualquer lugar" se torna uma realidade. Algumas das ferramentas que especificamente tornam isso possível são:

- Mensagens de texto
- Compartilhamento de vídeos e fotos
- Teleconferência em smartphones
- Todos acima, além de desenhos em tablets inteligentes
- Coordenação através de serviços de computação na nuvem
- Aparelhos móveis de crescente variedade

Esta última categoria não é diferente das quatro básicas, mas as integra e combina. As pessoas estão escrevendo e tuitando em reuniões ao vivo agora. Reuniões virtuais mergulham "na nuvem" à procura de documentos de referência. Aplicativos permitem as ligações entre e-mail, redes sociais e sites. Aonde esta comunicação e integração transversal irá nos levar é uma questão em aberto no nosso tempo.

Pensando em equipes ao longo do tempo

Pensar em todas essas ferramentas sem uma equipe específica em mente é como ir a uma loja de artigos esportivos sem ter ideia do esporte que você quer praticar. É impressionante o número de escolhas que existem. Então, o próximo passo no trabalho com uma equipe é entender como as coisas acontecem ao longo do tempo. A boa notícia é que existem algumas fases muito previsíveis no processo de equipe, quando revistas em um nível elevado. Existem etapas definidas envolvidas na criação da equipe em primeiro lugar e, depois, há fases em que você tenta manter a performance. Isso é o que o próximo capítulo irá mostrar — uma análise detalhada, passo a passo, do processo da equipe através das lentes do Modelo de Performance de Equipe Drexler/Sibbet.

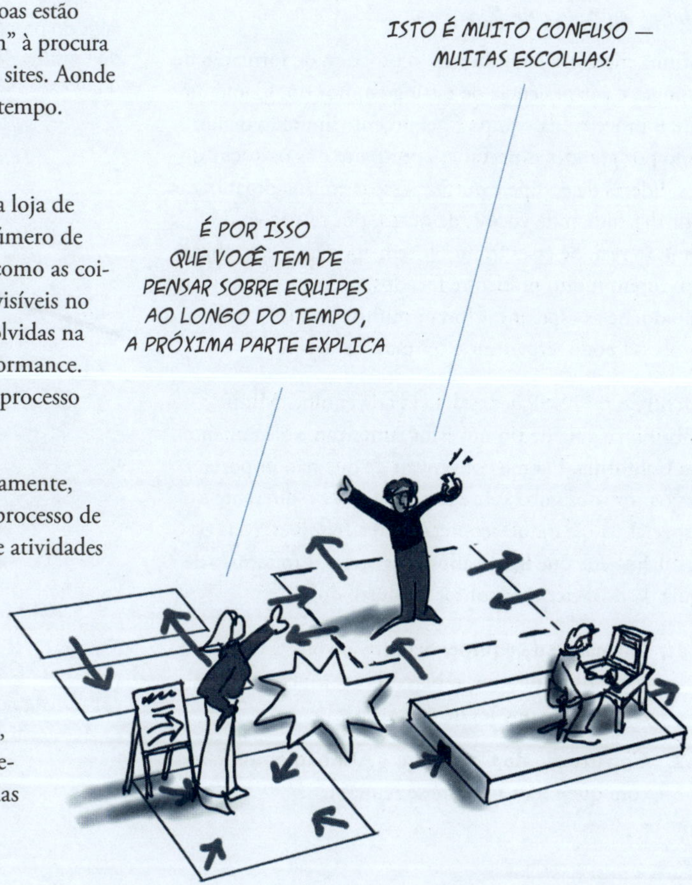

Mas, antes de entrar nesse nível de detalhes, vamos olhar para as equipes mais metaforicamente, permanecendo dentro da metáfora de aventura. As duas próximas páginas ilustram um processo de equipe, como se fosse um trajeto num rio, e nomeiam algumas das reuniões, repetições e atividades comuns com as quais você vai sem dúvida se envolver. Pensar desta forma também irá ajudá-lo a fazer escolhas sobre o melhor conjunto de ferramentas.

Os capítulos após a explicação do MPE focam, mais especificamente, em como fazer escolhas de ferramentas como líder e como estruturar sua equipe para o sucesso. Então, os capítulos irão percorrer cada um dos sete estágios de performance da equipe, discorrendo sobre as melhores práticas e descrevendo equipes específicas que têm representado o que as equipes visuais de fato podem realizar quando se tornam familiarizadas com as ferramentas.

PENSAMENTO DE EQUIPE, UMA AVENTURA DE RAFTING

O próximo capítulo vai traduzir esta imagem fictícia em um modelo formal de pensar sobre o trabalho em equipe. Você vai descobrir que os quatro canais ilustrados aqui são ponteiros para os Quatro Fluxos que sustentam todo o processo de grupo — os fluxos de atenção, energia, informação e operações. As diferentes fases do processo são os desafios recorrentes, como corredeiras, cachoeiras, águas lentas para os praticantes do esporte. As fronteiras do rio, na vida real, são as esperanças e aspirações na linha de cima e as limitações do mundo real na inferior.

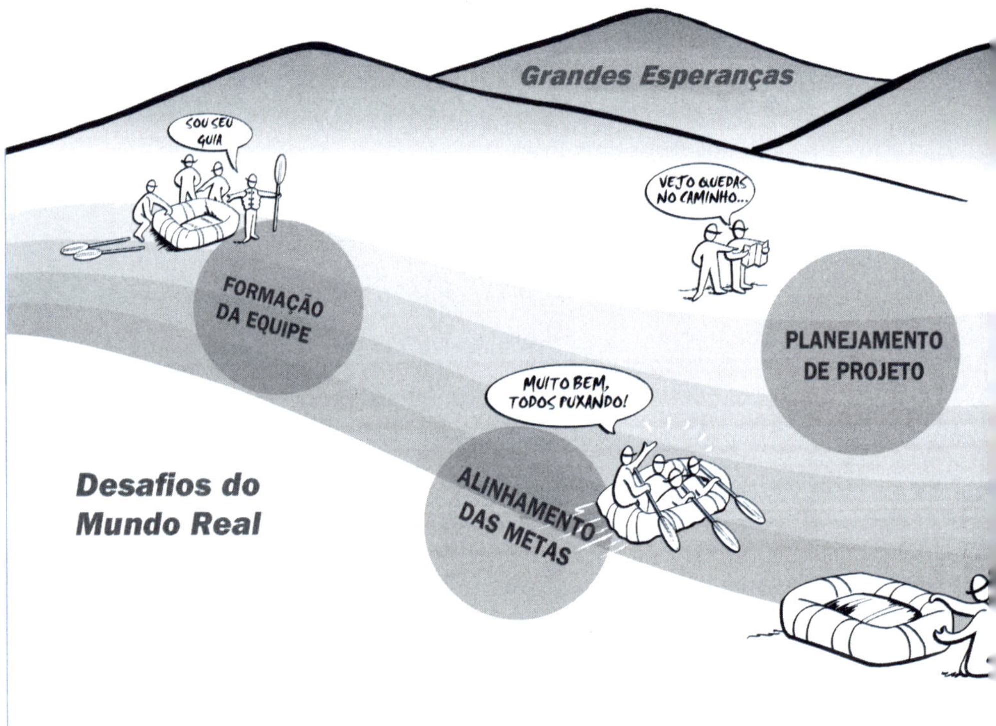

Lições de Guias do Rio

Minha metáfora favorita para o processo de formação de equipes é a experiência de rafting em um rio. Como um rio, o processo da equipe é geralmente limitado de um lado por grandes expectativas por parte dos patrocinadores, líderes de equipe e outras pessoas em sua organização que dependem de você e, de outro, por restrições do mundo real. Se esses limites forem apertados e os objetivos forem muito práticos e focados, o rio irá correr mais rápido. Se as esperanças forem muito elevadas e nobres, o processo pode serpentear e ter mais variedade.

Dentre essas restrições está a vida da equipe. Minha sobrinha é guia de rio nos Rios American e Sacramento, na Califórnia. Ela me convenceu de que não importa o quanto você saiba sobre o rio, cada vez é diferente e especial. Isso é o que acontece com as equipes. Mas ela também sabe que há desafios previsíveis. Em termos de guia de rios, eles são (conforme ilustrado):

1. **Formação de equipe:** Sempre envolve a discussão sobre os resultados, o barco/bote, funções, regras, segurança e opções de descanso.
2. **Construção de Confiança e Alinhamento:** Fazer com que todos no bote se reúnam.

MAPA DE SEU PRÓPRIO RIO

1. Coloque um pedaço grande de papel e explique essa metáfora do rio.
2. Faça com que todos da equipe identifiquem em notas os desafios previsíveis que vocês irão enfrentar.
3. Veja se você consegue organizá-los em uma sequência que tenha chances de acontecer.
4. Crie seus próprios nomes para esses tipos de estágios previsíveis.

3. **Planejamento do Trajeto:** Antes de entrar em águas turbulentas, os *rafters* geralmente param e pensam numa estratégia.
4. **Tomada de Decisão:** O tempo inteiro, os guias têm de tomar decisões, os *rafters* tomam decisões menores, e todos precisam ser claros sobre como isso é feito, porque vidas estão em risco.
5. **Revisões do Progresso:** Em viagens mais longas, pausas e vigilância são necessárias, para certificar-se de que as suposições sobre os níveis de água estão corretas.
6. **Soluções Criativas para Problemas:** Quando grandes obstáculos aparecem (cachoeiras, depressões grandes e profundas...), todos precisam ter flexibilidade e adaptação, talvez até mesmo ir para terra por algum tempo.
7. **Aprendendo com a Ação:** Bons guias tiram experiência de seus trajetos e planejam melhores práticas e aprendizados para a próxima. Improvisar em ação é um problema de repertório. Ter boas escolhas contribui para ser um guia melhor.

Você pode chamar esses tipos de desafios previsíveis de diferentes nomes, mas eles devem soar familiares. Ter um profundo senso de equipes e processos ao longo do tempo é a chave para determinar o que fazer, quando e quais ferramentas são as melhores para escolher e aprender.

APRESENTAÇÃO PANORÂMICA

A metáfora Badlands serve como um quadro para uma equipe do Institute for the Future, retratando suas previsões sobre as forças vindouras que irão moldar desde cedo a economia no século XXI. A esta altura, o registro gráfico e a facilitação tornaram-se uma forma padrão de fazer sentido fora dos padrões complexos que o IFTF estuda e relata.

Equipes Visuais Trabalham Panoramicamente

À medida que avançamos em capítulos que descrevem o MPE como uma estrutura para pensar sobre o processo da equipe, imagine ter as ferramentas e práticas do uso de uma rica visualização por todo o processo. A equipe do Projeto de Software de Grupos no Institute for the Future, que vou descrever no Capítulo 17, trabalhou com gráficos como os desta página como uma parte cotidiana de seu trabalho. Grandes murais ajudaram a equipe a comunicar os resultados e ideias mais integrados, mais tarde, conforme um grupo maior foi envolvido. Interações destas grandes imagens serviram como uma espécie de pensamento de software para a mente do grupo. A versão 1.0 iria começar as coisas e, nas versões 2.0 e 3.5, as suposições e afirmações se tornariam claras e convincentes.

3. A Interface Visual de Usuário para Equipes

Modelo de Performance de Equipe Drexler/Sibbet

Conheci Allan Drexler em um workshop de facilitação gráfica que eu estava conduzindo na Costa Leste, no início da década de 1980. Allan era um especialista em equipes trabalhando para ajudar grandes empresas, como a General Mills, a lidar com as tensões e os conflitos inerentes no modelo--matriz de organização. Ele desenvolveu um modelo de formação de equipes, chamado Modelo de Construção de Equipes Gibb, Drexler, Weisbord, com a ajuda de alguns outros pioneiros no desenvolvimento organizacional, Jack Gibb e Marvin Weisbord. Allan esboçou-o nesse workshop inicial (veja a ilustração aqui). Ele também compartilhou um modelo de consultoria muito mais complexo, que se seguiria uma vez que a equipe concordasse em como ele funcionaria.

Modelo de Construção de Equipes Gibb, Drexler, Weisbord

A beleza do Modelo de Construção de Equipes Gibb, Drexler, Weisbord, e do muito popular Modelo de Tuckman (Formar, Discutir, Normatizar e Desempenhar), que são semelhantes em seus estágios, é a sua simplicidade e foco em como começar uma equipe. Ele descreve com o que as pessoas se preocupam à medida que ingressam em um processo de grupo, e especialmente em equipes. Primeiro você vai querer saber o motivo de você estar em uma equipe, depois com quem você está trabalhando, o que está fazendo e, finalmente, como vai funcionar.

No workshop, eu revisava a Teoria do Processo de Arthur M. Young. Reconheci imediatamente as primeiras quatro etapas do modelo de Allan refletidas nas primeiras quatro etapas da Teoria de Young, mas senti que o mapeamento dos estágios estava "de cabeça para baixo" graficamente e que o único modelo só lidava de forma satisfatória com as fases iniciais da formação de equipes. Eu imaginava que as etapas de implementação e performance pudessem ser mostradas como um processo de superação das limitações assumidas durante a criação de estágios — com um modelo que tratasse tanto de criar como de sustentar os aspectos da formação de equipes.

Nossa conversa neste workshop deu início a uma colaboração de dois anos que se tornou uma das mais emocionantes em nossas carreiras profissionais, e um grande exemplo de como uma equipe pode utilizar a visualização na prática. Deixem-me partilhar a história de como desenvolvemos nosso pensamento e, em seguida, fornecer uma visão mais formal do próprio modelo e os sete principais desafios que se articulam.

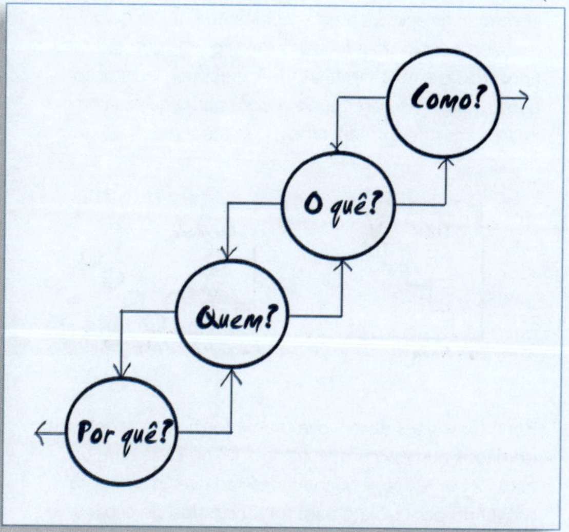

MODELO DE CONSTRUÇÃO DE EQUIPES GIBB, DREXLER, WEISBORD

Este foi o esboço de Allan Drexler para explicar seu modelo de formação de equipe. Ele sugere que essas quatro questões são as mais básicas das equipes. Sem boas respostas, os membros da equipe voltam às perguntas anteriores.

USANDO METÁFORAS PARA PENSAR

Grande parte do nosso pensamento intuitivo é guiado por comparação do que sabemos com o que não sabemos. Este é o pensamento metafórico. Desenhos e ilustrações convidam as equipes a estar conscientes sobre quais metáforas estão usando e escolher aquelas que são mais apropriadas para a tarefa atual. A metáfora "edificação/construção" não parecia tão precisa para equipes como a imagem de "performance/bola quicando".

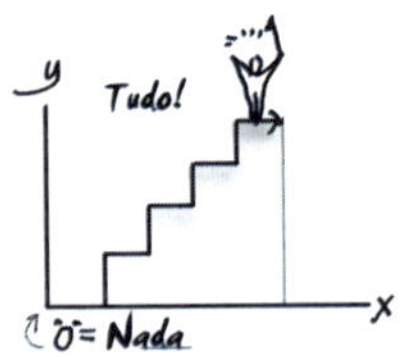

René Descartes desenvolveu uma forma de mapeamento de dados numéricos que coloca "0" no centro de um eixo "x" e "y", com quantidades cada vez maiores se movendo para cima e para fora. Este tipo de espaço matemático imaginário se tornou uma maneira padrão de fazer gráficos de barras, gráficos de linha, historiogramas, mapas e outros dados. Uma propriedade curiosa deste modo de mapeamento é que as quantidades são mapeadas mais alto na página quanto maiores forem. Este é o reverso da orientação natural das pessoas de ter as coisas pesadas mais baixas e as coisas mais leves mais altas. Arthur M. Young reverteu essa convenção e colocou o ponto "0" indicando "sem liberdade", o eixo "y" movendo-se para cima em direção a mais liberdade, e o eixo "x" indicando mais tempo. Escolhemos este mapa base para o nosso modelo.

Criando um Novo Modelo para o Desenvolvimento de Equipes

Os modelos mentais não são fáceis de mudar, uma vez estabelecidos. É ainda mais difícil quando eles são amplamente distribuídos em uma organização. Se nosso cérebro fosse um tipo de computador, os modelos mentais funcionariam como softwares. Allan não estava disposto a abandonar seu modelo rapidamente. Ele tinha muita credibilidade na prática. Tivemos que trabalhar nos detalhes ao longo de inúmeras reuniões, e nossa decisão de cocriar um modelo de forte integração visual de palavras e gráficos ajudou muito o nosso pensar. O que emergiu foi uma síntese de nossas duas perspectivas e uma forma extremamente útil de pensar sobre o processo da equipe. (Se você quiser ler mais sobre o trabalho de Gibb e Young que está por trás do MPE, verifique o Apêndice.)

Do meu trabalho com o pensamento visual, achei interessante que o nome que Allan deu ao modelo tenha sido retirado de uma das metáforas mais comuns da era industrial — "construir". A implicação é que cada passo da criação de uma equipe é como construir um edifício, com cada etapa fornecendo uma fundação para a etapa seguinte. A ilustração até sugeria isso, movendo-se para cima e para a direita como degraus. Mas o meu trabalho com Young me levou a ver o movimento e o processo como mais fundamentais do que a estrutura, e eu não achava que comparar pessoas com blocos de construção fazia sentido no modo contemporâneo de pensar. Acabamos concordando que as equipes de trabalho eram muito mais como artistas, atores, músicos e atletas. Começamos pensando em nosso trabalho criativo conjunto como o desenvolvimento de um modelo de *performance* da equipe.

Eu desenvolvi, através do meu trabalho como o sistema da Group Graphics, hábito de mapear graficamente as informações de uma maneira consistente com a orientação normal dos seres humanos de ter o chão e a "realidade concreta" abaixo, em direção à parte inferior do gráfico, e o cosmos e as realidades intuitivas acima, em direção ao topo. Desenvolvi o hábito de escutar o que as pessoas diziam nas reuniões, de me conectar com o nível de realidade sobre o que estavam falando e de anotar de forma adequada. Faça o pequeno exercício sugerido nesta página para entender o que quero dizer. (Para uma descrição muito mais desenvolvida deste assunto, veja meu livro *Reuniões Visuais*.)

Young criou um argumento muito convincente de que essas quatro distinções são arquétipos decorrentes de como os seres humanos encontram sentido em qualquer coisa. Ele chamou o quadro de "tetraoperador" e pediu que os alunos usassem as distinções como lentes para analisar uma ampla gama de assuntos. Ele viu modalidades de intuição, sentimento, pensamento e sensações de Carl Jung, conforme refletido nos Indicadores de Tipo Meyers-Briggs, como um exemplo disso.

Este tipo de mapeamento fazia sentido para Allan. Ele queria que o nosso novo modelo funcionasse com todos os tipos de equipes e fosse ao mesmo tempo abrangente e acessível. Sugeri que, se o modelo fosse virado de cabeça para baixo, teria o "porquê" da questão em nível intuitivo, dentro da consciência dos novos membros da equipe, e o "como" na parte inferior, onde as decisões do plano material são fundamentais. Allan gostou da nova orientação visual e dos motivos.

As Palavras São Tão Importantes Quanto os Gráficos

Tanto Allan quanto eu estávamos preocupados com os nomes de cada etapa. Nós concordamos que o importante era que as palavras para as fases encorajassem uma conversa mais adequada entre os membros da equipe. Sabíamos que poderíamos listar mais detalhes nos principais fatores de sucesso, mas queríamos que as palavras dos títulos fossem mais úteis. Decidimos que esta primeira fase deve ser chamada de "ORIENTAÇÃO", com a pergunta *"Por que estou aqui?"* como um lembrete adicional sobre as questões nessa fase.

Eu vi as perguntas de "quem" sobre confiança, competência e motivação serem consistentes com realidades emocionais. Allan argumentou que, em todas as equipes com que havia trabalhado, a confiança era o elemento mais importante para acertar. Ele não gostou do preconceito embutido no modelo de Tuckman que chamou esta segunda fase de "tempestade". Esta fase não é sempre um

NÍVEIS DE MAPEAMENTO DA REALIDADE

Ouça visualmente a sua equipe em diferentes níveis.

1. Quando você grava o que as pessoas estão falando sobre coisas tangíveis, físicas, esboce essas informações em 3D e mapeie-as na base.
2. Se eles estão falando sobre conceitos e ideias, usando palavras, números ou imagens, mapeie-as em 2D, usando balões de conversa, tabelas e gráficos simples.
3. Se eles falam sobre as realidades emocionais, experienciais — sentimentos e movimento –, use a cor e o movimento das linhas no gráfico.
4. Mapeie intuitivamente realidades — propósito, intenção, atitude, consciência — em direção ao topo da tabela. Aponte essas palavras com linhas sugerindo auras.

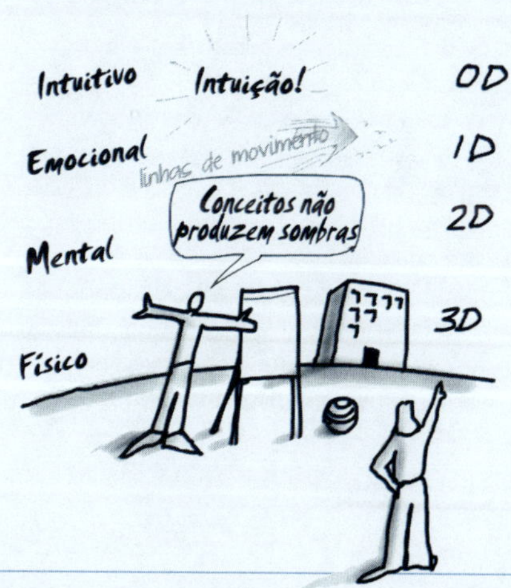

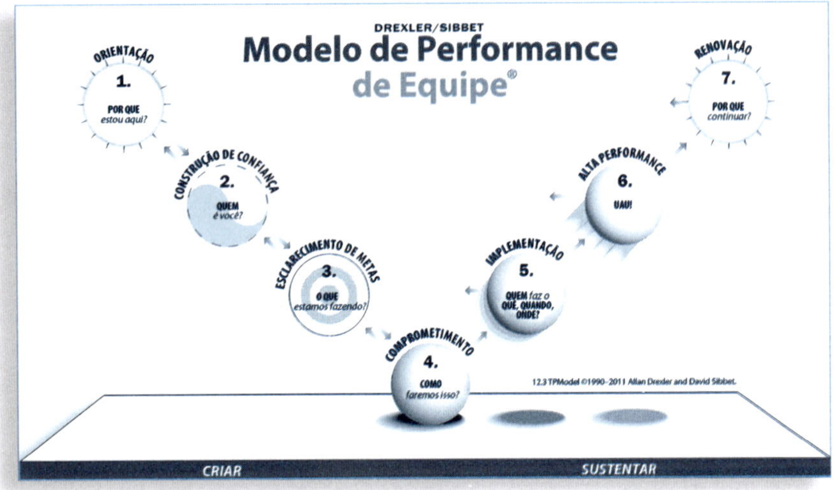

MODELO DREXLER/SIBBET DE PERFORMANCE EM EQUIPE

O MPE mostra a integração das questões-chave do Modelo de Construção de Equipe Gibb, Drexler, Weisbord e do meu trabalho e de Allan em encontrar nomes para os estágios que estimulassem as conversas diretas em equipes. Ele passou por 12 versões e é hoje amplamente aceito. Como você verá no Capítulo 17, era também o modelo de integração para fazer sentido nas ferramentas colaborativas (software de colaboração para equipes) no Projeto Ferramentas Colaborativas Digitais para Usuários do Institute for the Future. O modelo completo com chaves para o sucesso segue em poucas páginas.

conflito, mas é sempre uma questão de confiança. Decidimos pelo nome "CONSTRUÇÃO DE CONFIANÇA", já que o termo é tão difundido e assumiu uma vida muito além da metáfora da construção.

A terceira fase, o "o quê", era claramente sobre criar sentido intelectual das coisas e articular suposições e objetivos claros. Sabíamos que, além de ter um propósito e confiar um no outro e em seu líder de equipe, ser claro sobre os objetivos era a etapa mais importante no desenvolvimento da equipe. Nós chamamos de "ESCLARECIMENTO DE FUNÇÃO/PAPEL". Posteriormente, decidimos que os acordos sobre o papel eram realmente parte do nível de comprometimento.

A questão era claramente a fase do "como", que implicava em um acordo sobre todos os aspectos práticos de tempo, dinheiro e recursos. Mapeando desta maneira, poderíamos literalmente ver o trajeto da liberdade de ideias iniciais para a restrição de um acordo sobre como fazer as coisas importantes. Sentimos que a questão central nesse momento era "COMPROMETIMENTO". Ao escolher a palavra "comprometimento", percebemos que ela é por vezes utilizada para significar apoio emocional, e não acordo financeiro. Mas atingir este acordo é um verdadeiro ponto de mudança. É quando os membros da equipe tornam-se verdadeiramente interdependentes. O comprometimento, não só da equipe, mas da organização que apoia a equipe, deve ser frontal e central na consciência de todos. Nós colocamos uma grande plataforma representando a organização sob o modelo para esclarecer este ponto.

Criando e Sustentando em Um Painel

Nossas discussões foram mais engajadas em torno do que acontece uma vez que criamos uma equipe. A observação de Young do processo evolutivo na natureza era que a luz é lançada sobre as restrições à medida que estas evoluem — inicialmente uma carga positiva ou negativa no nível das forças; em seguida, uma identidade a nível atômico e, finalmente, uma substância formada como uma molécula. Algumas dessas moléculas com estruturas ramificadas — DNA e celulose — combinam-se para crescer e reproduzir-se como plantas, jogando fora as sementes e recuperando um grau de liberdade.

Young observou que, na natureza, o processo de assumir restrições apenas para dominá-las e recuperar a liberdade é um padrão fundamental. Eu observei o paralelo com as equipes imediatamente. A parte mais constrangedora de qualquer processo de equipe está em receber aprovação para gastar dinheiro, encontrar profissionais e captar outros recursos. As coisas só começam a ficar produtivas quando o grupo faz uma programação e começa a segui-la, orientando o sequenciamento de ações ao longo do tempo em uma direção e "pondo para fora" os resultados.

Escolhemos a palavra "IMPLEMENTAÇÃO" para esta fase. Isto é, quando, como as plantas, a equipe aprende a sequência de seu trabalho. A pergunta-chave é "*quem é que faz o quê, quando e onde?*". É também o ponto em que as coisas se tornam um pouco menos previsíveis, especialmente em relação ao *timing*. Pense em qualquer workshop ou treinamento que você poderia ter concebido e liderado. Depois de começar a agir e implementar, as incertezas começam, especialmente com relação ao tempo em que as coisas demoram para acontecer.

Atingir este acordo é um verdadeiro ponto de mudança. É quando os membros da equipe tomam-se verdadeiramente interdependentes. O comprometimento, não só da equipe, mas da organização que apoia a equipe, deve ser frontal e central na consciência de todos.

No processo evolutivo, os animais aprendem a superar as limitações de espaço através do movimento. Vimos que isso é o que as equipes fazem quando dominam seus processos e aprendem a adaptá-los ao longo de geografias e funções. Nós chamamos este estágio de "ALTA PERFORMANCE". Vimos a equipe como transcendendo o nível de pensamento neste momento e aprendemos a estar em verdadeira sinergia e improvisação. É a fase "*UAU!*".

Mapeando estes estágios em arco, pudemos ver a equipe assumir restrições e depois superá-las, levando a uma alta performance. Mas isso envolve menos certezas e mais graus de liberdade, à medida que novos membros e mudanças alteram as condições. Vimos a necessidade de uma fase final e reflexiva, que chamamos de "RENOVAÇÃO", e acreditamos que a questão-chave era "*Por que continuar?*".

LINGUAGEM VISUAL INCORPORADA

Estas são as convenções visuais básicas utilizadas no MPE para as primeiras quatro etapas.

Projetando a Linguagem Visual no Modelo

Este processo de trabalho através do modelo de desenvolvimento e toda a linguagem levou vários anos e exigiu uma grande quantidade de testes com nossos clientes. Nós elaboramos três chaves para o sucesso de cada um dos sete estágios, com base na nossa experiência (veja o que segue), e desenvolvemos um inventário de performance da equipe com nove perguntas por fase, o que permitiria a uma organização avaliar como resolver cada um dos problemas para qualquer equipe determinada. Ao mesmo tempo, estávamos trabalhando para incorporar as distinções que faziam sobre as equipes no modo em que o modelo foi ilustrado. Queríamos que tanto as palavras quanto os gráficos "dançassem juntos", em total integração, e que os gráficos fossem um lembrete para qualquer pessoa que usasse o modelo do que procurar nas equipes.

Por que Numerar os Estágios?

Uma das nossas principais discussões foi sobre numerar ou não as etapas e sugerir que há uma sequência para o desenvolvimento. Eu sabia, pela experiência do trabalho com o grupo do estudo de Young, que todos os processos que examinamos tiveram muitas variações no início, até que as regras e limitações fossem compreendidas. Só então poderíamos dominar essas restrições para recuperar a liberdade. Isto significa que, em tempo real, uma equipe pode realmente começar a trabalhar, deixando seus objetivos claros, e, em seguida, passar algum tempo na construção de confiança e, por fim, argumentar sobre os recursos, e talvez entrar em sintonia com o seu verdadeiro propósito; é como caminhar na tentativa e erro, indo para trás e para a frente pelos estágios.

Então, por que numerar? Nós decidimos que, para uma nova equipe, a sequência indicada foi a maneira mais natural de abordar cada questão. E também indicava que certos estágios eram mais fundamentais do que outros, o que significa que lidar com um estágio, como IMPLEMENTAÇÃO, depende de ter certo grau de clareza no estágio anterior COMPROMETIMENTO. Isto significa, então, que a primeira fase, ORIENTAÇÃO para o propósito da equipe e determinar se você é um membro apropriado, é a preocupação mais fundamental. Em seguida, vem a CONFIANÇA. Depois vem o ESCLARECIMENTO. Em uma equipe desenvolvida, todas as sete questões estão em jogo. Mas os problemas nos aspectos mais abrangentes, como IMPLEMENTAÇÃO e ALTA PERFORMANCE, são geralmente decorrentes de insuficiência em uma das fases anteriores. Mantivemos os números e acrescentamos setas para sugerir que o movimento para a frente e para trás também era possível.

Gráficos nas "Bolas Quicando"

Eu queria ilustrar as diferenças entre os níveis de intuição, sensação e pensamento no MPE de forma sutil e clara, que acabasse com a irônica noção geral de que tipos muito diferentes de fenômeno são ilustrados com os mesmos tipos de símbolos gráficos, em um monte de modelos conceituais.

- Uma explosão de luz indica um modo intuitivo.
- Um ícone de onda um pouco parecido com *yin-yang* indica o aspecto emocional, energético desse nível.
- Um alvo pareceu apropriado ao modo de pensamento.
- A bola torna-se tangível e física no nível mais baixo, quando entra em contato com a própria organização, representada por uma longa plataforma. A combinação de dois comprometimentos como uma característica proeminente pareceu muito importante.
- Estágio cinco, APLICAÇÃO, é apenas sobre sequenciamento; então, agora, as bolas são mostradas em sequência.
- ALTA PERFORMANCE é vulnerável a mudanças, assim torna-se uma bolha que pode estourar.
- RENOVAÇÃO retorna ao modo intuitivo reflexivo. As sombras indicam que todas estas fases finais são produtivas e "reais", no sentido de que combinam com os aspectos físico, mental, emocional e intuitivo. Antes de comprometimentos serem adicionados, agrupamento é apenas conversa-fiada.

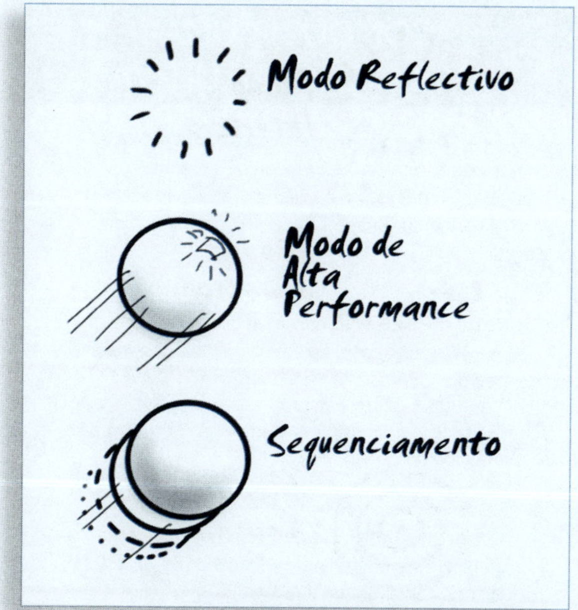

LINGUAGEM VISUAL INCORPORADA

Estas são as convenções de base visual utilizadas no MPE para as últimas três fases. Nesses estágios, as equipes têm substância, simbolizada pela sombra.

CONDUZIR UMA AVALIAÇÃO INTUITIVA

Estudar o MPE por inteiro ajuda bastante se você tomar como referência uma equipe com a qual você trabalhe. Comece com a visão gráfica do Modelo de Performance de Equipe Drexler/Sibbet na próxima página.

1. Pense nos estágios como sendo "lentes" de atenção. Pense onde os diferentes membros de sua equipe parecem ter o foco. Faça uma marca a lápis nessa fase ou apenas lembre-se disso.

2. Pergunte a si mesmo onde é o centro do foco para a equipe como um todo.

3. Leia sobre os pontos-chave e veja o que seu grupo parece incorporar. Isto permitirá que você obtenha uma compreensão mais profunda, onde você pode ter oportunidades de melhoria.

4. Continue para as partes que descrevem cada estágio e fatores de sucesso em detalhes, e aperfeiçoe suas percepções.

5. Leia as Seções III e IV deste livro para encontrar as melhores práticas relacionadas às fases onde você acha que está empacado.

A The Grove oferece este modelo em diversos tamanhos e formatos, incluindo um quebra-cabeça (veja o Apêndice para descobrir formas de obter estas ferramentas).

Chaves para o Sucesso

Nosso trabalho final com o modelo foi refinar as 21 "chaves", incluídas na imagem do MPE completa na próxima página. As páginas seguintes descrevem esses indicadores em detalhes — até que ponto sua equipe resolveu os desafios de uma determinada fase e quais são os indicadores do conjunto de questões não resolvidas. Estas palavras apontam para comportamentos que você pode observar na maioria dos casos. Na fase inicial, é claro, as pessoas estão imaginando o propósito da equipe e onde se encaixam dentro da liberdade de suas próprias mentes; assim, detectar sinais de como isso é resolvido não é tão evidente. Mas as outras etapas têm indicadores observáveis. Os nomes dos estágios e as chaves fornecem informações suficientes para que as equipes comecem a ter uma discussão muito rica sobre a performance da equipe imediatamente.

Como Usar o MPE

A imagem na próxima página foi projetada para ajudar um líder ou membro da equipe a orientar o que precisa ser trabalhado em uma equipe de alta performance. Nós encontramos pessoas que gostam de usar apenas essa imagem das seguintes formas.

1. **Distribuir uma versão A3 ou 11x17** e pedir que os grupos realizem a avaliação intuitiva, conforme descrito nesta página.
2. **Publicar uma versão maior do modelo** e pedir que os grupos coloquem post-its onde acreditam que o foco da atenção do grupo se encontra. Em seguida, debater a respeito.
3. **Pedir que um grupo especule sobre o que os gráficos e as palavras estão dizendo a eles** sobre a performance da equipe, observando quanto o desenvolvimento tem crescido, para se certificar de que todas as palavras e imagens indiquem algo importante sobre a performance da equipe.
4. **Conduzir uma discussão sobre as práticas de equipe diferentes** usadas para responder aos desafios identificados em cada etapa. Fazer um mapa disso usando post-its.

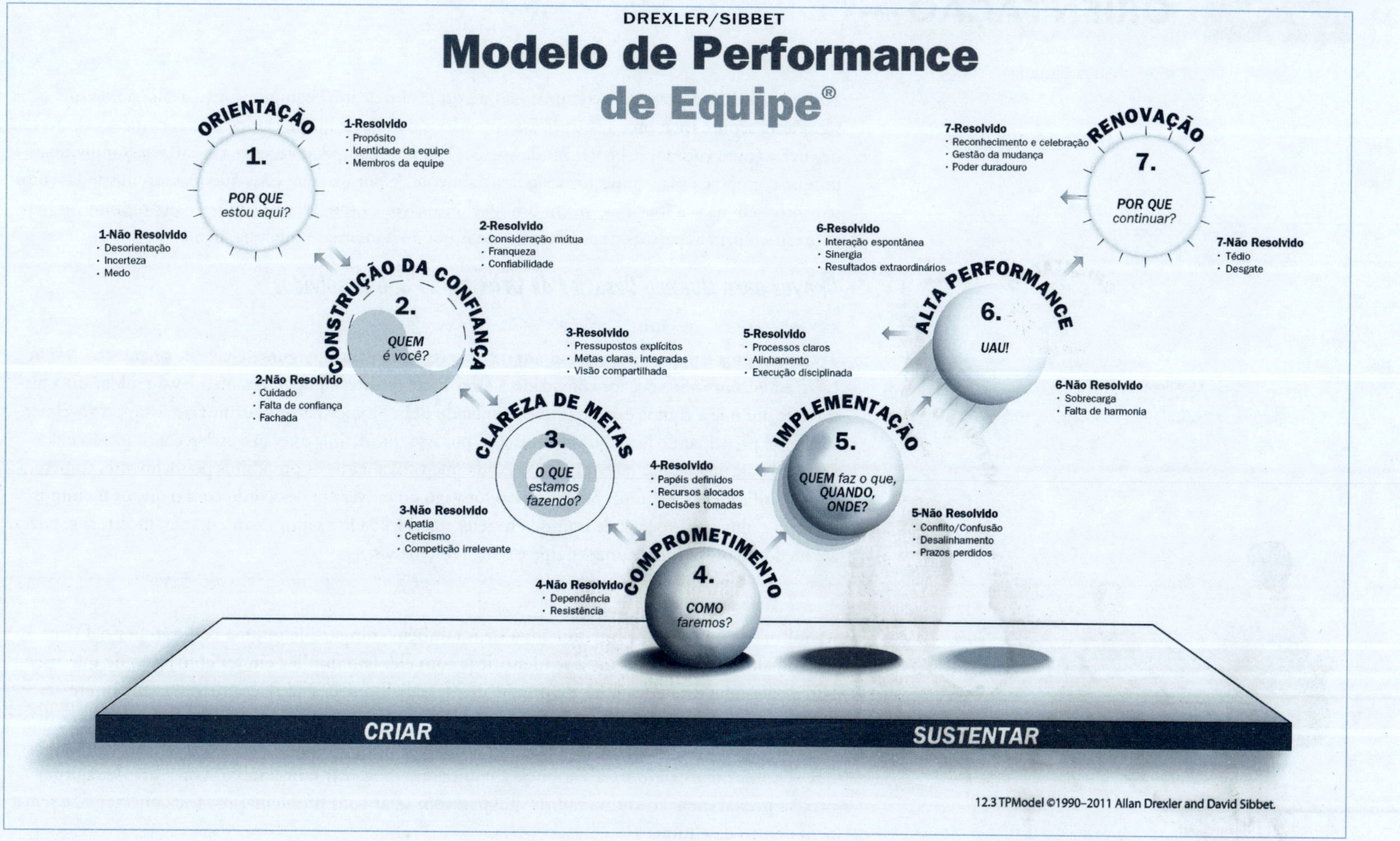
DREXLER/SIBBET
Modelo de Performance de Equipe®
ORIENTAÇÃO
1.
POR QUE estou aqui?
1-Resolvido
· Propósito
· Identidade da equipe
· Membros da equipe
1-Não Resolvido
· Desorientação
· Incerteza
· Medo
CONSTRUÇÃO DA CONFIANÇA
2.
QUEM é você?
2-Resolvido
· Consideração mútua
· Franqueza
· Confiabilidade
2-Não Resolvido
· Cuidado
· Falta de confiança
· Fachada
CLAREZA DE METAS
3.
O QUE estamos fazendo?
3-Resolvido
· Pressupostos explícitos
· Metas claras, integradas
· Visão compartilhada
3-Não Resolvido
· Apatia
· Ceticismo
· Competição irrelevante
COMPROMETIMENTO
4.
COMO faremos?
4-Resolvido
· Papéis definidos
· Recursos alocados
· Decisões tomadas
4-Não Resolvido
· Dependência
· Resistência
IMPLEMENTAÇÃO
5.
QUEM faz o que, QUANDO, ONDE?
5-Resolvido
· Processos claros
· Alinhamento
· Execução disciplinada
5-Não Resolvido
· Conflito/Confusão
· Desalinhamento
· Prazos perdidos
ALTA PERFORMANCE
6.
UAU!
6-Resolvido
· Interação espontânea
· Sinergia
· Resultados extraordinários
6-Não Resolvido
· Sobrecarga
· Falta de harmonia
RENOVAÇÃO
7.
POR QUE continuar?
7-Resolvido
· Reconhecimento e celebração
· Gestão da mudança
· Poder duradouro
7-Não Resolvido
· Tédio
· Desgate
CRIAR
SUSTENTAR
12.3 TPModel ©1990–2011 Allan Drexler and David Sibbet.

Estágio I:

ORIENTAÇÃO — POR QUE estou aqui?

A orientação tem a ver com a compreensão do propósito de uma equipe e com a avaliação do que significará ser um membro. Você precisa entender a razão pela qual a equipe existe, o que será esperado de você e como você irá se beneficiar da adesão. Em uma equipe nova, estes são interesses individuais, porque o grupo é uma equipe apenas potencialmente. É por isso que essas questões são ilustradas como se ocorressem na sua imaginação, em um nível intuitivo. Como líder da equipe, é importante dar tempo e espaço para as pessoas responderem a essas questões internas individualmente.

Chaves para Quando Desafios de Orientação São Resolvidos

• Objetivo da Equipe

Todos em uma equipe eficaz necessitam de uma resposta para a pergunta-chave de orientação, "*POR QUE estou aqui?*". Se você for convidado a fazer parte de uma equipe, certamente vai moldar uma história de por que a equipe existe e o que é esperado dela. Se você não conseguir fazer isso, provavelmente não irá participar de forma muito eficaz. É por isso que definir direção e esclarecer os papéis é tão essencial para a liderança da equipe. À medida que você abraçar os propósitos pessoalmente, começará a se identificar com a equipe. Se o objetivo for vago ou estiver em desacordo com o que os membros esperam e almejam, você pode muito bem reter sua fidelidade e sentir desorientação, incerteza e, talvez, até medo. O propósito de uma equipe é a sua razão de ser.

• Identidade da Equipe

Membros de uma equipe que funciona bem também compartilham uma conexão pessoal com o seu trabalho e estão dispostos a se identificar com ele. Isto implica em ter convicção de que você pode fazer uma diferença para a equipe e que o trabalho dela será relevante para seus interesses pessoais. A ênfase na questão-chave muda para "*Por que EU estou aqui?*". Este sentimento pode ser subdesenvolvido no início de uma nova equipe sem história, mas deve ficar mais forte à medida que se tornar mais claro para você que a equipe é importante e necessária. Um líder de equipe precisa prestar atenção em membros que parecem estar com problemas para se conectar e se sentir bem dentro da equipe.

• **Participação**

A fase de orientação também diz respeito às dinâmicas sociais da equipe como um todo. A questão desloca-se para, "*Por que **NÓS** estamos aqui?*". Se você sabe quem você é na equipe, o que você representa e o que você quer, então vai formar um sólido senso de unidade como grupo. No começo, se você é um novo participante, provavelmente vai se preocupar se vai ou não ser aceito plenamente como membro pelo grupo. Se essa preocupação for bem resolvida, todos podem se concentrar mais plenamente no trabalho. Caso se sinta isolado e não aceito, isso vai sem dúvida afetar a sua performance.

Uma das principais funções de um líder de equipe é assumir a responsabilidade pela orientação no início da vida de uma equipe e manter a atenção durante todo o trabalho. As pessoas precisam ser capazes de ver como seu trabalho individualmente se conecta com o objetivo geral da equipe. Isto é o que "dar sentido" significa em um nível pessoal.

Quando uma Equipe Fica Empacada no Estágio 1, os Membros Podem Demonstrar...

• **Incerteza**

Muitas vezes o propósito de uma equipe não está claro no início, ou alguns membros estão conscientes do objetivo e outros não. Se não tiver certeza sobre o porquê de a equipe ser formada, você provavelmente resistirá a avançar.

• **Desorientação/Medo**

A desorientação pode provocar ansiedade ou até mesmo medo. Lá no fundo todos nós temos um instinto de sobrevivência para fugir ou lutar contra as coisas que parecem ser uma ameaça. No vazio de não saber o propósito de uma equipe, ou de não ter informações sobre onde você se encaixa enquanto membro, você poderá ter medo do que o seu envolvimento na equipe pode representar.

O QUE FAZER PARA ORIENTAR EQUIPES VISUAIS

Aqui estão algumas das melhores práticas de equipes visuais nesta fase. Muitas delas serão elaboradas nos próximos capítulos.

- ❑ Reserve um tempo para **imaginar o sucesso** e até mesmo esboçar algumas imagens que lhe ocorram nesse sentido.
- ❑ Crie um **pôster e um gráfico com a missão/propósito** que cada membro da equipe poderá manter como referência.
- ❑ Utilize um **flipchart (cavalete)** para listar todas as expectativas e os motivos para ser uma equipe.
- ❑ Registre **visualmente** a história de como o grupo chegou a existir, convidando alguns dos patrocinadores (como eu fiz com a equipe BLAST da HP, descrita no Capítulo 1).
- ❑ Realize uma **reunião de líder da equipe** com cada membro, para compartilhar por que ele(a) foi convidado(a) para a equipe e incentivando-o(a) a imaginar a contribuição que pode oferecer.
- ❑ Peça que uma pessoa do alto escalão compareça à sua primeira reunião ou conferência via web como um **símbolo visível** da importância da equipe para a grande organização.

Estágio 2:
CONSTRUÇÃO DA CONFIANÇA — *QUEM É Você?*

A confiança é uma medida da sua vontade de trabalhar em conjunto com os outros por algo importante. Como os membros da equipe têm de depender uns dos outros para ser bem-sucedidos, a confiança é essencial e está em relação direta com o quanto de cooperação é necessário para fazer o trabalho. No início da vida de uma nova equipe, a confiança implica em um certo risco e incerteza sobre como lidar com estranhos. É por isso que a questão-chave é "*Quem é você?*". Um aspecto não declarado desta pergunta é: "*O que você espera de mim?*". Para uma equipe trabalhar bem, você precisa aceitar que pode contar com os membros da equipe para trabalhar em conjunto e alcançar o objetivo da equipe.

Chaves para Quando Desafios de Confiança São Resolvidos

• Respeito Mútuo

Para a confiança se sustentar entre os membros da equipe, as pessoas precisam se abrir para cada um dos talentos e contribuições dos outros e ter empatia com os desafios pessoais de cada um. O respeito mútuo é um resultado deste tipo de confiança e é construído ao longo do tempo através do conhecimento e experiência. A confiança é fundamental para todas as fases subsequentes e aumenta à medida que a equipe cresce. O respeito mútuo deve crescer e se tornar mais forte à medida que uma equipe obtém sucesso ao resolver seus diversos desafios e preocupações.

• Franqueza

Quando a confiança é forte, a informação flui entre os membros da equipe. Você está diretamente ligado ao outro, disposto a compartilhar sua experiência e a dizer a verdade. Vocês têm confiança um no outro, o suficiente para expor as suas opiniões e arcar com as diferenças de opinião. Esta qualidade difere um pouco entre as culturas. Os americanos esperam franqueza desde o início. Outras culturas podem ser mais reservadas inicialmente e se abrirem mais tarde, por exemplo, durante a execução ou depois da alta performance.

• Confiabilidade

Para confiar em outros membros da equipe, você também precisa saber o suficiente sobre eles para acreditar que têm a competência necessária para desempenhar seu papel e agir pelo melhor interesse da equipe.

Esta qualidade pode não ser perceptível no início, mas pode surgir como um tema a ser tratado durante questões de implementação posteriores. Se você está se juntando a uma equipe e conhece alguém que tem uma reputação de falta de confiança, isso vai afetar seu envolvimento. Esta é outra qualidade que irá crescer à medida que a equipe se desenvolver. Se o sentimento de confiança não aparecer, então talvez a compreensão da finalidade e da importância da equipe precise melhorar. Novos membros da equipe podem precisar de mais supervisão e orientação do líder, se eles não entenderem o que significa ser interdependente.

Como líder da equipe, investir na construção da confiança no início compensa mais tarde. É especialmente importante prestar atenção a este conjunto de preocupações se sua equipe for culturalmente diversa e dispersa geograficamente. Facilitar relacionamentos tem a ver principalmente com a construção de confiança entre os membros. Quanto maior o nível de confiança entre os membros da equipe, menos trabalho você terá ao lidar com problemas de relacionamento.

Quando uma Equipe Fica Empacada no Estágio 2, os Membros Podem Demonstrar...

• Cautela/Fachada

Passividade, ceticismo, silêncio e fachadas entre os membros da equipe são sinais de que eles se sentem cautelosos ou podem desconfiar uns dos outros. A incapacidade de compartilhar informações importantes e abordar questões importantes enfraquece a eficácia da equipe. Mais uma vez, tenha em mente que, para algumas culturas, isso seria perfeitamente normal nas fases iniciais da vida da equipe.

• Desconfiança

Manipulação, mentiras e dissimulação rapidamente minam o espírito de equipe. Retenção de informações simples, agendas ocultas, ou não cumprir as promessas, também. A falta de resposta a estas questões irá corroer ainda mais a confiança. As diferenças culturais desempenham um forte papel na construção de confiança. Algumas culturas são o que chamamos de "alto contexto", onde as pessoas esperam se conhecer pessoalmente, saber sobre as famílias, rir e brincar juntos. Outras culturas são de "baixo contexto" e esperam se concentrar nas tarefas.

O QUE EQUIPES VISUAIS DEVEM FAZER PARA CONSTRUIR CONFIANÇA

Algumas das melhores práticas visuais para construção de confiança são as seguintes:

- ❑ Criar um **retrato da equipe**, listando as habilidades e recursos que cada pessoa está trazendo.
- ❑ **Compartilhar fotos** antes de uma conferência via web e registrar uma rodada de informações pessoais no início de uma reunião em um retrato composto do grupo.
- ❑ **Usar templates** para os grupos temáticos que permitam a todos a oportunidade de contribuir. Mapear o contexto mais amplo, os desafios da equipe, a história e os benefícios de trabalhar juntos funciona para esse tipo de trabalho gráfico.
- ❑ Criar um **mapa das partes interessadas** com post-its e observações sobre como compartilhar diferentes interesses das partes.
- ❑ **Revisar o MPE** e falar sobre o que você pode esperar do processo de trabalho conjunto através das diferentes etapas.
- ❑ **Registrar algumas regras básicas** para trabalhar juntos.
- ❑ Pedir que todos façam um **cartaz da melhor experiência que a equipe** já teve e compartilhá-lo em pequenos grupos (ou como um grupo inteiro, se for uma equipe pequena).

Estágio 3

ESCLARECIMENTO DAS METAS — O QUE Estamos Fazendo?

Às vezes, as equipes têm mapas precisos que especificam o que elas são responsáveis por realizar. Mais frequentemente, elas recebem uma ordem ampla e precisam fazer escolhas sobre como irão seguir essa ordem e traduzi-la em metas. "*O que estamos fazendo?*" é uma pergunta mais específica do que a questão do propósito questionada durante a Orientação. Durante esta fase da vida de uma nova equipe, ela vai precisar fazer pesquisas e desenvolver a compreensão clara do trabalho que é exigido, bem como gerar acordos sobre os objetivos e produtos específicos.

Chaves para Quando os Desafios de Esclarecimento dos Objetivos São Resolvidos

• Pressupostos Explícitos

Se a sua equipe é nova, há informações que você deve trocar para desenvolver a compreensão mútua do trabalho envolvido. Trabalhar através da análise de interdependência, sugerida no Capítulo 2, é uma boa maneira de trazer à tona pressupostos sobre quais partes do trabalho precisam de estreita cooperação. Quando na fase de resolução de problemas, é melhor descrever os problemas antes de tentar resolvê-los. Ser explícito significa escutar além das posições, detectar interesses e pressupostos subjacentes, e desenvolver uma base de entendimento mútuo em prol de soluções mais criativas. Equipes de estratégia precisam dedicar algum tempo para examinar o ambiente relevante e capacidades organizacionais para se sentir confiantes em quaisquer prioridades que tenham sido decididas. É seguro assumir que os pressupostos são explícitos, se você puder escrevê-los e visualizá-los! Esta é uma das vantagens claras e consistentes de trabalhar como uma equipe visual.

• Metas Integradas Claras

A tarefa central no Estágio 3 é especificamente esclarecer o que sua equipe fará. Isso significa integrar os objetivos de longo prazo, expressos em sua missão global, com objetivos de curto prazo sobre entregas e resultados imediatos que são necessários produzir. Objetivos servem como marcadores de progresso que são tão mensuráveis ou testáveis quanto possível. Esta fase também envolve estabelecer suas próprias metas em alinhamento com os objetivos da equipe, especialmente se você estiver num grupo de trabalho onde as pessoas trabalham de uma forma praticamente independente. Os objetivos são claros quando você pode escrevê-los e criar uma versão que as pessoas possam postar em seu espaço de trabalho.

• Visão Compartilhada

Está implícita em alta performance a ideia de que os membros da equipe sejam inspirados a superar a si mesmos. Uma extensa pesquisa sobre performance esportiva mostrou que os atletas de alta performance imaginam o sucesso, veem-no claramente. Isso é o que significa ter visão. Como líder da equipe, se você conseguir levar seu grupo a articular uma visão vívida do que é o sucesso e de como é a sensação de gratificação de realizar seus objetivos, as chances de alcançá-los serão maiores. A visão fornece o foco e a energia que traz objetivos para a vida e sentido ao trabalho, esforço e dedicação. O processo de criação de uma versão gráfica de sua visão é uma ótima maneira de ter certeza de que é uma visão compartilhada.

Quando uma Equipe Fica Empacada no Estágio 3, os Membros Podem Demonstrar...

• Apatia e Ceticismo

As pessoas respondem de forma diferente a objetivos pouco claros. Pessoas calmas, sensíveis podem recuar diante de discussões argumentativas. Pessoas analíticas podem encontrar-se ceticamente questionando a prontidão da equipe para seguir em frente.

• Concorrência Irrelevante

Pessoas que cuidam de tudo podem desafiar agressivamente ideias e pessoas, mesmo em tópicos de menor importância. Reconhecer que atividades não construtivas estão ocorrendo pode ajudar sua equipe a se concentrar nas questões subjacentes à ação.

O QUE EQUIPES VISUAIS FAZEM PARA ESCLARECER SEUS OBJETIVOS

Esta é uma fase em que ser visual faz uma enorme diferença em relação à clareza e eficiência. Algumas das melhores práticas são:

- ❑ Desenvolver **mapas da "Voz dos Seus Clientes"** que ilustram a real pesquisa de campo.
- ❑ Cocriar **mapas de Fatores de Mudanças**.
- ❑ Criar **estudos de caso gráficos** de sucessos anteriores.
- ❑ Sessões de **brainstorm de problemas**, usando registo gráfico, post-its e mapas de ideias.
- ❑ Fazer **análise do campo de forças** do que está apoiando e resistindo ao seu trabalho.
- ❑ Usar **post-its e diagramas de afinidade**.
- ❑ Criar **gráficos de alinhamento de objetivo**, mostrando a conexão com objetivos organizacionais mais amplos.
- ❑ Criar **objetivos SMART** que são eSpecíficos, Mensuráveis, Acionáveis, Relevantes e Temporais.
- ❑ Criar **imagens visuais** do projeto da equipe.
- ❑ Compartilhar **vídeos de entrevistas** sobre os interesses dos clientes e partes interessadas.
- ❑ Postar informações da equipe em **uma sala online da equipe**.
- ❑ Usar **tablets para gravar conferências via web**.
- ❑ Usar **recursos visuais alvo para teleconferência** — enviando propostas, planos, ou conjuntos de metas, — reunindo lançamentos (inputs) e, depois, publicando uma segunda versão com alterações.

Estágio 4:

COMPROMETIMENTO — COMO *Vamos Fazer Isso?*

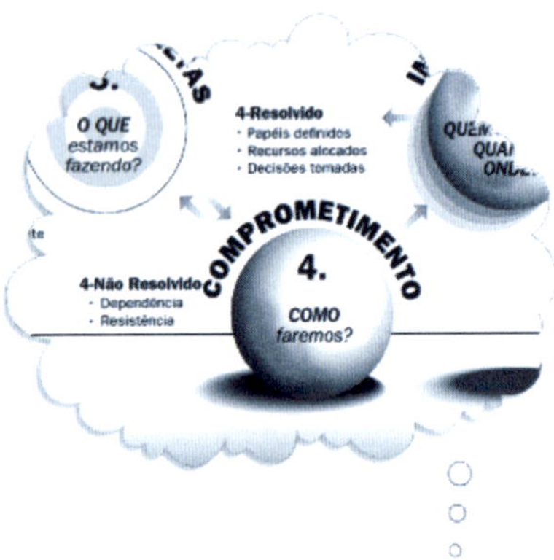

Quando as metas são claras e as opções identificadas, sua equipe está provavelmente ansiosa para agir. Mude a atenção para a pergunta "*Como vamos fazer isso?*". Este estágio ocorre na parte inferior do "V" no MPE, o ponto de maior restrição. Isso significa dedicar-se a um curso específico de ação, tomar decisões sobre recursos, e ser claro sobre os papéis. Estes são também os indicadores da "virada". Lembre-se de que as fases iniciais da performance da equipe envolvem uma boa dose de tentativa e erro. Aceitar essas perguntas pode exigir retrocesso para as metas, investir mais no desenvolvimento de confiança e revisitar o objetivo inicial antes que você possa resolver totalmente eventuais problemas de comprometimento.

Chaves para Quando os Desafios de Comprometimento São Resolvidos

• Papéis Definidos

Quando sua equipe se volta para implementação, todos vão querer ser claros sobre as funções e responsabilidades de cada um. Você pode ter considerado isso durante o planejamento da fase 3, mas agora precisa se comprometer com o que a sua função, autoridade e responsabilidade serão na prática. As definições de função têm de ser completas o suficiente para cobrir todas as tarefas que devem ser feitas, a fim de alcançar as metas da equipe e minimizar sobreposições e conflitos aos papéis. Uma grande parte do seu trabalho, se você é o líder da equipe, é ajudar a correlacionar objetivos com competências e ajudar as pessoas a assumir funções que irão desenvolver suas habilidades e melhorar os resultados para a equipe.

• Recursos Alocados

Além da clareza de funções, sua equipe tem de lidar com outro constrangimento — como fornecer e implantar seus limitados recursos, incluindo tempo, dinheiro, e assim por diante. Estas escolhas difíceis envolvem geralmente deixar de lado algumas tarefas úteis, porque os recursos não estão disponíveis para apoiá-las. A indecisão nessa área gera confusão e prejudica o trabalho. Para as equipes virtuais, as decisões sobre as ferramentas e plataformas de comunicação são essenciais nesta fase. As equipes podem ter de negociar com a organização para obter o tipo de ferramentas e suporte que necessitam. É por isso que o MPE intercepta a "plataforma" da organização nesta fase.

• Decisões Tomadas

Finalmente, uma equipe precisa ter clareza sobre como os membros lidam com a tomada de decisão. A autoridade será compartilhada? Como você vai ficar em contato com o outro? Quem pode gastar o dinheiro? Em um ambiente de trabalho dinâmico, onde os planos podem mudar com frequência, as decisões sobre correções de rota são comuns. Pensar com antecedência como serão tratadas muda o foco da equipe de forma mais produtiva para a implementação e alta performance.

Quando sua equipe se compromete com funções, recursos e tomada de decisões e define seu curso de ação, provavelmente você vai sentir uma liberação de energia — um "salto" na metáfora do MPE. O trabalho começa a progredir. As ações começam a se suceder ao longo do tempo. Isto é o que Young descreve como "virada", neste caso rumo à alta performance.

Quando uma Equipe Fica Empacada no Estágio 4, os Membros Podem Demonstrar...

• Dependência / Resistência

Você pode dizer que sua equipe não está comprometida quando você vê os membros agirem de duas maneiras:

1. **Dependente:** Eles não sentem que realmente compreendem como o trabalho deve continuar e os comprometimentos que foram feitos. Continuam olhando para o líder ou outro membro forte do grupo em busca de orientação.
2. **Resistente:** Eles ficam irritados. Resistem ativamente a quem está fornecendo direção ou passivamente resistem ao não dar sua prioridade aos comprometimentos. Esses comportamentos ocorrem porque a chamada para fazer a curva para a implementação foi prematura e a equipe não tem o comprometimento de que necessita para funcionar com eficácia.

COMO AS EQUIPES VISUAIS PRATICAM O COMPROMETIMENTO

Comemorar acordos visualmente situa comprometimentos em documentos de referência visíveis. Aqui estão algumas das melhores práticas.

- ❑ Criar **planos de ação gráficos** com claras atribuições de funções.
- ❑ Fazer com que os indivíduos façam **cartazes de responsabilidades** e que todos revejam as listas uns dos outros para ter precisão e acordos claros.
- ❑ Usar **metáforas visuais** de tipos comparáveis de equipes para classificar funções e sugerir maneiras de trabalhar juntos.
- ❑ Usar o **modelo de quatro caixas de Semear, Cultivar, Colher, Arar** de onde você está gastando os recursos da equipe e com o quê.
- ❑ **Mapear requisitos de infraestrutura** que ilustrem todas as ferramentas, suprimentos, softwares, licenças e outros materiais que você necessita para funcionar eficazmente.
- ❑ Analisar o **gráfico de estilos de decisão** neste livro e desenvolver uma linguagem comum.
- ❑ Criar **funis de decisão** que funcionem através de propostas, votação, discussão, classificação de pontos altos e baixos e verificação de comprometimento — registrando visualmente cada passo.
- ❑ Configurar para que possa trabalhar visualmente em reuniões distribuídas — **compra de tablets para gravação e registro**.

Estágio 5:
IMPLEMENTAÇÃO — QUEM Faz O QUE, QUANDO e ONDE?

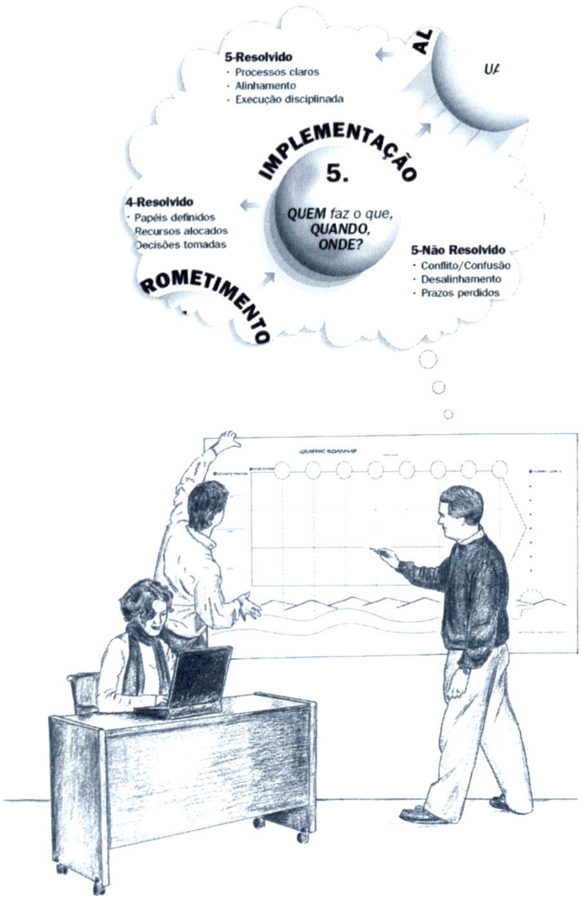

Implementação envolve programação e sequenciamento de trabalho ao longo do tempo. A questão-chave é *"Quem faz o quê, quando e onde?"*. Uma programação, estratégia e/ou processo visível libera a equipe para entrar em ação com confiança.

Chaves para Quando os Desafios de Implementação são Resolvidos

• Clareza de Processos

A confusão sobre como agendar e sequenciar o trabalho requer uma grande quantidade de energia e atenção de uma equipe. Uma vez que a sequência de trabalho seja compreendida, cada um pode se dedicar ao trabalho propriamente dito. Se você for o líder da equipe, é possível que os demais membros esperem que você conduza aos resultados e ajude a resolver as questões que surgirem ao longo do processo. Equipes dispersas geograficamente e culturalmente diversificadas enfrentam mais desafios para chegar a um acordo comum. Fusos horários e horários de viagens complicam e dificultam as reuniões. Mas qualquer tipo de equipe gosta de saber quem faz o que e quando. Descrever a forma como as equipes utilizam gráficos visuais para obter clareza sobre o processo será uma parte importante dos capítulos da Seção IV.

• Alinhamento

Não é suficiente ter processos claros. Eles precisam estar alinhados com os propósitos e objetivos que você definiu anteriormente. Às vezes, os processos precisam se adaptar, como um veleiro aderindo ao vento. O trabalho conjunto para elaborar e revisar cronogramas contribui diretamente para equilibrar equipes autogerenciadas. Se o seu trabalho é de chefe de equipe, reforçar as direções nas quais a equipe está se movendo é uma parte importante do trabalho. O equilíbrio envolve também alinhamento, o trabalho horizontal com equipes associadas e o vertical com outras partes da organização que precisam apoiar o seu trabalho. Em grandes forças-tarefa e equipes de projeto multifuncionais, criar murais de processos, estratégias e roteiros serve como uma estrutura para obtenção de acordo e alinhamento.

• **Execução Disciplinada**

Pessoas e equipes eficazes precisam manter seus comprometimentos, prestar atenção ao calendário e cumprir o que prometem. Isto é essencial se tarefas separadas precisam estar integradas em uma operação suave que proporcione resultados. Coordenação sequencial e temporal, atividades articuladas e manter todo o sistema em equilíbrio é o que gerenciamento de projetos e execução disciplinada significam na prática. As peças devem integrar-se com o todo para que a equipe possa usufruir de todos os benefícios a partir das contribuições individuais.

Quando uma Equipe Fica Empacada no Estágio 5, os Membros Podem Demonstrar...

• **Conflito, desalinhamento e prazos não cumpridos**

Se você perdeu seu quarto prazo e se vê culpando os membros da equipe, você tem problemas de implementação. Outros sinais podem ser discordâncias sobre padrões de qualidade e fatores de custo. Estes são sinais de que os processos não estão claros. Reflita sobre as fases anteriores do processo da equipe e veja se você consegue detectar áreas que escaparam ou foram negligenciadas. Sugira uma reunião da equipe para resolver mal-entendidos e fortalecer os comprometimentos.

Um dos insights de Young sobre processos de trabalho traz à luz a maneira com que os processos da natureza se originam dentro de si mesmos e se repetem. Durante a implementação, sua equipe reviverá todas as fases do MPE, mas agora operando dentro de um conjunto de comprometimentos para a ação colaborativa. Você vai rever a orientação, confiança, clareza de metas e comprometimentos enquanto se move através da implementação, mas com muito mais tração e foco. É por isso que uma pequena seta da fase de IMPLEMENTAÇÃO aponta de volta para os quatro elementos fundamentais das etapas de criação.

Se vocês trabalharam como equipe visual, então, mostrar gráficos-chave e documentos-alvo permite que sua equipe faça esta volta com bastante facilidade.

COMO AS EQUIPES VISUAIS IMPLEMENTAM

Equipes visuais têm uma vantagem real quando se trata de trabalhar ao longo do tempo e do espaço. Aqui estão algumas das práticas:

- ❑ **Roteiros e cronogramas** permitem que todos possam ver as correntes de atividade e marcos principais.
- ❑ **Mapas de revisão de processo** e diagramas ajudam na compreensão da estrutura e sincronia.
- ❑ **Gráficos de Gantt** são usados para controlar a atividade.
- ❑ **Reunir as principais métricas** e usar a **visualização de dados** para cuidar de questões de qualidade — utilizando as ferramentas gráficas de Gestão da Qualidade Total.
- ❑ Usar **sessões de resolução de problemas graficamente facilitadas** ao vivo e online para debater ideias e soluções.
- ❑ Fazer **propostas visuais** de como devem ser os resultados.
- ❑ Compartilhar **documentos online** através de redes e na "nuvem".
- ❑ Usar **murais de agendamento** em estúdios e instalações.
- ❑ Utilizar **tela online** para compartilhar documentos visuais, registrar ativamente conferências via web e se conectar com vídeo.
- ❑ Usar smartphones para **compartilhar fotos e relatórios de vídeo** a partir do campo.
- ❑ Manter **registros visíveis de progresso** e atividade.

Estágio 6:

ALTA PERFORMANCE — *UAU!*

Alta performance é um estado "*UAU*", como uma equipe domina seus processos e começa a experimentar a capacidade de alterar metas, bem como alcançá-las. Você pode sentir quando isso acontece e observar seus efeitos, mas não necessariamente controlar. Equipes alcançam um estado de fluxo quando a confiança é alta e as pessoas dominaram seus papéis. Em um estado de alta performance, as fronteiras e limites individuais diminuem, tudo se move em conjunto e todo mundo responde como se fosse parte de um todo. Os indicadores disso são interação espontânea, sinergia e uma equipe que está superando as suas expectativas sobre os resultados. "*UAU*" simboliza como as equipes de alta performance transcendem processos racionais, trabalhando com todas as faculdades humanas de espírito, alma, corpo e mente.

Chaves para Quando Desafios de Performance São Resolvidos

• Interação Espontânea

Quando a confiança e aceitação do outro apoiam um animado dar e receber, e o conhecimento mútuo permite que todos se comuniquem com clareza e eficiência, antecipando as necessidades mútuas e se tornando mais espontâneos, as equipes de alta performance são espirituosas, criativas e diferenciadas. Uma vez que a flexibilidade e adaptabilidade são características das equipes de performance elevada, ser capaz de improvisar é essencial.

• Sinergia

"Sinergia" é o fenômeno de um todo que manifesta características que não estão presentes individualmente. Em alta performance, parece que algo maior está acontecendo além de qualquer coisa que poderia ser alcançada a partir de esforços individuais. Isto é o que emerge quando as pessoas dão o melhor de si, unindo forças que resultam em algo além do que qualquer um deles é capaz de realizar individualmente.

• Resultados Extraordinários

Equipes de alta performance obtêm resultados acima e além das expectativas iniciais. Uma crise pode lançar rajadas de cooperação e energia que permitem que as pessoas estejam à altura da ocasião. Uma equipe pode experimentar um avanço, trabalhando duro para resolver problemas e criando uma base de confiança e flexibilidade. Às vezes, a "química" simplesmente dá certo e as equipes se veem experimentando o que alguns chamam de "estados de fluxo" e "estado de graça". Equipes esportivas e artistas conhecem esse sentimento e sabem que não é um estado constante, e que depende de muitos fatores. A dedicação, a prática, o domínio de ferramentas e uma abertura para a alta performance tornam possível a todos otimizar a chance de que a verdadeira alta performance irá se manifestar.

É importante distinguir os tipos de alta performance resultantes do excesso de trabalho e o dispêndio inútil de recursos daqueles que refletem o controle dos limites e dos processos.

Quando uma Equipe Fica Empacada no Estágio 6, os Membros Podem Demonstrar...

• Sobrecarga e desarmonia

A alta performance não é estável. Equipes de sucesso podem se tornar hiperativas, aceitar muito trabalho ou tornar-se workaholics. Você pode ter alta performance por um tempo e, em seguida, os membros da equipe são solicitados por outras equipes e descobrirão que a energia começou a se dispersar. Outro desafio comum é ter de trazer novos membros da equipe que não passaram por processos anteriores e não estão totalmente alinhados e cientes de todos os acordos operacionais. Os sintomas podem incluir aumento de reclamações e descontentamento expresso, ou, em casos extremos, doença e sintomas de estresse.

Estar em equipes demais ou ter excesso de atribuições também ficam no caminho da alta performance de equipes. Este tipo de sobrecarga não pode ser tratado pela equipe apenas, mas precisa ser tratado pela organização como um todo.

COMO AS EQUIPES VISUAIS MANTÊM A ALTA PERFORMANCE?

Performances superiores resultam de domínio de comunicação da equipe e de aprender a se adaptar rapidamente às mudanças. As práticas que as equipes visuais usam são as seguintes:

- ❑ **Avaliação de reuniões** com registros do que funciona e do que poderia melhorar.
- ❑ Fazer **"sessões pop-up"** para compartilhar observações, conclusões e novas ideias sobre como melhorar o trabalho.
- ❑ Fazer reajustes com **sessões de facilitação gráfica para resoluções de problemas**.
- ❑ Utilizar as **avaliações STP** para analisar a performance e identificar áreas de melhoria.
- ❑ **Analisar os fluxos de trabalho** com diagramas de post-its para encontrar eficiências.
- ❑ Encontrar **poderosas metáforas e analogias** que permitam que os membros da equipe se comuniquem sobre questões complicadas de forma eficaz.
- ❑ Aprender a usar **audiográficos e conferências via web** para a resolução de problemas e coordenação a distância.
- ❑ Criar **videoconferências e um quadro branco compartilhado** como recurso para equipes remotas.

Estágio 7:

RENOVAÇÃO — POR QUE *Continuar?*

Com o tempo, as condições que inicialmente definiam uma equipe em movimento vão mudar. A alta performance é exigente. Não se surpreenda se as pessoas perguntarem: "Por que continuar?". Esta questão-chave nos lembra de que a performance da equipe é um processo contínuo e deve ser renovado, retornando à Fase 1 para reavaliar se o trabalho ainda é necessário, se vale a pena e se tem algum valor pessoal e significado. Passar um tempo reciclando, coloca a equipe novamente em contato com significado e propósito e reaviva o comprometimento de todos para continuar. É preciso também saber o que vocês realizaram e construir um repertório das melhores práticas para a próxima jornada, nesta ou em outras equipes.

Se o trabalho de sua equipe estiver completo, a renovação é o tempo para embrulhar as coisas e liberar os membros para avançar para novos desafios.

Chaves para Quando os Desafios de Renovação São Resolvidos

• Reconhecimento e Celebração

Se vocês estão recarregando para continuar ou estão concluindo o trabalho da equipe, reconhecer as pessoas e celebrar as suas contribuições é importante. Ajuda a completar os ciclos-chave e permite que todos sigam em frente com uma sensação de dever cumprido. O reconhecimento é uma das mais poderosas forças na criação de ótimos lugares para se trabalhar. Se você trabalha como equipe visual, terá muitos murais e adereços que você pode trazer nestas ocasiões e maneiras tangíveis de rastreamento e comparação da performance com os planos.

• Gestão da Mudança

No ambiente dinâmico de hoje, as equipes precisam aprender a investir diretamente na gestão da mudança e transição. Isso pode envolver a integração de pessoas novas, trabalhar as transições de liderança, ou realinhar as funções da equipe para que os membros trabalhem com motivação e competência. Se você é o líder da equipe, reservar conscientemente um tempo para este tipo de atividade irá permitir que os membros da equipe tenham a chance de reinvestir em outros membros da equipe ou novos gerentes.

• Poder Duradouro

As equipes estão sempre em transição. Renovação significa examinar o que foi aprendido, de modo a ser levado adiante para o próximo desafio. Ideias, descobertas e novas práticas emergem das experiências da equipe que valem a pena capturar e compartilhar. Uma das vantagens das equipes visuais está em ter as habilidades e ferramentas para a criação de comunicações úteis para outras partes da organização e futuros integrantes da equipe. Algumas organizações realmente necessitam de contribuição para bases de conhecimento geral no final de projetos, para aumentar a competitividade e o poder de permanência.

Quando uma Equipe Fica Empacada no Estágio 7, os Membros Podem Demonstrar...

• Tédio e Desgaste

Se a sua equipe não tiver tempo para a renovação, você e seus companheiros de equipe, inevitavelmente, se desgastarão. Noites e fins de semana de trabalho podem ser necessários em algumas ocasiões, mas geralmente é uma indicação de que uma equipe não está praticando a renovação. Os membros de sua equipe reclamam muito ou contam as horas até o intervalo? Os membros sentem-se menosprezados ou desconectados? Pode ser a hora de dar uma boa olhada na eficiência da equipe e começar de novo.

Em suas próprias reflexões ao ler o restante deste livro, lembre-se de que o MPE é conscientemente concebido para apoiar a compreensão de uma gama completa de possibilidades através de muitos tipos de grupos de trabalho e equipes. Ele funciona como o teclado do piano para um músico, tendo um conjunto ordenado de "notas" que são organizadas em uma progressão lógica, neste caso, do fundamental e básico para o mais abrangente e complexo. A vida das equipes tem tantas variações quanto essas "notas" quando são tocadas como música real. Faz uma grande diferença ter uma linguagem comum sobre tudo isso, assim como ter a escala de oito tons capacita a música.

COMO AS EQUIPES VISUAIS SE RENOVAM

Nesta fase, se uma equipe já trabalhou visualmente, existem muitas maneiras de revisitar os acordos e processos-chave. Aqui estão algumas das melhores práticas.

- ❑ **Rever realizações visualmente** com um grande painel que mostre as diferentes fases do seu projeto.
- ❑ Visualizar a **história da trajetória da equipe**, criando um infográfico.
- ❑ **Revisitar a visão e planos de ação** e verificar onde eles precisam ser alterados.
- ❑ Usar **rituais e celebrações** para marcar visivelmente términos e transições.
- ❑ **Escrever as melhores práticas** e adicioná-las ao seu repertório de equipe.
- ❑ Criar **ambientes especiais** para eventos de reconhecimento.
- ❑ Fazer uma **sessão de "revisão"**, convidando as pessoas a expressar suas necessidades em post-its.
- ❑ Criar um **vídeo comemorativo** que analise o trabalho e os resultados da equipe.

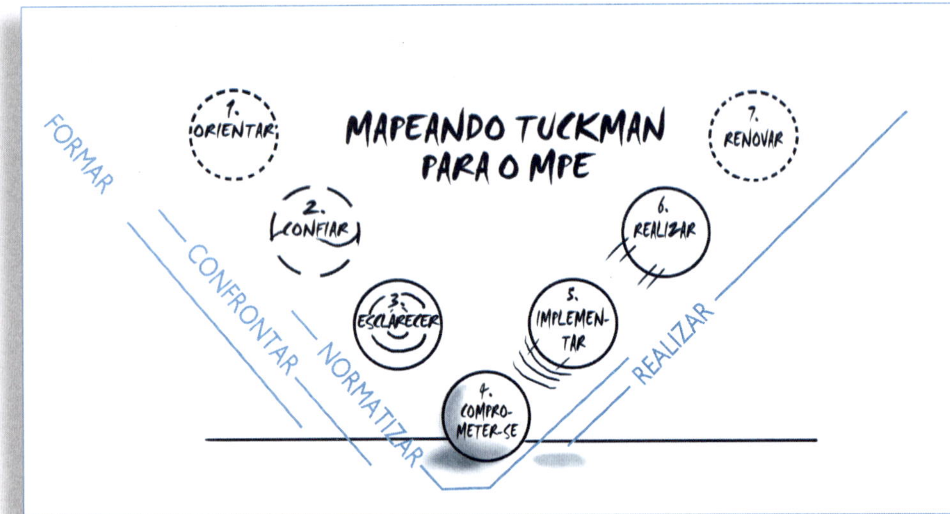

MODELO TUCKMAN

Aqui está um mapeamento gráfico do Modelo de Tuckman para o MPE. No modo como Tuckman descreve as fases, elas são combinações das fases de MPE e refletem a forma como as equipes superam as principais questões à medida que progridem.

Relacionando MPE com Tuckman

Eu sugeri no início deste capítulo que os modelos mentais são um pouco como softwares e, uma vez "instalados", são difíceis de mudar. Se você estiver em uma organização usando o modelo de Tuckman (mostrado aqui), você vai querer ser capaz de explicar que relação ele tem com o MPE. É um dos modelos mais populares e simples para o trabalho em equipe, formulado por Bruce Tuckman em 1966. Suas quatro etapas são memoráveis, descrevendo o processo que as equipes passam, como Formar, Discutir, Normatizar e Realizar.

Este progresso reflete o mesmo processo ilustrado no MPE, com nomes diferentes. Há duas maneiras de entender a conexão. Uma seria a de ver os quatro estágios, substituindo as quatro primeiras fases do MPE. A forma mais precisa seria ver quais se sobrepõem. Eu compreendi que o processo de tentativa e erro de orientação, de construção de confiança e de esclarecer os objetivos é o estágio de "Formação". "Confrontar" aponta claramente para a fase de construção de confiança do MPE, mas também inclui a dificuldade de ter clareza sobre as metas e os conflitos potenciais sobre comprometimentos importantes. A razão pela qual o modelo de Tuckman parece ressoar com equipes decorre do fato bem documentado de que as pessoas em grupos precisam resolver suas relações sociais antes que possam trabalhar efetivamente juntas. A ilustração mostrada aqui parece ser a forma mais adequada para conectá-las.

Cinco Disfunções de uma Equipe

Muitas organizações amam a fábula de Patrick Lencioni, *Five Dysfunctions of a Team* (Cinco Disfunções de uma Equipe), e outros materiais correlatos ao Grupo de Mesa. Ele modela os cinco, aqui mapeados no MPE, em uma pirâmide, com a "ausência de confiança" como base. Este é um clássico de uma aplicação de um modelo de estrutura simples para algo que é intrinsecamente dinâmico. Ao trabalhar com vários clientes que utilizam este sistema, Laurie Durnell, diretora de consultoria da The Grove, teve o insight de que o MPE é realmente um conjunto de prevenções relacionadas a essas disfunções. A "falta de confiança" está enraizada no medo da vulnerabilidade. A pesquisa de Gibb sobre a necessidade das pessoas de adesão e aceitação imediatas apoia esta visão. O "medo do conflito" é caracterizado como falta de vontade de ter envolvimento produtivo e ideológico, um obstáculo para a obtenção de clareza sobre pressupostos e objetivos. "A falta de comprometimento" como uma terceira disfunção é completamente harmônica com o MPE.

Se você entende "evitar a responsabilização" como não estar disposto a ter suas ações alinhadas com os acordos, a ideia faz pouco sentido além de questões de implementação. Responsabilidade é uma das chaves para a execução com disciplina.

CINCO DISFUNÇÕES DE UMA EQUIPE

A fábula de Patrick Lencioni sobre os modos como as equipes se metem em enrascadas é um ***best-seller*** desde que foi publicado, em 2002. Ele reflete o MPE quase um por um.

A quinta disfunção, a "falta de atenção aos resultados", descreve um estado de falta de vontade de estar ciente do impacto e das implicações da implementação. Este tipo de inconsciência situa-se no modo de alta performance como Allan e eu caracterizamos.

Escada de Cog

Outro modelo de equipe popular é a Escada de Cog, delineada por George Charrier na Procter & Gamble, em 1972. O modelo descreve cinco estágios no desenvolvimento do grupo que remetem para Tuckman e MPE.

1. **Estágio Polido:** Uma fase introdutória, em que os membros se familiarizam uns com os outros e definem a base para a estrutura do grupo. É caracterizada por interação social polida e é característica da Fase 1 do MPE.
2. **Estágio Por Que Estamos Aqui:** Esta fase em Cog também corresponde à Fase 1 do MPE e inclui formação de "panelinhas" sociais.

3. **Estágio de Poder:** No modelo de Cog, como em Tuckman, a dificuldade enfatiza o aspecto da construção de confiança. Os comportamentos antidependentes e resistentes caracterizados na fase 4 do MPE apontam para esta possibilidade se as questões de comprometimento forem deixadas à deriva, ou desenvolvem-se atritos na fase 3 sobre quem está "certo".
4. **Estágio de Cooperação:** Este nível descreve a virada para a implementação do MPE e como é começar a sentir que o trabalho está no caminho certo.
5. **Estágio Espírito de Corpo:** Este é o termo de Cog para a fase de Alta Performance no MPE e é descrito como dependente das fases anteriores para manifestação.

É interessante que este modelo evoca metáforas de "escada" e "estado final", e ignora o aspecto cíclico do processo de grupos que está subjacente à necessidade de investir em renovação.

II: Gerenciando Equipes Visuais

Uma Perspectiva MAIS Abrangente

II: Gerenciando Equipes Visuais

Capítulo 4: Então, Você Acabou de Ser Promovido A equipe precisa saber o que você pensa sobre o seu papel de líder. Qual é a importância de ter propósito e intenção? Como você facilita a construção de relacionamento e confiança? Como você apoia a comunicação e a aprendizagem? O que significa focar-se nos resultados? Este capítulo descreve as tarefas de liderança.

Capítulo 5: Gerenciando Quatro Fluxos de Atividades Existem quatro níveis de liderança que precisam de atenção em qualquer equipe. Quais são as melhores práticas para geri-los como líder?

Capítulo 6: Apoiando a Inovação Como você passa de lidar diretamente com os problemas a criar um ambiente onde toda a equipe possa lidar em conjunto com os problemas? Como você introduz soluções visuais para os problemas? Como você usa as avaliações para apoiar diálogos visando a melhoria?

4. Então, Você Acabou de Ser Promovido

Compreendendo o Gerenciamento de Equipes

Esta seção foi escrita para aqueles que acabaram de ser promovidos à liderança da equipe, ou querem repensar seu papel. Se você não for um líder de equipe e não estiver interessado nesta parte do livro, pode passar direto para a Seção III e os capítulos que descrevem as ferramentas e abordagens para a criação de uma equipe desde o início, e em seguida para a Seção IV, sobre como sustentar-se ao longo do tempo.

Quais são os princípios de liderança de equipes?

No início dos anos 2000, após a quebradeira das empresas pontocom, as companhias do Vale do Silício se concentraram em recuperar seu prestígio perdido. O esforço com meus clientes era "voltar à origem". A Agilent Technologies, a firma que resultou da cisão das empresas de instrumentação originais da Hewlett Packard, decidiu lançar uma nova linha de frente com o gerente de programa de treinamento tendo a "volta às origens" como tema. A liderança dentro da empresa acreditava que o treinamento deveria se concentrar em três áreas que ainda acredito que sejam os princípios básicos que qualquer novo líder de equipe precisa entender. Eles escolheram o MPE como um modelo de integração e, em seguida, destacaram algumas das principais habilidades e questões financeiras sobre gestão por objetivos (em inglês, MBO) e Liderança Situacional. Para apoiar o curso, eles se envolveram com a The Grove para criar o *Team Leader's Guide*, que integrava melhores práticas para novos líderes de equipe com o MPE. Este livro discorre sobre muitas das ideias principais naquele guia (disponível em uma versão pública através da The Grove).

Performance da Equipe

O MPE fornece uma lista confiável de coisas a fazer, não só para as equipes, mas também para gerentes. Por exemplo, sublinha a importância de começar com um propósito claro e, em seguida, com foco na construção de confiança e clareza em torno de objetivos como elementos de fundação da equipe. As quatro primeiras fases do MPE são divididas em quatro tarefas que foram expressas em termos de liderança e visualizam um modelo que ilustra as quatro como uma "moldura" que um líder pode ter para dirigir os diferentes fluxos de atividades na equipe.

UM QUADRO PARA GERENCIAMENTO DA EQUIPE

Imagine o MPE fluindo em padrões repetidos como a música, e o líder da equipe fornecendo uma "moldura" em torno destas atividades que orienta o fluxo.

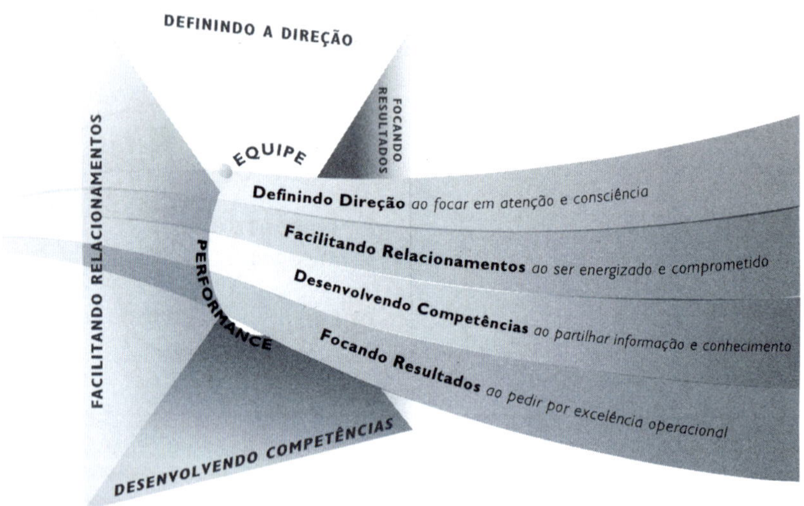

Aqui está como você pode visualizar. Cada uma dessas tarefas críticas de um líder persiste por todo o caminho através de cada um dos sete estágios de performance da equipe.

Tarefas Críticas de Gerenciamento

Essas quatro tarefas críticas são chamadas de:

1. **Definir direções**
2. **Facilitar relações**
3. **Construir competências**
4. **Conduzir para os resultados**

Focando nestas quatro tarefas, você, como líder de equipe, pode gerenciar os quatro fluxos de atividade que são verdadeiros para qualquer equipe. No próximo capítulo vamos explorar práticas para realizar cada uma delas.

Tarefa 1: Definir Direção e Criação de Gráficos Claros

Vamos voltar para o primeiro desafio da liderança — definição de direção. O que significa ter propósito e intenção, e como fazer isso funcionar com "gestão por objetivos"? A gestão por objetivos (MBO) foi popularizada na década de 1950, após a Segunda Guerra Mundial. O pensamento organizacional ainda era fortemente influenciado pelo que foi chamado de gestão científica. Esta escola de pensamento afirmava que as organizações e as equipes funcionariam melhor se você combinasse a pessoa certa com o trabalho certo, e era muito clara sobre como definir e medir as competências e as tarefas, e analiticamente combinar tudo. Em casos extremos, podia-se imaginar que as pessoas que utilizavam gestão científica acreditavam que as organizações eram como máquinas e só precisavam ser calibradas e ajustadas.

Se você estiver em uma empresa que determina os salários e promoções com base na performance, não vai querer ter seus objetivos tão claros quanto possível? Muitas empresas estão voltadas para a criação de resultados financeiros e estão constantemente trabalhando para que as equipes se concentrem em fatores específicos que farão a diferença no final. No Capítulo 9, sobre Clareza de Objetivos, vamos explicar algumas das melhores práticas específicas para a geração de objetivos SMART.

Indo Além das Metas de Propósito e Intenção

O MPE está sugerindo que, antes de metas e objetivos claros, sua equipe precisa ser orientada para uma finalidade, os membros precisam sentir que seu envolvimento é um bom ajuste e todos precisam confiar uns nos outros o suficiente para serem capazes de se concentrar no trabalho que têm em mãos. Ajudar a direcionar este processo e definir uma boa direção é uma das tarefas-chave para a liderança.

Vamos examinar as implicações disso. A palavra "propósito" ou "missão" é geralmente definida como uma "razão de ser". Quando as pessoas entram em uma nova equipe, todo mundo conta a si mesmo uma história sobre por que a equipe começou e, geralmente, ela não se parece com objetivos SMART. A pesquisa de Jack Gibb, os pensamentos de Arthur M. Young sobre processo e minha própria experiência sugerem que, na imaginação de uma pessoa, aquelas palavras parecem mais frequentemente com uma história e podem se confundir com sentimentos, impressões e palpites sobre o resultado final.

Se você acabou de ser promovido a líder de equipe, existem algumas perguntas previsíveis que os membros de sua equipe provavelmente estão se fazendo.

- Por que VOCÊ é o líder da nossa equipe?
- O que isso significa para você?
- Por que estou sendo convidado para outra equipe também? Já estou sobrecarregado!

A sua "intenção" é o que você está determinado a alcançar dada a sua missão. Intenção significa exatamente isso — ter e manter uma visão que está "em tensão" com a realidade atual... esse tipo de tensão é exatamente o que catalisa a alta performance, se você estiver disposto a abraçá-la e não deixar que se resolva depressa demais.

- Eu sou novo aqui. Será que você (como nosso líder da equipe) me valoriza?
- Essa tarefa/desafio vai me ajudar na minha carreira?
- Será que vamos ser capazes de fazer isso?

Esses tipos de perguntas não serão sanados apenas com objetivos SMART. Elas precisam ser tratadas por você, conectando e compartilhando suas próprias respostas a essas perguntas que contenham um senso de propósito em seu próprio ser. Propósito e missão contam esse tipo de história e indicam por que a equipe foi formada.

Uma segunda qualidade, a sua "intenção", é o que você pessoalmente determinou alcançar quando recebeu a sua missão. "Intenção" significa exatamente isso — ter e manter uma visão que está "em tensão" com a realidade atual. Se você estiver com uma ideia constante do que está tentando realizar bem no meio das realidades que estão em seu caminho, você vai viver tensão psíquica! E, ao pedir à sua equipe para acelerar, eles vão enfrentar a tensão.

Mas esse tipo de tensão é exatamente o que catalisa a alta performance, se você estiver disposto a abraçá-la e não deixar que se resolva depressa demais. A comunicação de tudo isso é o ponto de partida na liderança.

Gerenciamento e Domínio

No início de minha consultoria, tive a oportunidade de participar de um *workshop* denominado *Leadership and Mastery that Innovation Associates*, empresa de consultoria original de Peter Senge, realizado aqui na área da Baía de São Francisco. Peter é agora conhecido por ter escrito *Fifth Discipline: The Art & Practice of the Learning Organization* ("A Quinta Disciplina: A Arte e Prática da Organização de Aprendizagem"). Ele também ajudou a criar a Sociedade de Aprendizagem Organizacional e fez mais do que ninguém para trazer os sistemas de pensamento e consciência ambiental para o domínio de ferramentas acionáveis no campo do desenvolvimento organizacional. Integração com a formação foi um princípio que veio a moldar meu próprio pensamento sobre a intenção e o que isso significa. Foi um conjunto de ideias que Peter ganhou de Robert Fritz, autor de *Path of Least Resistance: Learning to Become the Creative Force in Your Own Life* ("O Caminho da Menor Resistência: Aprendendo a Tornar-se a Força Criativa em Sua Própria Vida").

Os líderes do workshop passaram elásticos de borracha e pediram que todos nós os esticássemos e sentíssemos a tensão incorporada no elástico esticado. "Imagine que este elástico é você", disseram eles. "Se o seu dedo superior no elástico representa a sua visão, e o de baixo representa a realidade atual, quando você esticá-lo, vai perceber o que é tensão estrutural. Este não é um sistema estável!" Robert Fritz acreditava que esse tipo de tensão sistêmica é o direcionador da criatividade humana e resolução de problemas. Engenheiros sabem que, em sistemas físicos, tensão estrutural sempre busca resolução. É por isso que pontes suspensas ficam no lugar e plataformas balanceadas não caem. Fritz assumiu o salto para sistemas psicológicos e sugeriu que com os seres humanos acontece o mesmo, as tensões psicológicas entre visão e realidade também convergem para uma resolução, de uma forma ou de outra.

Imagine fazer este exercício comparando o elástico que você está esticando com a sua equipe. Agora imagine todas as possibilidades que essa "tensão criativa" pode desencadear. Aqui estão algumas de suas escolhas.

1. Você pode diminuir as expectativas e trazer sua visão para mais perto da realidade atual (esse é o modo tradicional de resolver problemas).
2. Você pode arrebentar o elástico e não unir os dois (isso seria como gerar uma visão da equipe, mas nunca medir o progresso).
3. Você pode manter a visão e convencer-se de que a realidade está mudando (o que é ser o líder da equipe e convencer a si mesmo de que tudo está funcionando, apesar das evidências).
4. Você pode confiar na persistência da visão e fazer com que a realidade se aproxime da visão (esse é o caminho dos líderes visionários eficientes).

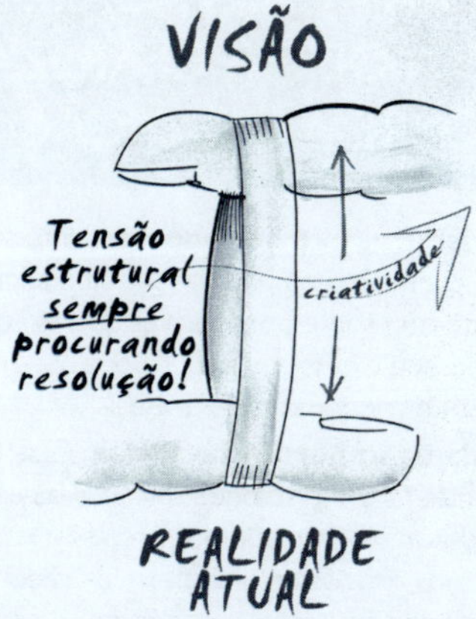

TENSÃO ESTRUTURAL IMPULSIONA A CRIATIVIDADE

Eu desenhei este cartaz para explicar aos participantes do programa *Greater Baltimore Committee's Leadership* por que estávamos estruturando os dois dias da forma como fizemos, e por que estar disposto a manter uma visão individual que não corresponde à realidade atual é importante para impulsionar a inovação e criatividade. O programa de liderança envolve 50 pessoas que trabalham juntas há mais de nove meses. É um tipo diferente de equipe, não é uma equipe de produção, mas essa metáfora e linguagem comum sobre visualização ajudou-os a permanecer orientados para a sua importância. O líder do projeto, Jan Houbolt, e eu reforçamos o conceito com o cartaz e a distribuição de elásticos de borracha para que todos tivessem a experiência de sentir tensão estrutural.

PRÁTICAS VISUAIS PARA OBTER CLAREZA SOBRE A INTENÇÃO

- ❑ **Entrevistar os patrocinadores:** Sente-se com quem o promoveu ou patrocinou sua equipe e entreviste-o(s) sobre por que eles querem que você lidere e o que eles esperam que você realize. Faça anotações e crie uma imagem visual.
- ❑ **Mandala da importância:** Use um Guia Gráfico de Mandala Grove e coloque o gráfico da equipe no centro do círculo formado por círculos menores. Em seguida, nos círculos de brainstorm ao redor, debata com você mesmo sobre as razões pelas quais esta equipe é importante. Talvez dividir o gráfico em o que é importante para você e o que é importante para a organização.

- ❑ **Discurso de elevador:** Escreva um "discurso de elevador" sobre as razões por que é importante a sua equipe ter sucesso. Um discurso de elevador é algo conciso o suficiente para que você possa fazê-lo a alguém no tempo que demora para o elevador percorrer os andares de um edifício.

Quanto Desempenho Você Quer e Precisa?

A metáfora do elástico de borracha é um bom exemplo de como uma história pode inspirar. A maioria das pessoas no *workshop* queria ser o tipo de líder que poderia obter resultados extraordinários, alta performance e todos os resultados criativos que vêm com isso. A maioria de nós queria ser aquela pessoa que consegue sustentar uma forte visão em face de grandes desafios e persistir. Peter embelezou a história, afirmando que sua experiência e pesquisa mostraram que as pessoas realmente criativas são aquelas que têm um grande apetite por tensão criativa e têm a capacidade de se manter nelas por longos períodos de tempo. Estas são as pessoas que podem fazer a mudança. Nós percebemos que o elástico de borracha era como o valor a ser colocado na conexão entre as duas extremidades.

Se você imaginar a linha superior e inferior no MPE como tendo um elástico de borracha entre elas, então a quantidade de estiramento que você tem entre o seu senso de propósito e visão e as realidades cotidianas de operação é a quantidade de tensão criativa, ou "intenção", que você está trazendo para a sua função.

Ninguém pode decidir isso por você. É algo que vem de dentro. E precede e anima os objetivos SMART. Trata-se de sua própria história interna "do que você é feito", na linguagem comum.

Vamos voltar para as quatro primeiras opções que você tem como líder de equipe. Há um conjunto paralelo de escolhas que a sua equipe tem de fazer sobre o quanto todos querem alcançar juntos. Esses diferentes níveis de esforço podem ser claros em qualquer tarefa que você tenha recebido quando a equipe foi formada, ou podem ser vagos e você tem de determinar quão ambiciosos vocês são enquanto equipe. O pressuposto é que, à medida que os desafios crescem, cresce também a força que você precisa trazer à tarefa em relação a orientação, confiança, clareza e comprometimento.

Ao descrever as escolhas de quão alto saltar, mostradas na página seguinte, eu estava imaginando seguir para o lado direito superior do MPE, inicialmente lidando com questões operacionais, do plano físico de sistemas e como elas funcionam. Depois eu imaginei trabalhar em nível técnico (Nível III), com processos claros para produzir algo no nível da implementação. Em seguida, imaginei estar no nível em que a experiência de trabalhar em conjunto evolui (Nível II) — o nível em que a "alta performance" é um descritor preciso. E, finalmente, no nível de consciência global (Nível I), a atividade de renovação, aprendizado e consciência são os principais resultados.

Se Robert Fritz está certo, e Arthur M. Young está certo, quanto mais você quer "quicar", mais impulso você precisa desde as primeiras fases. Em outras palavras, se você quer ser envolvido na mudança de cultura, você necessitará de muito mais confiança e resiliência da equipe do que se estiver apenas consertando algo que está quebrado, onde a competência sobre o problema seja talvez o fator mais importante.

Apropriar-se de Suas Próprias Intenções

A maneira como você responde à pergunta sobre seu próprio propósito como líder irá moldar o quanto de motivação e envolvimento você será capaz de gerar a partir dos outros. Líderes com fortes intenções que são capazes de partilhar serão mais eficazes do que os líderes com intenções fracas e confusos com relação aos propósitos.

Na última e na próxima página estão algumas das práticas que você pode usar para ter clareza sobre o seu próprio propósito e intenções. Surpresa! A visualização pode ser uma ferramenta realmente poderosa.

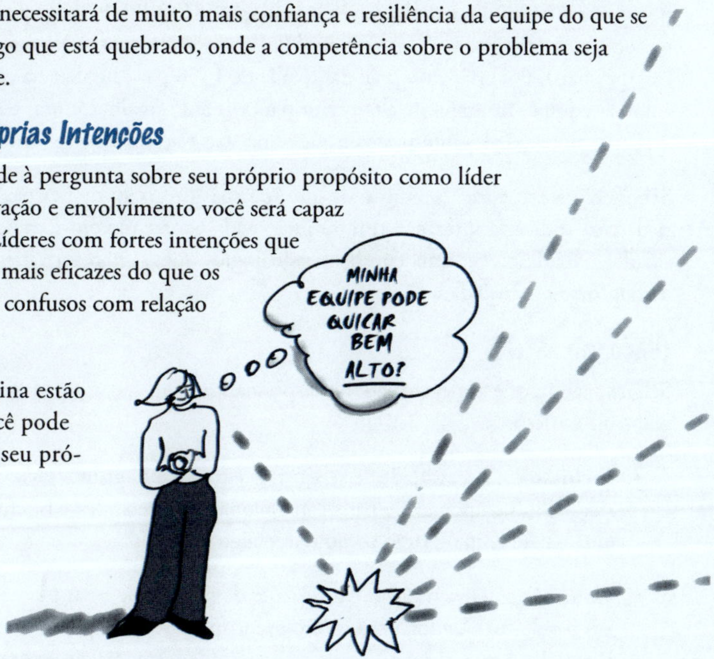

QUÃO ALTO DEVEMOS "QUICAR"?

Em termos da metáfora de "bola quicando" do MPE, você pode perguntar: "Quão alto devemos quicar?". As escolhas são mapeadas para os quatro níveis do MPE.

I. **Transformar a organização?** Começar um movimento, abrir todo um novo campo de trabalho e oportunidade, ou criar uma nova organização. Vamos ter de "ser a mudança" e viver a visão de uma nova possibilidade.

II. **Alterar uma cultura?** Precisamos mudar nossa organização atual — redefinindo comportamentos, motivações e um tipo diferente de cultura. Teremos de ser persistentes e ir acima e além, envolvendo outros em um nível emocional, bem como racional.

III. **Produzir algo?** Poderíamos produzir um novo produto. Vai envolver projeto, orçamento, recrutamento, treinamento, testes, fabricação — cumprindo todas as funções de implementação. É mais provável que precise de planejamento, tomada de decisão em grupo, envolvimento de outras partes da organização e coordenação de múltiplos fluxos de atividade.

IV. **Consertar alguma coisa?** Nós apenas precisamos corrigir um problema operacional e continuar com outro trabalho. Isso vai exigir conclusão, *know-how* operacional e recursos

MAIS PRÁTICAS VISUAIS PARA DEFINIR A INTENÇÃO

- ❑ **Colagem sobre Intenção:** Crie uma colagem para si mesmo com imagens que lhe digam por que esta tarefa da equipe é importante. Deixe sua intuição escolher as imagens, mantendo em mente a pergunta: "o que me interessa em relação a esta equipe?".
- ❑ **Diário:** Pegue um diário e entreviste a si mesmo. Escreva uma pergunta e logo em seguida escreva a resposta, sem edição. Então revise tudo e escolha as respostas que falam mais profundamente sobre suas razões para querer liderar esta equipe.
- ❑ **Compartilhe sua visão de liderança:** Em uma reunião de equipe inicial, explique, com suas próprias palavras, as razões pelas quais a equipe é importante e o que você espera alcançar com todos. Tenha algum registro do que você está dizendo em um gráfico. Peça à equipe para, em seguida, comentar sobre o que lhes chamou mais profundamente atenção e que os motiva para a tarefa.

Tarefa 2:

Facilitando Relacionamentos

Se conseguir fornecer um tempo e espaço para que todos possam se orientar para o propósito da equipe e ter algum tempo para imaginar como eles vão se encaixar, então você pode mover a sua atenção para conseguir que as pessoas se conheçam e se sintam confortáveis para trabalhar em conjunto.

Um dos pioneiros na aplicação da psicologia moderna para equipes foi William Schutz, psicólogo transpessoal e PhD, que desenvolveu a avaliação FIRO B (ver bibliografia para links). As letras correspondem a *Fundamental Interpersonal Relations Orientation* (Orientação Fundamental de Relações Interpessoais). Foi criada no final da década de 1950 para auxiliar na compreensão e previsão de como as equipes militares de alta performance iriam trabalhar juntas e é amplamente usada para avaliar as necessidades interpessoais que as pessoas têm quando se juntam em grupos.

Schutz começou com a premissa de que "pessoas precisam de pessoas", usando o termo "interpessoal" para indicar a interação real ou imaginada ocorrendo entre as pessoas. Ele usou a "necessidade" para descrever uma condição psicológica que, se não for satisfeita, leva a um estado de desconforto ou ansiedade.

O Modelo FIRO B

Schutz sugeriu que as necessidades interpessoais podem ser agrupadas em três categorias: Inclusão, Controle e Afeto.

- **Inclusão** é a necessidade de se sentir aceito por um grupo. Jack Gibb também concorda em sua pesquisa, apontando para as preocupações que as pessoas têm sobre a sociedade e sobre entrosar-se com o grupo como sendo algo primário.
- **Controle** envolve triagem das relações de poder. Algumas pessoas têm necessidades muito baixas nesta área. Algumas são muito preocupadas em ter poder no grupo. Uma razão pela qual Bruce Tuckman chama o segundo estágio de formação de equipes em seu modelo de "Discu-

tir" (ver página 52) é que resolver os problemas de controle muitas vezes pode ser complicado. Pode ser sobre quem está certo, ou sobre quem pode se envolver na tomada de decisões, ou sobre quem começará a trabalhar com quem.

- **Afeto** é uma necessidade que segue os outros dois e envolve o desejo de ser estimado pelos colegas. Isto também tem um espectro de necessidade, dependendo da pessoa. Algumas pessoas precisam de uma grande dose de atenção nesta área. Outras não.

Não há fórmulas claras para lidar com esta etapa da formação de uma equipe. Mas existem alguns princípios que você pode seguir. (Se quiser saber mais sobre isto, veja a seção de recursos para bons links de FIRO B, veja Tuckman e outras literaturas.)

Ao longo dos anos, comecei a acreditar que os propósitos obscuros e desconfiança na liderança são as duas maiores razões pelas quais as equipes se tornam ineficientes. Realmente vale a pena investir em como você é recebido e acolhido pelas pessoas que trabalham com você!

Como Você Lidera o Desenvolvimento do Relacionamento na Equipe?

A visualização pode apoiá-lo no sentido de facilitar a construção de relacionamento de muitas maneiras. Todas essas estratégias contam com o fato de que, quando as pessoas estão trabalhando juntas para criar algo, elas realmente trabalham em conjunto, não apenas falam sobre isso. A natureza ativa de reuniões visuais, virtuais ou presenciais oferece um ambiente bastante produtivo para trabalhar questões de inclusão, controle e afeto em espaços que são seguros e não afetam diretamente o trabalho.

Além disso, o desenho é um ato físico que envolve mais de nossa sensibilidade plena do que apenas se envolver em uma discussão. Preceder conversas importantes com algum desenho reflexivo resulta numa visão mais profunda e em maior envolvimento e participação.

Veja no quadro ao lado alguns princípios que você pode usar.

PRINCÍPIOS PARA TER ÓTIMOS RELACIONAMENTOS

- Respeitar o direito de cada um ser ele mesmo.
- Aceitar as diferenças e procurar maneiras de como elas podem ser pontos fortes na equipe.
- Propiciar tempo, informalmente e em reuniões, para que as pessoas possam trabalhar com as preocupações interpessoais.
- Ser autêntico.
- Conectar-se com os membros da equipe individualmente.
- Aceitar necessidades interpessoais como legítimas e importantes.
- Ser leal e manter sua palavra.

FAZER VOCÊ MESMO OU DESENVOLVER OS OUTROS?

Como líder de uma equipe nova, é importante saber quais são suas intenções em relação à ênfase que você coloca na construção de competências dos demais *versus* fazer as coisas sozinho. Existem quatro escolhas clássicas. Qual destas descreve você?

1. Trabalhar diretamente na tarefa atribuída ou aceita por sua equipe.
2. Trabalhar para apoiar os membros da sua equipe na realização das tarefas.
3. Trabalhar para apoiar outras equipes e seus líderes na realização das tarefas.
4. Trabalhar na criação de um ambiente que permita aos líderes de equipe prosperar ao realizar as tarefas.

A última opção da lista é chamada de trabalhar no nível "C" em uma organização. Este é geralmente o nível de Direção (CEO ou CFO) em uma grande organização. Mas também pode ser de um líder em uma campanha de rápido crescimento político, ou o papel de liderança em uma organização sem fins lucrativos. Se o seu novo papel é à frente de uma equipe de gerência, esta poderia muito bem ser a sua escolha. Mas, se você é um líder de uma equipe de produção, poderia ser entre 1 ou 2.

Tarefa 3: O Desenvolvimento de Competências

Depois de orientar a direção e construir certa confiança uns nos outros, as equipes naturalmente querem se concentrar na preparação de uma tarefa que assumiram. Isso irá colocar as competências técnicas em teste. Em muitos casos, como acontece com a equipe BLAST da HP, a fase de investigação e aprendizagem é uma parte fundamental do projeto, e precede necessariamente fazer recomendações. Para resolver o problema das equipes, a exploração e a análise são fundamentais para obter boas soluções. Como líder, seu trabalho é se concentrar na equipe e checar se os membros têm as habilidades necessárias e se estão preparados para lidar com os desafios que vêm por aí.

Verifique as opções do quadro nesta página e reflita sobre a sua jogada inicial de ser um bom contribuinte individual para o trabalho sendo um líder de uma única equipe. O que era importante quando você era um colaborador individual? Eram, provavelmente, coisas como começar o trabalho na hora, fazê-lo bem e usar suas melhores habilidades para resolver os problemas. Você provavelmente teve algum apego e orgulho em ser eficiente. Ser uma das melhores pessoas em seu trabalho pode ser o motivo de sua promoção. Então, trabalhar diretamente na tarefa e conseguir o feito parece ser a escolha óbvia — certo?

Talvez sim, no início. Mas, a longo prazo, os seus melhores resultados virão a partir da escolha 2 — apoiar os outros ao trabalharem nas tarefas. Ter essa intenção é o grande desafio para um novo líder. O líder da equipe que compreender isso será, provavelmente, o que terá aquelas promoções adicionais! O MPE sugere que a clareza nas proposições, o desenvolvimento de objetivos claros e a clarificação da visão são todas partes do seu trabalho na criação da equipe, muitas vezes acontecendo nessa ordem. Mas você, como líder, precisa determinar se vai apenas ditar estas coisas ou colaborar para que a equipe tenha alguma autonomia para resolver isso em conjunto, como equipe.

A prática visual é extremamente importante aqui e vai ajudá-lo a criar ambientes que tanto receberão a clareza que você precisa como desenvolverão mais a compreensão e a competência da equipe em geral. Mapear informações em painéis, como eu explico em pormenores no livro *Reuniões Visuais*, é como os seres humanos pensam sobre os sistemas. Diagramar e extrair as ideias é também o caminho para desenvolver modelos mentais mais completos e precisos, e aumenta a sua capacidade de perceber o que está acontecendo ao seu redor, na empresa e no mercado.

Construindo Competência em Comunicação

Uma história sobre como você pode lidar com isso será útil aqui. Uma empresa de consultoria, que trabalha com alta tecnologia especializada em ajudar seus clientes, desenvolve todas as especificações que eles precisam para encontrar e adquirir grandes sistemas de computadores. Eles estavam no ponto de início do trabalho com um grande banco europeu, que precisava atualizar suas operações de *back office*. Sete consultores foram designados para a equipe que trabalharia no projeto, e eles precisavam se organizar antes de viajar para lá e fazer as reuniões iniciais com o cliente.

Um dos membros, George, era um praticante visual treinado pela The Grove, que muitas vezes facilitou compromissos com clientes com o uso de gráficos em seus projetos. Quando eles me chamaram, toda a equipe estava entusiasmada com a abordagem e queria incrementar suas habilidades para usar nesse projeto.

"Queremos aprender, facilitar e obter alguma ajuda na construção da equipe", disse George. "E precisamos estar prontos para o nosso projeto." Ali estava um líder de equipe concentrado no desenvolvimento *e* na realização do trabalho, já nas fases iniciais do projeto. Nossa sugestão foi passar uma semana organizando o projeto, com cada membro da equipe facilitando uma parte do trabalho, parando depois de cada parte para *feedback* e críticas dos demais membros. Eu daria o treinamento e dicas o tempo todo, de forma que eles aprendessem a facilitação visual ao mesmo tempo que realizavam o trabalho.

FUNÇÕES ARQUETÍPICAS DE EQUIPE

Na Etapa 4 do MPE, na virada do processo de grupo, a sua equipe vai concordar sobre funções e ter clareza sobre as responsabilidades que se dirigem para a implementação. No estágio de construção de relacionamentos, no entanto, todos ainda estão tentando descobrir como irão contribuir, e você, como líder da equipe, faz as avaliações. O pequeno diagrama abaixo ilustra os quatro papéis que surgem em qualquer grupo. Estes surgem do fato de que estamos vivendo em uma seta do tempo, olhando para a frente e para trás. Alguns de seus companheiros de equipe são mais capazes de olhar adiante e propor novas ideias, visões e similares. Outros se sentirão mais confortáveis olhando para o passado e para as coisas que eles podem analisar e ter clareza sobre referências e dados. Outros irão se preocupar mais com o relacionamento da equipe, se o grupo está satisfeito ou lidando com conflitos. Outros vão querer concluir a tarefa. Como líder, você deve partir do trabalho inicial de compreender as diferentes capacidades dos seus companheiros de equipe e ajudar as pessoas a se moldar a funções nas quais elas podem ser mais eficientes.

ATIVIDADE MATRIZ DO DENOMINADOR COMUM

1. Crie uma grade em uma cartolina ou quadro branco de conferência via web e liste os nomes da equipe à esquerda.
2. Liste as possíveis áreas de experiência da equipe no topo.
3. Peça a cada pessoa para identificar as experiências "formativas" que possuem em cada área — ou seja, onde elas passaram tempo suficiente para compreender profundamente os padrões (talvez anos).
4. Discuta escolhas e procure um denominador comum.
5. Incentive as pessoas a trazer experiências secundárias que possam incidir sobre um conjunto promissor de conexões.

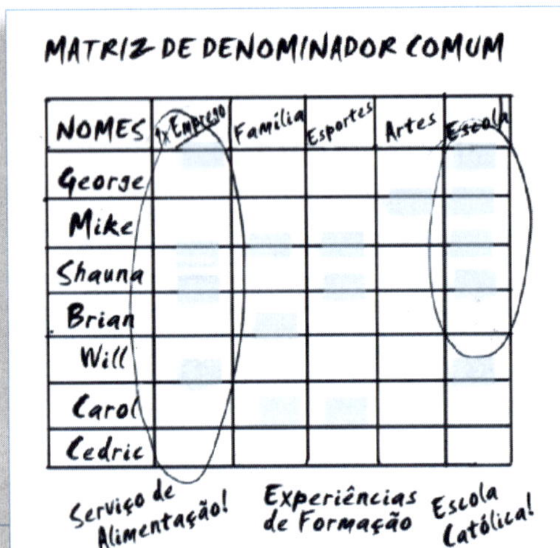

George também queria que a equipe passasse algum tempo melhorando sua comunicação e confiança entre os membros, mas não tínhamos muito tempo para realizar algo elaborado. Havia muita preparação a ser feita. Eu sabia, porém, que um dos desafios de qualquer equipe recém-formada é aprender a entender uns aos outros, apesar das diferenças de experiência. Sem dúvida alguma, a nossa visão de fortalecer a equipe e a realidade de ter pouco tempo criou uma "tensão criativa", que nos levou a uma abordagem criativa que eu posteriormente apelidei de "Matriz do Denominador Comum".

Um dos pressupostos que eu faço é que toda a percepção humana é filtrada através de nossa experiência passada e trabalhar em equipe não é nenhuma exceção. Nossas primeiras experiências com grupos e equipes criaram entendimentos que orientam o nosso trabalho posterior — às vezes em um nível subconsciente. Se essa equipe de consultoria conseguisse descobrir em que pontos compartilhavam experiências semelhantes, isso os ajudaria a se comunicar melhor ao longo da experiência compartilhada.

Então, realizamos a atividade descrita aqui nesta página. Numa folha grande de cartolina, à esquerda, escrevemos os sete nomes. Na parte superior foram identificadas algumas categorias — primeiro emprego, família, esportes, artes e escola. Então, cada um colocou um post-it no respectivo quadradinho, com um comentário sobre onde receberam suas experiências de formação em cada área. Não demorou muito para preencher a matriz — menos de 20 minutos. Depois fomos à caça de um denominador comum. Quatro das pessoas colocaram algo relacionado a serviço de alimentação na categoria de "primeiro emprego". Quando falamos a respeito disso, todos tinham trabalhado em um momento ou outro na área de alimentação, não necessariamente no primeiro emprego. Isso proporcionou nossa primeira área de terreno comum. Muitas coisas podem ser compreendidas olhando-se para elas como sendo um problema do sistema de serviços de alimentação.

O próximo foi interessante. Várias das mulheres identificaram formação escolar católica. Na discussão, descobrimos que cada um dos homens também era casado com alguém que havia estudado em escola católica. Assim, nós encontramos uma segunda área de terreno comum.

Ao longo do debate, todos foram aprendendo muito uns sobre os outros, o que seria bastante útil em momentos de mal-entendidos, de trabalho e de reuniões com o cliente. Esta atividade, aliás, é um grande exemplo da combinação das formas de trabalhar do lado direito e esquerdo do cérebro. A grade é muito analítica. Mas as histórias e os pensamentos metafóricos tocam o lado direito do cérebro. Quando você trabalha com engenheiros, esse tipo de abordagem integrada funciona muito bem.

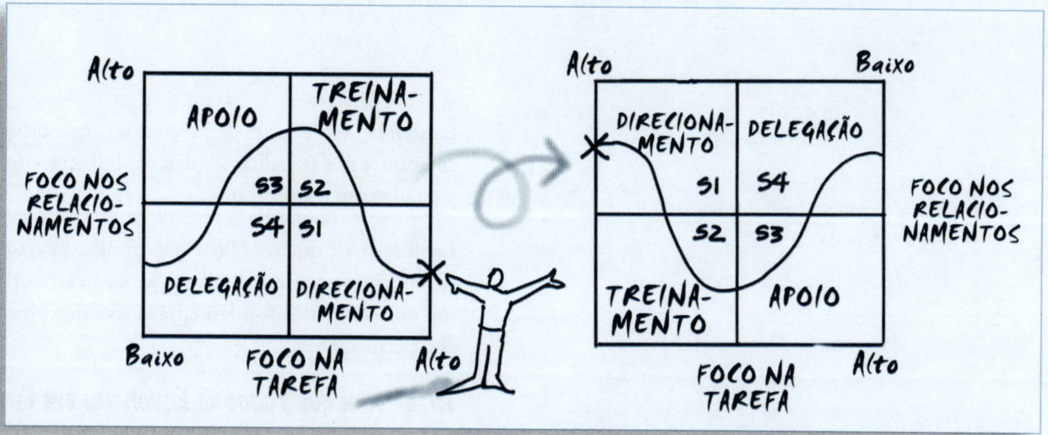

Liderança Situacional

Outro aspecto do desenvolvimento da competência é como você se relaciona com as diferentes necessidades da equipe fora das reuniões, quando as pessoas estão trabalhando em tarefas individuais. O Programa Agilent se focou na Liderança Situacional como um conjunto de habilidades que se aplicavam aos diferentes aspectos de liderança de equipe.

O Agilent usou a versão de Blanchard do modelo de Gerenciamento Situacional e trouxe alguns formadores certificados por sua empresa para ensinar a todos como isso funcionava. Sua abordagem é justificada, e muito bem testada, com vários cursos de formação e materiais disponíveis. Ele defende a necessidade de lidar com pessoas de maneiras diferentes, dependendo da quantidade de ajuda que elas precisam para serem direcionadas *versus* apoiadas. É interessante mapear as ideias de Blanchard para o MPE. Elas combinam perfeitamente.

O MPE contribuiu para o meu apreço pela Liderança Situacional, valorizando o paralelo entre o que as pessoas precisam e o que a equipe como um todo necessita. Se você considerar a equipe como um todo como sendo um indivíduo, quando se é novato em uma tarefa e inseguro de si mesmo, boa parte do foco estará em aprender a tarefa, apesar de os problemas de confiança serem mais

LIDERANÇA SITUACIONAL

Paul Hershey e Ken Blanchard desenvolveram um modelo, em 1969, que afirma que a liderança não pode ser um caminho para todas as pessoas e ainda ser eficaz. Os membros da equipe e, por consequência, os líderes estão equilibrando dois fatores — um é o foco na tarefa e o outro é o foco no relacionamento. As pessoas que são novas em uma tarefa precisam de muita orientação. À medida que ficam mais proficientes, precisam de mais apoio no relacionamento. O esquema de quadrantes acima cria quatro "situações" onde diferentes estilos de liderança são sugeridos. Blanchard informa que um estilo de "Direcionamento" S1 é necessário quando as pessoas são novatas em uma tarefa. Uma experiência com um pouco do estilo de "Treinamento" S2 é apropriada. Dominar alguns estilos de "Apoio" S3 também funciona. Finalmente, com pessoas muito experientes, o estilo de "Delegação" S4 é o melhor. Se você tomar este modelo (mapeado em coordenadas cartesianas) e girá-lo de cabeça para baixo, você pode ver como os quatro estilos espelham o MPE.

fundamentais. Você pode precisar ser mais diretivo e começar por aí com o básico, e depois voltar ciclicamente a trabalhar no desenvolvimento do relacionamento enquanto as pessoas ficam mais à vontade com o trabalho.

Lembre-se de que o MPE é organizado a partir do básico até o abrangente, e não requer que a sequência específica de atividades siga esse padrão. Significa, simplesmente, que se você ignorar um dos elementos fundamentais, terá de voltar a ele mais tarde para fazer progresso em direção à alta performance.

Fazer com que Todos se Envolvam em Entender o Sentido das Coisas

Se como líder de equipe você deseja encorajar todos a se envolver e participar nas fases de esclarecimento do trabalho, precisa sugerir formatos que suportem isso. A visualização interativa é uma ferramenta de grande poder, neste sentido.

Algumas destas técnicas incluem:

- ❑ **Diagramas de Afinidade:** Pegue um tema, distribua post-its e faça com que todos gerem exemplos do que você quer considerar. O grupo, então, agregará, designará e discutirá, trabalhando de baixo para cima a partir do que podem ser murais inteiros de informações.

- ❑ **Esboço em pequenos grupos:** Reúna duas ou três pessoas em um grupo pequeno e faça um pequeno esboço do que gostariam de sugerir com relação a qualquer tema conectado ao que está sendo discutido.

- ❑ ***Go-around*:** Em reuniões virtuais, faça com que todos respondam a uma pergunta e escreva todas as respostas na tela usando um tablet.

- ❑ **Modelos gráficos:** Guias visuais como o Mapa de Contexto da The Grove são ótimos nas fases iniciais do trabalho em equipe para fazer com que todos contribuam com algo para um esboço. Neste caso, é um mapa do ambiente que circunda as operações da equipe.

Quando chegarmos aos capítulos sobre como iniciar uma equipe e preparar um plano de ação, irei explicar em mais detalhes.

Tarefa 4:
Focando em Resultados

O último ponto no nosso modelo Agilent de liderança serve para inspirar novos líderes de equipe a serem os direcionadores de resultados. Definir a direção é o básico. Levar as pessoas a se relacionarem bem é o mais importante a seguir. Ser claro sobre os objetivos e informações básicas também é essencial. Mas a obtenção de resultados significa ter tudo afunilado em acordos e ações que realmente se manifestam no trabalho que está sendo concluído.

Iremos nos concentrar bastante neste assunto em grande parte dos capítulos da Seção IV relativos a dar suporte à sua equipe. Vamos nos concentrar sobre o que um novo líder de equipe precisa fazer a este respeito.

"Conduzir" implica em manter um movimento constante em uma direção. Implica em um pouco de pressão. É ativo. Os grupos de trabalho que trabalham individualmente precisam ser lembrados das metas do grupo e dos padrões desejados. Comentários sobre o progresso são úteis.

As equipes altamente interdependentes que têm de cooperar estreitamente precisam chegar a acordos muito claros sobre o sentido, alocação de recursos, processos de decisão etc. Nos estágios iniciais de performance da equipe, ajuda muito ser diretivo. Se você pensar no modelo de Liderança Situacional mencionado anteriormente, uma equipe que é novata na tarefa provavelmente precisará de uma liderança mais diretiva. Esta é a utilidade do MPE, pois ajuda muito a direcionar a equipe para lidar com a orientação, confiança e questões de esclarecimento de forma precoce e satisfatória. Elas são a base para todo o resto.

Uma vez que uma equipe esteja realmente comprometida e tenha clareza sobre tomada de decisões, direção geral e recursos, o trabalho do líder desloca-se para ser mais um treinador, ou até mesmo

USE A VISUALIZAÇÃO PARA OBTER RESULTADOS

- ❑ Use registro gráfico via web e ao vivo para **validar contribuições** e criar um documento tangível em tempo real.
- ❑ Use modelos gráficos para liderar equipes para **ver as relações** e gerar entendimentos mais rapidamente e de forma produtiva.
- ❑ Crie diagramas visuais e painéis para **aprofundar a análise do problema** e aumentar a chance de chegar a soluções duradouras.
- ❑ Dê nota, classifique e decida sobre as opções com painéis visuais para **produzir decisões que promovam mais adesão**.
- ❑ Use graficamente um software orientado pelo apoio à decisão com grandes equipes remotas para **partilhar e analisar informações** em níveis que não seriam possíveis de outra forma.
- ❑ Faça anotações visuais em grupo sobre as funções e os compromissos para **ancorar os acordos.**
- ❑ Acompanhe visualmente o progresso com o projeto de gerenciamento de ferramentas para tornar possível, **literalmente, ver o progresso**.
- ❑ Documente visualmente as reuniões para **reduzir as lacunas de tempo** e as perdas de produtividade devido à pouca memória do grupo.
- ❑ **Apoie a formação**, o esclarecimento e a criação de conhecimento no final de projetos com *Reuniões Visuais.*

um ponto de apoio, quando a equipe está realmente desempenhando bem. Se você conectar essa ideia com o ângulo de 90° no MPE, isso irá ajudá-lo a se lembrar de mudar o rumo de sua liderança. Quando a equipe sofrer uma virada, *você* precisa participar dessa virada também, para um estilo de liderança mais apoiador.

Direcionamento para resultados não significa "ter a mão pesada". Significa manter o foco e orientar a atenção da equipe para o que todos concordaram que queriam realizar.

5. Gerenciando Quatro Fluxos de Atividade

Atenção, Energia, Informações e Operações

O capítulo anterior abordou o trabalho externo da equipe e as quatro funções-chave de um líder de equipe. Este se foca no trabalho interno que você precisa fazer para se tornar um líder de equipe de alta performance. Ele vai nos levar a alguns dos pensamentos subjacentes ao MPE e como você pode adotar uma visão mais holística do que está fazendo.

No final da década de 1980, Martin, chefe de liderança e educação de uma grande empresa de bens de consumo, veio à The Grove e apresentou a possibilidade de trabalhar em conjunto para elaborar um programa mundial de treinamento de facilitação para seu novo grupo de Liderança & Educação (L&E), recentemente centralizado. Martin previra muitos desafios para sua empresa, não menos do que houve na expansão para a Europa Oriental. Eles também aplicaram novas tecnologias e foram desafiados a fazer programas corporativos funcionar em empresas muito independentes anteriormente.

Queremos um programa emblemático que ensine às pessoas os nossos métodos de conduzir as reuniões e as equipes, e facilitar a mudança da organização.

Pensando em Reuniões, Equipes e Mudança Organizacional

"Queremos um programa emblemático que ensine às pessoas os nossos métodos de conduzir as reuniões, as equipes, e de facilitar a mudança da organização", disse Martin. Se você é um líder de equipe novo, provavelmente se identifica com essa necessidade de compreender as três coisas — reuniões, equipes e organização. Você terá de liderar a sua equipe, sim, mas as reuniões também precisam ser gerenciadas e sua interface com a organização também é importante. Mas pensar sobre tudo isso é uma coisa e criar um treinamento que integre tudo isso é outra!

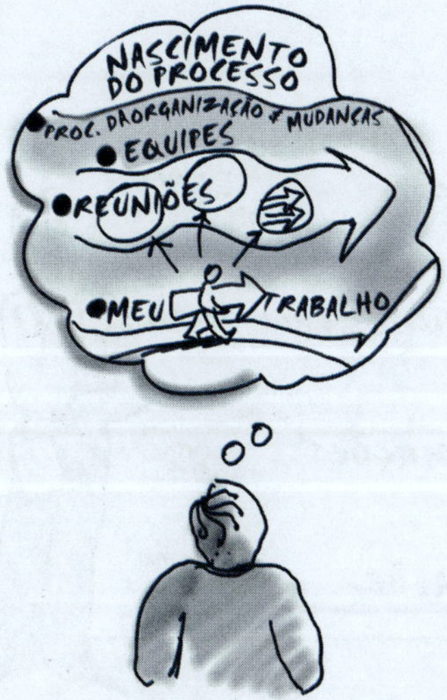

A equipe de Martin foi composta por um treinador talentoso do Reino Unido, um gerente de RH do sul da Califórnia e um famoso treinador da Costa Leste dos Estados Unidos. Martin era de Bristol, Inglaterra. Todos eles tinham uma longa história com a empresa. Para conseguir executar o projeto, precisávamos envolver a alta liderança do RH, tanto da América do Norte quanto da Europa, através da realização de dois programas-piloto. Nós trabalhamos duro para desenvolver uma abordagem que funcionasse em todas as regiões e que fornecesse competências básicas de que os participantes do *workshop* precisariam.

MODELO DE QUATRO FLUXOS

A performance da equipe como processo se move através de quatro correntes de atividade que têm características diferentes e bastante familiares, se você pensar bem. Esta maneira de pensar é uma versão visual de como Carl Jung pensou em diferentes modos de percepção humana, e provavelmente surge de nossa orientação para a intuição, as emoções, o pensamento e o sentimento. Na liderança de equipe, o foco é um pouco diferente, mas é relacionado. Ele se classifica em:

I. Quando todos estão concentrados e atentos.

II. O ritmo, a energia e o compartilhar experiências no grupo.

III. Fluxos de informação e comunicação.

IV. Operações de infraestrutura, ferramentas e mecanismos.

Aceitei o desafio porque o meu trabalho com a Teoria de Processo de Young me convenceu de que dinâmicas de processo similares aparecem em todos os três níveis de reuniões, equipes e organização. Mas nós precisávamos de uma estrutura organizada. Estava claro para todos nós que a forma como as pessoas lidam com equipes era essencial. As reuniões fornecem configurações para *check-ins* e pontos de mudança para os processos de equipe mais centrais. Por outro lado, a mudança da organização tem a ver, em grande medida, com a criação de um ambiente onde as equipes possam se desenvolver.

Mas como é que nós treinamos as pessoas quando as diferenças de situação são enormes e, como já salientado, há muitos tipos diferentes de equipes? Como decidir em que focar como líder de equipe? Optamos por concentrar o treinamento de facilitação todo em torno do MPE, mas construído em uma camada adicional de compreensão sobre os quatro fluxos de atividade que lhe estão subjacentes. Chamamos este modelo de AEIOU, onde o "U" jocosamente aponta para "você" (*you*) e o fato de que a maneira como você gerencia será moldada pela sua própria personalidade e estilo. Ele representava o não dito, o tácito trabalho interior do facilitador e líder de equipe. O desenho desta página ilustra esse conceito.

Gerenciando Sua atenção

Vamos começar com o último fluxo objetivo — a atenção. Na verdade, a atenção não é objetiva. É onde a sua consciência está focada. Eu gosto de usar a metáfora da lanterna para pensar sobre isso. Se a sua atenção é uma lanterna, então você pode ter as seguintes escolhas sobre para onde guiar tanto a sua atenção quanto a da equipe.

1. **Foco interno**, em sua própria performance e no processo.
2. **Foco externo**, ao ver o que está "lá fora".

3. **Foco estreito**, sobre um problema específico ou uma pessoa.

4. **Holofote amplo**, mantendo-o aberto e brilhante em tudo que você precisa para trabalhar.

Na verdade, não há maneira de caracterizar todas as coisas a que você poderia prestar atenção, já que nossa imaginação e consciência são bastante vastas. O importante é estar ciente de que, seja lá o que for que está focando e que seja algo específico para você, não representa uma verdade geral, mas apenas o que você está prestando atenção. A conscientização disto leva a uma melhor escuta e maior aceitação de por que vários pontos de vista diferentes são necessários para inovar e encontrar avanços em problemas difíceis.

Princípios Gerais para o Gerenciamento da Atenção

Apesar da variedade de opções, existem alguns princípios que eu acredito que se aplicam a qualquer pessoa em uma função de liderança.

1. **Os Líderes São "Cursores" de Atenção para a Equipe:** Presumo que o que eu estou prestando atenção normalmente irá receber mais atenção da minha equipe, e minha presença é como um "cursor" para a atenção do grupo. Se eu participo de reuniões ou não, se ouço certos indivíduos ou não, se viajo ou não, ou se insisto em experiência em primeira mão ou não, tudo isso tem impacto sobre a atenção.

2. **Há Poder em Prestar TOTAL Atenção:** Acredito que atenção total é diferente de atenção parcial. Não acredito que ser multitarefa é prestar total atenção, e as pesquisas estão começando a deixar isso bem claro. Se eu sou o líder, esse tipo de coisa é notada, especialmente ao vivo ou em conversas pessoais com membros da equipe.

3. **Os Seres Humanos Geram Campos:** A atenção pode operar no nível de "campo" da consciência humana. Presumo que minhas atitudes e atenção irão "vazar". Se eu tiver uma atitude negativa para com um dos meus colegas, acredito que isso irá afetar diretamente a sua performance, mesmo que ele(a) não esteja explicitamente consciente da minha atitude. O mesmo vale para o respeito. Quanto mais sensíveis forem as pessoas, mais isso é verdadeiro.

EXERCÍCIO DOS QUATRO FLUXOS

Conduza este pequeno exercício de pensamento através do que você entende sobre os diferentes aspectos do trabalho em equipe que fundamentam a performance da equipe. Você pode fazer isso com sua equipe também.

1. Crie quatro canais em uma cartolina.
2. Faça anotações e identifique todas as coisas diferentes em que trabalha no que diz respeito à sua equipe.
3. Coloque-as no gráfico quando elas parecerem estar centradas.
4. Os itens são elementos operacionais — ferramentas e mecanismos tangíveis?
5. Será que eles representam trabalhar na comunicação e nas diferentes maneiras como a informação é organizada?
6. São fenômenos decorrentes das interações das pessoas e seus sentimentos e comportamentos?
7. Você está trabalhando para chamar atenção do grupo de formas diferentes? Quais são as diferentes opções de para onde a sua própria atenção pode ser direcionada?

> ### CATEGORIAS DO SABER
>
> Arthur M. Young escreve em Geometry of Meaning ("Geometria do Significado"), página 1:
>
> "Quais são os elementos em um ato de saber? Pelo menos dois são imediatamente óbvios — o que é conhecido, e a consciência que o conhece. O estado do conhecedor é pelo menos tão importante quanto o do conhecido, um ponto que a física moderna foi forçada a reconhecer nos princípios de incerteza, o que revela o fato de que, a fim de saber algo a respeito, um observador deve agir sobre o objeto e, assim, perturbá-lo."
>
> Acredito que o que é verdadeiro para o estudo do mundo físico é ainda mais verdadeiro no mundo humano das equipes. Tornar-se consciente de sua própria consciência como líder é tão importante quanto compreender a dinâmica e os aspectos da equipe que você conduz.

Pessoas sistematicamente desprestigiadas podem ser extraordinariamente sensíveis a nuances na atitude de um líder.

4. **A Frequência Transmite Sinal:** A atenção opera um pouco como um farol. As repetições criam um padrão de atenção que cresce ao longo do tempo e se torna um farol de confiança para o grupo. Com que frequência uma equipe se reúne, com que rapidez vocês respondem a perguntas e com que frequência demonstram interesse são todos padrões que transmitem uma mensagem.
5. **O Espírito É Importante:** Eu acredito que, se no meu íntimo estou inspirado e emitindo uma energia positiva, isto impacta diretamente as pessoas à minha volta. Ter uma crença espiritual pessoal que me mantenha em contato com minhas próprias fontes de "luz" é algo que se revelou importante para o meu trabalho de liderança. Eu sei que isto é verdade para muitos dos meus colegas e líderes eficientes que conheço. Em termos de linguagem comum, "ser espiritualizado" significa que o seu interesse e sua atenção transparecem, e que você está disposto a responder espontaneamente à sua orientação interior. Existem muitas opções e disciplinas para ajudar as pessoas a desenvolver sua vida interior. Não importa qual delas você escolha, mas sim que escolha aquela que tem mais significado para você. Quanto mais vigoroso e inspirado você for, maior será o efeito que você terá sobre a sua equipe, em termos de energia positiva.

Nos últimos anos, uma quantidade crescente de pesquisas está sendo focada nos efeitos intangíveis de consciência e percepção de tudo o que os humanos fazem. Young acreditava que reaceitar o papel da consciência na ciência era fundamental para sua evolução como um campo. Eu acredito que é um fator crucial para equipes de alta performance e organizações.

Gerenciando Energia e Emoções

É cada vez mais aceitável falar sobre a importância das emoções e da inteligência emocional no local de trabalho. O livro de Daniel Goleman, *Emotional Intelligence: Why It Can Matter More Than IQ* ("Inteligência Emocional: Por que Pode Ser Mais Importante que o QI"), abriu o assunto em meados dos anos 1990, reunindo provas cada vez mais persuasivas da neurociência e da psicologia de que as emoções são parte integrante de nosso pensamento e trabalho. Em relação à liderança de equipe, este aspecto é o cerne do que está envolvido na obtenção e incentivo da confiança em sua equipe. A confiança é um sentimento essencial. Mesmo que o pensamento acompanhe, são as reações viscerais que temos uns com os outros que contam. Administrar essa parte da equipe significa cuidar do coração e da alma da equipe, a começar por você mesmo.

Jack Gibb, Bruce Tuckman, William Shutz e muitos outros concordam sobre isso. Líderes de trabalho de desenvolvimento de equipe, Dennis e Michelle Reina concentraram seu mais recente trabalho diretamente nesta questão. Seu livro é *Trust & Betrayal in the Workplace: Building Effective Relationships in Your Organization* ("Confiança e Traição no Ambiente de Trabalho: Construindo Relacionamentos Eficazes em Sua Empresa"). É interessante que eles identificam quatro tipos de confiança que se aproximam sensivelmente dos quatro fluxos dos quais falamos aqui. Eles descrevem a confiança contratual na conclusão, na comunicação, na competência e, finalmente, confiança transformacional.

Os tipos de confiança sobre os quais os Reina escrevem são explícitos. O lado energético e emocional de sua liderança é mais implícito. Tem a ver com o ritmo, paixão e persistência do seu envolvimento com outras pessoas na equipe, e com sua habilidade de estar consciente dos seus próprios estados emocionais e ser perspicaz sobre os outros. Embora eu não esteja tentando escrever um livro sobre os aspectos interpessoais de liderança de equipes, existe uma relação entre a forma como você lida com sua própria energia e a dinâmica da equipe. Pense sobre os seguintes aspectos de liderança de equipes, que são todos sobre o gerenciamento de energia:

- **Ritmo:** A rapidez ou lentidão com que você interage com as pessoas cria um "ritmo" para o trabalho. Com que antecedência você avisa sobre mudanças e solicitações? Com que presteza você dá a sua opinião em uma conversa? Quanto tempo você aloca para reuniões online e ao vivo? Descobri que a chave para a gestão de energia está em estabelecer um ritmo que você possa sustentar de forma confiável, de modo que todos possam se acostumar com isso. Você também deve estar ciente do ritmo que os membros de sua equipe podem realmente controlar. Se você ultrapassar a capacidade deles de manter um determinado ritmo, isso pode ser desmotivador. Algumas pessoas são velocistas. Outras correm em maratonas. A sua equipe tem um baterista?

A APTIDÃO MESTRE

Daniel Goleman chama nossas emoções de "aptidão mestre". Ele escreve:

Quando as emoções dominam a concentração, o que está sendo inundado é a capacidade mental que os cientistas cognitivos chamam de "memória de trabalho", a capacidade de manter na mente todas as informações relevantes para a tarefa em mãos... memória de trabalho é uma função executiva por excelência na vida mental, possibilitando todos os outros esforços intelectuais, desde dizer uma frase até enfrentar uma proposição lógica complicada... quando o circuito límbico que converge para o córtex pré-frontal está sob distúrbios emocionais, um custo para a eficácia da memória é que não podemos pensar direito...

Por outro lado, considere o papel da motivação positiva, o empacotamento dos sentimentos de entusiasmo, zelo e confiança na realização. Estudos de atletas olímpicos, músicos mundialmente famosos e grandes mestres de xadrez descobriram que seu traço comum é a capacidade de motivar-se a prosseguir de forma incansável nas rotinas de treinamento.

À medida que nossas emoções atrapalham ou aumentam a nossa aptidão de pensar e planejar, buscar treinamento para alguns objetivos distantes, resolver problemas e afins, elas definem os limites de nossa capacidade de usar nossa habilidade mental inata e assim determinam como nós o fazemos na vida. É neste sentido que a inteligência emocional é uma aptidão mestre, uma capacidade que afeta profundamente todas as outras aptidões, facilitando ou interferindo com elas.

(Inteligência Emocional, 79).

MAPEAMENTO DAS PREFERÊNCIAS DE ENERGIA

A maneira visual de extrair as diferentes preferências de energia e emoção da sua equipe é fazer alguns gráficos cinestésicos.

1. Escolha algumas das opções abaixo, escreva-as em folhas grandes de papel e coloque-as em lados opostos da sala.

2. Peça às pessoas para escolher um ponto, em meio a esse espectro de possibilidades, no qual elas gostam de trabalhar, e, em seguida, para se moverem fisicamente para esse ponto.

3. Em seu local escolhido, cada pessoa explicará por que escolheu essa posição.

Algumas escolhas divertidas são:

- **Participação:** Até que ponto você encoraja e aceita as contribuições de sua equipe é uma função da sua própria autogestão. Se você estiver apressado e afobado, e não tiver tempo para uma introdução, irá sutilmente treinar as pessoas para evitá-la. Pode parecer mais fácil resumir uma apresentação de slides e "dizer" a todos o que eles devem saber do que encorajar a todos em uma sessão interativa, mas você irá perder em termos de baixa participação e domínio. O modo como você avalia esse tipo de coisa precisa fluir a partir do nível de envolvimento e de interdependência que a sua equipe exige.

- **Persistência:** Um aspecto do fluxo de energia de um grupo é a frequência com que continuam esbarrando em questões polêmicas e desafios. Diferentes tarefas da equipe exigirão diferentes níveis de persistência. Ter uma visão mais extensa requer um certo grau de confiança, o qual você e a equipe podem alcançar por meio de estratégias relevantes.

Gráfico cinestésico é uma maneira de descrever o perfil do grupo, as preferências de cada pessoa com relação aos aspectos de energia e emocionais do trabalho. O exercício desta página explica como fazer isso. Peça aos membros da equipe que localizem em que parte do dia eles trabalham melhor, quando sentem mais disposição e rendem mais, se no início da manhã, no final da tarde ou à noite. Existe uma vasta gama, na verdade. A recente conferência organizada pelo *Institute for the Future* cita uma pesquisa que mostra que há uma correlação direta entre as pessoas que têm controle sobre seu próprio tempo e os índices de saúde e bem-estar. É um pouco semelhante a ser o condutor ou o passageiro numa estrada sinuosa entre montanhas. Não é o motorista quem geralmente fica enjoado! É muito perturbador quando as pessoas não têm como antecipar as curvas, freadas bruscas e paradas.

Outra forma visual de pensar em trabalhar com o fluxo de energia de um grupo é imaginar que você é o maestro de uma orquestra, regendo uma sinfonia com vários tipos diferentes de movimentos. Deixe-se estar consciente de que o ritmo de trabalho é como um fluxo energético que tem conteúdo e forma. Para projetos que dependem de sincronismo cuidadoso e prazos-chave, estabelecer um ritmo que as pessoas possam seguir é como ter um bom baterista na banda. Se achar que não consegue sozinho, chame alguém para ajudá-lo.

O aspecto emocional, energético, da vida de uma equipe funciona como os batimentos do coração em um ser humano. Um batimento forte, positivo, confiável, ajuda a equipe toda a ser saudável.

Gestão da Informação e das Comunicações

Se o fluxo de energia é o "batimento do coração", o nível de informação é a "mente" da sua equipe. Muito do que pensamos como o verdadeiro trabalho de equipes está neste domínio, especialmente em qualquer organização que esteja lidando principalmente com informação. Kenneth Boulding, em seu livro *The Image*, salienta que, enquanto a maioria dos empregos na América do Norte é agora postos de trabalho de serviço, a maioria destes não envolve trabalhar diretamente com pessoas, mas trabalhar com símbolos!

Professores, escritores, pesquisadores de mercado, designers de softwares, planejadores, facilitadores, consultores, assistentes de bureau de serviços, advogados, contadores e treinadores vivem em um mar de informações e comunicações. Se você é de uma equipe de publicações ou de marketing, o foco principal do seu trabalho pode ser compreender o sentido das palavras, imagens e números que aparecem em anúncios e materiais e folhetos de marketing. Se você é de uma equipe de planejamento como a BLAST, o produto é um conjunto de recomendações. Se vocês são designers de interface, os resultados serão desenhos, quadros e ícones. Algumas dessas informações referem-se a coisas físicas, mas muitas se referem a conhecimento e ideias que são puramente conceituais. Mas, mesmo que você trabalhe com as mãos e faça produtos físicos, você depende de muita informação para fazer seu trabalho. As equipes de manufatura dependem de ferramentas de medição de qualidade, processos e registros, padrões e avaliações de estoque. Construtores precisam contar com planos e mapas. Cada vez mais, todos nós estamos imersos em informações que aparecem em telas e visores, nos nossos smartphones, tablets, computadores portáteis e mídias visuais.

Como líder, você precisa prestar atenção às linguagens e mídias que você está pedindo à sua equipe para usar para se comunicar. Escolhas astutas a este respeito fazem uma grande diferença na performance.

GESTÃO DA INFORMAÇÃO

A seguir estão algumas das escolhas que você pode precisar fazer conscientemente se quiser apoiar sua equipe no que diz respeito à gestão da informação e comunicação. Essas escolhas se relacionam com as línguas e modelos próprios, e não com a tecnologia através da qual você irá utilizá-las.

- ❑ **Linguagem e modelos comuns** para pensar sobre a dinâmica da equipe (MPE? Tuckman? Escada de Cog; Cinco Disfunções de uma Equipe?).
- ❑ **Formas padrão de falar sobre a missão —** visão, metas, objetivos, resultados ou estratégias?
- ❑ **Metáforas compartilhadas** que são explícitas e relevantes para seu trabalho. Você está "competindo", "guerreando", "cultivando", "crescendo" ou "projetando"?
- ❑ **Ferramentas de comunicação para lidar com conflitos** e diferenças (há muitos tipos diferentes de abordagens neste aspecto das relações de grupo).
- ❑ Padrões de **modelos gráficos** para fazer visualização, planejamento de ação, mapeamento.
- ❑ **Painéis de controle visuais** para as principais métricas que você precisa para rastrear em equipe.
- ❑ Incentivar o **uso apropriado de slides** — mais simples, orientados para imagem, e que apoiem a história.
- ❑ Comemoração de visões, planos e acordos em **pôsteres especiais** e comunicações visuais que possam ser destacados.

Como líder, você precisa prestar atenção às linguagens e mídias que você está pedindo à sua equipe para usar para se comunicar. Escolhas astutas a este respeito fazem uma grande diferença na performance.

Isto é especialmente verdadeiro para equipes remotas. As escolhas estendem-se aos modelos mentais que você apoia, às políticas da empresa com as quais você se identifica e às interpretações que você dá aos eventos que acontecem.

Warren Bennis foi um pesquisador pioneiro no campo da liderança. Eu o ouvi falar no *Commonwealth Club* de São Francisco uma vez, pouco depois de ele concluir uma pesquisa com 90 conhecidos líderes do governo e do mundo dos negócios. Ele discorreu sobre quatro características que encontrou em todas as 90 pessoas, disse ele. A primeira, era óbvio que todos eles tinham visão. A segunda era que todos tinham elevada autoestima e respeito pelos outros. "Nenhum deles falou mal de qualquer uma das pessoas em suas equipes," me lembro de ele dizer.

A terceira generalização ficou em minha mente no que diz respeito às comunicações. Todos os seus entrevistados não focaram em comunicação de informações, mas na interpretação da informação. Eles se concentraram no que os eventos significam e como todos devem pensar sobre eles. Na vida organizacional, todo tipo de coisa acontece o tempo todo. Mas não é o evento em si que é a influência mais poderosa, e sim a interpretação que as pessoas dão ao evento. Isto vale para resultados financeiros, altos e baixos com clientes, reduções em larga escala e todos os outros desafios.

Uma das coisas mais poderosas sobre ser um pensador visual, bem como um escritor, no meu caso, foi trabalhar os dilemas na linguagem através da visualização. Duas coisas que parecem em desacordo na linguagem podem encontrar um lugar-comum em uma simples folha de papel. Eu acredito que essa é uma das razões pelas quais cada consultor que eu conheço tem um portfólio completo de vários modelos e formulários para ampliar o pensamento e dar espaço para novas interpretações.

Gerenciando Operações

A principal preocupação que você precisa ter como líder de equipe é a de gerir o fluxo de operações — o "corpo" da equipe. As operações incluem todos os elementos mecânicos, controláveis do seu trabalho, incluindo todas as ferramentas e recursos físicos, as salas e plataformas da equipe, a infraestrutura de comunicação, os orçamentos e procedimentos, e os processos pelos quais você e sua equipe vão tomar uma decisão sobre todas essas coisas.

No MPE, uma plataforma gráfica muito grande está por trás do modelo. Isto representa a organização, que deve atender a sua equipe no ponto em que ela está se comprometendo com recursos para o seu trabalho. Sem o apoio organizacional, o trabalho de uma equipe pode vacilar. Tão importante quanto trabalhar diretamente com sua equipe é trabalhar com a empresa como um todo a fim de se certificar de que ela apoie a sua equipe. O sincronismo pode ser tudo neste caso.

Já vi muitas equipes com altas expectativas sofrerem atrasos na obtenção de recursos muito básicos implantados para que pudessem realizar bem o seu trabalho. Com equipes virtuais, estabelecer a infraestrutura adequada logo no início é essencial, mas muitas empresas se complicam com a tecnologia da informação e acabam se atrasando. Focar neste tipo de problema e removê-los pode ser fundamental para a equipe.

O que falei anteriormente sobre a tarefa 4, focando em resultados, é que tem tudo a ver com manter as operações em uma posição sustentável e que canalize os outros níveis de trabalho. Claro que, como acontece com um bom regente de orquestra, todos os elementos precisam se unir e se integrar. Seja qual for a fonte de problemas, será necessário dedicar energia e atenção. Se a sua equipe precisa se concentrar na implementação, trabalhe no sentido de eliminar problemas de infraestrutura e de oferecer apoio organizacional adequado.

Mudando para a Implementação

Este capítulo se destina a despertar a sua consciência para todas as coisas que precisam de sua atenção como líder de equipe. Mas lembre-se das escolhas sobre o nível em que você deseja trabalhar. Uma vez que uma equipe tenha atingido um nível de concordância sobre como irá lidar com todos

No MPE, uma plataforma gráfica muito grande está por trás do modelo. Isto representa a organização, que deve atender a sua equipe no ponto em que ela está se comprometendo com recursos reais para o seu trabalho. Sem o apoio organizacional, o trabalho de uma equipe pode vacilar. Tão importante quanto trabalhar diretamente com sua equipe é trabalhar com a empresa como um todo a fim de se certificar de que ela apoie a sua equipe.

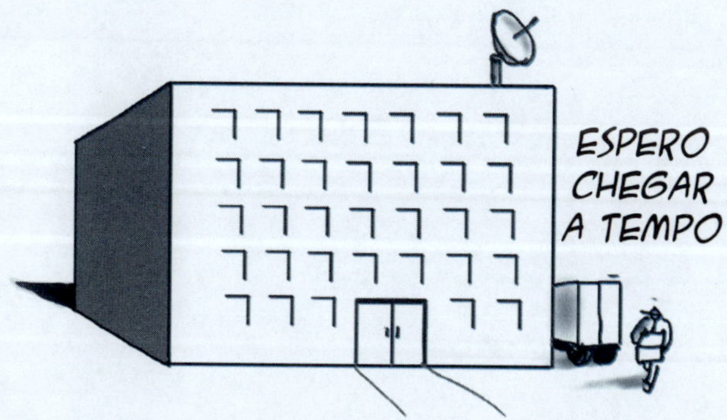

os desafios dos estágios de desenvolvimento da performance da equipe, ela pode começar a trabalhar muito mais por conta própria.

Ao resumir suas pesquisas sobre as equipes, Katzenbach e Smith afirmam em *Wisdom of Teams* ("Sabedoria das Equipes"): "Em equipes de alta performance, o papel do líder da equipe é menos importante e mais difícil de identificar, porque todos os membros lideram a equipe em momentos diferentes" (página 4). Em alguns sentidos, uma vez que uma equipe vire a esquina, o líder deve fazer o mesmo. Aprender a dirigir e treinar no início, e apoiar e delegar quando a equipe ganhar impulso, é a chave para uma liderança de equipe magistral.

6. Apoiando a Inovação

Fornecendo Ferramentas Gráficas

A visualização é a chave para o processo criativo em muitos, muitos esforços. Este capítulo aborda as coisas específicas em que você, como líder de equipe, pode ajudar sua equipe a ser inovadora, tornando-se visual. Mas, para obter esse resultado, você precisa saber o que é exigido.

Uma das ideias iniciais do Projeto Groupware para Usuários, a respeito da aplicação de todas as ferramentas descritas com o Mapa Quadrangular de Grupos, foi como as diferentes abordagens apontavam para o MPE. Nesta página está o gráfico que incluímos em *Leading Business Teams*.

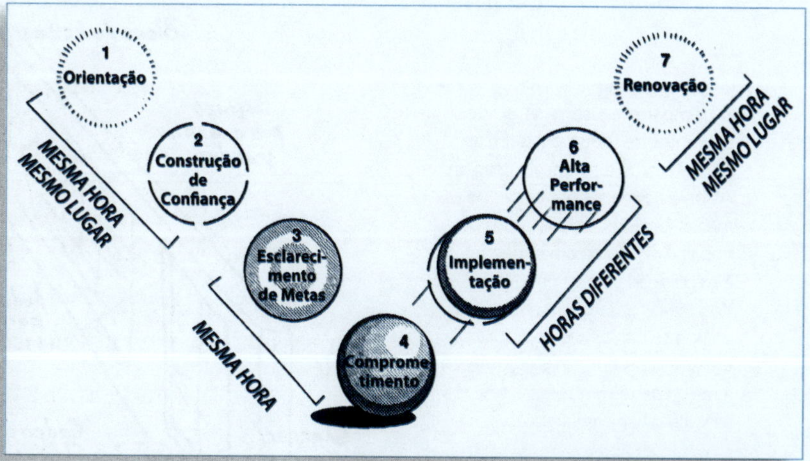

FERRAMENTA COLABORATIVA PARA A PERFORMANCE DA EQUIPE

Esta é a maneira como nossa equipe de Grupos no Institute for the Future associou as escolhas no Mapa Quadrangular de Grupos com o MPE (ver Capítulo 2, página 23, para obter uma explicação sobre o Mapa Quadrangular).

Orientação ao Vivo e Construção de Confiança

A maioria das pessoas com quem eu converso sobre o assunto acredita que as equipes se beneficiam de reuniões ao vivo no início de um processo de equipe. Nossa orientação social é muito profunda e condicionada para este tipo de encontro. Eu conversei com um gerente de vendas da HP em um voo há vários anos e ele disse que seu ritmo era ter uma reunião ao vivo por ano, focada na construção de relacionamento e, durante o restante do ano, a equipe poderia trabalhar virtualmente. Uma equipe de RH da Otis Spunkmeyer seguia o mesmo padrão.

É possível que esta tendência esteja mudando com o aumento das ferramentas virtuais. Na conferência via web OD Network's Collaboration 98, que mencionei anteriormente, eu tive uma longa conversa com um participante que insistia que não conhecer as pessoas pessoalmente, mas sim online, era realmente uma forma superior de se comunicar. O argumento dele era que os seres humanos fazem uma série de pressupostos uns sobre os outros com base na aparência e no comportamento social que podem ter pouco a ver com o trabalho em equipe, e que as pessoas podem se focar e se concentrar melhor quando não há outro tipo de distração. Eu tenho outra colega da HP que trabalha em várias equipes cujos membros ela nunca conheceu pessoalmente e, na opinião dela, o trabalho está indo muito bem.

SALA DE EQUIPE TOTALMENTE EQUIPADA

Uma equipe que trabalha visualmente vai usar muitos tipos diferentes de ferramentas. Eu as ilustrei em uma sala nesta imagem. As oportunidades oferecidas pelas muitas ferramentas diferentes para trabalho visual trazem consigo a necessidade de aprendê-las e dominá-las para que a energia da equipe se concentre no trabalho em si. Muitas empresas já fornecem a maior parte destas ferramentas, se você olhar com atenção.

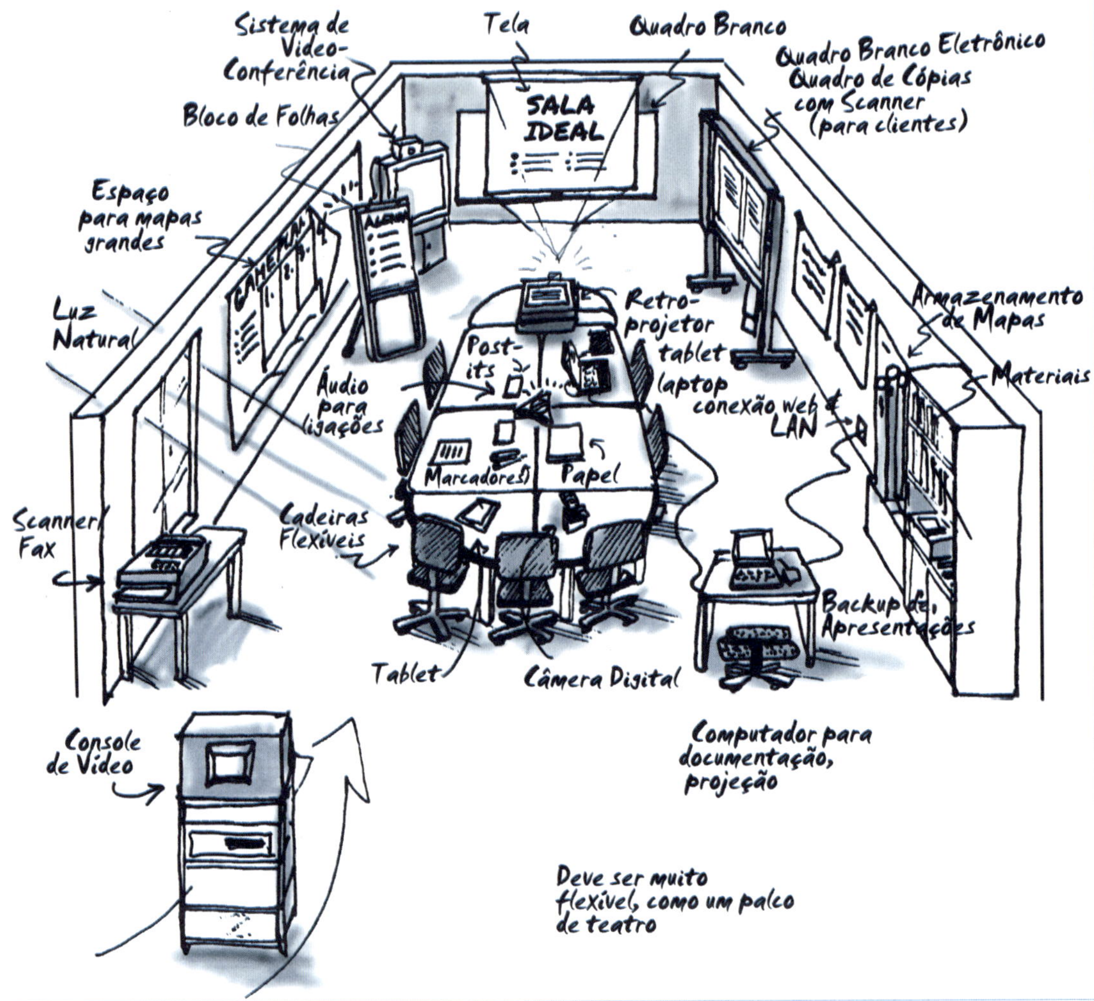

Eu ainda insisto que ter um conhecimento mais amplo do que apenas uma noção superficial das pessoas com quem você trabalha pode ajudar bastante. Claro que isso pode depender do tipo de trabalho envolvido, mais do que se supunha inicialmente no projeto Groupware. Você terá de julgar pela sua equipe.

Voltei ao nosso Relatório de Groupware e encontrei uma imagem que criei de uma sala de equipe ideal e que eu atualizei com ferramentas contemporâneas. Fiquei surpreso como poucas coisas mudaram em relação ao que realmente dá suporte a equipes. Este tipo de sala é bastante comum atualmente em empresas de alta tecnologia. Agências governamentais e sem fins lucrativos muito provavelmente terão menos opções.

Como líder da equipe, você vai ter de trabalhar para ajudar sua equipe a obter os tipos de ferramentas aqui indicadas. A menos que elas estejam disponíveis para toda a empresa, sua equipe provavelmente não terá muita prática com reuniões visuais. A maneira menos onerosa para começar, claro, é a utilização de quadros brancos e blocos de folhas. Acrescentar grandes folhas de papel e post-its não será muito difícil. Obter quadros interativos especiais, vídeo e projeção é bem mais difícil e caro. Se os orçamentos forem um problema, eu investiria em papel e numa boa câmera digital, confiando no e-mail para enviar imagens para todos. Os tablets também são razoavelmente baratos e possibilitam conferências via web para uma ou duas pessoas que possam estar longe e queiram acompanhar o trabalho.

Na seção sobre alta tecnologia, vou descrever a utilidade destes tipos de ferramentas, com quadros integrados, tablets e PCs permitindo o desenho e distribuição do mapeamento de ideias. Telas multitoque tornarão possível começar a usar e, literalmente, pôr as mãos na informação digital em grande escala!

Mesmo Tempo/Lugar Diferente para Esclarecimento e Comprometimento

As equipes cujos membros conhecem e confiam uns nos outros podem realizar muita coisa sem reuniões diárias, mas ainda beneficiar-se nos estágios iniciais das reuniões rápidas, possíveis via web e telefone. Na The Grove, muitas das reuniões onde são projetadas agendas e processos para sessões

FERRAMENTAS QUE APOIAM A VISUALIZAÇÃO AO VIVO

- ❑ Paredes lisas para registros gráficos em cartolinas
- ❑ Murais removíveis para registro gráfico (núcleo de espuma grande em cavaletes funciona melhor)
- ❑ Papel plotter grande (cerca de 1 metro de largura e 20 de comprimento)
- ❑ Post-its de vários tamanhos e fita adesiva
- ❑ Marcadores que não vazam
- ❑ Templates de parede e mesa
- ❑ Diários em branco, livros e apostilas
- ❑ Flip charts
- ❑ Quadros brancos e marcadores para quadro branco
- ❑ Câmeras digitais para documentação
- ❑ Projetores de computador usando diversos softwares (mais sobre isto será abordado posteriormente)
- ❑ Tablets para registro eletrônico
- ❑ Software de apoio à decisão (permitindo brainstorm, avaliação, classificação e agrupamento eletrônicos)
- ❑ Quadros brancos eletrônicos
- ❑ Retroprojetores (ainda usados para algumas finalidades)

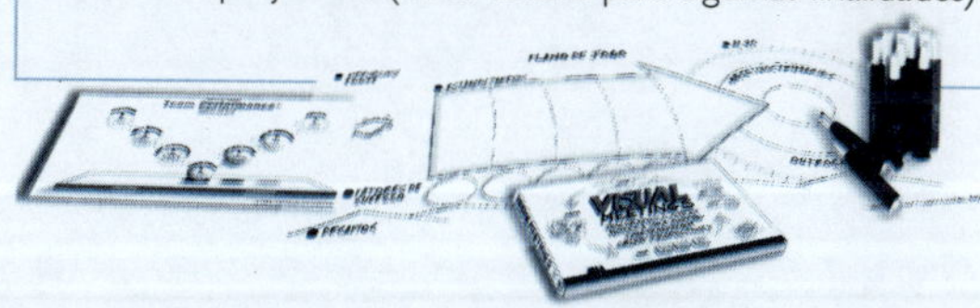

de estratégia importantes e fora do local são realizadas via web ou teleconferência. Para gerir estas reuniões, você precisaria de um novo conjunto de ferramentas.

- ❑ **Documentos-chave para teleconferências:** Enviar agendas em textos, planilhas Excel de tarefas ou apresentações de slides que um participante modifica com antecedência.

- ❑ **Web conferências com quadros brancos e apresentações compartilhados:** A maioria das plataformas de web conferência tem uma instalação de quadro que permite aos participantes escrever e desenhar sobre uma superfície. Como líder, você precisa ter certeza de que há uma plataforma disponível e utilizar o suficiente para que a equipe não fique tateando sobre aspectos técnicos.

- ❑ **Web conferências com registro ativo em tablets:** A maioria dos softwares de web conferência permite "compartilhamento de desktop", o que significa que todos podem ver qualquer programa executado. Programas de desenho gráfico permitem que um facilitador registre as ideias de todos em um tablet. Se algumas pessoas se encontrarem ao vivo, isso pode ser projetado e funcionar como um mural virtual.

- ❑ **Videoconferências:** São úteis se os membros da equipe precisarem ver um ao outro durante o trabalho. Os diversos serviços de teleconferência visam integrar a comunicação visual, mas ainda não são perfeitos. Se você tem uma configuração de teleconferência que inclui uma câmera móvel, é possível apontar para grandes painéis e fazer com que os participantes remotos acompanhem.

- ❑ **Software de apoio à decisão baseado em navegador:** Alguns sistemas baseados na web, como o CoVision's Council ou o teclado Conexus, permitem classificação eletrônica, *brainstorm* e classificação, onde todos possam ver tudo. Estes sistemas precisam de configuração especial e apoio tecnológico.

- ❑ **Quadros brancos eletrônicos em rede e telefones:** Tecnologia inteligente, líder em lousas eletrônicas, pode conectar quadros, tablets e computadores de até 64 pontos de rede.

GRAVAÇÃO PELO TABLET

Tablets de baixo custo para computadores tornam mais fácil fazer desenhos em uma conferência via web. A configuração abaixo é Wacom Bamboo conectado por USB para o MacBook Pro. Estou usando o software Autodesk Sketchbook Pro, para capturar o que estou falando para um colega, na preparação para uma reunião sobre comunicação corporativa.

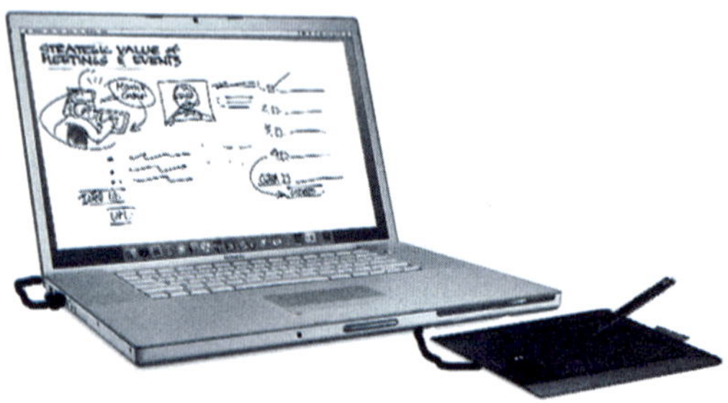

Todos veem a mesma coisa e podem interagir em telas comuns de trabalho (entrarei em mais detalhes sobre isso mais adiante).

- **Bate-papo ao vivo e software de voice-over na Internet:** Alternativas para conferências via web são o chat e a teleconferência sobre protocolos de Internet de *voice-over* ao vivo (VOIP). Esta é uma escolha cada vez maior entre as equipes que trabalham globalmente no setor sem fins lucrativos.

Como líder da equipe, você provavelmente ainda terá de trabalhar cara a cara a fim de conseguir os acordos organizacionais que precisa para obter recursos, orçamentos e decisões na hora certa. As relações pessoais ainda mantêm as coisas funcionando na maior parte dos negócios.

Horas/Locais Diferentes para o Trabalho de Implementação

Uma vez que uma equipe fez a mudança e está totalmente em processo de implementação, você pode querer considerar dar suporte a todos com plataformas de comunicação que não requerem que o trabalho seja feito ao mesmo tempo. Estas incluem os seguintes tipos de ferramentas:

- **Salas específicas para equipes e sites especiais:** Existe um número crescente de soluções, em que as equipes podem postar o trabalho, criar perfis, fóruns de compartilhamento e conversas, e ter todas as suas informações em um só lugar. Os grandes empreendimentos costumam oferecer esses espaços dentro do *firewall* de suas empresas. Projetar isto do zero é difícil, e não é aconselhável, a menos que você esteja disposto a passar por todos os diversos estágios necessários para "acertar".

- **Bases de dados compartilhadas "na nuvem":** Estou escrevendo este livro usando um banco de dados "na nuvem" que pode lidar com arquivos grandes, de tal forma que minha equipe pode acessar e baixar os arquivos em qualquer ponto que eles precisarem para trabalhar em diferentes capítulos. A nuvem está "em alta" agora.

- **Páginas de mídia social:** É tão fácil criar páginas em sites de redes sociais agora que muitas equipes sabem usar essas plataformas para comunicação. Como líder, você precisa descobrir

FERRAMENTAS QUE APOIAM O TRABALHO VIRTUAL

- **Serviços de web conferência** para empresas — como Cisco WebEx — ou uma extremidade inferior de serviços multiplataforma como ir à reunião, prever a possibilidade de bate-papo, quadros brancos compartilhados, apresentação compartilhada, compartilhamento de desktops e, geralmente, alguma estrutura para pesquisa e votação.
- **O software de videoconferência** cobre um espectro completo de qualidade, desde os grandes sistemas de "telepresença" da HP, Cisco, Siemens até o simples uso de câmeras embutidas nos computadores portáteis ou filmadoras de pequeno porte. Eu acho que as equipes que se conhecem precisam olhar mais para o seu trabalho do que um para o outro; portanto, investir excessivamente em equipamentos de alta tecnologia provavelmente não é necessário para a maioria das equipes de projeto. Para as equipes de gestão, é uma outra história.
- **Quadros brancos interativos.** Os smartboards da Smart Technology lideram o caminho no fornecimento de capacidade multitoque que funciona de forma interativa em até seis dúzias de conexões. Qualquer equipe de engenharia ou de design adoraria ter esta aptidão, se for virtual.

INFOGRÁFICOS POSTADOS LEMBRAM AOS MEMBROS DE EQUIPES POR QUE ELES ESTÃO TRABALHANDO JUNTOS

A visão da The Grove é um exemplo de um mural criado pela liderança para que as equipes em nossa organização se lembrem sempre do nosso propósito.

quais dessas escolhas realmente vão ser usadas. Pode dar mais trabalho levar as pessoas para a mesma plataforma do que o trabalho real da equipe em si.

- ❑ **Gestão de plataformas de projeto:** Existem muitas opções de programas que permitem que os gerentes de projeto criem gráficos de Gantt mostrando tarefas, marcos e linhas de tempo, criação de calendários, armazenamento de arquivos-chave, postagem de orçamentos, geração de diagramas, tabelas e outros relatórios que analisam o progresso por ângulos diferentes. Esses programas exigem algum treino e adaptação se sua equipe se beneficiar delas como uma plataforma comum.

- ❑ **Fax, correio noturno e e-mail:** Uma forma amplamente utilizada de menor tecnologia de coordenação é enviar documentos para todos os lugares usando o correio normal e o correio eletrônico. Quando a visualização for utilizada com facilidade, ela pode facilitar muito a compreensão de informações complicadas. O contrato de trabalho ainda usa meios impressos em muitos casos. Se você planeja usar assinaturas digitais e e-mail, precisa se certificar de que sua equipe receba o treinamento necessário para ser capaz de usá-los adequadamente.

Reuniões em Horas Diferentes/Mesmo Lugar

Isso nos leva de volta a um escritório ou espaço de trabalho físico. Quando as equipes são colocadas assim, os membros se comunicam visualmente através do ambiente físico de maneira a permitir que os colegas de trabalho vejam o que está acontecendo em momentos diferentes. Este é um modo de comunicação que é comum durante a implementação de projetos que se estendem ao longo do tempo. Como líder, você pode encorajar as pessoas a usarem este ambiente de forma a manter todos orientados. Suas escolhas incluem:

- ❑ **Quadros de avisos e murais de gerenciamento de projetos:** Eu achei interessante saber que a Industrial Light & Magic, a empresa de efeitos especiais de George Lucas, manteve seu mural físico de gestão de projeto depois de se mudar de San Rafael para novos escritórios no Presídio. É um grande mural com cartões coloridos que mostram graficamente o status de todos os estúdios e projetos para quem quiser ver. A The Grove tem um mural em uma das escadas que permite a qualquer pessoa colocar um post para outros membros da equipe.

- ❑ **Postagem de planos de ação e roteiros:** Muitas pessoas que usam os Guias Gráficos Grove gostariam de publicá-los em seus escritórios físicos. Uma empresa de arquitetura posta suas prioridades anuais em grandes cartazes, em cada uma das várias dezenas de escritórios. Em um ambiente cúbico, uma equipe de implementação de um projeto de integração de grandes sistemas postou seu plano de ação no alto para que qualquer pessoa pudesse vê-lo de seus cubículos.

- ❑ **Salas de equipe físicas com monitores permanentes:** Quando o arquiteto Bill McDonough trabalhou na fábrica da Ford Motor Company de River Rouge, tornando-a uma das primeiras fábricas verdadeiramente verdes na indústria, uma sala inteira foi dedicada ao acompanhamento e visualização do projeto. A sala foi usada por equipes de implementação e por equipes de comunicação que orientavam pessoas de fora para o projeto. Se uma equipe tem a sorte de ter uma sala dedicada a ela, então todos os tipos de artefatos e displays de trabalho podem permanecer expostos, permitindo que os membros se comuniquem entre si durante as reuniões e entre uma reunião e outra.

Quando as equipes são colocadas assim, elas se comunicam visualmente através do ambiente físico de maneira a permitir que os colegas de trabalho vejam o que está acontecendo em momentos diferentes.

- ❑ **Quiosques — físicos e eletrônicos:** Cada vez mais os fabricantes usam monitores eletrônicos especiais para postar anúncios e fornecer acesso às informações para as equipes. Os tipos que você vê em lobbies orientam os visitantes para a empresa e as atividades recentes. Os mesmos tipos de monitores podem ser usados em ambientes de equipe para comunicar informações importantes entre as reuniões.

Gerenciando Decisões sobre Ferramentas

Você pode ver, pela extensão destas listas, que trabalhar visualmente implica em uma dose de responsabilidade para ajudar uma equipe a saber o que usar e quando. O paradoxo da tecnologia contemporânea é que, enquanto há mais escolhas através de uma ampla variedade de mídias, para uma equipe trabalhar unida precisamos que todos concordem em ter ferramentas e plataformas comuns para se conectar. É claro que os subgrupos que trabalham em diferentes facetas de um problema não estão sob essa constrição, mas a equipe como um todo precisa querer ter uma comunicação entre si.

SOBRE O DESIGN THINKING...

Daniel Pink argumenta sobre a crescente influência do design thinking de forma muito convincente.

> O design — isto é, as vantagens reforçadas pela sua importância –, tem se tornado uma aptidão essencial para a realização pessoal e o sucesso profissional por, pelo menos, três razões. Em primeiro lugar, graças à crescente prosperidade e avanço da tecnologia, um bom design é agora mais acessível do que nunca, o que permite que mais pessoas participem e tomem conhecimento do que antes era privilégio de poucos. Em segundo lugar, em uma época de abundância material, o design tornou-se crucial para as empresas mais modernas, como um meio de diferenciação e como uma forma de criar novos mercados. Em terceiro lugar, quanto mais pessoas desenvolvem uma sensibilidade de design, cada vez mais somos capazes de projetar profundamente o seu objetivo final: mudar o mundo.
>
> *(A Whole New Mind, 70)*

Resolver essas questões dentro da equipe e trabalhar para obter o apoio de fora dela é uma das grandes atribuições do líder de qualquer equipe distribuída no atual ambiente de comunicação.

Ao mapear a aplicabilidade de diferentes ferramentas para o MPE, nós da equipe de Usuários de Groupware sentimos que as equipes de alta performance e aquelas que investem na renovação e aprendizagem se beneficiariam de interações ao vivo. A alta performance geralmente envolve a capacidade de se adaptar a novas condições. Isto requer uma mente aberta e sintonia.

Apoiando a Inovação

Você deve ter notado, se já leu alguma coisa sobre inovação, que a visualização é um elemento central, desde imaginar possibilidades até a prototipagem, chegando à ações. Quando você muda os meios e representa ideias de novas maneiras, como desenhar, por exemplo, você rompe a fixação da ideia que acaba virando um hábito, uma rotina na mente das pessoas, quando elas pensam da mesma maneira, com o mesmo tipo de linguagem o tempo todo. E isso estimula o design thinking.

Daniel Pink qualifica o design como o primeiro de seis novos sentidos da "era conceitual" necessários para se ter sucesso nos tempos de hoje. Eles são *design, história, sinfonia, empatia, jogo* e *significado*. O design thinking é a porta para a inovação.

Um argumento que insisto em usar é que as equipes precisam "brincar" de ser criativas e que a visualização ativa é uma forma diretamente produtiva de fazer isso. Um mantra no Vale do Silício é o "falhar cedo e muitas vezes". Eu li críticas desta abordagem, mas o desenvolvimento ágil de software, a prototipagem rápida, os modelos em arquitetura e o planejamento de cenários futuros corroboram a noção de que precisamos explorar muitas ideias e experimentar as coisas, a fim de fazer a inovação emergir. Até que ponto as pessoas se sentem seguras "brincando" é frequentemente um resultado direto da maneira como você, o líder da equipe, se comporta e dos tipos de ferramentas que ele disponibiliza. Se você se mover em uma nova direção e experimentar formas diferentes de trabalhar, sua equipe fará a mesma coisa.

Visualizando a Ordem Emergente

Uma das abordagens mais inovadoras para a liderança da equipe que eu encontrei recentemente foi usada por Marv Adams para gerenciar a função de TI na Ford Motor Company, em meados da década de 2000. Ele passou algum tempo trabalhando com o Santa Fe Institute, aprendendo como funcionam os sistemas vivos, e decidiu aplicar a dinâmica evolutiva para a sua equipe de gestão. Nós cocriamos alguns recursos visuais eficazes para ilustrar sua abordagem para uma apresentação na Pegasus Conference, uma associação de sistemas orientados a consultores e gestores, e as ideias ficaram comigo desde então (muitas vezes é o caso se você desenha o seu pensamento). Ele dá crédito a Michael Cohen e Robert Axelrod por explicar esses conceitos em *Harnessing Complexity (Aproveitamento da Complexidade).*

Marv acreditava que a maneira mais eficaz de estimular a inovação seria controlar as três variáveis que impulsionam o processo evolutivo — variação, interação e seleção.

1. **Variação:** É o grau de amplitude encorajada para trazer novas e/ou diferentes ideias. Ele acreditava que um líder de equipe poderia controlar isso diretamente pela forma como se comportavam.
2. **Interação:** Marv chamava de "interação", acreditando que um líder podia encorajar ou desencorajar o tipo de reuniões, comunicações e conexões pelas quais as ideias se propagam e se reproduzem.
3. **Seleção:** Na natureza, as variações são "selecionadas" quando encontram um "pico ideal", onde podem continuar a se replicar. Nas organizações, este processo é controlado por quão fácil ou difícil é ter uma ideia sancionada e orçamentada.

Projetando Seu Caminho para Gerar Insights

Na verdade é fácil fazer suas equipes começarem a desenhar e visualizar quando você simplesmente faz isso. David Cawood, um consultor de estratégia em Vancouver, me pediu para encontrá-lo em

VISUALIZANDO O PENSAMENTO EVOLUTIVO

Marv Adams, quando trabalhou na Ford, ilustrou os três pilotos da evolução como mostradores e demonstrou com algumas simulações de lapso de tempo que existe um equilíbrio ideal que fará com que a inovação decole. Não pode haver estrutura demais, nem pouca demais, mas sim na dose certa. Eu compartilho isso como um exemplo de como um líder usou a visualização para primeiro levar as pessoas a imaginar as possibilidades e, depois, a pensar através de variações em sua aplicação.

um lugar fora da empresa, com o objetivo de simular uma equipe longe dos dirigentes na cidade. Eles estavam enfrentando o desafio de sediar um grande evento internacional na cidade e precisavam decidir sobre alguns grandes projetos de infraestrutura. Como Vancouver tem o clima mais ameno no Canadá, é um local desejável profissionalmente para pessoas em quase todas as áreas funcionais do governo da cidade. Quando uma pessoa consegue um emprego como chefe de obras públicas, ou na área da saúde, ou na polícia, a tendência é empenhar-se para permanecer no cargo e não correr riscos. Assim, os departamentos da cidade funcionavam mais como reinos do que equipes.

Eles queriam começar a trabalhar além dos seus limites e abrir-se para um pensamento mais amplo que seria necessário para o grande evento que tinham pela frente. Eles precisavam trabalhar como uma equipe de verdade. Decidimos usar o lado direito do cérebro, visualizando estratégia para iniciar as coisas (além do meu trabalho com visualização do começo ao fim do workshop). Pedimos a eles para se dividirem em grupos de três e fazer um desenho do governo da cidade, como se fosse uma espécie de veículo, etiquetar as partes e, em seguida, descrever a situação.

Não perdemos muito tempo discutindo sobre a utilidade disso. Passamos logo para o exercício. A chave, é claro, foi ter todos os suprimentos prontos e à mão. Agora imagine tentar criar um desenho de algo muito distante da sua experiência e, então, usá-lo como um mapa para descrever algo que você conhece muito bem — o governo municipal. É impossível ser "profissional" e "expert" neste tipo de coisa. Você tem de improvisar e simplesmente criar alguma coisa. Bem, os desenhos eram bem arrojados — de *ferry-boats* com pás que não funcionavam, de ônibus que eram pequenos demais para todos os passageiros, e assim por diante. Mas eles se divertiram muito e, mais importante, quando eles falaram sobre o assunto, através do humor e da metáfora, eles conseguiram dizer muitas coisas importantes. Isto é o que sempre acontece em processos ativos de post-its, desenhos, ver desenhos em uma web conferência ou fazer modelos e protótipos. É o ponto ideal de inovação.

Vamos agora voltar nossa atenção para a equipe em si e aos estágios de criação. Os próximos sete capítulos percorrem o processo mais uma vez, com ainda mais ideias e histórias.

III: Começando uma Equipe Visual

Criando Confiança, Foco e Comprometimento

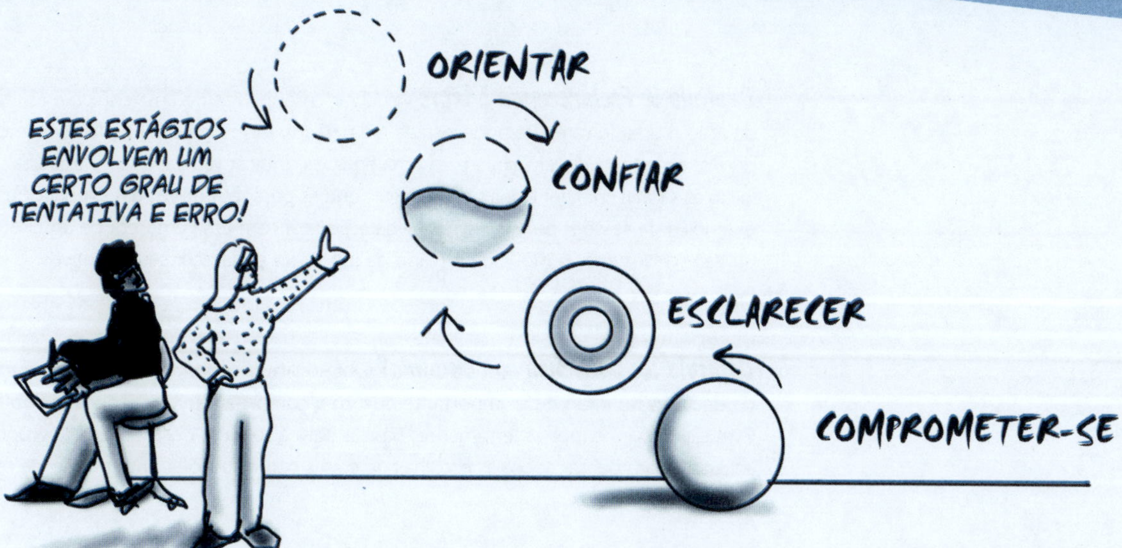

III: Começando uma Equipe Visual

Capítulo 7: Visualizando o Propósito Este capítulo inclui as melhores práticas para deixar o propósito e os resultados claros desde o início, esclarecer os pontos principais e abrir espaço para as pessoas responderem as perguntas pessoais sobre adaptação e participação.

Capítulo 8: Vendo a Si Mesmo como uma Equipe O diálogo visual ajuda as pessoas a conhecerem umas às outras e ampliar a confiança, a franqueza e a abertura. Este capítulo contém histórias com imagens, mapeamento de contexto e retratos de grupos como estratégias confiáveis.

Capítulo 9: Esclarecendo Metas Visualizar os objetivos de uma equipe e as etapas da ação é uma ferramenta poderosa para a performance. Este capítulo fala sobre o uso do Plano de Jogo Visual Grove para uma equipe começar rapidamente a trabalhar, dar início às tarefas multifuncionais e conseguir que as pessoas entrem em sintonia. Eu incluo exemplos de sessões de planejamento da ação real com uma empresa de arquitetura que utiliza regularmente o modelo de plano de jogo para esclarecer seus objetivos.

Capítulo 10: Consenso ou Comando? Obter clareza sobre as abordagens de tomada de decisões no início é tão importante quanto a compreensão dos propósitos no final. Este capítulo irá expor as ferramentas básicas para a tomada de decisões em grupo e uma estrutura para pensar sobre as escolhas de coisas como funções, implantação de recursos e direção geral.

7. Visualizando o Propósito
Orientando para a Sua Missão

As próximas duas seções do livro percorrem os estágios do MPE e exploram os melhores tipos de práticas que você pode usar para abordar cada um. Vou tratar de algumas das sugestões apresentadas em *Reuniões Visuais* com mais profundidade, especialmente com relação à criação de planos de ação da equipe e tomada de decisões. Mas, antes disso, vamos começar pelo começo e ver como as equipes visuais podem começar a se conectar, com propósito, disposição e camaradagem.

As Equipes Têm uma Ampla Gama de Propósitos

As equipes se formam por uma infinidade de motivos. Algumas são iniciadas devido a um problema específico que apareceu e precisa ser resolvido. A equipe de desenvolvimento de recursos humanos pode ser solicitada a desenvolver especificações para um novo programa de treinamento em excelência de operação e recomendar alguns consultores. Uma equipe de design de chips pode ser desafiada com a chegada de um dispositivo que utiliza menos energia da bateria. Uma equipe de captação de recursos de uma entidade sem fins lucrativos pode precisar angariar uma quantia específica de dinheiro. Essas equipes têm um objetivo muito claro e uma vida relativamente curta.

Às vezes o problema é claro, mas muito, muito grande — como o derramamento de óleo no Golfo do México em 2010, ou o terremoto no Japão e a resultante crise nuclear em 2011. Esses tipos de problema têm um foco claro, mas pode não ser tão claro como organizar ou solucionar o problema. Existem camadas de equipes de coordenação, equipes de logística, de médicos, de alimentação, de água e de abrigo — e por aí vai. O desafio de definir um rumo tem mais a ver com priorizar solicitações e necessidades.

Outros tipos de equipes têm propósitos vagos. Eu tenho um cliente sem fins lucrativos que, depois de um retiro onde foram identificados vários problemas de comunicação, eles criaram uma Equipe de Melhoramento da Cultura para analisar esses problemas e sugerir alguns princípios de comunicação que poderiam se tornar "normas" para o pessoal. Mas o verdadeiro foco do grupo se dispersava à medida que outras questões relativas à cultura informal da organização surgiam.

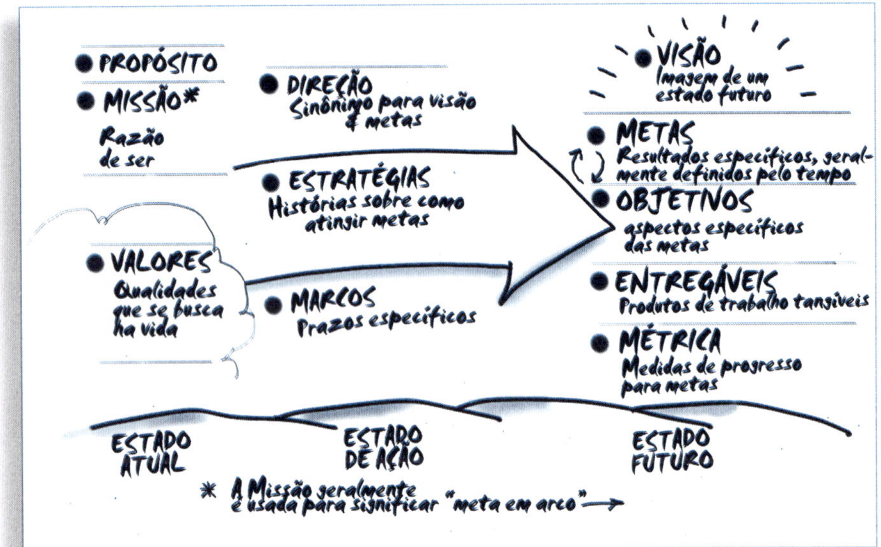

A LINGUAGEM DOS PROPÓSITOS

Esta é uma tabela gráfica que mapeia alguns dos muitos termos que são de uso comum para propósitos, metas e estratégias. Eles variam na forma como apontam para o futuro e no quanto são abstratos. Um gráfico como este pode ajudar uma equipe a descobrir como quer usar a linguagem.

Algumas equipes são formadas em empresas com fins grandiosos, propósitos elevados, projetos de grande envergadura, como promover a paz mundial ou fazer alguma coisa sobre o aquecimento global. Este tipo de equipe enfrenta um grande desafio para esclarecer que passos devem tomar, pois as opções são muitas.

Como o senso de propósito é muito mais uma questão da consciência individual de cada pessoa, é difícil colocar em palavras ou gráficos. Assim, o foco das melhores práticas nesta área é fornecer algum espaço ou alguma espécie de "contêiner" no qual as pessoas possam compartilhar e explorar essas questões.

Lidando com o Problema da Linguagem

Antes de sugerir uma atividade específica que esclareça o propósito da equipe, talvez você tenha de esclarecer como as pessoas estão usando toda a linguagem que envolve esse desafio. Nesta página, há um gráfico que eu usei para ajudar as pessoas a definirem visualmente como os diferentes termos são usados.

Você verá aqui algumas das palavras comuns que se tornam mandatórias para o propósito a ser alcançado nas empresas — *missão, direção, rumo, visão, metas, objetivos, resultados, entregáveis, estratégias, valores, princípios orientadores*. Eu os coloquei onde eles parecem gravitar. As missões geralmente surgem a partir de condições iniciais e das razões para associar-se a uma equipe. Uma visão, por outro lado, é geralmente considerada como sendo uma imagem convincente de um estado futuro. No meio estão os termos que usamos em ação, como estratégias.

Mas ter um quadro como este não vai resolver a questão. Em algumas organizações, a palavra *propósito* descreve o nível superior, a orientação que direciona a configuração, com objetivos que apoiam as metas. Em outras, será *objetivos estratégicos* no topo e as *metas* que os apoiam. Na HP, por algum tempo, eles usaram o termo japonês *hoshin* para representar a grande e abrangente meta de uma divisão ou unidade.

Eu acho que a razão de existirem tantas palavras para o propósito é um resultado direto da sua importância — assim como o grande número de termos que os esquimós têm para a neve. Todas estas palavras têm um significado especial e diferente, dependendo de onde se estabeleceram.

Enquanto as palavras que eu mapeei aqui são as que encontrei com mais frequência, sei que, se a sua equipe tem uma orientação espiritual, as pessoas falam sobre ter *orientação, vocação,* ou *ministério.* As equipes de consultoria da The Grove falam sobre o *escopo, a intenção,* ou *foco.* Nas forças armadas, uma pessoa recebe *ordens, tarefas, detalhes* e *missões* — o que significa o grande objetivo final.

Minha experiência é de aprender qualquer linguagem que seja usada mais amplamente e que traga entrosamento para a equipe, assim como uma orquestra que afina os instrumentos antes de tocar. Disponha uma tabela como a da página anterior e chegue a um consenso geral sobre quais palavras você vão usar e onde. Por mais que eu goste do gráfico que estou compartilhando aqui, sei que há situações em uma equipe em que as palavras seriam usadas de forma diferente, portanto esteja preparado para isso e se adapte!

Esclarecendo e Comunicando as Expectativas do Patrocinador

Aqui eu estou usando ainda uma outra palavra para meta — *expectativas.* Se vocês forem um grupo com uma tarefa especial, ou nova equipe em uma empresa ou organização, certamente haverá algumas pessoas que estão envolvidas desde o início e que têm suas próprias ideias sobre o que a equipe deveria estar fazendo. Em uma organização com sistemas de gerenciamento de performance em vigor, essas expectativas podem ser bastante formais e vinculadas a indicadores específicos, com remuneração e promoções vinculadas aos resultados. Obter clareza sobre as expectativas do patrocinador na orientação da Fase 1 é fundamental se você quer que sua equipe seja capaz de se engajar na Fase 4, quando você precisa de comprometimento de recursos.

Minha experiência é de aprender qualquer linguagem que seja usada mais amplamente e que traga entrosamento para a equipe, assim como uma orquestra que afina os instrumentos antes de tocar... Obter clareza sobre as expectativas do patrocinador na orientação da Fase 1 é fundamental se você quiser que sua equipe seja capaz de envolver a sua ajuda na Fase 4, quando você precisa de comprometimento de recursos.

COMUNIQUE A GRANDE OPORTUNIDADE

Um grupo de tarefa com diretrizes específicas para um programa de treinamento consultivo de vendas precisava da aprovação de dois patrocinadores do alto escalão em marketing e vendas que estavam mais focados na antipatia que tinham um pelo outro do que nas necessidades da força-tarefa das vendas. Para permitir que os dois executivos entendessem que sabiam seu propósito, o grupo criou um gráfico que mostrava os objetivos globais da empresa em letras grandes, as grandes iniciativas que eles sabiam que os dois vice-presidentes estavam interessados e, com letras bem pequenas, mostrou como a força-tarefa entraria em ação para ajudar. Este cartaz foi a primeira coisa que os VPs viram, e isso imediatamente deixou claro para eles que a força-tarefa estava muito ciente de suas prioridades! Foi mais ou menos como se curvar em cumprimento antes de pisar no tatame de Aikido para treinar. Eles aceitaram a proposta e a postura da equipe e deram o sinal verde!

Práticas para um Mapeamento Claro

Aqui estão algumas maneiras de usar a visualização para ter clareza sobre as expectativas do patrocinador:

- ❑ **Entrevista Visual:** Entreviste o gerente patrocinador, ou o gerente, e escreva uma lista de suas expectativas em um gráfico para que eles possam ver que você os entendeu corretamente. Em seguida, compartilhe isso com a equipe.
- ❑ **Exponha Visualmente as Expectativas do Patrocinador:** Encontre os contatos iniciais, e-mails ou outros, onde o patrocinador comunica o que espera, e escreva essas expectativas em um cartaz que a equipe possa rever nas primeiras reuniões.
- ❑ **Convidar Patrocinadores para o Início do Projeto:** Se a sua equipe tiver uma conferência via web ou reunião inicial de introdução, convide o patrocinador e forneça algumas informações de contexto e expectativas. Anote-as visivelmente para o patrocinador ver que você e os demais entenderam corretamente o que ele espera.
- ❑ **Criar um Gráfico com a Visão Global:** Os dirigentes das organizações gostam de acreditar que as equipes sabem como o seu trabalho se conecta ao dos demais. Crie um gráfico que mostre os objetivos globais da organização para a qual sua equipe está trabalhando e, depois, vá encaixando os outros objetivos, entremeando uns com os outros.
- ❑ **Dê à sua Equipe um Nome que Reflita os Seus Propósitos:** Quando você tiver clareza sobre o seu propósito, escolha um nome para a equipe que lembre a todos desse propósito. A equipe BLAST da Boise significava Boise Laserjet Advanced Sales Team (Equipe Avançada de Vendas da Boise Laserjet). Como a palavra *blast* em inglês significa "explosão", "sopro", "rajada", o objetivo da equipe ficou incorporado no nome.

Trabalhando em Equipe para Orientar ao Propósito

Independentemente de estar clara ou não a tarefa inicial, ou incumbência, de uma equipe, ajuda muito quando todos têm a chance de refletir sobre o propósito da equipe. Estas práticas são úteis na formação de uma nova equipe, ou quando uma equipe já consolidada perde um pouco de vista o seu objetivo maior. Todas estas práticas visam criar um ambiente espaçoso para o diálogo e a troca de ideias. A intenção é deixar que todos criem um significado para si mesmos e que tenham a oportunidade de pensar sobre seu próprio senso de conexão com a identidade da equipe e sua própria adaptação, inclusão e contribuição com relação ao objetivo principal da equipe. Posteriormente, este tipo de atitude fornece uma base para o trabalho mais explícito de esclarecer metas. Se você se precipitar demais para a formação de metas, pode obstruir o espaço para pensar sobre o propósito.

- ❑ **Sentar-se em círculo:** Os círculos simbolizam totalidade e são uma ótima maneira de ter um diálogo sobre propósito. O círculo permite que todos vejam um ao outro igualmente. A ausência de mesas sugere que as pessoas são o foco de atenção, e não o trabalho em si. Uma bela peça central estimula a imaginação das pessoas e a reflexão interior. Na foto desta página, você verá que grandes quadros e painéis já estão prontos para capturar os comentários-chave. Algumas das perguntas que você pode fazer neste tipo de configuração são:

  — O que trouxe você a esta equipe?

  — O que mais entusiasma você na incumbência que nos foi atribuída?

  — Por que esta equipe é importante para você?

  — Qual é a sua história sobre a nossa razão de ser?

  Este tipo de perguntas extrai as histórias internas que as pessoas estão contando a si mesmas.

- ❑ **Trabalhar em duplas:** Divida o grupo em duplas e faça esse mesmo tipo de perguntas a cada dupla.

SENTAR-SE EM CÍRCULO

Uma das mais antigas formas de reunir-se é sentar-se em círculo, onde todos são iguais e estão focados em algo significativo, muitas vezes representado por uma peça central que seja bonita, atraente ou aconchegante.

PROCESSADOR DE PALAVRAS HUMANO

Uma maneira divertida de trabalhar em uma incumbência de grupo é tornar-se um processador de palavras humano.

1. Peça que todos apresentem as palavras-chave que eles(as) acham que deveriam constar na declaração da missão.
2. Organize essas palavras em um display grande (isso também pode ser feito em um quadro branco, em uma conferência por computador).
3. Em seguida, convide o grupo a sugerir expressões e frases compostas pelas palavras.
4. Disponibilize todas as sugestões a todos, passando adiante as anotações.
5. Prossiga fazendo isso até que as palavras se fundam em um projeto de declaração que todos possam captar e refletir a respeito.
6. Uma variação desta atividade pode ser pedir a um grupo menor que faça o arranjo original para começar.

- ❑ **Modelos de Mandala:** Exiba um modelo grande de mandala e peça a todos que compartilhem quem são e por que estão na equipe. Você pode facilmente estender isso para uma atividade de construção de confiança perguntando quais são as competências e conhecimento que as pessoas trazem para a equipe.
- ❑ ***Go-arounds* Online:** Para uma reunião de equipe na web, faça os mesmos tipos de perguntas que você gostaria de fazer sentado em círculo, ao vivo, mas registre as respostas em um tablet simples em quaisquer lousas fornecidas pelo software de conferência via web.
- ❑ **Processador de Palavras Humano:** Algumas equipes desejam obter uma declaração clara do desafio logo no início do trabalho e não querem perder tempo refletindo sobre o propósito e questões mais individuais. Faça o exercício do quadro ao lado se quiser se divertir um pouco.

Reservar tempo para o propósito pode ter um efeito poderoso em uma reunião inicial.

Focando-se em Valores

Às vezes uma equipe que está em fase de renovação está, na verdade, de certa forma, recomeçando e precisando reconectar-se profundamente com seu propósito. Este é frequentemente o caso de dirigentes de uma organização estabelecida. Também é o caso de associações e funções em organizações de grande porte que estão passando por uma reestruturação. Neste caso, onde há uma história, você pode concentrar o grupo no valor da organização e usar isso como uma maneira de trazer um pouco de senso de propósito.

O Los Angeles Music Center foi inicialmente financiado por um grupo de amigos de Buffy Chandler, esposa do editor do jornal *LA Times*. Ela chamou o grupo de "Club 100", e eles desafiaram todo o senso comum e obtiveram sucesso ao conseguir construir o centro de música ao norte da cidade, em uma área que não era considerada a mais desejável na época. Ao longo dos anos, o grupo original se desfez e um novo grupo precisava dar continuidade à missão. Eles decidiram que precisavam de um workshop sobre como arrecadar fundos e recorreram ao Coro para ajudá-los. Eu era o facilitador líder e sabia que eles precisavam se reconectar com seu propósito mais profundo para serem eficientes. Criamos um design inovador para o workshop, no qual convidamos alguns participantes do programa original da fundação para ouvir as propostas que as mulheres desenvolveriam em pequenos grupos e, em seguida, apresentariam. Como eles eram representantes do grupo de fundadores, aquilo seria mais do que uma sessão prática.

Eu estava tentando encontrar uma forma de começar quando me lembrei de uma história sobre um grupo de pesquisa do consumidor que havia descoberto que, em um determinado ano, 5 mil pessoas na área de Chicago haviam comprado brocas de ¼ de polegada. O curioso é que ninguém que comprou uma broca queria a peça em si — eles queriam o buraco!

Eu acredito que esta seja uma história fictícia, mas propiciou um quadro perfeito e bem-humorado para o nosso trabalho. Então eu comecei o workshop contando essa história e, no momento crucial, virei-me e desenhei um círculo numa cartolina. Então, eu me virei de novo e disse: "Ninguém realmente queria o centro de música. Eles queriam o benefício que ele traria para a comunidade. Vamos compartilhar nossas ideias sobre que benefício seria esse".

Os trinta minutos seguintes foram uma explosão de opiniões sobre todas as vantagens que o centro de música representava. Eu simplesmente anotei todas essas ideias ao redor do círculo. O grupo passou a aplicar imediatamente estas ideias, criando passos para o financiamento que os grupos menores entregaram aos dirigentes da fundação que haviam convidado e que concordaram em fazer críticas e apreciações. Embora fosse um workshop, as conversas se deram com executivos do próprio programa que podiam dar autorização. As lições foram aprendidas!

Contando Histórias do Grupo

A prática que cria pontes entre orientar para o propósito e ajudar a construir confiança é de orientar o grupo a contar a sua história de forma visual. Recentemente, após o colapso econômico de 2008, a administração da Old Navy se encontrou para ter uma reunião de estratégia. O dirigente interno queria que a sessão fosse uma verdadeira experiência de desenvolvimento em equipe, além de ser

NINGUÉM QUER UMA BROCA

Comece um workshop de valores ao contar uma história sobre uma série de brocas que estão sendo vendidas em uma região, mas que ninguém quer!

Todos queriam o buraco! Ninguém realmente quer a sua equipe, eles querem os benefícios que ela irá proporcionar.

Desenhe um círculo e desenhe os benefícios que cada um imagina que o seu trabalho irá oferecer.

um workshop de estratégia. Nós concordamos em fazer a história.

No Modelo da The Grove de História Visual, há uma luz piscando que diz "... no início". Todas as equipes têm uma história de como se formaram. Para uma equipe funcional permanente, uma equipe de gestão, um conselho, ou um grupo de funcionários com longo tempo de serviço, provavelmente haverá diferentes versões sobre o que os levou a começar. Deixar que todos contem sua própria história e simplesmente escrever cada uma em um gráfico realmente facilita o entrosamento, a confiança e o trabalho do grupo. Depois disso virá a história da equipe em si, de como ela se formou.

Se você se lembrar da história da equipe BLAST, no Capítulo 1, esta foi uma das primeiras coisas que fiz quando me reuni com a equipe para determinar o que eles queriam de mim com relação ao design da apresentação. Se eu simplesmente me focasse no objetivo do nosso trabalho, eu provavelmente teria me desviado do quadro geral. Eu não sabia, até que contaram que tinha havido um histórico de falhas que havia levado o grupo a assumir riscos e providenciar uma impressora que se conectasse a todos os computadores. Eu não sabia que uma de suas preocupações internas era repetir em sua experiência o fracasso de duas equipes anteriores. Eles tinham alguns motivos pessoais para querer fazer parte da equipe, mas o fracasso não era um deles.

Proporcionando Espaço para Orientação

Questões de ajuste pessoal e identidade não podem ser respondidas explicitamente nas fases iniciais de um processo de equipe. O que é importante é convidar à reflexão sobre isso e dar espaço para isso. Esta é uma preocupação pessoal e não uma questão do grupo, a esta altura.

COMPARTILHAR AS NARRATIVAS PROFUNDAS

O objetivo de uma equipe é muitas vezes incorporado em suas histórias de origem e sucesso. Nesta imagem, eu estou ilustrando uma história da Old Navy em uma reunião externa de estratégia com a alta direção. Após o colapso econômico de 2008, a missão da Old Navy de ser um participante valoroso veio totalmente à tona e a empresa teve um crescimento constante. Este conto permitiu que todos celebrassem a finalidade e a missão da equipe, e muitas outras realizações ao longo do caminho.

Aqui estão algumas sugestões para proporcionar espaço para reflexão sobre a finalidade, identidade e coesão do grupo.

- ❑ **Diário de Atividades:** Nos workshops da The Grove, começamos com subgrupos criando uma página de título para o workshop e convidando todos para criar algo que reflita seus motivos para estarem no workshop.

- ❑ **Dando uma Volta:** Dê a todos um tempo para passear ao ar livre, apreciando a natureza, e em seguida voltar para uma reunião com reflexões sobre o porquê de eles estarem ali e o que é importante para eles.

- ❑ **Visão da Matéria de Capa:** Faça o exercício descrito no boxe à direita, como uma forma de orientar a todos. Esta atividade também será útil mais tarde, quando o grupo estiver formulando uma visão de grupo. Nesta aplicação, sua finalidade seria a de permitir que todos possam imaginar o sucesso e como teriam contribuído para isso.

- ❑ **Escrever um Obituário:** Uma forma muito poderosa de estimular a reflexão sobre a finalidade e os valores é pedir que as pessoas escrevam um obituário sobre o que elas gostariam que fosse dito sobre o seu trabalho na equipe depois de morrerem. Este tipo de atividade se aplica a conselhos e outras equipes de críticas que podem ser objeto de tais lembranças. Lembro-me de fazer isso com um grupo de executivos da Community Foundation, um grupo de interesse especial no Conselho de Fundações. Demos meia-hora a eles para a reflexão pessoal e, em seguida, convidamos a todos para voltar em um círculo de compartilhamento de resultados. Dentro de 10 minutos, vários estavam chorando, emocionados com as histórias que haviam lido. Eram homens e mulheres adultos, habituados a ser um tanto reservados.

- ❑ **Sentar-se em Silêncio:** Se um grupo tem um objetivo declarado e uma missão conhecida pelas pessoas, você pode conectá-lo com essa noção no início de uma reunião por teleconferência ou ao vivo, simplesmente convidando a todos para refletir sobre as razões de estarem ali reunidos e conectarem-se com a importância dessa missão.

ESCREVA UMA VISÃO DE MATÉRIA DE CAPA

Uma maneira de fazer com que os membros da equipe reflitam sobre seu próximo trabalho juntos e o que isso pode significar para eles seria fazer com que todos imaginassem ser destaque em um artigo de revista ou de blog. O simples fato de escrever a história no tempo passado irá abordar muitas das preocupações de orientação de sua equipe.

1. Convide todos a imaginar que estão na capa de uma revista popular ou em um blog popular, graças ao trabalho realizado pela equipe.

2. Peça-lhes para imaginar a história, usando o pequeno modelo mostrado aqui.

3. Voltem a se reunir 20 minutos depois e compartilhem o que veio à tona.

4. Certifique-se de criar um espaço imparcial para este tipo de compartilhamento. Seu objetivo é ter noção de como as pessoas estão pensando sobre a equipe.

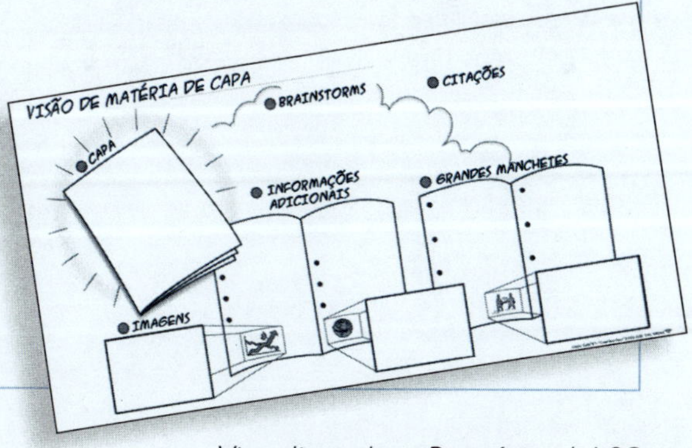

A VISÃO DA THE GROVE

Este grande cartaz da nossa visão na The Grove Consultants International foi criado em 2008. Ele manteve-se bastante estável em meio aos altos e baixos da economia e às mudanças em nossas estratégias.

Em meu trabalho com Allan, acabamos compreendendo que não é tão importante que as diferentes histórias de todos sobre objetivo, identidade e associação estejam de acordo, mas que todo mundo tenha uma história que seja interessante para si, pessoalmente. Isso é o que alimenta todo o resto do trabalho em conjunto. Acordo e alinhamento vêm com a "virada" no MPE. Antes disso é só exploração, tentativa e erro, e até mesmo "tempestuosidade", como Tuckman observa.

Comemorando Graficamente Seu Propósito e Missão

Quando você chegar ao ponto em que já possui um propósito e uma missão claros, que possam ser articulados, criar um cartaz visual que possa ser exposto durante as reuniões, ou dobrável para ser transportado, ou exibido em apresentações e documentos importantes, ajuda. Algumas das possibilidades para a visualização incluem:

- ❑ **Logos:** Criar um nome para a equipe e um logotipo que reflita o propósito e a missão.
- ❑ **Pôster:** Criar um Cartaz da Missão especial com texto e gráficos.
- ❑ **Ícone de Mesa:** Criar um item de mesa, como uma pirâmide em 3D, ou cubo, que tenha o propósito e missão em um lado, o nome da equipe em outro e, talvez, alguns dos principais objetivos, quando você determiná-los, em outro.
- ❑ **Cartão de Visita:** Em algumas organizações, as equipes de gestão têm um cartão de visita plastificado, com a finalidade e missão.
- ❑ **Criar um slide gráfico, especial**, que todos possam usar em apresentações.

Você pode sempre trabalhar em sentido contrário com relação a estes tipos de atividades de visualização. Com isto quero dizer que seria bom ter o propósito e a missão da equipe em uma dessas formas e, depois, ter um processo de diálogo e acordo a respeito deles.

Os designers gráficos e arquitetos trabalham desta forma o tempo todo. Eles sabem que o cliente deseja um site vistoso, uma imagem de marca que seja atraente, ou um imóvel bonito. O ato de começar a criar esboços e versões do que pode ser fornece um tipo de armação que mantém as pessoas pensando sobre as possibilidades muito além do que elas poderiam ter imaginado no início do processo.

Se você trabalha visualmente desta forma, pode levar seu grupo para o tipo de espaço em que o designer vive quando está inventando e criando. A dinâmica é bastante propícia para proporcionar um tempo para que todos possam ficar em sintonia com o que estão fazendo juntos, e por isso é importante. Criar isto para uma equipe não tem o mesmo impacto que cocriar com eles.

ALINHAMENTO EM ESTRATÉGIAS

A cada ano, a equipe da The Grove identifica as estratégias e iniciativas principais que buscará alcançar como equipe. Esta é mostrada no modelo no *The Grove's Five Bold Steps* que você vê na parede ao fundo. Esta imagem é de uma reunião trimestral da equipe no Garden Room, nos escritórios da The Grove no Presídio de São Francisco. À medida que a equipe repetiu a prática, a profundidade do alinhamento aumentou.

Confiando em Sua Intuição Treinada

Quando eu estava começando meu negócio, eu era juiz de seleção para a Coro, juntamente com Sam Bois, um consultor muito experiente e ex-jesuíta que escreveu *The Art of Awareness*, o nosso guia para semântica geral, operação de metalinguagem da Coro. Eu sabia que Bois era um especialista em análise de caligrafia e, na hora do almoço, compartilhei com ele algumas das notas visuais que eu estava tomando dos diferentes candidatos. "O que você acha disto aqui?", perguntei, como um estudante que se aproxima de um professor/mentor a quem admira, o que ele era para mim, a uma certa distância, através de seus escritos. Ele olhou para os papéis, depois olhou para mim com muito cuidado. Em seguida, ele colocou os papéis para baixo e disse: "confie em sua intuição treinada". E voltou a comer.

Eu fiquei intrigado com essa resposta durante anos. Como eu já explorei os limites extremos dos tipos de sensação que posso criar com imagens, símbolos, palavras e gráficos de todos os tipos imagináveis, eu descobri os mundos que estão além dos símbolos. Eu acho que estes reinos são acessíveis se prestarmos atenção aos débeis sinais, se aprendermos a confiar em nossa intuição.

Mas o que é uma intuição "treinada"? Descobri que a psique humana é capaz de encontrar padrões e reconhecimento em níveis que se movem muito além de símbolos explícitos. Voltarei a isso no Capítulo 12 sobre Alta Performance, quando eu compartilhar os princípios de Hilary Austen sobre mestria. Por enquanto, deixe-me convidá-lo a imaginar que permitir-se trabalhar arduamente com a linguagem, números e imagens, e trabalhar em si mesmo para que realmente experimente os quatro fluxos sobre os quais escrevi anteriormente com todas as suas qualidades distintas — aprendendo a acessar seu próprio espírito, emoções, mente e corpo — resulta em algo que pode se registrar como uma impressão completa e integrada, e que meu amigo Quaker chama de "liderança".

Se você conseguir se conectar neste nível com o que significa ter um senso de propósito e, mais importante, se você conseguir criar um espaço onde sua equipe possa se abrir para tal tipo de sensibilidade, você vai experimentar uma corrente de intenção e movimento que pode ser o elemento mais importante de todos na formação de equipes.

8. Vendo a Si Mesmo como uma Equipe

Desenvolvendo a Confiança

As três características de equipes com alto nível de confiança são respeito mútuo, sinceridade e confiança uns nos outros em termos de competência e de saber que se pode contar com cada um. Essas características apontam para qualidades que têm uma ampla gama de significados para as pessoas. Quem nós respeitamos e quem nós temos em alta conta são um reflexo de valores pessoais que, por sua vez, são muito influenciados pela cultura e experiência.

Um dia, minha esposa Susan, professora de poesia em escolas públicas de São Francisco, trouxe um artigo do antigo poeta laureado, Robert Haas. Eu não tenho mais o artigo, mas não esqueço seu ponto principal, que era sobre quão profundamente a música e os ritmos da linguagem comunicam além do significado explícito das palavras. Haas tinha vários exemplos de como os padrões de linguagem nos convidam a agir ou retrair, apenas através de profundas associações com aquilo que nos é familiar.

Pense nos habitantes do sul dos Estados Unidos, que se orgulham de apreciar a vida e ter um estilo de vida agradável, e têm padrões de fala musical que refletem isso. Eles podem achar irritante o sotaque cadenciado de um novaiorquino. Em contrapartida, o novaiorquino pode considerar o sulista "descansado" demais (o mesmo pode acontecer no Brasil, com os diferentes sotaques de cada região e até mesmo de estado para estado). Estenda este tipo de avaliação subconsciente para as comunicações interculturais. Um habitante da Ásia pode ser extraordinariamente instruído em sua língua nativa, mas tropeçar no inglês. Da mesma forma, acharíamos digno de respeito alguém da nossa cultura que conhecesse todas as nuances. Todos esses sentimentos e avaliações recíprocas acontecem de forma inconsciente o tempo todo, mas afetam os nossos relacionamentos e a nossa confiança. Neste capítulo, quero compartilhar algumas das maneiras que você pode trabalhar visualmente para apoiar o trabalho das equipes através de tudo isso.

Equipes Navegam em Meio a Icebergs de Significado

Em nossos workshops Creating and Maintaining High Performing Teams (Criando e Mantendo Equipes de Alta Performance), em Bethel, no Maine, quando Allan, Russ e eu estávamos desenvolvendo o STP, um dos exercícios que conduziríamos envolvia fazer com que pequenas equipes de

ANÁLISE DO ICEBERG

Os membros de equipes comunicam apenas uma fração do que realmente pensam, sentem e observam. É por isso que a construção de confiança leva tempo. Realize esta atividade para ver por si mesmo.

1. Coloque a imagem do iceberg mostrado aqui em um bloco de papel.
2. Explique que os membros em um processo de equipe sempre pensam coisas que não dizem, sentem coisas que não expressam e observam coisas que não compartilham.
3. Dê às pessoas alguns minutos para anotar algumas dessas coisas por si mesmos.
4. Em seguida compartilhe itens, escrevendo-os em torno do iceberg e elaborando as ideias que suscitam interesse.

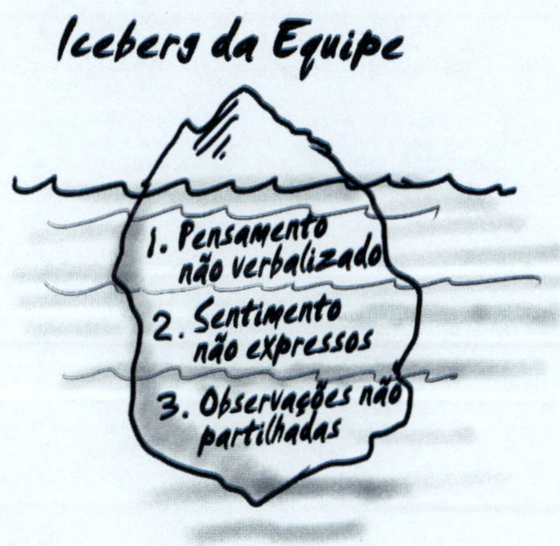

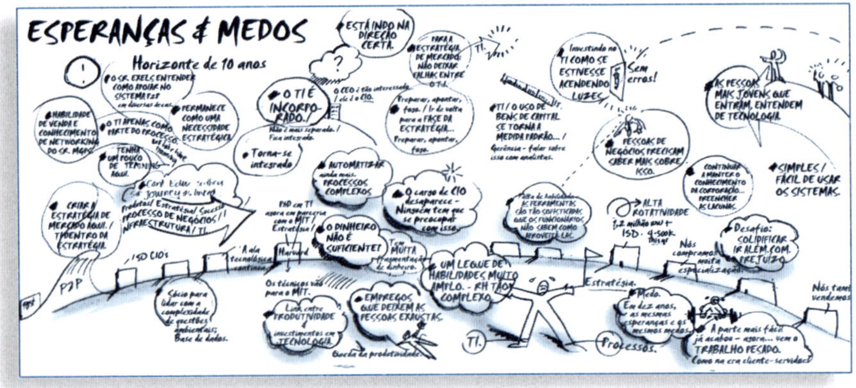

trabalho criassem imagens, num bloco, de um iceberg, rotulando três regiões como mostrado na página anterior. Então pedimos que as pessoas compartilhassem: (1) coisas que pensavam, mas não diziam; (2) coisas que sentiam, mas não expressavam; e (3) coisas que observavam, mas nunca comentavam.

Não demorou muito para chegar à conclusão de que grupos de pessoas expressam apenas uma pequena fração do que realmente está acontecendo, na maior parte das vezes. Imagine então as equipes que são descentralizadas e se comunicam através da web! Os icebergs são ainda maiores, especialmente se as pessoas forem multitarefas, o que é comum. Não é de admirar que a construção de confiança seja tão desafiadora. Mas existem várias maneiras de contornar isso.

ESPERANÇAS E MEDOS

Este é um exercício para fazer com que todos se sintam à vontade para expressar suas preocupações, assim como sonhos e visões, no início de um processo de equipe.

1. Convide todos da equipe para entrevistar uns aos outros sobre suas esperanças e medos com relação à equipe.
2. Crie um painel grande, como o mostrado acima.
3. Faça com que cada pessoa apresente seu(sua) parceiro(a) para o resto da equipe, compartilhando suas esperanças e medos. Destaque as esperanças dentro de círculos e os medos dentro de nuvens.

O gráfico acima foi registrado durante uma reunião de executivos de informática que eram sócios de uma grande empresa de bens de consumo.

Criando uma Linguagem Comum

Para começar a se envolver profundamente, os membros de equipes precisam ser capazes de comunicar, e isso exige linguagem. Uma das razões de a facilitação gráfica ter crescido em popularidade vem da forma como ela possibilita um segundo canal de linguagem, visual, através do qual as pessoas podem se comunicar. Uma vez fui convidado para ir à França, a fim de facilitar uma equipe de gestão de uma empresa farmacêutica francesa muito tradicional. Eles não tinham experiência em reunião como equipe de gestão. Nesta cultura, o presidente da empresa e dois diretores tradicionalmente tomavam todas as decisões. Mas a União Europeia estava se formando e eles queriam se expandir além da Europa. Eles sabiam, como equipe, que precisavam expandir suas habilidades, bem como sua linguagem. Então eles me pediram para falar em inglês, enquanto eles falavam em francês. Eu tinha um tradutor, é claro. Eu escutava, escrevia e ilustrava o que eles diziam. Eles liam em inglês e, em seguida, respondiam e comentavam em francês.

Foi uma reunião muito bem-sucedida, e nós desenvolvemos uma visão para a empresa que mais tarde eu ilustrei. Também descobri um dos motivos pelos quais eles me chamaram. Eles queriam aprender o inglês comercial, o *"business English"*! E ver a minha tradução visual de tudo era um meio perfeito. Que grande exemplo de trabalho de aprendizagem!

O impacto da linguagem visual vai além de refletir o que é falado. A linguagem visual envolve ilustração colaborativa de como as coisas se conectam e trabalham de forma sistêmica. E os artefatos destas sessões visuais elevam a apresentação dos resultados a um novo nível.

Na década de 1990, a Procter & Gamble tinha uma cultura interna muito desenvolvida de conferência por computador. Na verdade, eles eram um dos líderes na aplicação deste tipo de software, mas não anunciavam isso. Por exemplo, eles tiveram grande sucesso recebendo equipes que estavam iniciando novas formas para compartilhar informações com outras pessoas que já haviam tido a experiência, e reduziram consideravelmente a variabilidade na eficácia desses tipos de projetos.

Como membros do Groupware Users Project ("Projeto de Usuários de Ferramentas Colaborativas"), organizaram uma conferência para a rede de empresas envolvidas (ver Capítulo 17 para ler a história completa). Nós estávamos discutindo o trabalho em equipe e as perspectivas de vários tipos de software de colaboração. Isso tudo estava acontecendo quando os nossos computadores ainda tinham prompts "C" — antes das interfaces e janelas OQVVEOQVT — O Que Você Vê É O Que Você Tem (do original WYSIWYG — What You See Is What You Get). As trocas não eram realmente muito robustas. A conferência não era a linha principal de trabalho das pessoas, e os membros da equipe ficariam em contato de vez em quando. Mas um dia eu postei os sete estágios do MPE com uma descrição de uma frase para cada etapa. A conferência se transformou em trocas, com todos usando essa estrutura para fazer este ou aquele comentário. Isso acontece quando as pessoas compartilham modelos mentais que podem consultar. Você não tem que concordar com os modelos para usá-los de forma eficaz, especialmente se as diferenças são bem desenvolvidas e úteis.

Melhores Práticas de Linguagem Comum

Um conjunto de práticas para a criação de linguagem comum inclui o seguinte:

- ❑ Partilhar o MPE logo no início.
- ❑ Projetar nomes claros, descritivos para as fases do trabalho da equipe.

MAPEAR OS DONS DA EQUIPE

1. Faça os membros da equipe idealizarem um símbolo de algum dom ou qualidade que estão trazendo para a equipe (como o pequeno animal abaixo).
2. Faça com que cada pessoa explique sua contribuição individual por meio de uma pequena história. (Isto pode ser feito ao vivo — ou virtualmente.)
3. Crie um grande cartaz de todas as competências e dons da equipe.

PREVISÃO DO TEMPO

1. No início de uma reunião da equipe, entregue post-its e canetas para todos.
2. Peça a cada pessoa para pensar sobre que tipo de clima representa sua condição e humor atuais.
3. Crie um pequeno desenho ou palavra que descreva a sua condição no post-ist.
4. Passe pela equipe e compartilhe a associação.
5. Espere alguns risos e um leve dar e receber.

- ❑ Identificar informações que todos deveriam saber em comum e disponibilizá-las em um site compartilhado ou cópia impressa.
- ❑ Reservar um tempo para realmente entender as palavras em quaisquer documentos de escopo, listas de expectativas ou declarações de missão, especialmente com equipes miscigenadas.

Criando as Bases para Construção de Relacionamento

Como a confiança é centrada nos sentimentos, são as nossas identidades sociais que precisam se envolver. Em muitas culturas, espera-se que um indivíduo conheça outro pessoalmente antes de fazerem negócios juntos. Essas culturas de "alto contexto", como os consultores interculturais chamam, são lugares como a América Latina, Japão ou Itália. O costume seria fazer refeições com os novos colegas de equipe, compartilhar informações sobre os filhos e as famílias, cantar e dar risada juntos.

As culturas de "baixo contexto" não precisam de tanta informação pessoal para se relacionar e comunicar. A cultura alemã tem orgulho de sua linguagem precisa e confia nela. As culturas americana e britânica estão no meio-termo, mas em geral não hesitam em se reunir para trabalhar. Mas mesmo as culturas de contexto mais baixo sentem necessidade de algum tempo para socializar, a fim de se conhecer e confiar uns nos outros. A sua interação com uma pessoa muda quando você conhece um pouco mais sobre ela, quando vê fotos dos filhos e sabe de mais detalhes do seu passado.

Melhores Experiências Individuais da Equipe

Além de um tempo de socialização bem planejado, a maneira mais eficaz que eu conheço de desenvolver confiança rapidamente é deixar que as pessoas contem histórias sobre o que, de fato, são seus mais profundos filtros com relação ao trabalho em equipe. Eles vêm de nossas experiências anteriores de trabalho em grupo ou equipe. Um de meus clientes é um Programa de Liderança em Baltimore que envolve 50 líderes comunitários em um programa intensivo de aprendizagem sobre como as coisas funcionam na região. É um programa intercultural de vários setores e patrocinado pelo Comitê Superior de Baltimore. Os participantes não são uma equipe altamente interdependente, mas precisam ter alto respeito mútuo e boa comunicação para tirar o máximo proveito do programa.

No terceiro mês, todo o grupo vai para uma convenção de dois dias, para se conectar com suas visões pessoais de liderança e conhecer melhor um ao outro. É uma experiência clássica de construção de confiança.

A atividade-chave, que eu vi funcionar a cada ano dos 24 em que trabalho com facilitação visual de equipes, é chamada de "Sucessos Pessoais". Pedimos a todos que compartilhem uma história de seu próprio padrão pessoal de excelência no que diz respeito à liderança. Deve ser uma experiência pessoal, proveniente de qualquer aspecto da vida — trabalho, família, ou comunidade. Cada um tem dez minutos para contar sua história, com alguns minutos de feedback sobre o que a história reflete sobre o estilo de liderança de cada pessoa. Depois que todos os grupos fazem isso, todos se voltam para o grupo maior e partilham temas, os quais são postados graficamente em uma cartolina. Eles não precisam de uma palestra sobre liderança. Está incorporada. Eu já vi grupos pequenos criarem um vínculo permanente. As pessoas ficam interessadas e envolvidas na vida umas das outras.

Eu aprendi a atividade na Apple Computers, em nossas Expedições de Liderança — workshops de uma semana de duração em Pajaro Dunes, ao sul de Santa Cruz, na Califórnia. A mesma coisa aconteceu lá. Os grupos pequenos compartilharam suas histórias e se conectaram. No caso da Apple, pedimos a todos que usassem um formulário bem elaborado e detalhado para preencher sua história com antecedência, que eles trouxeram consigo para o encontro.

Escadas de Abstração

Às vezes, ajuda enquadrar as atividades de contar histórias com uma explicação da escada da abstração. O gráfico que segue foi criado para definir os melhores exercícios pessoais na convenção de liderança de primavera que acabei de mencionar. É um grande exemplo de como uma pequena história e uma estrutura visual simples podem ampliar a capacidade de um grupo de se comunicar.

INTRODUZIR O MPE COM SUCESSOS PESSOAIS

Fortaleça as relações e a compreensão sobre como cada pessoa pensa em equipe com o seguinte exercício:

1. Faça com que cada pessoa reflita sobre a melhor experiência em equipe que já teve na vida.
2. Escreva cada experiência em um post-it e crie um mural de todas as equipes.
3. Faça com que cada pessoa conte uma breve história e comece a identificar as características das equipes boas, um item por nota.
4. Introduza o MPE.
5. Mapeie as características para o modelo, movendo as notas em torno e falando sobre onde parecem residir.
6. Explore todos os diferentes tipos de palavras que as pessoas usam e trate esta sessão como um passo a mais para aprender a ouvir uns aos outros.

ESCADA DA ABSTRAÇÃO

Cada um de nós tem experiências de vida diferentes. Eu fui criado nas montanhas. Minha esposa, Susan, foi criada em cidade de praia. Como podemos entender um ao outro? Nós descrevemos nossas experiências diferentes contando histórias específicas. Em seguida, preenchemos as peças que faltam com inferências. Depois de muitos anos, eu generalizo sobre as minhas ideias e algumas se tornam convicções. Em cada etapa, eu apenas pego alguns detalhes da anterior e "abstraio" o significado para mim. Quando nos comunicamos com generalizações e convicções, o ouvinte fica sem escolha, a não ser acrescentar os detalhes de sua própria experiência de vida. Se as pessoas querem desenvolver compreensão entre as diferenças, precisam descer a escada e ser as mais específicas possíveis, contando histórias reais, sem julgamentos — apenas ouvindo com mente aberta e, espera-se, apreciando.

Ao incentivar o real envolvimento e a disposição para ouvir, podemos começar a entender outros pontos de vista.

Em *The Wisdom of Teams*, Katzenbach e Smith afirmam, como um de seus "achados de senso incomum", que as equipes de alta performance são extremamente raras. Eles escrevem que "isso acontece, em grande parte, porque o que diferencia as pessoas das equipes de alta performance das outras equipes é o alto grau de comprometimento interpessoal das primeiras. Este tipo de comprometimento não pode ser gerenciado", dizem eles, "embora possa ser explorado e estimulado, para a grande vantagem de outras equipes e da organização em geral".

A quantidade de tempo e energia necessários para que as pessoas se conheçam e confiem umas nas outras tem uma relação direta com o grau de alta performance que se espera. Um dos aspectos fortes do MPE como quadro visual é mostrar graficamente como a confiança e a alta performance se relacionam ao operar no mesmo nível emocional durante a existência de uma equipe.

Compartilhando Experiências e Modelos de Sucesso

Equipes maiores podem construir respeito mútuo e sinceridade através de histórias do grupo. A equipe de VPs da Old Navy, sobre a qual escrevi no Capítulo 7, começou seu trabalho compartilhando fotos de suas respectivas famílias. Isso combina com a cultura de empresa, mas, mesmo assim, foi impressionante ver a sensação de bem-estar e sentir a energia positiva liberada na sala depois da sessão de fotos.

Eu, então, dei continuidade encorajando o grupo a contar sua história do grupo. Eu nunca tive uma única sessão de narrativa de histórias que não fosse uma experiência positiva e útil para as pessoas. As histórias individuais dos membros de uma equipe nunca têm tantos detalhes quanto os que vêm à tona num curto período de tempo, quando a equipe como um todo narra a história. Poucas pessoas já visualizaram isso. O efeito é provocar uma reorganização da história interna de todos, abrindo espaço para mais diferenças e nuances.

Avaliação de Competências

A seção de recursos no final deste livro indica muitas maravilhosas fontes de ideias de atividades de desenvolvimento de equipes de todos os tipos. O próprio *Reuniões Visuais* contém várias ideias diferentes de como você pode usar registro visual interativo, atividades em post-its e mapeamento de ideias para entrosar um grupo e fazê-los abrir-se um com o outro. Quero terminar este capítulo com uma observação final sobre o valor desses tipos de estratégias de visualização.

Muitas equipes não precisam lutar para obter confiança interpessoal e respeito mútuo. As pessoas gostam umas das outras e estão abertas. Mas, no ritmo acelerado de hoje em dia, nem sempre as pessoas têm certeza se as outras estão bem preparadas e se são suficientemente competentes. Quando você não conhece as outras pessoas, não há como saber.

No começo das Expedições de Liderança da Apple, nós pedimos a Jim Whittaker, líder da primeira expedição americana a escalar o K2, que iniciasse as sessões com histórias de como ele organizou sua equipe de escalada. Ele enfatizou mais de uma vez o quão importante era ser honesto sobre a capacitação, porque a vida de todos dependia disso. Ele próprio não chegou ao cume do K2 dessa vez. Outros eram considerados mais aptos para isso. Como os efeitos da altitude afetam mentalmente os alpinistas, os membros da equipe tiveram de confiar uns nos outros para comunicarem-se sobre os sintomas.

Então, como é que novas equipes de trabalho avaliam a competência uns dos outros? Como as equipes de gestão e liderança fazem isso? Confiança profunda provavelmente requer uma mudança profunda na implementação e ter experiência direta com o outro, mas há maneiras de trabalhar mais cedo na avaliação de competência.

Uma das minhas maneiras favoritas com equipes de liderança é fazer varreduras ambientais e mapas de contexto. Essas atividades voltadas para o exterior dão a todos uma chance de acrescentar algo

AGRUPAMENTO VISUAL

Esta é uma variante do gráfico cinestésico descrito no Capítulo 5.

1. Escreva em post-its as palavras ÁUDIO, VISUAL e CINESTÉSICO e coloque-as em três pontos de uma sala.
2. Explique que todos na equipe, provavelmente, têm uma forma preferida de aprendizagem.
3. Mesmo que todos possam usar todos os três, faça com que os membros da equipe agrupem-se perto do módulo que representa o seu modo preferido de aprendizagem.
4. Faça com que cada pessoa de cada grupo explique às demais por que escolheu esse módulo.
5. Fale com todo o grupo, convidando as pessoas a falar sobre suas escolhas e preferências.
6. Discuta as implicações para a sua equipe em termos de que tipo de ferramentas e métodos vocês precisam pensar em usar.

Outro tipo interessante de agrupamento seria escrever os rótulos que se referem às funções arquetípicas ilustradas no Capítulo 4, página 67 — GUIADO POR VISÃO, GUIADO POR EXPERIÊNCIA PASSADA, GUIADO POR TAREFA, GUIADO POR RELACIONAMENTO e faça o mesmo exercício.

HISTÓRIAS EM GRÁFICOS

Use a narrativa visual para a formação da equipe. Esse pequeno grupo de consultores, com uma equipe de RH na China, recebeu instruções para ilustrar graficamente um dos seus projetos e, em seguida, compartilhá-lo com os outros membros da equipe. Isto permitiu-lhes tanto aprender algo tangível sobre o seu trabalho quanto aprender muito uns com os outros em termos de consciência e experiência.

e de ter uma noção do pensamento dos outros. Ninguém sabe tudo sobre o ambiente em que uma equipe se encontra, de modo que este tipo de atividade geralmente é muito útil.

Aqui estão algumas das maneiras de como você pode criar uma discussão que crie uma base sólida de entendimento mútuo:

- ❑ **Estudos de Casos:** Compartilhe histórias de casos de projetos similares e mapeie-os. Peça que pequenos grupos extraiam histórias de projetos sem qualquer ensaio e compartilhem seus conhecimentos com outros pequenos grupos.

- ❑ **Mapas de Contexto:** Crie mapas de contexto do ambiente em questão. Certifique-se de que você tem a contribuição de todos para a conversa e escreva tudo o que todos dizem, sem fazer julgamentos. Deixe o grupo discutir uns com os outros, se necessário, mas foque-se em criar um conceito de campo justo, seguro.

- ❑ **Relatórios de Pesquisa:** Crie equipes de investigação dos clientes e faça com que as pessoas trabalhem com outros membros da equipe que não conhecem bem e reportem os resultados das entrevistas.

- ❑ **Retrato do Grupo:** Trace um retrato do grupo e faça com que as pessoas identifiquem as categorias de informações relevantes para o trabalho em mãos. O círculo, em formato de mandala, funciona bem para isso. Em equipes distribuídas, faça com que todos enviem uma foto com antecedência e crie uma imagem única. Depois, registre as informações que as pessoas compartilharam ao redor das fotos, usando um tablet. Mapeie as experiências relevantes para a formação de grupos, como tamanhos de família, primeiro emprego, esportes, artes performáticas e envolvimentos da comunidade.

- ❑ **Modelagem Cinestésica:** Anteriormente eu descrevi como fazer com que as pessoas se alinhem ao longo de um espectro de interesses para saber mais uns sobre os outros e suas preferências. Você pode descobrir coisas como qual hora do dia cada pessoa acha que é melhor para trabalhar, se elas gostam ou não de trocar ideias ou se preferem refletir individualmente antes de se comunicarem.

O Poder das Normas do Grupo

Todos os exercícios que eu sugeri neste capítulo vão oferecer um cenário no qual as pessoas podem se abrir e conhecer melhor umas às outras. A ludicidade dos gráficos ajuda muito neste processo. Mas nada disso substitui a força dos acordos sociais informais de uma equipe. Estes são chamados de "normas" de trabalho em grupo, um encurtamento do que os sociólogos caracterizam como "comportamento normativo" — ou seja, o comportamento que é considerado aceitável e normal.

Uma experiência clássica que tem sido repetida muitas vezes é ilustrada aqui na história lateral. É o vídeo "Olhe para o Fundo", do programa *Câmera Indiscreta*. Repetidos experimentos mostram que as pessoas tendem a ter o mesmo tipo de comportamento incorporado por um grupo. Você pode fazer a experiência por si mesmo, reunindo um grupo e indo para uma rua movimentada da cidade. Se vocês todos do grupo olharem para cima, as pessoas ao redor e por perto farão o mesmo, invariavelmente.

Em uma empresa, há muita coisa que todos simplesmente aceitam como "subentendido". A liderança é muito influente na criação desse tipo de normas, à medida que o comportamento do líder é imitado. Edie Seashore, uma reverenciada consultora sênior de empresas, contou uma história em uma conferência da OD Network sobre um cliente que havia trabalhado com sucesso durante vários anos, levando-os a se abrir e desenvolver uma cultura de compartilhamento. Em uma visita, anos depois, ela se surpreendeu ao ver as pessoas entrarem pela porta da frente, encaminharem-se para suas salas com a cabeça baixa e fecharem as portas. Isso aconteceu várias vezes, até que ela perguntou a alguém que conhecia bem se tinha havido alguma mudança.

"Ah, sim", disse a pessoa. "Nós temos um novo chefe que chega todo dia de manhã, não fala com ninguém, vai direto para a sala dele e fecha a porta." As implicações para a liderança da equipe parecem claras. Se um líder de equipe quer que os membros da equipe sejam francos, se respeitem mutuamente e confiem na competência uns dos outros, ele deve ser o primeiro a fazer isso e persistir

OLHE PARA O FUNDO

Um exemplo clássico do poder das normas do grupo é um vídeo do programa Candid Camera ("Câmera Indiscreta") chamado "Face the Rear" ("Olhe para o Fundo"), criado em Nova York, em 1962. Nele vê-se um homem em um elevador. Três atores do Câmera Indiscreta entram no elevador e viramse para o fundo em vez de ficar de frente para a porta do elevador. Após alguns momentos de incerteza, o homem, que não sabe de nada, também se volta de frente para o fundo. O vídeo mostra repetidos exemplos deste efeito, com os atores do Câmera Indiscretavirados para a lateral do elevador, pondo e tirando o chapéu, ou trocando de posição a cada andar. Em todos os casos, os indivíduos que não sabiam da brincadeira, nem que estavam sendo filmados, acompanharam o comportamento dos atores.

nessa atitude. Ainda mais importante, as grandes organizações precisam cultivar uma cultura de formação de equipes que suporte este tipo de modelo.

O Centro de Gravidade da Confiança

Tom Melohn perdeu seu emprego em uma grande empresa de embalagens de bens de consumo, após 25 anos de sucesso e assumiu a liderança de uma pequena empresa chamada North American Tool & Die, na década de 1970. Em 11 anos, ele transformou a empresa e se tornou história de destaque na aclamada série da TV PBS, "*In Search of Excellence*" ("À Procura da Excelência"). Nossa equipe na Apple convidou-o para ser palestrante oficial nas Expedições de Liderança para descrever como ele conseguiu criar tantos resultados de alta qualidade sem demitir funcionários e sem fazer uma reestruturação radical. O que ele fez foi conquistar confiança. Em muitas sessões, ouvi-o contar a história de como ele, paciente e consistentemente, contava a verdade aos seus funcionários, emprestando-lhes caminhões, quando eles precisavam mudar de casa com a família, e compreendendo e encorajando o envolvimento. Ele descreveu o "prêmio da geladeira", que ele usava para demonstrar graficamente seu reconhecimento às pessoas que traziam boas ideias para a equipe. Um dos operários tinha reduzido os erros causados por duas partes danificadas quando estavam sendo encaixadas, colocando primeiro uma delas em uma geladeira para que encolhesse um pouco. Então, a cada semana, Tom reunia sua equipe ao redor dessa geladeira e tirava de lá um envelope com o nome de alguém que seria premiado.

Quando lhe perguntaram qual era a coisa mais difícil de suas realizações, ele respondeu: "Perceber que todo o meu trabalho, no sentido de construir confiança, poderia ser destruído com uma mentira, uma traição — puf!". Provavelmente é por isso que as equipes de verdadeira alta performance são raras. É preciso muita integridade e persistência para criar o tipo de alta confiança que essas equipes necessitam. Mas é possível conseguir isso.

9. Esclarecendo Metas

Usando o Plano de Jogo Visual

Este capítulo descreve como usar o Plano de Jogo Visual Grove para responder a cinco perguntas básicas que são fundamentais para começar uma nova equipe. Acordos sobre estas perguntas irão ajudar sua equipe a começar a trabalhar de forma rápida e eficaz. Estas perguntas são:

1. Quais são seus **objetivos** específicos?
2. Que **recursos** você tem para trabalhar?
3. Quais as **tarefas** que precisam ser realizadas para alcançar seus objetivos?
4. Que **desafios** você vai enfrentar?
5. Quais **acordos da equipe** são necessários para promover o sucesso?

Se estas questões parecem ser de senso comum, elas realmente são! Quando você faz algo em cooperação com outras pessoas, como tirar férias, por exemplo, você precisa saber aonde vai, o que você tem de levar, quanto vai gastar e como pretende chegar lá. É comum comparar o planejamento com a organização de uma viagem. Por esse motivo, esta metáfora foi escolhida para apoiar o modelo Plano de Jogo Visual.

CONFIGURAÇÃO DO PLANO DE JOGO VISUAL

Esta ilustração mostra a nossa pequena equipe deste livro pronta para seguir vários caminhos — cada um capaz de esboçar um projeto do Plano de Jogo Visual Grove.

Metas Claras São o Mais Importante

A chave para o planejamento da ação é a primeira pergunta sobre metas.
Ser claro sobre os objetivos envolve a criação de uma descrição que faz com que seja possível para quem lê ou ouve o objetivo saber o que significa completá-lo. Concordar com os objetivos faz com que o resto do processo de planejamento seja possível. Um bom chefe pode definir metas para uma equipe de trabalho, em alguns casos, sem colaboração, mas qualquer equipe que trabalhe em conjunto precisa apoiar as metas como um grupo.

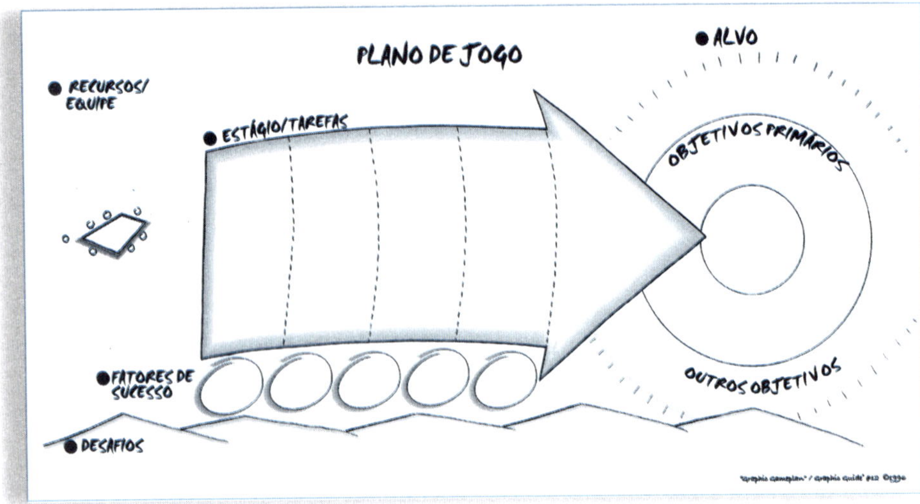

GUIA GRÁFICO DO PLANO DE JOGO VISUAL

O modelo de Plano de Jogo Visual Grove é provavelmente o mais amplamente utilizado e útil dos diferentes modelos do kit de ferramentas de planejamento visual da The Grove, e o que eu recomendo para fazer o primeiro esboço de um plano de ação.

Ter metas claras é diferente do que simplesmente ter um propósito ou um roteiro geral. Você pode saber que a sua família quer sair de férias, mas você ainda tem de escolher se vai à Europa visitar Paris, ou se vai acampar nas montanhas. Até que você identifique o foco específico ou o alvo da sua atividade, é impossível decidir o que levar e como se preparar.

A facilitação gráfica é mais eficaz nesta fase. Escrever as coisas e usar mapas e diagramas para explorar os relacionamentos é a melhor maneira de ser claro.

O Plano de Jogo Visual

Vi pela primeira vez um grande modelo gráfico sendo utilizado em uma reunião de planejamento que Geoff Ball conduzia. Ele o chamou de diagrama do arco-íris, porque tinha um espaço para indicar as metas perto de um pote de ouro no final do arco-íris. Uma grande seta dava espaço para anotar as tarefas e ações destinadas a alcançar o pote de ouro. A seta movida sobre um conjunto de colinas representava os desafios. A simplicidade de visualizar desta forma tornou mais fácil para todo mundo ver as relações entre esses elementos. Eu sabia que poderia usar essa estrutura para ajudar a mim mesmo em um plano de grupo. Você provavelmente vai ter a mesma resposta, revendo-o em sua forma evoluída agora.

Muitos anos depois, fui convidado para facilitar uma reunião de várias equipes de mudança na Levi Strauss & Company. Eles haviam trabalhado muitos anos com uma grande empresa de consultoria que passou horas e horas analisando cada aspecto do negócio no contexto de um projeto de "reengenharia". Os consultores formularam diversas sugestões para melhoria dos negócios. Mas, durante todo esse tempo, eles não tinham mostrado às equipes de Levi como organizarem-se para a ação. A equipe de mudança foi muito infeliz com os resultados. Coincidentemente, os resultados globais da empresa haviam melhorado desde o contrato inicial, apesar de a execução não ter começado. A administração decidiu rescindir o contrato da grande consultoria e assumir o trabalho. A equipe de mudança ainda precisava de ajuda.

Certa tarde, usando o Plano de Jogo Visual, nossa equipe da The Grove facilitou o desenvolvimento de três planos de ação da equipe, usando cartolinas. As equipes de mudança ficaram extasiadas. Estavam tão felizes com o resultado que, na verdade, insistiram que criássemos um guia detalhado para usar esta ferramenta, que entregariam a todos os líderes de equipe na empresa. Este se tornou o primeiro *The Grove's Leader's Guide*, e um dos nossos primeiros Guias Gráficos publicados. Vamos examinar mais detalhadamente esta ferramenta.

Na página ao lado, você vai ver o gráfico e os espaços para responder às cinco perguntas que fiz no início deste capítulo. Este Guia Gráfico foi concebido para apoiar a primeira reunião de uma equipe, quando é preciso avaliar como ela vai entrar em ação.

Por que É Chamado de "Plano de Jogo"?

Chamamos de "Plano de Jogo" porque é como o tipo de plano que uma equipe de esportes pode desenvolver antes de um jogo. Os usuários também chamam de plano de ação, porque é perfeito para os tipos de equipes de ação que muitas vezes são criadas em grandes reuniões de estratégias externas, onde a gestão concorda com grandes metas e define as equipes iniciais. Há muitos exemplos de como isso pode ser eficaz. Um dos clientes sobre os quais escrevi em *Reuniões Visuais* é uma empresa de arquitetura chamada DLR Group. Eles têm dezenas de escritórios em todo o país. Alguns sócios na faixa dos 40-50 anos eram coletivamente os donos da empresa e, como a maioria das organizações profissionais colegiais, não tinham uma longa história de planejar juntos quando fui pela primeira trabalhar com eles. Mas, seguindo o nosso planejamento inicial externo, em que identificamos oito objetivos estratégicos com apoio total do grupo, decidiram ampliar ainda mais e desenvolver planos de ação da mesma maneira.

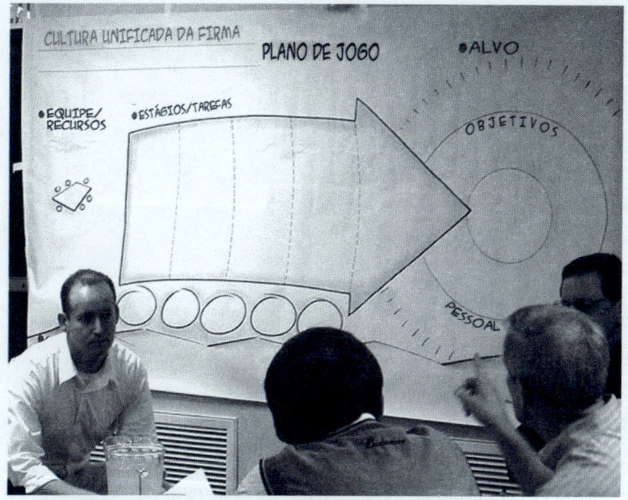

PLANEJAMENTO DE AÇÃO EM UM GRUPO PEQUENO

Uma equipe de arquitetos do Grupo DLR orienta-se pelo Plano de Jogo Gráfico e o tópico que escolheram. Eles são um de seis grupos que desenvolveram paralelamente esses planos de ação e, depois, compartilharam e comentaram os resultados entre si, com o grupo maior. Estes primeiros esboços se tornaram a base para um conjunto de planos mais detalhados desenvolvido pelas equipes em diferentes escritórios.

CRIANDO OBJETIVOS SMART

1. Pendure uma cartolina grande com o Plano de Jogo Visual em uma parede lisa.
2. Reveja a definição de objetivos SMART na próxima página — eSpecíficos, Mensuráveis, Acionáveis, Relevantes e Temporais.
3. Peça um exemplo e escreva-o em uma nota. Confira com os critérios SMART e crie um modelo para a equipe.
4. Defina uma data-alvo para o plano de ação. Esta data seria o momento em que as metas teriam sido alcançadas. Uma data específica ajuda a tornar o debate mais concreto.
5. Peça às pessoas para trabalhar em duplas e identificar metas potenciais adicionais para a equipe.
6. Agrupe-as no espaço de trabalho à direita do alvo. Consolide os similares e enumere cada objetivo.
7. Vote por ponto ou multiplamente para 1/3 da lista total (peça que cada pessoa anote o nº das metas que prefere e, em seguida, levante as mãos).
8. Discuta e adicione metas com as quais a equipe concorde no Plano de Jogo Visual.

Em uma reunião de acompanhamento, mostrada na fotografia na página anterior, esses sócios novamente se reuniram e se dividiram em seis equipes de planejamento de ação. Cada um recebeu um Plano de Jogo Visual, instruções e post-its. Em uma única sessão, eles não só desenvolveram, mas também compartilharam, todos os seis grupos, um rico volume de aprendizado.

Estes projetos iniciais, naturalmente, necessitaram de um maior desenvolvimento e se tornaram a base de mais planos de projetos formais que envolveram muitas outras pessoas. Mas, agora, vamos voltar a olhar para o Plano de Jogo e ver como usá-lo. A seguir estão as etapas a percorrer para desenvolver uma boa proposta inicial de Plano de Ação.

PASSO 1:
Faça o Aquecimento Olhando para os Recursos Atuais da Equipe

Mesmo que a fixação de metas seja mais complicado, ela ajuda no aquecimento ao rever onde você está começando como uma equipe. O lado esquerdo do gráfico de Plano de Jogo tem espaço para listar quem está na sua equipe, quem está patrocinando e que outros recursos você tem para trabalhar. O que já está em vigor? Quais restrições existem? O ponto de partida aqui é concordar com o que você tem para trabalhar.

Se você está conduzindo uma reunião e este é o único gráfico que está desenvolvendo, você pode precisar adicionar notas ao lado do quadro para todas as coisas que quiser identificar. O modelo em si não detalha todas as variações. Você precisa pensar nelas. Algumas das coisas que valem a pena explorar em relação à equipe e seus recursos atuais são:

- ❑ Os nomes específicos dos membros da equipe
- ❑ Os nomes dos patrocinadores e campeões

- ❑ Os nomes das equipes e organizações associadas
- ❑ Alocações de orçamento
- ❑ Trabalhos já concluídos que você pode usar como base
- ❑ Questões que você está levando para o trabalho como bagagem
- ❑ Restrições específicas
- ❑ Ferramentas com as quais você tem de trabalhar

Quanto tempo você gasta com isso depende de até que ponto a equipe como um todo está familiarizada com a situação atual. Em um processo mais longo de planejamento, você já deve ter analisado a história da sua equipe, talvez até preenchido uma matriz SPOT (um modelo de caixa de quatro módulos identificando pontos fortes, problemas, oportunidades e ameaças). Os gestores do Grupo DLR tinham feito isso, por exemplo. Se você estiver fazendo o Plano de Jogo Visual neste contexto, comece revendo este outro trabalho e use o modelo para simplesmente destacar alguns dos pontos-chave e membros da equipe da lista.

Passo 2:
Esclarecendo Objetivos

Determinar os objetivos específicos para a sua equipe é o mais importante no processo de planejamento da ação. Se você tem apenas um curto período de tempo para planejar, gaste a maior parte do tempo nisso. Eu escrevi anteriormente sobre objetivos SMART e objetivos na seção sobre propósito. Propósito e intenção são como os recipientes que dão sentido aos objetivos. Mas os próprios objetivos permitem que uma equipe tome decisões e concentre os recursos de forma eficaz. Conseguir que todo o grupo concorde sobre eles também torna mais fácil liderar uma equipe, se essa for a sua função, ou definir as metas de seus subordinados diretos, se a sua equipe for de gestão de empresa de pequeno porte e as pessoas que se reportam a você precisam estar conectadas ao trabalho da equipe.

CRITÉRIOS DE OBJETIVOS SMART

Determinar os objetivos específicos para a sua equipe é o mais importante no processo de planejamento de ação. Se você tem apenas um curto período de tempo para planejar, passe a maior parte do seu tempo aqui. Um conjunto de critérios comum para metas claras é resumido na sigla SMART. É o seguinte:

- ❑ ***eSpecíficos:*** em que as metas e objetivos devem ser concretos e claros.
- ❑ ***Mensuráveis:*** você deve ser capaz de analisar os resultados numericamente.
- ❑ ***Acionáveis:*** significa que existem ações claras que levariam ao objetivo a ser alcançado.
- ❑ ***Relevantes:*** (alguns preferem o termo "realistas") o que significa que é algo que precisa ser feito e é possível imaginar a realização.
- ❑ ***Temporais:*** significa uma data específica para a conclusão que é embutida no objetivo.

EXEMPLOS DE METAS CLARAS

Um objetivo precisa ser nítido o suficiente para que fique claro o que significa alcançá-lo. Aqui estão alguns exemplos de metas que têm essa qualidade.

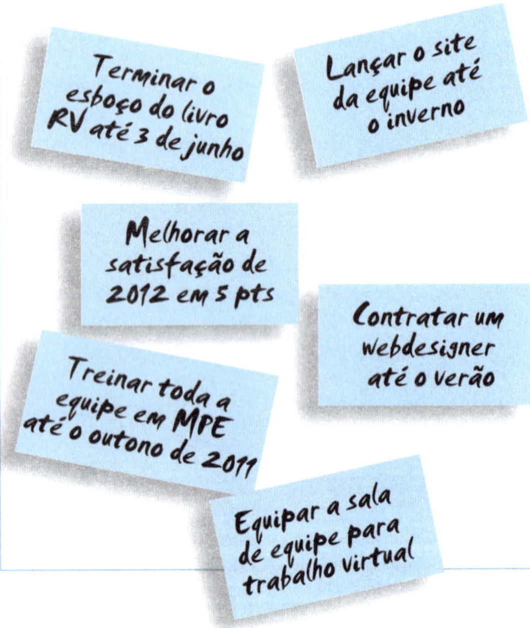

Desafios no Estabelecimento de Metas Claras

Seguem sugestões de como criar o seu alvo no Plano de Jogo Visual e enfrentar os desafios comuns que podem ocorrer.

- **Declarações de metas confusas:** É comum que as pessoas sugiram coisas muito gerais como "melhorar o nosso serviço de atendimento ao cliente" ou "tornar-se mais eficiente" ou "melhorar a qualidade de nossas publicações". Estas são declarações de intenção, mais do que objetivos reais. O modo pelo qual você pode dizer se a meta é escrita de maneira suficientemente específica é perguntar: "Será que teremos como saber com certeza que conseguimos isso?". Se você tem de trabalhar em um objetivo para torná-lo mais claro, pegue um post-it e o coloque em um bloco dobrável, ou escreva-o em uma página limpa em suas notas da conferência via web e, em seguida, dê ou peça sugestões de como tornar o objetivo claro o suficiente para que você saiba que ele foi alcançado. "Tornar-se mais eficiente" pode acabar sendo "Reduzir o tempo de lançamento de novos produtos em 25% até 3º tr.".

- **Metas irreais:** Quando ajudo uma equipe a criar metas-alvo, alguém sempre desafia uma meta ou outra como sendo "irrealista". Acho que o que as pessoas querem dizer com isto é que não podem imaginar uma forma de alcançá-las. Mas o que é realista para uma pessoa pode ser irrealista para outra, ou pode parecer muito pouco ambicioso para outra. As metas não podem substituir a liderança em uma equipe. Lembre-se da história de tensão estrutural buscando a resolução como o motor da criatividade. Pode ser importante ter alguns objetivos que "estiquem" as metas e que parecem irreais para algumas pessoas da equipe. Nestes casos, se você é o líder da equipe, precisa envolver as pessoas na possibilidade de perseguir o objetivo de qualquer maneira — produza algumas imagens que simbolizem um avanço na criatividade.

- **A equipe não está aceitando as metas sugeridas pelo líder:** Em algumas organizações, espera-se que os líderes de equipe definam as metas e liderem suas equipes com a habilidade necessária para alcançá-las. Em muitas organizações hierárquicas, o líder da equipe pode ser mais como um comandante, que dá as ordens. Em outras, é simplesmente uma questão de uma nova equipe não saber o suficiente e necessitar de mais orientação. Em ambos os casos, você pode se deparar com uma situação em que o grupo não está muito disposto a concordar. Realizar uma sessão de plano de jogo é uma oportunidade para educar o grupo e colocá-lo no foco correto. Se um líder de equipe simplesmente impõe metas e não permite argumentação, o grupo pode se tornar passivo e entrar em negação e comportamentos improdutivos.

- **Uma ou duas pessoas dominam:** As metas são importantes e, às vezes, as pessoas "se fecham" e se tornam um pouco teimosas. Uma das vantagens de trabalhar com notas e voto por ponto é que fornece uma evidência visual passo a passo da resposta geral do grupo. Continue proporcionando chances para escrever todas as ideias antes de começar a afunilar e, em seguida, trabalhe pacientemente para chegar a um consenso.

- **Excesso de objetivos:** Uma forma conveniente de evitar a responsabilidade, como equipe, é ter uma enxurrada de metas, o que torna muito difícil saber se está se obtendo progresso em alguma delas. Caso sua equipe se mostre resistente em convergir para 4 ou 5 objetivos principais, pode ser necessário interferir como líder da equipe ou, se você for consultor ou facilitador, encorajar o líder da equipe a interferir. Se você for membro de uma equipe autogerenciada, sem um líder, pense no problema como sendo uma questão de escolher qual das metas deve ser perseguida à frente das demais, como o ganso que nada à frente para liderar o bando, ou o líder de um pelotão em uma corrida de bicicletas. Na minha experiência, é muito produtivo estabelecer algumas prioridades claras, se você tiver mais de 4 ou 5 metas estabelecidas.

- **Os objetivos são, na verdade, tarefas ou princípios:** Os grupos irão escrever muitas sugestões em um exercício de objetivos que são, na verdade, mais bem ilustradas no plano de jogo como tarefas específicas, ou consideradas como princípios de funcionamento e postadas no rol de "Fatores de Sucesso" que sustentam a ação. Não existe uma regra rígida e rápida para o que acaba como uma meta e o que acaba como uma tarefa ou um marco, mas eu sigo o princípio de que o alvo deve ser suficientemente elevado para guiar a ação ao longo de um período de tempo — meses, por exemplo.

- **Post-its ficam confusos:** Se você coloca muitos post-its sobre o próprio alvo, cerca de 10 ou mais, a visualização pode ficar confusa. Neste caso, talvez seja melhor organizar os objetivos potenciais em colunas à direita. Se você estiver trabalhando com uma equipe maior e as duplas escreverem várias notas, este layout de coluna mostra imediatamente e, de maneira visual, onde está o cerne do acordo, pelo número de variações de um objetivo similar. No próprio alvo, uma vez que você tenha votado por ponto ou por multivotação, escreva o ranking nas notas autoadesivas e reorganize-as

QUANDO USAR POST-ITS OU ESCREVER NO PAINEL

Quando você trabalha com gráficos, especialmente na identificação de objetivos e tarefas, pode ficar em dúvida sobre quando usar post-its e quando simplesmente escrever nos painéis. Aqui estão minhas sugestões:

Use post-its quando você estiver...

- ❑ sem tempo e precisando que todos ajudem.
- ❑ reorganizando os itens em sequências ou grupos.
- ❑ gerando os itens em pequenos grupos.

Escreva nos painéis quando você...

- ❑ quiser clareza visual.
- ❑ quiser que todos percebam cada item.
- ❑ não estiver pretendendo reorganizar os itens.
- ❑ tiver um grupo pequeno e estiver correndo contra o tempo.

em ordem crescente das que chamam mais atenção, de baixo para cima, para obter o máximo de atenção em direção ao topo. Em seguida, continue a discutir até que o grupo concorde.

- **O grupo não consegue decidir:** Se você não consegue chegar a um desfecho em um alvo, uma boa coisa pode ser sugerir que a equipe faça um rápido resumo do plano de ação e, depois, deixar que as informações sejam assimiladas para retomar a discussão numa outra reunião ou conferência via web. Alcançar objetivos que não são verdadeiramente os reais objetivos não ajuda.

Alinhamento com objetivos pessoais

Em alguns casos, você pode achar útil, em uma sessão de plano de jogo, ter um diálogo sobre os objetivos pessoais, assim como sobre as metas da equipe. Você pode utilizar o espaço chamado "outros objetivos" para esta finalidade. Em uma equipe verdadeiramente comprometida e alinhada, os membros sentirão como se estivessem realizando algo para si, bem como para a organização como um todo. Os tipos de equipe em que isso pode ser importante são:

- Forças-tarefas especiais, como a equipe BLAST, que buscam inovações.
- Equipes de gestão de uma startup.
- Equipes de mudança envolvidas em atribuições de grandes transformações na organização.
- Equipes envolvidas em campanhas especiais.
- Equipes de desenvolvimento de novos produtos.
- Equipes de artes cênicas e esportivas.
- Equipes de aprendizagem.

Estas equipes têm em comum a necessidade de que os membros confiem uns nos outros e superem os desafios reais, apoiando-se mutuamente e trabalhando em conjunto. Isso ajuda a conhecer as motivações pessoais de outros membros da equipe. Você incentiva este tipo de diálogo da mesma forma como fez ao identificar os objetivos gerais da equipe. Convide os membros para algum tempo de reflexão, depois use post-its e, em seguida, conduza e participe de um diálogo para o entendimento, porque estes são objetivos pessoais com os quais você não precisa necessariamente concordar.

PASSO 3:
Identificar Tarefas

Quando você terminar de criar um alvo claro, com suas metas, você já pode ter alguns itens de tarefas na grande seta. Não há espaço suficiente na seta para apoiar um bom brainstorm sobre o que vocês precisam fazer para alcançar as metas. É importante pensar nessa atividade como a criação de um "primeiro rascunho", já que você certamente vai precisar voltar a ele e trabalhar os detalhes ou refazer o plano em um verdadeiro roteiro ligado a calendários.

Existem várias maneiras diferentes pelas quais você pode abordar esta terceira etapa.

1. **Brainstorm de tarefas com post-its:** Você pode convidar a equipe a identificar as tarefas, pedir que uma pessoa ou todas as escrevam e depois reuni-las dentro da grande seta.

2. **Tarefas sequenciais:** Se houver tempo e interesse, uma vez que você tenha identificado as tarefas, você pode levar o grupo a sequenciá-las e criar a primeira versão de um roteiro mais definido ligado a calendários.

3. **Brainstorm de tarefas por etapa:** Se o trabalho da equipe for seguir as etapas naturais — como Pesquisa, Identificação de Opções, Piloto, Avaliação, Design de Programas —, liste os nomes dessas etapas ao longo do topo da seta e identifique as diferentes tarefas em colunas abaixo deles.

4. **Brainstorm por semana ou por trimestre:** Uma alternativa para as etapas é dividir a seta em semanas ou trimestres e identificar as tarefas em andamento. Para este método, você pode apenas listar os itens com pequenos marcadores e não post-its.

5. **Lista de estratégias:** Se você usar o Plano de Jogo Visual com a equipe de gestão ou de força-tarefa de alto nível, você pode simplesmente listar ideias de estratégias para alcançar seus

CLASSIFICAÇÃO E CONCORDÂNCIA COM TAREFAS

Esta equipe DLR escolheu debater tarefas potenciais em post-its e, depois, consolidar e escrever no próprio painel aquelas que foram aceitas.

DESAFIOS FREQUENTEMENTE IDENTIFICADOS NO PLANEJAMENTO DE AÇÃO DE EQUIPES

- ❑ Sem recursos suficientes
- ❑ TEMPO
- ❑ Demandas concorrentes
- ❑ Complexidade
- ❑ Patrocínio fraco
- ❑ Conflitos com outras equipes
- ❑ Política
- ❑ Ambiente incerto
- ❑ Diferenças culturais

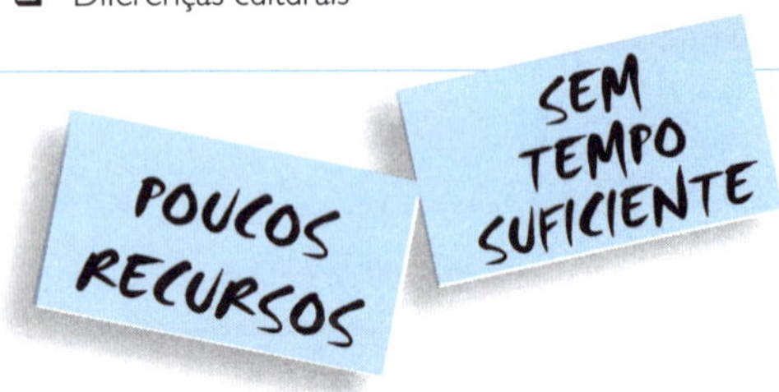

objetivos e passar para as tarefas mais tarde. Nestes casos, basta escrever os diferentes itens em uma lista dentro da seta.

Você pode observar um grande leque de especificidades nas tarefas na primeira vez em que você trabalhar com elas. Se seu uso do Plano de Jogo Visual é um primeiro rascunho, não se preocupe com isso. Quem quer que assuma a responsabilidade da próxima versão poderá igualar os itens para que estejam em níveis semelhantes de especificidade.

Passo 4:
Identificar Desafios

Durante a identificação de objetivos e de tarefas, alguns membros da equipe, inevitavelmente, abordam os motivos pelos quais não dá para fazer isto ou aquilo, ou querem falar sobre os problemas que a equipe irá enfrentar. Em vez de ignorar estes comentários, escreva-os na área de desafios abaixo da linha do horizonte de uma pequena cordilheira de montanhas. Simplesmente escreva-os como itens separados, com marcadores. Essa prática incentiva as pessoas que estão focadas em problemas e irá estimular mais pensamentos sobre as tarefas que precisam estar em seu plano para enfrentar esses desafios.

Depois de ter concluído as tarefas, analise os desafios que você já observou e convide o grupo a identificar quaisquer outros que pareçam faltar. Os desafios incluem tudo o que pode se pôr no caminho do grupo, atrapalhando ou dificultando o alcance dos objetivos ou comprometendo a qualidade.

Passo 5:
Concordar sobre Fatores de Sucesso

As rodas do Plano de Jogo Visual são chamadas de "fatores de sucesso". Existem vários tipos de coisas que você pode identificar aqui, mas todas têm a característica de não serem tarefas que você pode concluir. Fatores de sucesso são os comportamentos e consensos que têm de ser parte do processo da equipe por todo o caminho, assim como as rodas de um carro. Alguns dos tipos de coisas que as equipes podem querer considerar são “acordos operacionais”, “valores essenciais”, ou “normas” sobre o comportamento da equipe. Os principais impulsionadores do comportamento da equipe, como indiquei no último capítulo sobre construção de confiança, são as normas sociais. Estas são as expectativas declaradas ou não sobre o tipo de comportamento que é aceitável. Um primeiro passo para identificá-las durante o planejamento de ação não cria essas normas, mas ajuda a abrir a consciência e dá espaço ao diálogo sobre o que elas são.

Se você está trabalhando de forma transcultural, você pode assumir que os membros da equipe têm ideias diferentes sobre esta parte do planejamento da ação. A discussão dos fatores de sucesso pode muito bem catalisar a necessidade de ter uma sessão especial só sobre este assunto, especialmente se vocês forem uma equipe que esteja trabalhando na mudança cultural durante uma fusão ou reorganização.

Uma grande empresa de leasing do Centro-Oeste adquiriu uma empresa de leasing da Costa Oeste e queria ter uma sessão de equipe focada diretamente em valores e acordos operacionais. A empresa maior tinha uma cultura que era bastante orientada a processos, com procedimentos e disciplinas para várias atividades que eram delegadas ao julgamento individual dos gestores na empresa sediada na Califórnia. Por outro lado, a empresa californiana tinha um ambiente de trabalho mais criativo, franco, divertido. Ambos os lados foram bastante cautelosos um com o outro quando começaram a trabalhar juntos.

O líder da equipe era da empresa do Centro-Oeste e queria uma discussão completa de valores e comportamentos da equipe. Ele escolheu ir além da simples identificação de normas em um plano de ação para uma sessão completa, com foco em como traduzir valores em ações. O formato visual era bastante simples. Criamos um bloco dobrável para cada um dos cinco valores essenciais que já estavam articulados. No centro de três círculos de alvos, escrevemos o valor.

O processo começou por verificar se os valores estavam corretos. Uma discussão saudável acrescentou o valor de “lucro” para os cinco primeiros. Em seguida, analisamos cada valor e pedimos que os

EXEMPLOS DE FATORES DE SUCESSO

- ❑ Manter os patrocinadores informados.
- ❑ Obter concordância das partes interessadas.
- ❑ Manter-se dentro do orçamento.
- ❑ Lidar diretamente com o conflito.
- ❑ Apoiar-se mutuamente.
- ❑ Cumprir prazos.
- ❑ Intervalos para ajuste.
- ❑ Programação equitativa de teleconferências.
- ❑ Pedir ajuda.
- ❑ Alertar imediatamente para os problemas.

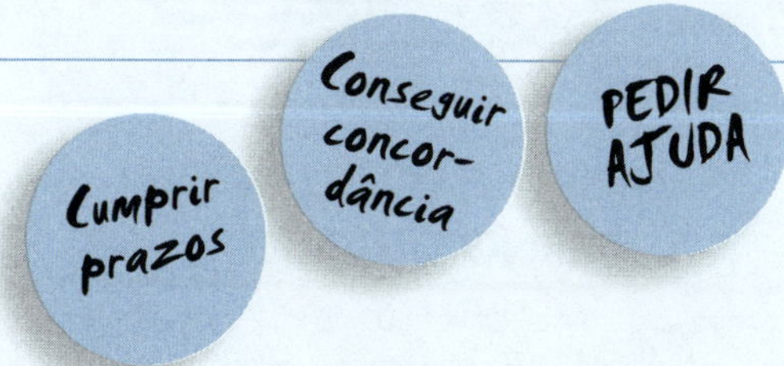

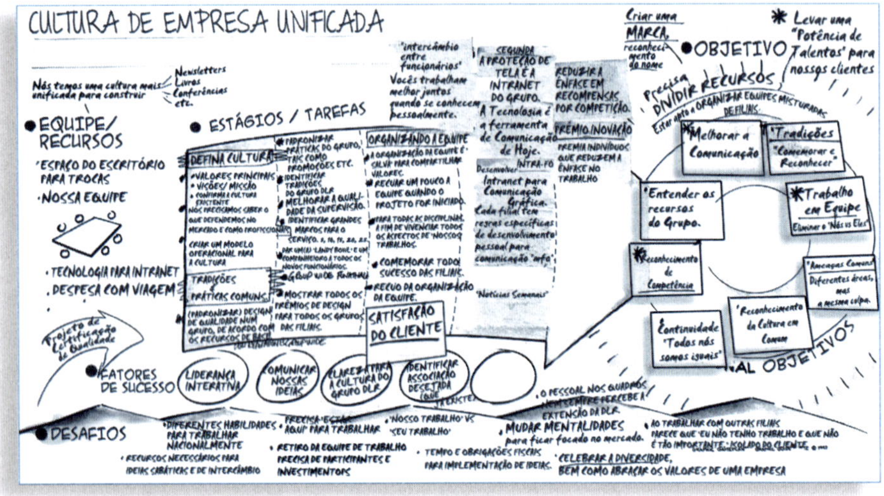

PRIMEIRO ESBOÇO DE UM PLANO DE JOGO

Esta é uma cópia digital da versão final do Plano de Jogo Visual que a equipe DLR criou em local externo. Você pode ver que não houve tempo para transferir todas as notas para o gráfico em si. Em relação a estes tipos de planos iniciais, incentive sua equipe a trabalhar rapidamente e conseguir uma versão que eles possam compartilhar e melhorar, em vez de sobrecarregar o primeiro rascunho.

membros da equipe de gerenciamento definissem o que entendiam por cada um. Registramos essas definições no segundo anel em cada valor-alvo. O terceiro anel foi para reflexões sobre a forma como este valor deveria ser traduzido na ação em partes específicas do negócio. Algumas boas horas foram gastas nessa rica conversa.

Se você estiver em uma cultura onde os líderes de equipe são poderosos, eles serão bastante influentes na definição dos fatores de sucesso. Em equipes autogeridas ou gerenciadas de forma mais solta, o ambiente social define essas normas. W.L. Gore, por exemplo, tem uma cultura que é abertamente colaborativa e trabalha conscientemente para que as equipes assumam a responsabilidade. Os colegas vão acabar comandando, quando o líder for muito autoritário ou apático.

Aplicando Virtualmente o Plano de Jogo Visual

Uma equipe que queira fazer seu planejamento da ação praticamente irá seguir o mesmo processo que acabei de descrever, mas com algumas escolhas técnicas sobre como você mantém a visualização.

- ❑ **Modelos Online:** Você pode criar a versão digital do Plano de Jogo Visual em um programa de desenho, como o Sketchbook Pro, e preenchê-lo usando tablet.
- ❑ **Slides Interativos:** Você pode compartilhar uma versão em PowerPoint do Plano de Jogo Visual em qualquer plataforma de conferência via web que esteja usando e pedir que um dos participantes o preencha enquanto o grupo prossegue.
- ❑ **Slides Modificados:** Uma terceira maneira de trabalhar é pedir a um grupo menor para preparar um projeto de plano de ação usando uma versão digital do Plano de Jogo Visual. A discussão online, nesse caso, envolve revisão e comentários, com as anotações sendo feitas com

um tablet em um quadro branco, ou mudando os slides originais. Esta abordagem funciona muito bem quando o líder da equipe é verdadeiramente receptivo para inputs e não se detém apenas nas imagens.

- ❑ **Quadros Interativos Compartilhados:** Se você tiver a sorte de ter uma rede de Smartboards (ver a Seção VI), sua equipe pode trabalhar na tela de toque assim como você faria em um formulários de papel, e pessoas em outros locais poderão participar. A tecnologia inteligente permite a conexão com iPads, PCs, Macs e outros, com capacidade bilateral. Acredito que iremos ver um grande desenvolvimento desta habilidade à medida que as empresas procurarem evitar despesas com viagens.

Obtendo Aderência ao Seu Plano

Quando você trabalha com modelos visuais como o Plano de Jogo Visual, tem uma ferramenta que torna fácil mostrá-lo para outras equipes, seus patrocinadores, ou quem mais precisa apoiar o plano. Entregue o gráfico ou dê-lhes uma cópia do mesmo e, em seguida, peça sugestões. Se você incorporar as sugestões das pessoas envolvidas, irá se sentir mais conectado com o que está fazendo. No processo, suas ideias podem até melhorar!

Um plano de ação realmente sólido provavelmente requer duas ou três revisões e um tempo de reflexão e discussão com os outros para ter certeza de que é algo que você pode realizar publicamente, como equipe. Uma prática comum é fazer uma primeira avaliação do plano durante as reuniões iniciais de fixação de metas e depois repetir o processo, criando novos Planos de Jogo Visuais, depois que a equipe tiver tempo para pensar sobre seus comprometimentos. Se estes forem então transferidos para uma versão digital (a The Grove fornece modelos PowerPoint para todos os guias gráficos), então uma terceira rodada de reflexão é bem-vinda. Um dos objetivos de planejar desta forma interativa é construir uma base cada vez mais sólida de compreensão mútua entre todos os membros da equipe. Caso sua equipe seja muito dinâmica, isso pode ser bem mais importante do que o plano documentado em si, pois será necessário fazer mudanças. O Capítulo 11 tem exemplos de como

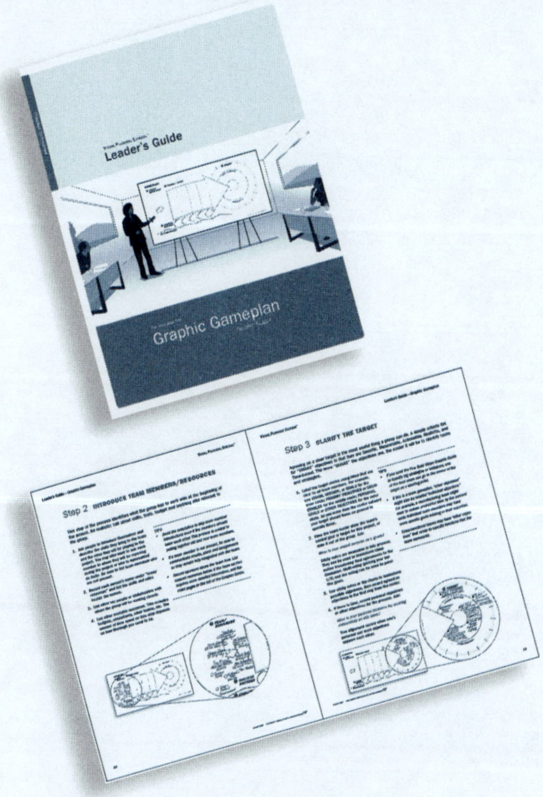

GUIA DE PLANO DE JOGO VISUAL PARA LÍDERES

Um guia passo a passo de 20 páginas para líderes está disponível para este e outros Guias Visuais de Planejamento da The Grove, em www.grove.com (conteúdo em inglês).

uma equipe de RH realizou várias revisões de seus roteiros para obter o alinhamento e depois usou os documentos finais um ano depois para comparar o progresso com os planos. Como era de se prever, o que de fato aconteceu não estava precisamente de acordo com o plano, mas o planejamento introduziu um nível de compreensão mútua que fez das sessões de revisão uma exploração real de aprendizado e preparação para o próximo ciclo.

10. Consenso ou Comando?
Decidindo Compromissos

Allan Drexler e eu discutimos sobre o que chamar de Fase 4 no MPE. Chegamos à palavra COMPROMISSO, querendo enfatizar que algo além de planejamento e clareza é necessário quando dinheiro, tempo e recursos humanos estão em jogo. Este nível operacional da performance da equipe é tangível e específico. Ele incorpora as restrições que, quando dominadas, tornam possível focar na ação e performance nas fases posteriores.

Pense em reuniões de que tenha participado, em que o foco se voltou para "Como vamos trabalhar?". As pessoas pensam imediatamente em calendário, orçamentos, funcionários e carga de trabalho. A energia do grupo desaba neste ponto. A universalidade desse sentimento fortalece nossa confiança de que mostrar o processo da performance da equipe "caindo" antes que possa "subir" reflete o que realmente acontece. É a este fato que as pessoas se referem quando falam sobre o processo da equipe ter um "ponto de aperto" ou uma "zona de murmúrio" — para usar o termo de Sam Kaner, autor de *The Facilitator's Guide to Participatory Decision Making*. Aprender a levar uma equipe para além deste ponto e ser claro sobre como tomar decisões a partir de então vêm logo em seguida da importância de ter um líder confiável e metas claras.

Quais são as opções para tomada de decisão?

Em todo grupo, há alguns que querem avançar, tomar decisões rapidamente e, por vezes, ser os responsáveis. Outros querem ouvir os demais e ser mais cautelosos. Na virada, uma equipe precisa de uma linguagem comum para trabalhar essas diferenças. Se você estiver numa aventura ao ar livre, as decisões podem envolver vidas. No mundo dos negócios, pode envolver eficiência, prazo e lucros.

Em *Reuniões Visuais*, eu compartilhei um quadro que foi bem testado em nosso trabalho de facilitação na The Grove, chamado de Decision Strategies Framework (Quadro de Estratégias de Decisões). Ele fornece uma excelente linguagem comum para as equipes. As diferentes abordagens são organizadas em espaços conceituais criados pela combinação de energia e como forma de fidelidade às

ENQUADRAMENTO DAS ESTRATÉGIAS DE DECISÃO

Se você comparar as dimensões de poder e lealdade, elas criam quatro zonas, onde cada uma oferece um centro de gravidade para uma das estratégias de decisão. Este quadro é um tipo de linguagem visual e não um mapa preciso do território. Você pode imaginar qualquer um dos quadrados tornando-se maior e os outros menores, dependendo da cultura e normas da organização que patrocina sua equipe.

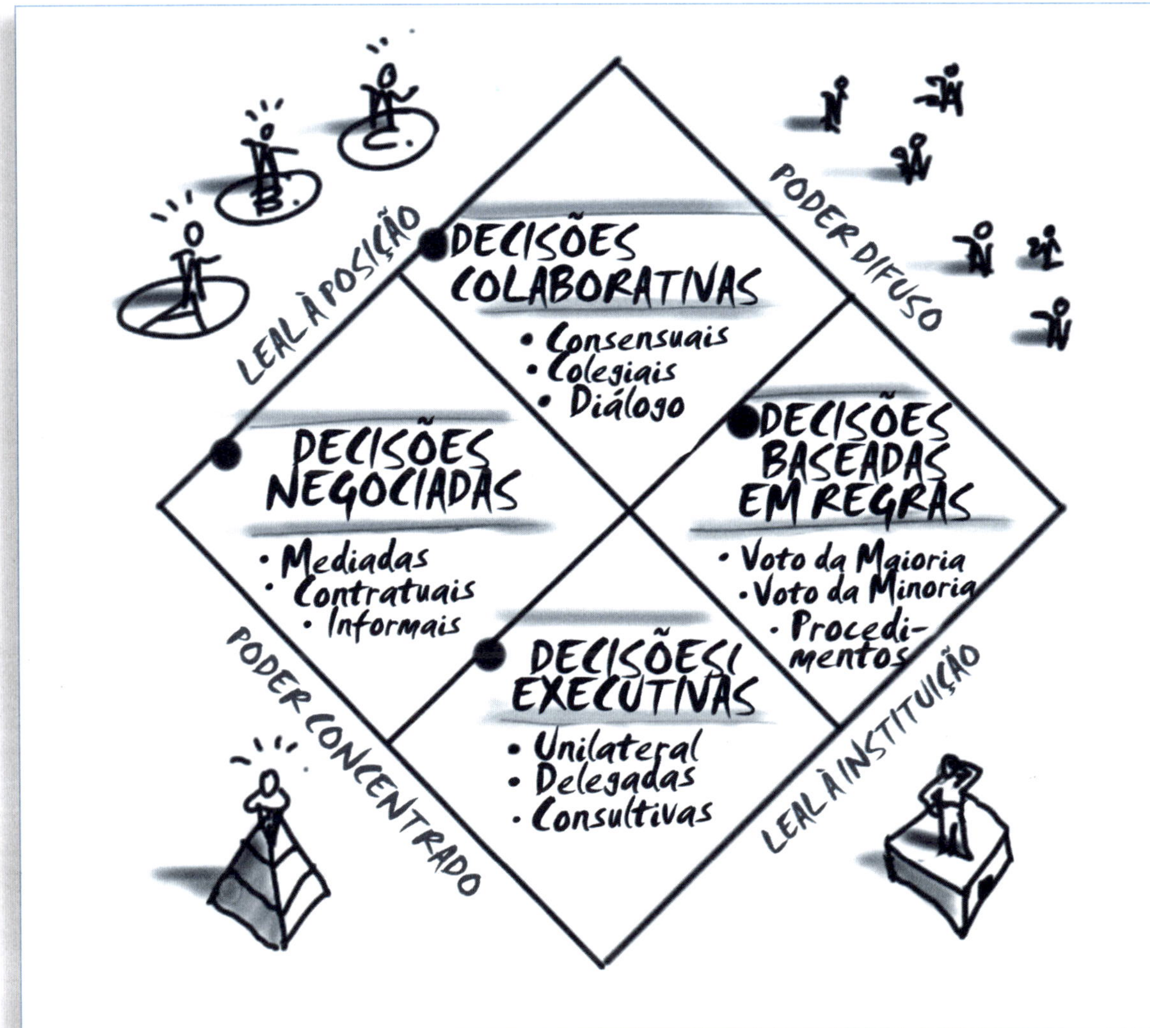

escolhas que funcionam melhor. Se você pensar nos quatro quadrantes como centros de gravidade criados pelas condições que existem dentro da cultura da organização, então as quatro diferentes opções são posicionadas onde funcionam melhor. Antes que nos tornemos práticos demais, analisando táticas específicas, vamos dar um passo para trás e pensar sobre o porquê de fazer a virada nos pontos de aperto do processo ser tão desafiador.

Lealdade e Poder, os Condutores de Cultura de Decisão

A lealdade cai em um espectro entre a lealdade a uma instituição ou a lealdade para com suas próprias posições e interesses. Por um lado, trata-se de se envolver genuinamente e estar completamente imerso em uma organização ou movimento e, por outro, de se ater às próprias ideias. Este é um eixo de consideração em qualquer processo de decisão. Na base de qualquer senso de lealdade está a emoção do amor e da conexão, como sugere a história ao lado.

O poder, usando a definição de Adam Kahane em *Power and Love* (Poder e Amor) (ver história no boxe ao lado), é o desejo interior de todos os seres vivos de expressar sua essência e de crescer. É o que impulsiona as plantas a absorverem a água, a luz solar e o dióxido de carbono e criar mais folhas, raízes e troncos. É o que impulsiona as equipes executivas à aquisição de novas empresas e novos funcionários, entrada em novos mercados e crescimento. Em grupos, este desejo pode ser difuso, como é uma associação de pais e mestres em um colégio, ou uma força-tarefa transfronteiriça em uma empresa, ou uma associação de organizações sem fins lucrativos que trabalham juntas em um problema social. No outro extremo está concentrado o poder com os meios e recursos, como o poder concentrado dos executivos contemporâneos de grandes empresas multinacionais, os grandes chefes de organizações militares, oficiais eleitos e líderes inspiradores com milhares de seguidores.

Eu ouvi Kahane falar algumas semanas depois que seu livro foi publicado e ele conclamou que mais líderes se tornassem ambidestros com relação ao poder e ao amor. O mesmo apelo precisa ser feito às equipes. Elas precisam conhecer tanto a linguagem do poder quanto a linguagem do amor, respeito e lealdade. Como isso funciona na prática?

PODER E AMOR

Depois de anos trabalhando com grupos que fazem planejamento de cenários, Adam Kahane, o consultor da Royal DutchShell que trabalhou na África do Sul para ajudar com o fim do Apartheid, escreveu um livro chamado *Power and Love: A Theory and Practice of Social Change* ("Poder e Amor: Teoria e Prática da Mudança Social"). Ele trabalhou por todo o mundo recebendo equipes de líderes para lidar com os problemas mais difíceis da atualidade — cidades saudáveis nos Estados Unidos, desenvolvimento equitativo na Colômbia, paz na Guatemala, polarização em Israel e desnutrição infantil na Índia. Vinte anos deste trabalho o levaram a uma conclusão inicial explorada em seu primeiro livro, *Solving Tough Problems* ("Resolvendo Problemas Difíceis"). Em suas palavras...

> Concluí que a chave para a criação de novas realidades sociais é nos abrir e conectar, com nossa própria e verdadeira essência, uns com os outros e com o nosso contexto e o que ele exige de nós. (*Power and Love, Prefácio, x.*)

A conexão é um instinto profundo. É por isso que nos reunimos em equipes. Por isso as tribos são tão universais e básicas. Kahane sabe, por experiência, que mesmo nas situações mais difíceis, se as condições certas forem criadas, as pessoas percebem a sua ligação e o seu amor pelo próximo. E ele diz mais:

> Cinco anos depois [do primeiro livro]... eu posso ver que essa conclusão estava certa, mas apenas — e perigosamente — pela metade. A fim de enfrentar nossos desafios mais difíceis, temos realmente de nos conectar, mas isto não é suficiente: também é preciso crescer. Em outras palavras, devemos exercer tanto o amor (a busca pela unidade) como o poder (a busca pela autorrealização). Se escolhermos ou o amor ou o poder, ficaremos presos recriando realidades existentes, ou pior. (*Power and Love, Prefácio, x.*)

Tomada de Decisões em Conjunto

Quando o poder é difuso e a lealdade é mais voltada para ideias e posições individuais do que para as instituições como um todo, é fundamental trabalhar de forma cooperativa. Ninguém tem o poder de ficar dando ordens ao seu redor. Não existem livros de regras com as quais todos concordem. As escolhas envolvem diálogo, análise conjunta. Em uma equipe, quando você escolhe uma abordagem de cooperação, isso pode assumir diferentes formas.

- ❑ **Decisões de Consenso:** Consenso é quando todos da equipe concordam com uma decisão. O mantra para este tipo de trabalho é "Você consegue fazer esse trabalho?", "Você consegue viver com isso?" — você seguirá em frente e ajudará a equipe, se aceitarmos esta decisão? Isso não significa total concordância. Se você faz parte de um grupo ou equipe que trabalha desta forma, sabe que leva tempo e que pode ser bastante frustrante, mas se você tiver paciência de ir resolvendo as coisas, os resultados podem ser gratificantes. Veja nas páginas seguintes os prós e os contras e outras subestratégias para tomada de decisões. Meu livro *Reuniões Visuais* cita muitos exemplos de como os facilitadores trabalham com post-its e grandes painéis para expor as ideias de todos e, em seguida, encontrar padrões de concordância. Se a sua equipe trabalha por consenso, usar a visualização ativa será de grande ajuda.

- ❑ **Decisões Colegiadas:** Grupos de especialistas que trabalham juntos muitas vezes discordam uns dos outros e tomam decisões com base nos subgrupos com maior conhecimento. Um pressuposto implícito, muito comum em equipes acadêmicas, é apoiar uns aos outros e não criar problemas para os colegas. Em outras palavras, se você não desafiar nossas decisões, não desafiaremos as suas. Em algumas equipes, esta forma de trabalho pode se manifestar na delegação de subcomissões que têm mais experiência do que outras em assuntos como angariação de fundos, marketing, programas etc. Em organizações muito difusas, este modo de trabalhar pode ser eficaz. Uma maneira de apoiar visualmente este tipo de tomada de decisão é convidar subgrupos que estejam desenvolvendo propostas para fazer sugestões apoiadas por modelos gráficos ou painéis. Isso permitirá que as diferentes experiências venham à tona e abrirá espaço para novas ideias.

- **Decisões Dialógicas:** Um número cada vez maior de grupos utiliza o diálogo em vez de discussões como uma maneira de tomar decisões. A orientação foi enquadrada pelo físico David Bohm, que descreve uma "ordem implícita" inerente em toda a natureza cujo surgimento pode ser observado prestando profunda atenção. Em grupos, isto significa ouvir além do que as pessoas dizem sobre seus pressupostos mais profundos, deixando de lado o julgamento e trabalhando ativamente como um grupo para extrair a sabedoria de cada pessoa. Este tipo de abordagem é usado em grupos espirituais e círculos intersetoriais que estão trabalhando para compreender as mudanças sociais. Quando um grupo ou equipe de trabalho decide explorar visualmente uma metáfora elaborada, comparando-se a outro tipo de organização, como um grupo musical ou esportivo, e mapeia funções e características, a qualidade da interação é dialógica. Na minha experiência, essas explorações visuais funcionam melhor quando a exploração substitui o julgamento. Em um diálogo, todos se concentram em olhar além das ideias iniciais, para padrões mais profundos de percepção, e em confiar que o grupo reconheça ideias de consenso comum quando estas aparecerem.

Quando uma equipe decide explorar visualmente uma metáfora elaborada, comparando-se a outro tipo de organização, como um grupo musical ou esportivo, e mapeia funções e características, a qualidade da interação é dialógica.

Decisões Executivas

O polo oposto às abordagens de cooperação é a tomada de decisão executiva. Esta, em sua mais simples expressão, é onde o líder da equipe toma as decisões. Muitos grupos trabalham desta maneira, mas isso requer poder concentrado e lealdade à organização que oferece o poder. Sua realização mais completa seria a abordagem de comando e controle usado em organizações militares. No entanto, existem diferentes abordagens para usar esse tipo de poder. Elas são:

- **Tomada de Decisão Unilateral:** Isto é bastante fácil de entender. O líder da equipe decide o que fazer e comunica aos demais. Como você pode notar na Decisions Strategies Grid (Grade de Estratégias Decisórias), este é um estilo muito eficiente e frequentemente o preferido em casos de emergência, quando a rapidez é essencial. As equipes de paramédicos trabalham desta maneira, seguindo um líder. É o tipo de trabalho tentador para indivíduos de alta performance que são especialistas em sua área e que foram promovidos à liderança da equipe. Mas contar com apenas este tipo de abordagem é como um músico tocar uma nota só.

ESCLARECER AS RESPONSABILIDADES PARA TOMAR DECISÕES

A seguir, um exercício visual simples para sintonizar o seu grupo e capacitar uma tomada de decisões mais distribuída e delegada:

1. Dê a cada membro da equipe papel e caneta.
2. Peça a cada um para listar as suas responsabilidades, certificando-se de indicar todas as áreas onde têm poder de decisão.
3. Faça com que cada membro da equipe leia as anotações dos demais e aponte uma de três coisas:
   — Itens que estão faltando
   — Discordâncias
   — Itens que não estão claros
4. Pegue uma das listas e reveja as anotações, junto com a equipe. Esclareça qualquer dúvida, inclua elementos faltantes e tome decisões sobre as áreas de discordância. (Na minha experiência, somente cerca de 10% dos itens entrarão nesta última categoria.)
5. Delegue os itens discordantes para as partes envolvidas.
6. Discuta, em grupo, os itens que envolvem a todos e tente chegar a um acordo.
7. Peça que o líder da equipe resolva as divergências, se você trabalha no estilo executivo. Caso contrário, cheguem a um consenso comum.

❑ **Tomada de Decisão Delegada:** Em um projeto complexo, o líder da equipe não pode tomar todas as decisões, mesmo sendo um especialista. Conselhos, equipes de projeto, equipes de executivos e até equipes de design irão delegar diferentes tipos de decisões, de modo que muitos sejam envolvidos. Cada um que recebe uma atribuição tem poder executivo e, se estiverem em sintonia, perceberão todas as decisões coletivas tomando forma. Conselhos sem fins lucrativos irão delegar as decisões de pessoal para comitês executivos. As equipes de produção capacitarão profissionais de qualidade para decidir quando as normas serão cumpridas. Você pode ver, se pensar bem, que esse tipo de estratégia de decisão depende de haver um razoável grau de lealdade organizacional que contrabalance os interesses especiais. Equipes visuais aplicam esta estratégia quando diagramam as diferentes áreas de autoridade delegada. É aqui que os exercícios explícitos para definir funções e responsabilidades ajudam a esclarecer os limites e as autoridades. (Veja o painel ao lado para uma abordagem visual.)

❑ **Tomada de Decisão Consultiva:** Muitos executivos e líderes de equipe eficientes usam um estilo consultivo de decisões. Isto significa que o líder busca o aconselhamento de outros membros da equipe, de especialistas de fora e das partes interessadas, mas detém a capacidade de tomar a decisão no final. Em uma reunião em que seja necessário ter a ação definida ao término da reunião, o líder da equipe pode anunciar que quer trabalhar por consenso, na medida do possível, mas que irá tomar uma decisão caso o grupo não consiga chegar a um acordo. Esta mistura de estilos pode ser muito eficaz. Mas há uma condição para que funcione. Se um líder pede conselhos, mas nunca ouve ou não faz as adaptações cabíveis, as contribuições cessarão, ou ele(a) irá implicitamente treinar a equipe para simplesmente espelhar aquilo com que eles sabem que o líder vai concordar. Uma prática das equipes visuais é convidar subgrupos e indivíduos para criar esboços de propostas, utilizando modelos gráficos e slides como ponto de partida para discussões com o líder. Murais funcionam maravilhosamente com líderes que preferem apenas ter uma conversa a uma apresentação de slides formal. Os murais ficam ali e podem ser visualizados ao longo de toda a conversa. Eles servem tanto para análises lineares como não lineares, dependendo do que surgir.

O lado sombrio da tomada de decisões executivas por líderes poderosos está se tornando isolado em função de opiniões externas por grupos que apoiam e concordam e seguem adiante. Quanto mais poderoso o líder, mais difícil é saber o que realmente está acontecendo fora do casulo de sua influência. Combinar estratégias de decisão em workshops especiais, onde os títulos são descartados, pode contrabalançar este problema.

Estilo de Negociação de Tomada de Decisões

Quando o poder está concentrado e as lealdades se inclinam para posições e interesses especiais, então a negociação é geralmente necessária. As negociações possibilitam analisar melhor os interesses e as funções de cada cargo. Como resultado, as estratégias se resumem a absorver os detalhes de todos os lados e buscar cuidadosamente o meio-termo. Existem três tipos principais de estratégias de negociação:

- ❑ **Mediada:** Quando os membros da equipe são tão polarizados e posicionados que nem mesmo trocam ideias uns com os outros, talvez você tenha que abordar a situação como uma terceira parte e se reunir com um lado primeiro, depois com outro, depois voltar para o primeiro, depois aos outros, levando, trazendo e sugerindo soluções. Advogados trabalham desta forma com frequência, assim como negociadores. As equipes executivos top em geral são bastante competitivas e precisam desse tipo de abordagem por alguém de confiança de ambos os lados. A abordagem de mediação se foca em construir paulatinamente o entendimento mútuo dos interesses de ambos os lados, tentando chegar ao âmago das posições. O registro gráfico oferece algumas vantagens reais quando os resultados de um conjunto de conversas são levados para o outro lado do grupo.

- ❑ **Contratual:** Uma maneira comum de trabalhar com pessoas que têm interesses acirrados é ter um documento preliminar comum que circule até todos concordarem com seu conteúdo. Este tipo de trabalho contratual é comum em acordos legais formais, mas funciona igualmente bem com displays visuais compartilhados que serão utilizados publicamente. Quando uma equipe de executivos cria um mural de visão, ou uma equipe cria um plano de ação público, o gráfico tem a mesma finalidade de um contrato legal e é passível de alterações e adendos à medida que as várias partes dão sua contribuição de acordo com seus interesses. Para uma equipe que quer obter um forte apoio da empresa como um todo, uma boa opção é criar uma carta gráfica que reflita os interesses do patrocinador, a fim de desenvolver um contrato de fato com as partes interessadas. Ter um plano de ação gráfico e compartilhá-lo com os patrocinadores para obter inputs é outro tipo de contratação de fato.

Muitos executivos e líderes de equipe eficientes usam um estilo consultivo de decisões. Isto significa que o líder busca o aconselhamento de outros membros da equipe, de especialistas de fora e das partes interessadas, mas detém a capacidade de tomar a decisão no final... Se um líder pede conselhos, mas nunca ouve ou não faz as adaptações cabíveis, as contribuições cessarão.

NEGOCIAÇÕES INFORMAIS DE FUNÇÕES

Se você for um líder de equipe e tiver dois patrocinadores em diferentes partes da organização, siga este processo para obter clareza sobre o escopo e as funções.

1. Peça a cada um de seus patrocinadores que faça uma reunião com você para falar sobre a competência e a função de sua equipe.
2. Convide cada um deles para responder por escrito a duas perguntas:

   "O que você precisa da equipe?"

   "O que você vai fazer para apoiar a equipe?"
3. Compare as respostas e descubra onde as necessidades e suportes se alinham.
4. Discuta sobre as áreas que necessitam de esclarecimento e decisão.
5. Escreva num papel os acordos sobre as expectativas com relação à competência e às funções.

- ❑ **Negociações Informais:** Em organizações matriciais, onde os trabalhadores se reportam a mais de um superior, ensinar a todos maneiras informais de negociar funções ajuda muito com os conflitos. Esta foi uma das práticas que eu aprendi logo no início com Alan. Ele fazia com que as partes matriciais solicitassem uma reunião com os dois chefes e, então, cada um deles listaria o que queria da situação e como contribuiria para que desse certo. Compartilhar estas listas resulta sistematicamente na resolução imediata da maior parte dos conflitos, restando apenas uns poucos que requerem discussão e acordo. Obter antecipadamente este tipo de entendimento das informações é de grande ajuda.

Tomada de Decisões Baseada em Regras

Quando o poder é difuso, mas as lealdades organizacionais são fortes, as equipes podem recorrer a regras e procedimentos para tomar alguns tipos de decisão. Nas democracias, a identificação com o estado de direito permite que as legislaturas votem vinculativamente sobre questões importantes. Os conselhos de administração, muitas vezes, usam essa abordagem para decisões importantes. Existem três tipos principais:

- ❑ **Voto da Maioria:** Nesta abordagem, se mais de 50% de um grupo concorda com alguma coisa, então essa é a decisão. Uma equipe raramente usaria esse tipo de decisão, a menos que fosse uma equipe de executivos ou um conselho, porque cria vencedores e perdedores. No entanto, se a lealdade da equipe for muito forte e houver uma recompensa para a tomada rápida de decisões, sem ter um líder decidindo, o sistema de voto é eficaz. Equipes visuais podem usar diferentes tipos de ferramentas para mostrar os resultados das votações. Em grupos maiores, ferramentas de apoio à decisão imediatamente visualizarão os resultados de sondagens e votações do grupo como um todo. Há agora ferramentas que utilizam smartphones, teclados especiais e softwares em computadores portáteis para fazer isso. Muitos destes sistemas mostram a contagem final com gráficos de barras e outros recursos visuais para obter uma sensação imediata de que os acordos estão acontecendo. Facilitadores gráficos usam post-its com a mesma finalidade.

- ❑ **Voto da Minoria:** Em conselhos e corpos legislativos, algumas questões são tão importantes que é necessário obter dois terços ou mais dos votos para aceitar uma decisão. Nesta abordagem, os votos minoritários têm poder, uma vez que é preciso uma concordância maior para tomar uma decisão. Uma variante é quando um subgrupo vota em nome do grupo maior e a decisão é tomada. Comissões executivas muitas vezes trabalham dessa forma.

- ❑ **Tomada de Decisão Segundo Procedimentos:** Decisões podem ser tomadas "de acordo com o regulamento" quando os processos estão bem claros ou quando as exigências legais são especificadas. Isso, é claro, requer que haja "regras" e que as pessoas tenham um grau de comprometimento e lealdade para segui-las. As culturas variam amplamente com relação ao grau de respeito que elas têm para com os procedimentos e leis. Se você trabalha em uma empresa global e em interface com uma cultura baseada no relacionamento e não em regras, não deve se precipitar em assumir que as pessoas vão se sujeitar e obedecer. Uma equipe visual que faz seus planos de ação e processos explícitos e gráficos pode usar estes gráficos para ajudar a orientar as decisões. Na The Grove temos as nossas metas anuais e iniciativas visualizadas em um gráfico grande, que usamos como referência nas reuniões importantes. Transformar as estratégias em documentos de referência cria "regras" que podem ajudar nas decisões posteriores.

Decisões podem ser tomadas "de acordo com o regulamento" quando os processos estão bem claros ou quando as exigências legais são especificadas. Isso, é claro, requer que haja "regras" e que as pessoas tenham um grau de comprometimento e lealdade para segui-las.

As próximas duas páginas mostram uma matriz de todas estas escolhas na forma de sumário, incluindo definições, prós e contras e usos.

Táticas para Tomada de Decisões

Digamos que a sua equipe tenha conseguido escolher claramente o tipo de estratégia para tomada de decisões que irá utilizar com relação aos diferentes tipos de decisão. Ter uma visão clara das estratégias dá à equipe uma amplitude de escolhas.

- Alocação de orçamento pode requerer um tipo de tática, talvez do tipo executivo.
- Determinar padrões de qualidade pode ser feito "segundo as regras", se você estiver em um setor de atividade onde determinados padrões são necessários.
- Determinar funções e responsabilidades pode ser feito por consenso ou por negociação. Ter variedade de estratégias possibilita à equipe fazer escolhas adequadas.
- Estabelecer metas e estratégias para a equipe pode ajudar.

MATRIZ DE ESTRATÉGIAS DE DECISÃO

O gráfico desta página e os detalhes a seguir orientam para os quatro diferentes tipos de estratégias de decisão e suas subestratégias. Realmente ajuda se uma equipe compartilhar uma linguagem comum para toda a gama de escolhas, mesmo que você possa, em sua equipe, usar apenas algumas. Também ajuda a equipe no sentido em que ela interage com o restante da organização, que pode tomar decisões de uma forma diferente de você.

DECISÕES COLABORATIVAS	**Definição**
❑ **Consensual**	Decisões são tomadas quando todos podem "trabalhar com" ou "concordar com" a decisão. Opiniões minoritárias são exploradas e soluções vantajosas para todos podem ser encontradas.
❑ **Colegiada**	Pessoas com pontos de vista opostos podem sintetizar suas ideias em um documento ou proposta comum, apresentando-as e procurando por um campo comum.
❑ **Dialógica**	Ao suspender o julgamento e explorando deduções subjacentes, desenvolve-se uma compreensão mútua e *insights* surgem da sabedoria implícita do grupo.
DECISÕES NEGOCIADAS	
❑ **Mediada**	Adversários trabalham através de um intermediário que interage entre as partes, criando um compromisso que será mutuamente acordado.
❑ **Contratual**	Partes amigáveis criam um documento ou posição clara que é modificada de trás para frente até que cada parte esteja disposta a concordar (projetos de murais funcionam assim).
❑ **Informal**	Indivíduos ou subgrupos declaram o que querem de outras partes e como estão dispostos a colaborar.
DECISÕES EXECUTIVAS	
❑ **Unilateral**	Líder individual toma decisões e comunica os pedidos.
❑ **Delegada**	Decisões são tomadas pela pessoa que conhece melhor o assunto. Líderes ou equipes delegam decisões a pessoas qualificadas.
❑ **Consultiva**	O líder da equipe detém o direito de tomar decisões, mas procura opiniões e conselhos de outros membros da equipe e de partes interessadas.
DECISÕES BASEADAS EM REGRAS	
❑ **Voto da Maioria**	Votação guiada pelo *Rules of Order* de Robert, ou outro conjunto de regras. Decisões são tomadas em favor de 50% ou mais que apoiam uma certa ideia.
❑ **Voto da Minoria**	Os votos requerem 2/3 da maioria, dando mais poder aos votos minoritários. Esta abordagem inclui subcomitês especiais que tomam decisões pelos demais em uma base representativa.
❑ **Baseadas em Regras**	Decisões são tomadas "segundo as regras", pelos membros da equipe ou autoridades externas.

COLABORAÇÃO	Prós	Contras	Usar quando...
Consensual	+ Participação e responsabilidade + Compreender a decisão	– Consumo de tempo – Nem sempre a melhor decisão	• Poder distribuído • É importante ter envolvimento
Colegiada	+ Apuração de experiência + Argumentos esclarecem a decisão	– Pode ser exclusivo – Assuntos complicados podem ser contornados	• Diversas experiências presentes • Exploração de experiência é necessária
Dialógica	+ Foco em ouvir uma base comum + Revela acordos implícitos	– Requer abertura e confiança – Pode consumir muito tempo	• Deduções precisam ser testadas • Busca de compreensão profunda
NEGOCIAÇÃO			
Mediada	+ Acomoda posições fortes + Traz perspectivas de fora	– As partes estão separadas – Reforça posições	• Posições definidas • Compromisso é essencial
Contratual	+ Foco em um documento único + Reforçável por documentos de referência	– Difícil se as partes não forem iguais – Pode se prender em detalhes	• Prováveis desacordos • Altos riscos
Informal	+ Revela acordos potenciais + Respeita fortes interesses	– Apoia-se na vontade de chegar no acordo – Mais dificuldade quando há diferenças de poder	• Relato duplo que requer alinhamento • Membros da equipe presos em subgrupos
EXECUTIVO			
Unilateral	+ Eficiente + Rápida	– Perde absorção/pouca concordância – Requer um líder respeitado	• Emergências requerem ação rápida • Tempo é essencial
Delegada	+ Provável de tomar uma decisão informada + Utiliza experiência	– Outros podem não compreender a decisão – Baixa participação e responsabilidade	• Decisões técnicas • Precisão é crítica
Consultiva	+ Usa informação e julgamento do grupo + Envolve outros sem atrasar as decisões	– Responsabilidade não partilhada – Discordâncias não são resolvidas em grupo	• Responsabilidade focada no líder • Gerenciamento de projeto requer consistência
BASEADO EM REGRAS			
Voto da Maioria	+ Permite o debate/força resolução + Bom para grupos grandes	– Ganhadores e perdedores – A decisão pode não ser a melhor	• Interesses são muito diversos • Poder amplamente distribuído
Voto da Minoria	+ Revelação de preocupações especiais + Aproveita conhecimentos específicos	– Maioria potencialmente insatisfeita – Resistência a falar dos riscos	• Decisões requerem grandes acordos • Tarefas de decisão precisam ser subdivididas
Baseadas em Regras	+ Equitativa quando conduzida justamente + Não requer entendimento	– Podem ser incômodas, impessoais – Não lida bem com as exceções	• Decisões são rotineiras e prescritas • Imparcialidade é crítica

"ENSAIO RUMO AO SIM" PARA TRABALHAR VISUALMENTE

Bons vendedores encenam pequenas decisões que antecedem as grandes, chamando-as de "ensaio rumo ao sim". Imagine que você está vendendo a um administrador o conceito de trabalhar visualmente e oferecendo algumas ferramentas que possibilitam isso. Uma possível abordagem pode ser:

1. "Você tem interesse em que nossa equipe alcance um alto desempenho?" (SIM)
2. "Gostaria de poder rever rapidamente nossos planos de ação para dar inputs?" (SIM)
3. "Se pudéssemos eliminar algumas barreiras sem gastar dinheiro, você concordaria?" (SIM)
4. "Se nosso relatório fosse claro e sucinto, isso seria útil?" (SIM)
5. "Gostaríamos de usar alguns modelos gráficos grandes para compartilhar nossos planos com você, em vez de slides — isso seria aceitável?" (SIM)

A ideia é conduzir as pessoas a pequenos acordos, de modo que, quando você fizer a pergunta final, elas estejam inclinadas a responder que sim. Embora você possa pensar "isso é manipulação", na verdade não é; é uma maneira de mostrar e explicar cada aspecto da questão. Se você estiver trabalhando com uma equipe para chegar a um desfecho, use o mesmo tipo de abordagem, tomando uma série de passos que levem a discussão adiante, mas que vá aparando as arestas. O funil de decisão na próxima página descreve como usar essa abordagem.

Dentro de cada opção estratégica, no entanto, existem táticas específicas que funcionam, especialmente se você escolher as abordagens cooperativas. Em *Reuniões Visuais*, eu descrevi um funil de decisão, que é uma forma gráfica de lembrar como guiar um grupo através de uma série de técnicas de desfecho para chegar a uma decisão final quando se trabalha por consenso. Quando estudei essa abordagem pela primeira vez, ela foi comparada aos testes de fechamento usados por vendedores. Um "teste fechamento" é a pergunta que você pode fazer a um cliente em potencial e à qual ele provavelmente vai responder "sim". A história lateral explica essa metáfora.

Na página ao lado você encontrará uma série de atividades específicas que são sempre úteis na tomada de decisões da equipe quando você trabalha de forma cooperativa. Dependendo do grau de divergência de opinião, ou do quanto as pessoas estão firmes em diferentes posições, você obterá maiores ou menores resultados com esta tática. Às vezes uma boa decisão exige apenas uma série de propostas, votação e concordância. Às vezes precisa de várias horas de discussão e reavaliação. Mas é bom você pelo menos saber como fazer todas as atividades descritas na próxima página.

Alocação de Recursos e Funções

Dois critérios adicionais moldam o estágio 4 da performance da equipe. Um deles é a clareza na alocação de recursos, e o segundo é a designação clara de funções. Uma coisa que os designers sabem é que as restrições são realmente catalíticas para um bom design. São as condições de limitação que canalizam e focam a atenção e a criatividade. Em uma equipe, chegar a um acordo sobre orçamentos e funções específicas, longe de ser uma condição de limitação, é na verdade algo que liberta o grupo para se concentrar numa ação criativa dentro dessas restrições. Quando estas não estão claras e você começa a implementar, uma considerável dose de energia e tempo pode ser desperdiçada na confusão sobre funções e recursos.

Concordar sobre orçamentos e funções envolve tomada de decisões e é uma questão que pode ser abordada com qualquer um dos métodos descritos anteriormente. Equipes visuais, é claro, veriam ambos os problemas como um desafio de design.

FUNIL DE DECISÃO

Esta página ilustra uma sequência de atividades que você pode seguir para conseguir a convergência e a tomada de decisões em equipe.

CONVITE A PROPOSTAS

1. Obter propostas específicas em relação ao que é preciso ser decidido.
2. Intitular cada uma com um grande adesivo.
3. Arrumar todas em um mapa conforme forem identificadas e descritas.

DISCUSSÃO DE PROPOSTAS

1. Examinar a disposição das propostas e convidar a equipe a fazer perguntas.
2. Expor as diferenças e nuances.
3. Talvez escrever prós e contras ao lado de cada uma.

CONCORDÂNCIA EM CRITÉRIOS

1. Revisar quaisquer metas que sejam relevantes.
2. Convidar a equipe a identificar potenciais critérios de decisão.
3. Listar critérios em um bloco dobrável ou post-its.
4. Circular os critérios com que todos concordarem.

VOTAÇÃO POR PONTO

1. Fornecer etiquetas autoadesivas (cores escuras ficam melhores).
2. Pedir a todos que votem para 1/3 da lista total de escolhas, sejam quais forem.
3. Pedir que todos coloquem as etiquetas em locais adequados, para que o padrão gráfico mostre-se de forma fácil.
4. Contar os pontos e indicar o número de votos entre duas linhas pontilhadas diagonais (para aparecer melhor na foto).
5. Discutir o que isto diz a você sobre quais devem ser as decisões do grupo.

CLASSIFICAR EM UMA GRADE DE ALTOS E BAIXOS

Se você ainda não tiver uma decisão, crie um mapa de quatro caixas, intitulado "ALTOS" na parte superior e "BAIXOS" na parte inferior, para "alta recompensa" e "baixa recompensa".

1. Classificar os doze post-its principais usando este espectro.
2. Para variar, colocar "FÁCIL" à esquerda e "DIFÍCIL" à direita para criar quatro quadrantes.

ACORDO VERBAL

1. Rever todos os passos dados em relação à decisão.
2. Pedir a alguém que diga o que ele(a) acredita ser a decisão acordada pela equipe.
3. Circular a escolha sugerida.

VERIFICAR COMPROMISSO

1. Desenhar uma escala de 0 a 10, sendo "10" = 100% de concordância com a decisão e "0" = decisão errada.
2. Pedir que todos escolham um número, depois chamar e marcar um "x" na escala.
3. Pedir que as pessoas expliquem como tornar o compromisso mais forte.

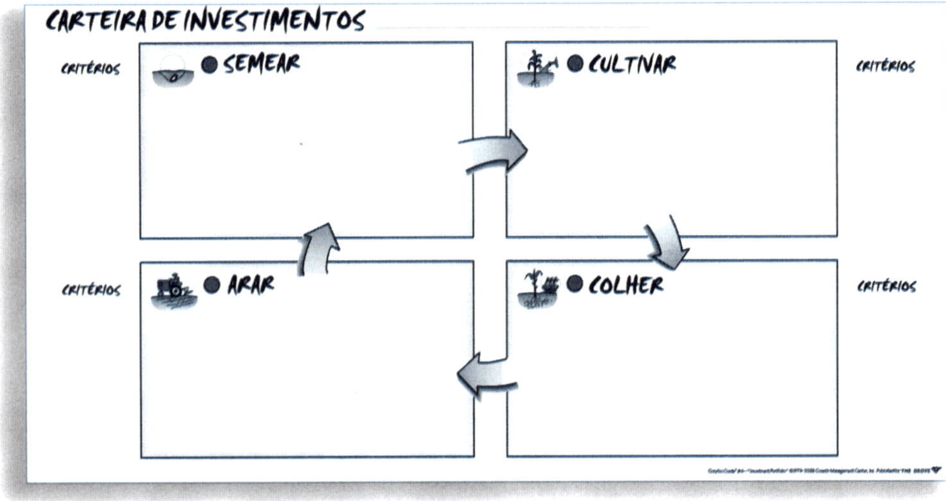

CARTEIRA DE INVESTIMENTOS

Este modelo é de Rob Eskridge, do *Growth Management Centers*, e foi reproduzido aqui com sua autorização. É parte do Grove's Strategic Visioning Graphic Guides, que contém *Leader Guides* disponíveis que explicam como eles funcionam.

A The Grove incluiu um modelo de gráfico desenvolvido por Rob Eskridge em seu processo de visão estratégica que é uma ferramenta excelente para a tomada de decisões relacionadas a recursos. É o chamado *Portfolio Graphic Guide* (Guia Gráfico de Carteira) e usa uma metáfora agrícola para pedir à equipe que pense em quatro categorias de despesas:

1. **Semear** — projetos e tarefas que precisam ser iniciados.
2. **Cultivar** — projetos e tarefas que já têm alguma história e precisam de mais recursos para se tornarem mais fortes e maiores.
3. **Colher** — projetos e tarefas que já funcionam, ainda obtêm resultados e precisam ser mantidos, mas não necessariamente com mais recursos.
4. **Arar** — projetos e tarefas que precisam terminar, a fim de liberar recursos para os outros três quadrantes.

Analise os Planos de Recursos Atuais e Futuros

Em uma reunião anual de planejamento de negócios, um escritório de atendimento ao cliente deu a pequenas equipes, de cinco pessoas cada, um gráfico completo como o mostrado nesta página. Primeiro, eles identificaram os critérios para cada uma das quatro categorias, com base no que a organização estabeleceu como estratégia principal. Em seguida, as equipes identificaram em uma cor onde os recursos estavam sendo gastos. Outra cor indicava onde cada equipe gostaria de ter mudado a alocação de recursos. As equipes pequenas designaram valores em dólares ou PETI (Pessoal Equivalente a Tempo Integral) para os itens. Como esta não era uma parte formal de seu orçamento, mas um exercício de conexão com a estratégia, a equipe não pressionou a um acordo final, mas usou o portfólio como uma atividade inicial. Uma segunda análise refinaria as escolhas e conduziria o processo orçamentário.

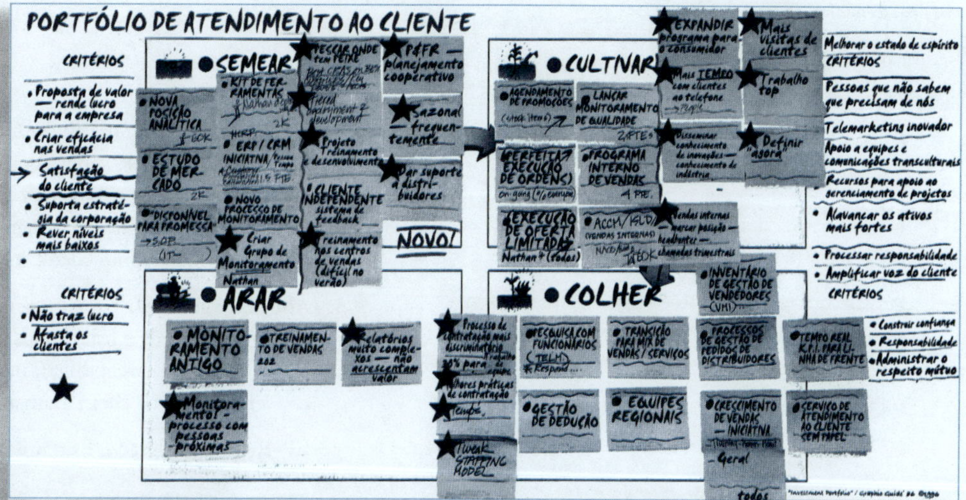

PORTFÓLIO DE ATENDIMENTO AO CLIENTE

Este gráfico ilustra como uma de três pequenas equipes de atendimento ao cliente analisou seu uso de recursos, como é e como gostariam que fosse. Você pode ver os critérios identificados para as categorias semear, cultivar, colher e arar escritos em torno das bordas. Eu marquei as alterações propostas com uma estrela nesta reprodução em preto e branco, já que as diferenças de cor dos post-its não são distinguíveis. Este gráfico apoiou uma longa e gratificante conversa sobre alocação de recursos.

A utilização de etiquetas adesivas para simular dinheiro é outra maneira de analisar visualmente a alocação de recursos. Primeiro, exponha todas as atividades potenciais que uma equipe pode precisar financiar e, depois, use pequenos post-its ou etiquetas para representar um orçamento de dinheiro que cada pessoa iria "gastar" nos projetos. Isto ressalta graficamente onde as pessoas colocam maior ênfase. Você pode precisar trabalhar através de um funil de decisão para chegar a um acordo final, uma vez que as etiquetas simplesmente fornecem um trampolim para a discussão.

O valor de trabalhar com post-its e etiquetas durante o processo de alocação de recursos é ser capaz de construir um funil de convergência. Primeiro, o critério é desenvolvido — um passo de encerramento. Depois, os itens são identificados — segundo passo. Em seguida, a equipe vota por pontos para um terceiro passo. Então, discussão e consenso, ou discussão, e o líder faz o encerramento.

Decisões de Funções

Se você precisar esclarecer e tomar decisões relacionadas às funções da sua equipe, há várias maneiras de fazer isso.

1. **Voluntários:** Em algumas situações de equipes, o mais importante é ter alguém desempenhando uma função que gosta e quer desempenhar. Convocar voluntários aumenta amplamente a possibilidade de isto acontecer. Em nossa horta comunitária, por exemplo, a maior parte das funções são assumidas desta forma. Com frequência, em uma sessão de planejamento que termina com um número de equipes de ação, a gerência convocará voluntários para liderar este ou aquele grupo.

2. **O líder da equipe decide:** Nos casos em que uma equipe possui um líder forte e/ou é necessária experiência específica, as decisões finais relativas às funções são tomadas pelo líder. Ao descrever sua escalada do K2, Jim Whittaker foi bastante assertivo sobre quem ele achava que deveria subir

ao topo, baseado em sua avaliação de força e capacidade em face das condições que lá encontrariam. Ele próprio não subiu. Algumas vezes, os membros de uma equipe precisam se forçar a fazer algo que não fariam voluntariamente, mas que devem fazer se forem solicitados. É comum, ao final de sessões de estratégia, quando as equipes de ação são formadas, que os superiores apontem certos indivíduos como líderes, sabendo de suas capacidades e preferências.

3. **Abordagem RASI:** Uma maneira gráfica e analítica de determinar e atribuir funções é expor uma grade grande e listar todos os nomes da equipe à esquerda e todas as diferentes funções no topo. É uma tarefa difícil, mas realmente ajuda muito a deixar as coisas claras. A equipe conversa entre si e chega a um acordo sobre quem tem os seguintes requisitos:

   - ❑ **R**esponsabilidade: Esta função é do líder da equipe, a pessoa na ponta da seta de ação.
   - ❑ **A**utoridade: Estas são as pessoas que devem aprovar as decisões e gastos de recursos.
   - ❑ **S**uporte: Estas funções dão suporte à ação.
   - ❑ **I**nformado: Esta função é de ser informado do andamento das coisas.

4. **Explorar Metáforas:** Uma forma mais "lado direito do cérebro" de determinar funções é incentivar todos na equipe a pensar em outras equipes que possam ser semelhantes à deles em termos de desafio e estrutura. Uma vez que uma metáfora se instale, as funções podem ser mapeadas dentro da metáfora. Uma equipe de parceria que consistia de uma empresa de instrumentos de alta tecnologia e um fornecedor periférico decidiu que sua equipe conjunta era como uma equipe de vela do American Cup. Vários membros velejavam e conheciam a metáfora. Eles tinham, portanto, conhecimento para falar sobre quem seria o capitão, o barco de segurança, os patrocinadores e outras funções. Pedir ao grupo que faça desenhos dessas ideias contribui para dar suporte à discussão. Outra equipe de RH em uma empresa de alta tecnologia estava enfrentando uma grande confusão e tensão entre os treinadores e os consultores. Cada grupo irritava o outro com suas diferenças de opinião sobre como queriam trabalhar — com um querendo mais estrutura e outro querendo mais improviso. Eles exploraram experiências passadas e descobriram que a maioria dos membros da equipe havia feito

ESCLARECIMENTO DE FUNÇÕES RASI

1. Crie uma grande grade na parede (ou em um arquivo Excel, se estiver online).
2. Liste os nomes dos membros da equipe à direita e as tarefas-chave ou funções no topo.
3. Analise as distinções do RASI descritas no texto para quem é Responsável, possui Autoridade, dá Suporte e precisa ser Informado.
4. Repasse cada tarefa e tome suas decisões.

aulas de arte dramática ou atuado em teatro, em algum momento da vida.

Uma vez que a equipe se deteve nessa metáfora e examinou o que é preciso para ser uma boa companhia de teatro, todo mundo percebeu que, por vezes, o programa teria de seguir o roteiro e ser programado e, em outras, seria improvisado e *ad hoc* (assumido por alguém capacitado para tal). Eles também passaram a aceitar a necessidade de funções de operação, bem como de funções orientadas pela performance.

5. **Discussão sobre as Raias:** Uma atividade que faz a ponte para a implementação envolve exibir um gráfico grande e determinar as "raias" de atividade que a equipe precisa administrar. Você, então, identifica quais pessoas irão para qual raia e as tarefas específicas pelas quais cada um será responsável. Um exemplo desse gráfico está incluído aqui.

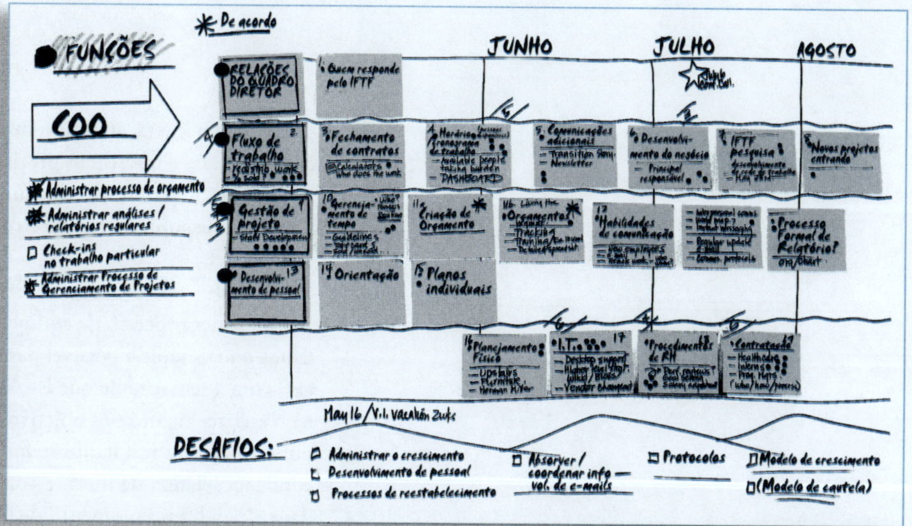

FUNÇÃO COO

Este é um exemplo de um gráfico de funções criado para o *Chief Operating Officer* (Chefe de Operações) em uma equipe de gestão. Ele ilustra as quatro principais áreas de trabalho e as subresponsibilidades. A equipe criou um display deste tipo para cada membro a fim de obter clareza sobre as funções.

Gerenciando Sua Infraestrutura Organizacional

Na Seção II, quando falamos sobre as atribuições que um líder de equipe enfrenta, eu ressaltei a importância de se obter suporte organizacional para a equipe. Isto é graficamente representado no MPE pela plataforma. Quando as equipes são definidas, as outras partes da organização estão disponíveis para negociação e apoio. Quando as equipes são remotas, este é um trabalho muito mais desafiador.

Em equipes virtuais, sua infraestrutura de comunicação é a plataforma que a equipe precisa para dar impulso e obter o desempenho desejado. É por isso que vou dedicar a última seção deste livro à nova tecnologia. Muitos gerentes de equipe se queixam que ainda precisam viajar e encontrar todos os membros individualmente para manter as coisas correndo bem. É uma tarefa desgastante. Eu realmente acho que as novas tecnologias como telepresença, quadros interativos e tablets estão tornando possível uma interação muito mais rica, sem necessidade de um encontro pessoal. Seja como for, decisões claras e oportunas precisam ser tomadas sobre infraestrutura de comunicação, mesmo que seja simplesmente sobre que números de teleconferência usar, quais plataformas de conferência via web estão disponíveis e onde e como armazenar e compartilhar grandes documentos e gráficos.

Vá Devagar para Ir Depressa

Em qualquer processo de equipe, é preciso conciliar os estágios iniciais satisfatoriamente com a mudança o mais rápido possível para os estágios seguintes. A tendência é apressar-se para a implementação, com a sensação de que isso irá gerar melhores resultados do que investir na formação da equipe e no esclarecimento dos objetivos. Se a sua equipe estiver enfrentando desafios mais complexos, você obterá melhores resultados se for mais devagar e cuidadosamente no início. Uma orientação sólida, confiança, clareza de metas e comprometimento colocam você em uma posição que possibilita agilidade e rapidez no momento de implementar e executar. As equipes que correm durante os primeiros estágios podem ver seu tempo se esgotando à medida que encontram resistência ao seu trabalho e têm que despender mais tempo conscientizando os demais sobre o que estão tentando realizar.

À medida que você foca sua atenção no "suporte" do trabalho em equipe, você fica mais preparado para revisar os elementos mais fundamentais quando descobrir que não estão tão desenvolvidos quanto precisariam estar para a finalidade que você deseja alcançar.

IV: Sustentando Resultados

Inovando para Alta Performance

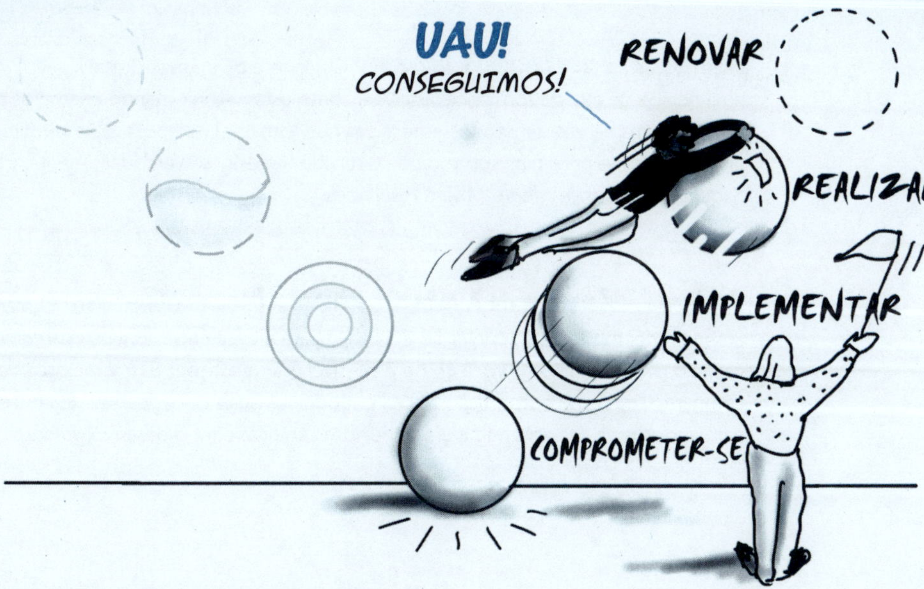

IV: Sustentando Resultados

Capítulo 11: Gráficos e Gerenciamento de Projeto Este capítulo analisa a forma como Otis Spunkmeyer trouxe estratégias visuais para o trabalho de implementação de estratégias dentro de suas funções, através de uma empresa global. Mostra a equipe de RH, que aprendeu a trabalhar desta forma virtualmente, bem como aplicações exemplares de grandes murais para comunicação de liderança.

Capítulo 12: Visualizando e Inovando O suporte de infraestrutura RE-AMP para uma equipe de alta performance visual. Eu conto esta história citando exemplos de todas as ferramentas e métodos específicos que tornaram isso possível, e termino com um conjunto de princípios sobre o que distingue um esforço verdadeiramente artístico daqueles que simplesmente obtêm resultados.

Capítulo 13: Reuniões de Avaliação, Diálogo e Compartilhamento O manuseio de aprendizado, mudança e renovação é a chave para a excelência contínua da equipe. Este capítulo compartilha com você como é possível usar avaliações STP e diálogos da equipe, compartilhamento, incorporação teatral e modelos visuais cuidadosamente concebidos para apoiar uma rica aprendizagem e melhores práticas para o desenvolvimento.

11. Gráficos e Gerenciamento de Projeto

Implementação que Pode Ser Vista Literalmente

Otis Spunkmeyer é uma empresa de médio porte muito bem-sucedida, especializada em produtos comestíveis como biscoitos, pães e bolos. Eles aplicaram estratégias visuais durante vários anos para implementar sua visão estratégica e construir uma cultura de planejamento visual dentro da organização. Utilizaram um conjunto completo de estratégias de reuniões visuais para obter alinhamento e ação, após o comprometimento da equipe de gestão para a direção geral. Lembre-se de que as chaves para esta fase da performance da equipe são processos claros, alinhamento e execução disciplinada. A experiência na Otis é uma lição de como fazer todos os três. À medida que for lendo a história, note que os estágios iniciais de performance da equipe se repetem, mas no contexto de ter uma estratégia clara e um comprometimento geral de toda a organização.

No início do processo, a administração foi muito clara sobre a sua estratégia, que era comunicar-se em um demorado conjunto de slides com gráficos, tabelas e intermináveis marcadores. Mas John Schiavo, o CEO, sentiu que, com exceção do grupo gestor, a companhia como um todo não estava engajada. Quando ele veio pela primeira vez, tinha se comunicado muito ativamente com toda a empresa, mas anos e anos de trabalho terminaram com a empresa sendo comprada por uma empresa irlandesa do ramo, o que deixou os funcionários um pouco incertos quanto ao futuro.

Otis Adorou a Ideia de Visualização em Larga Escala

John queria envolver todos na conversa sobre as novas estratégias e concordou que um gráfico visual ajudaria. Durante vários meses e depois de várias iterações, a equipe de gestão criou um grande

VISÃO ESTRATÉGICA DA OTIS

A gerência na Otis Spunkmeyer criou este infográfico em 2008 para fornecer um quadro estratégico para todo o planejamento de negócios na empresa. Ele retrata os principais pontos de sua história que a liderança precisou enfatizar, uma revisão da visão global (no lado direito) e a visualização das dez estratégias-chave no centro. Cada pessoa da equipe de gestão podia contar esta história e conhecia os detalhes que estava sob os "cookies" estratégicos. Estas estratégias eram mapeadas no "Homem Cookie" em forma intuitiva (apagadas para respeitar a confidencialidade). As estratégias mapeadas na parte inferior forneceram as "pernas", que possibilitaram o levantar dos braços, o que exigia mais "alcance" para ser implementado.

JOHN SCHIAVO ORIENTA A EQUIPE DE TECNOLOGIA DA INFORMAÇÃO

Esta imagem mostra o CEO da Otis, John Schiavo, contando a história da visão estratégica da empresa para a função de TI dentro da companhia. A função de TI estava à beira de um grande projeto de planejamento de recursos empresariais que integraria toda a informação importantes da empresa e precisava alinhar-se com a estratégia global. Esta sessão ajudou muito.

mural que qualquer um deles poderia usar em reuniões futuras. O processo de chegar a um acordo sobre o mural e, então, ativamente ensaiar como contar a história contribuiu bastante para que a equipe de gestão se alinhasse para a ação. Mas era necessário que se traduzisse nas funções.

Alinhando as Funções Empresariais

No primeiro ano após a criação da Visão Estratégica da Otis, John pediu a cada um de seus gerentes funcionais para liderar suas equipes, através de um processo de planejamento empresarial, que resultaria em cada área articulando a sua própria visão e os objetivos que apoiariam o plano geral. Estas reuniões foram emolduradas pela visão estratégica global e foram graficamente facilitadas na utilização dos Guias Gráficos da The Grove.

As reuniões funcionais eram clássicas reuniões visuais. Cada equipe contou sua história, desenvolveu um mapa de contexto e um gráfico dos pontos fortes, problemas, oportunidades e ameaças, e desenvolveu uma imagem dos passos dos principais objetivos e estratégias para o próximo ano. Todas estas reuniões foram realizadas ao vivo, em diferentes unidades de todo o país.

Como as equipes funcionais realizaram sessões de planejamento de negócios e não sessões de estratégia, o foco foi a implementação da estratégia maior da empresa. Elas culminaram em uma reunião de alinhamento na qual cada grupo levou os objetivos para o ano seguinte e gráficos de estratégias para uma grande sala de reuniões e, juntos, reviram todos as sugestões em conjunto. Durante esta sessão, qualquer decisão que tivesse de ser tomada para remover obstáculos e apoiar a implementação era anotada em um post-it. Nos últimos sessenta minutos da reunião, a equipe executiva respondeu às questões e resolveu os pontos principais. Quatro grupos de trabalho se organizaram, e cerca de uma dúzia de decisões foi delegada. Algumas decisões foram tomadas ali mesmo, pela equipe executiva, para resolução de problemas.

Decolagem de Recursos Humanos

Um objetivo-chave do planejamento inicial desse ano foi o apoio da força de trabalho interna da Otis, mapeado na visão estratégica como "Pessoas com Paixão", no sentido de intensas, impetuosas, veementes. John contratou Robyn Meltzer, uma dinâmica gerente de RH, com experiência anterior na Levi Strauss, Lucas Digital e Genentech. Dentro de um ano, ela havia montado uma nova equipe de recursos humanos com membros em cada uma das principais instalações da Otis e na sede. Robyn adorou a forma visual de trabalho e a tomou uma peça central de sua própria implementação da estratégia na Otis.

Ela realizou uma primeira reunião ao vivo fora do escritório em 2008, para que todos se conhecessem, revissem a estratégia da empresa com John Schiavo e outros diretores, identificassem os objetivos, a construção da equipe, e dessem um primeiro passo para um caminho baseado no calendário que orientaria seu trabalho. (Veja o quadro na página seguinte). Ela ainda incluiu um treinamento de facilitação gráfica para que sua equipe pudesse começar a trabalhar como equipe visual. Na próxima página há uma cópia do primeiro roteiro criado. Quando você olhar para ele, imagine-o em cores com notas e em formato grande, de 1,20m por 2,50m.

A equipe de Robyn decidiu trabalhar virtualmente após a primeira reunião externa devido ao controle de custos que se seguiu ao colapso econômico de 2008, e ao fato de que as fábricas da Otis estão distribuídas entre a Costa Leste e a Costa Oeste dos EUA. Ela queria continuar com o espírito de colaboração inicial e garantir que todos tivessem noção dos objetivos. Isso era fundamental para o desenvolvimento de um senso de confiança e trabalho em equipe, além de clareza de objetivos, e exigia persistência ao longo do tempo. Ela planejou vários *webinários* usando registros gráficos em um tablet em uma webconferência, usando os mesmos formatos visuais.

"Este processo conferiu a todos a responsabilidade pelo fornecimento de informações", disse ela em uma entrevista para este livro. "Eu queria que as pessoas literalmente vissem que estavam sendo levadas em consideração, ainda que não se encontrassem no mesmo local. Isto as manteve envolvidas, apesar de estarem trabalhando virtualmente."

WEBINÁRIOS LIGADOS À EQUIPE DE RH

Após uma reunião inicial ao vivo, a equipe de Recursos Humanos da Otis usou webinários para ajustar seus planos de implementação e verificar anualmente o desenvolvimento de suas metas para o ano. Aqui está uma das telas de abertura da equipe usada para apoiar um check-in interativo, em que cada pessoa atualizou as demais com relação a atividades-chave, vendo seus comentários registrados e visíveis através da função de "desktop partilhado" do software de conferência via web.

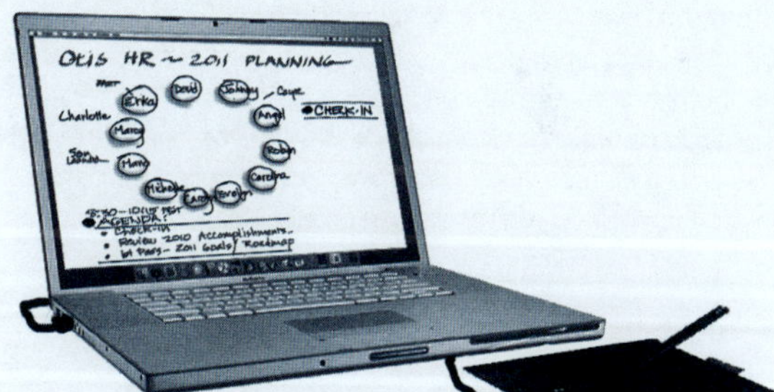

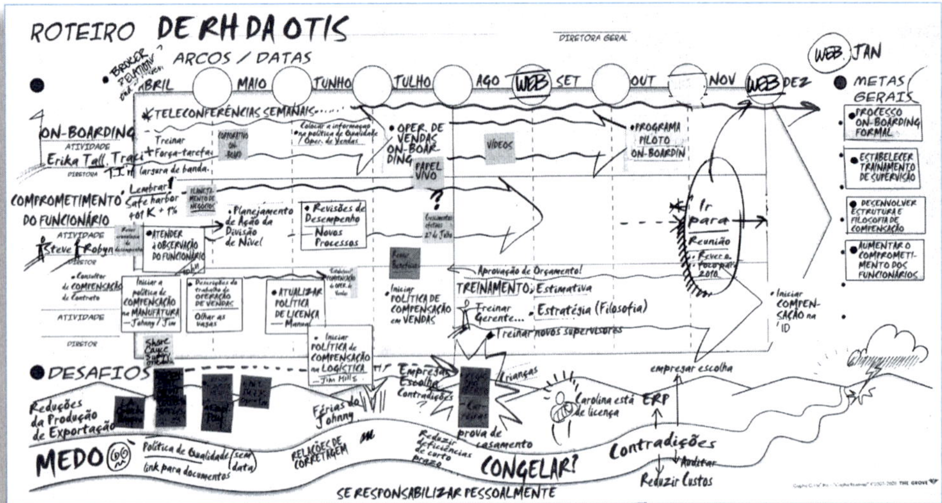

O ROTEIRO DE RH DA OTIS TRAZIDO À VIDA

Este plano de implementação foi criado como um primeiro esboço na conclusão de uma reunião externa de dois dias para formação de equipe que Robyn Meltzer organizou para sua nova equipe de RH da Otis. Foi traduzido para uma versão do PowerPoint que se tornou um documento de referência (ver próxima página).

Elas também criaram uma pirâmide de interdependência/dependência para criar um plano de três anos. Isto ajudou todos a visualizar onde cada jogador era dependente do pessoal da outra empresa."

Verificando o Roteiro

No segundo ano de sua equipe, Robyn fez uma webconferência de planejamento, em vez de uma reunião ao vivo. Tratava-se de rever a estratégia global da empresa, fazendo sugestões de metas, ponto de votação, visualização de metas em um modelo gráfico e, em seguida, rever tudo para o input final. Neste processo, a liderança de Robyn foi mais diretiva, mas permaneceu aberta durante todo o tempo para inputs de todas as direções.

O roteiro foi traduzido para uma versão em slides que forneceu um documento-alvo para rever o que tinha sido realizado e o que ainda era necessário fazer. Robyn foi muito cuidadosa ao apoiar todos e ao fazer da reunião um evento de aprendizagem, não uma reunião para criticar. Todo mundo estava contribuindo bastante, e ela projetou verdadeira confiança nas capacidades e intenções de todos. Na próxima página há uma imagem do modelo de trabalho após a revisão. Você pode comparar a versão original com essa para ter uma noção de como as coisas mudaram.

Resultados da Equipe de RH Depois de se Tornar Visual

Um ano depois, Robyn refletiu sobre os resultados alcançados por este trabalho regular virtual com displays e registros gráficos. "Criou-se uma oportunidade de criar a unidade em torno de objetivos da organização de RH e um roteiro ligado ao que a Otis estava fazendo em uma escala maior", disse ela. Ela informou que os produtos visuais passaram por um processo interno que manteve a equipe focada e alinhada, embora todos estivessem em diferentes locais geográficos. A utilização da facilitação gráfica através dos *webinários* permitiu que o processo de desenvolvimento de metas não fosse um transtorno tão grande, porque os indivíduos não precisavam viajar; não era necessário um planejamento (como localizar endereços, hotéis etc.); e o grau de interrupção do trabalho era mínimo. O processo de facilitação gráfica foi "muito mais dinâmico, ao invés de entediante como as reuniões estratégicas tradicionais".

"As reuniões via web trazem uma abordagem interativa e engajada para o alinhamento e foco para as equipes virtuais. Trazem visão e energia, que são extremamente eficazes", diz Robyn.

"O aspecto interessante dos *webinários* é que os participantes veem as coisas acontecendo em tempo real. Enquanto cada um fala, a sua participação é simultaneamente inserida no documento. É uma espécie de sala de aula virtual, e o que a pessoa diz já é observado na hora — ela vê a colocação sendo feita."

Vou me aprofundar um pouco mais em algumas das técnicas de facilitação visual online no Capítulo 18. Você vai ver que a história da Otis se repete em muitas empresas que estão aprendendo a compensar despesas de viagens e de reuniões ao vivo com trabalho online verdadeiramente interativo.

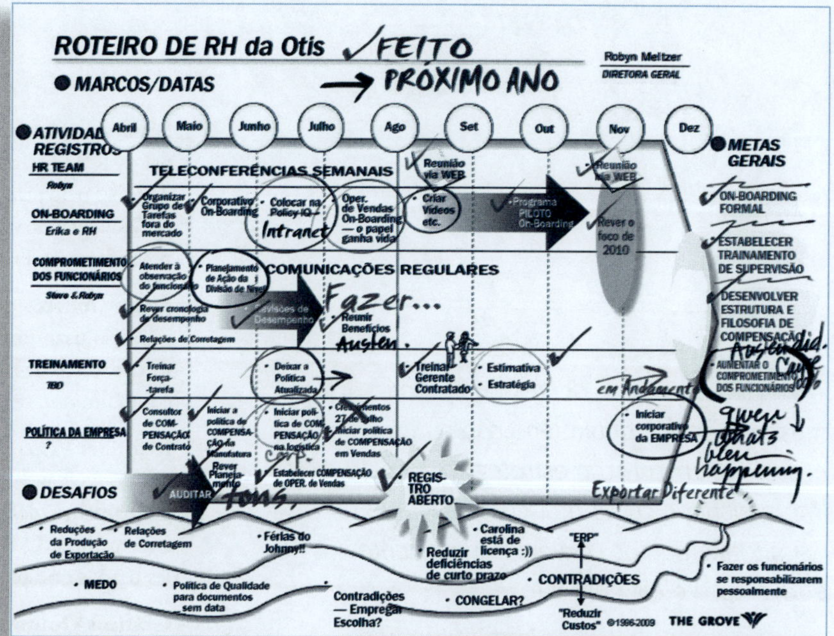

ROTEIRO DE RH DA OTIS REFINADO EM UM SLIDE

Aqui está o roteiro de RH mostrado na página anterior, traduzido em um dos Guias Gráficos de Roteiros digitais da The Grove. As marcas de seleção e notas foram adicionadas durante uma conferência via web da equipe, com gravação em tablet.

Resumo de Ferramentas Gráficas para Implementação

Os resultados da Otis vieram de uma combinação de estratégias, aqui resumidas. Os diferentes níveis de documentação e trabalho visual fornecem uma lista ampla para o uso de reuniões visuais e estratégias de visualização para apoiar a implementação da estratégia. Aqui estão as ferramentas que foram usadas:

1. **Murais de orientação:** Gráficos de alto nível que visualizavam estratégias e visões ajudaram a manter as equipes e unidades focadas. O processo de criação do mural e o de ensaio e apresentação propiciaram à equipe de executivos uma maneira de alinhar a visão estratégica da Otis.

Trazer nossa equipe de gestão "para a mesma página" trouxe emoção real à nossa implementação estratégica. Fiquei impressionado como a discussão sobre os visuais inflamou as conversas importantes e favoreceu o alinhamento.

Ahmad Hamade

CFO, Otis Spunkmeyer

2. **Sessões de planejamento visual e documentação visual:** Tanto as equipes de gerência e funcional — RH, TI, marketing, vendas, manufatura e atendimento ao cliente — realizaram sessões de dois dias para planejamento de negócios, ao vivo, suportadas por registro gráfico e emolduradas por uma grande visão estratégica. Estas sessões produziram relatórios gráficos das reuniões que permitiram auxiliar a contar a história do encontro às pessoas que não compareceram.
3. **Guias Gráficos para Alinhamento:** Ao pedir a todas as equipes funcionais que fizessem um relatório usando um formato visual padrão, a equipe de gestão conseguiu apoiar visualmente um processo de alinhamento que permitiu que a liderança, literalmente, visse a empresa como um todo e todas as metas e iniciativas propostas para o ano seguinte.
4. **Reuniões Visuais Online para Acompanhamento e Prestação de Contas:** A aplicação de reuniões via web por Robyn Meltzer para rever o progresso, os compromissos de roteiro e o alinhamento global construíram uma tradição de responsabilidade em sua equipe de grande envergadura. O fato de que os modelos visuais das reuniões ao vivo combinavam com aqueles usados online permitiu que o grupo visse a ligação entre os eventos de comunicação.
5. **Gráficos Online de Formação de Recursos Humanos:** A equipe de RH cuidou do planejamento de negócios nos anos após o lançamento inicial da visão. Todos eles participaram de treinamento online sobre como lidar com planejamento, tanto ao vivo quanto online.
6. **Mensagens Consistentes:** Um desafio de implementação em qualquer organização com escritórios em locais diferentes é enviar uma mensagem estável e confiável. O fato de que a Otis perseguiu suas estratégias visuais durante vários anos garantiu que todos os escritórios tivessem as visões estratégicas postadas, e a avaliação do progresso nas reuniões de alinhamento foi essencial para que a Otis alcançasse um novo nível de envolvimento e alinhamento.
7. **Celebrações:** A Otis trouxe a abordagem visual para as reuniões anuais de vendas com celebração e a visualização nos grupos remotos.

Gráficos para a Implementação de Projetos de Grande Escala

A história da Otis até agora tem se concentrado em planejamento e alinhamento de negócios. As mesmas ferramentas e abordagens se aplicam a projetos, especialmente os grandes, que requerem processos claros, alinhamento e execução disciplinada. A Otis enfrentou um desafio de vários anos após o lançamento de seu processo de planejamento de negócios, quando sua empresa-mãe, a Aryzta, concordou em usar a Otis como a empresa líder de seu grupo para implementar um sistema amplo de processo de planejamento de recursos empresariais (PRE), que integra todos os dados com software SAP.

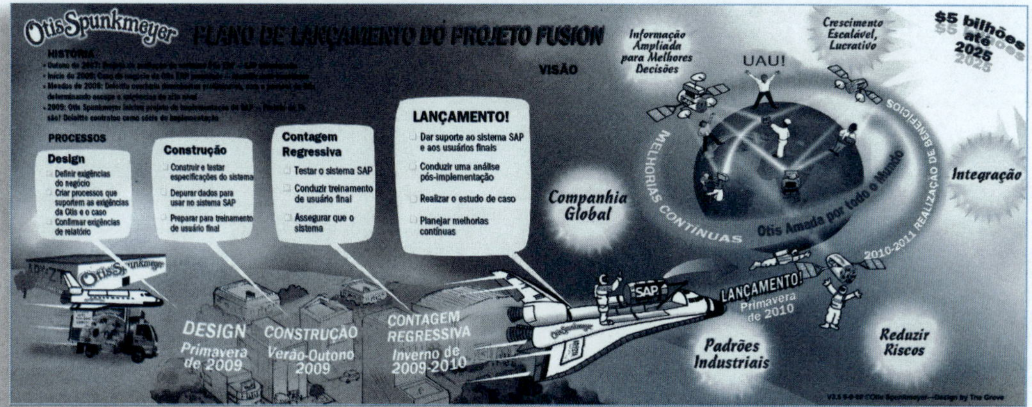

PLANO DE LANÇAMENTO DO PROJETO FUSION

Este infográfico apoiou as comunicações em torno da implementação de um grande sistema de planejamento de recursos empresariais na Otis Spunkmeyer. A equipe do projeto alinhou todas estas mensagens de nível superior em várias interfaces do projeto. Propositalmente ligou-se com a Visão Estratégica da Otis partilhada anteriormente. Você terá de imaginá-la em cores!

Como todos os processos deste tipo, uma grande empresa de consultoria com experiência em SAP liderou o processo de identificação dos principais processos internos, mobilizando os especialistas no assunto em um grupo de trabalho dedicado a criar especificações, ajudar a personalizar o software quando necessário e coordenar o projeto maciço de mudança da organização que a utilização bem-sucedida exigiria.

Ahmad Hamade, Diretor Financeiro da Otis, concordou que a equipe de PRE se beneficiaria ao ter de alinhar seu próprio trabalho criando um mural grande de aplicação que uniria a visão estratégica. Os líderes do projeto se encontraram em uma reunião especial para chegar a um acordo sobre a visão global do projeto e o roteiro. Foram semanas de planejamento, e a equipe tinha muita clareza sobre o que tinha de fazer em detalhes, mas não havia tido tempo para desenvolver isso em uma comunicação alinhada que o resto da empresa pudesse entender. Os consultores e líderes internos da Otis compreenderam que os desafios de mudança de comportamento teriam de ser abordados diretamente e que as pessoas precisavam saber dos verdadeiros motivos e benefícios de passar por todas as mudanças necessárias.

COMBINAÇÃO DE VÍDEO E CARTOLINA

Se você estiver trabalhando com imagens panorâmicas e precisar se conectar com as pessoas, chamando-as remotamente, use esta aplicação de uma unidade padrão de videoconferência.

1. Organize uma unidade padrão de conferência de vídeo com uma câmera controlável para que possa analisar o gráfico grande que você está criando.
2. Verifique iluminação e foco. Ensaie com um controlador para mover a câmera.
3. Convide os membros remotos para efetuar login na videoconferência e/ou audioconferência.
4. Esteja ciente de onde você está e explicitamente reveja partes críticas do gráfico enquanto segue.

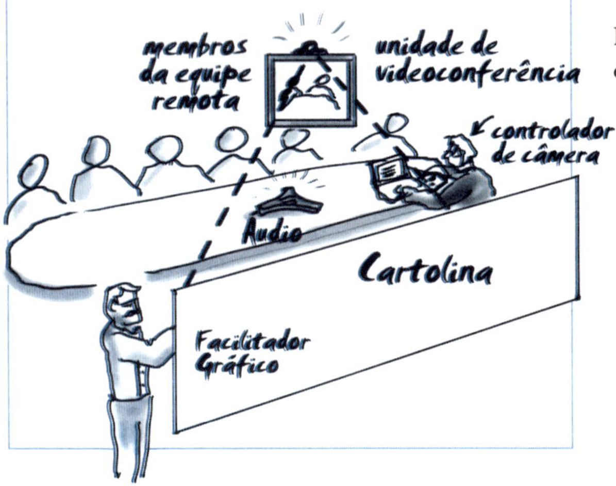

A imagem mostrada na página anterior foi o resultado. A equipe nomeou o esforço PRE de Projeto Fusion. O processo de chegar a um acordo sobre todas as informações sobre esse mural serviu para ajudar a alinhar a equipe. Sua publicação focou no compromisso de todos para este cronograma geral. A imagem focal permitiu a toda a liderança da Otis contar a história dos benefícios. Esta ferramenta não foi um fator único, de qualquer forma, mas foi muito útil para uma implementação bem-sucedida deste projeto. Sua ligação com a visão estratégica comunicou um grau de organização e consideração que foi apreciado pela organização.

Reuniões Mistas de Implementação

Como a implementação requer frequentes reuniões de equipe, é comum a necessidade de reunir os membros remotos da equipe. A equipe de PRE da Otis precisou envolver três membros-chave que não poderiam ir a San Leandro. Eles improvisaram usando um sistema de videoconferência interna e conseguiram vincular todos visualmente sem sacrificar os gráficos em grande escala utilizados na reunião principal para mapear o design inicial do Projeto Fusion e as mensagens-chave. O pequeno desenho abaixo ilustra como configurar a sala.

Há uma nota de rodapé nesta história. Em 2010, a empresa Aryzta, que deu origem à Otis, adquiriu outra empresa de produtos de panificação dos EUA e mudou suas operações para a Otis, dobrando o número de fábricas e movendo a Otis para ainda mais perto de suas metas de crescimento. O Projeto Fusion está instalado e funcionando, com uma grande sustentação de integração organizacional à frente. A implementação é um modo de vida em uma empresa como a Otis.

12. Visualizando e Inovando

Compreendendo a Alta Performance

Imagine o MPE e seu design de "bola quicando". Uma equipe se torna uma verdadeira equipe quando se compromete com uma direção comum na Fase 4 e com uma maneira interdependente de trabalhar na Fase 5. Você pode experimentar diretamente essa "virada" à medida que a atividade se acelera e todos se unem para implementar os planos. Mas uma equipe não merece realmente ser chamada de equipe de alta performance até que comece a enfrentar desafios e os vença com inovação e adaptação. A equipe de infraestrutura RE-AMP conseguiu essa façanha e é a lente através da qual podemos ver como isso funciona na prática.

EQUIPE DE INFRAESTRUTURA RE-AMP

A Equipe de Infraestrutura (Equipe-I) para a rede RE-AMP, após sua primeira reunião anual, foi composta por, da esquerda para a direita, Sissel Waage, Sunni Brown, Ruth Rominger, Laurie Durnell, Rick Reed e David Sibbet. Rick, diretor de programas da Garfield Foundation, liderou a equipe. Estávamos trabalhando juntos havia quase um ano, quando Laurie e Sunni se juntaram a nós para esta primeira reunião. Nossa história é uma lente para compreender o que significa alta performance na prática.

Estamos Limpando o Setor de Energia do Centro-Oeste

No final de 2004, recebi um telefonema de Rick Reed, um diretor de programas da Fundação Garfield. Ele estava procurando um facilitador para ajudar em uma nova colaboração de 60 ONGs (organizações não-governamentais) ambientalistas e seis fundações de desenvolvimento de estratégias para a limpeza dos poluentes responsáveis pelo aquecimento global no setor de energia do Centro-Oeste. Eles se chamavam de RE-AMP, *Renewable Energy Alignment Mapping Project* (Projeto de Mapeamento de Alinhamento de Energia Renovável). Fazia um ano que estavam trabalhando com o objetivo inicial de ver como poderiam obter mais resultados de investimentos filantrópicos em energia renovável, ele me explicou. Mas a meta já havia se expandido a uma redução de 80% dos poluentes responsáveis pelo aquecimento global até 2050, na região delimitada por Illinois, Wisconsin, Minnesota, Iowa, Dakota do Norte e Dakota do Sul. Fiquei abismado. Aquela era uma meta extraordinária. Como era possível que eles tivessem chegado a esse tipo de comprometimento?

Como Rick me contou, um grupo de trabalho passou um ano estudando como o sistema energético funcionava, a fim de descobrir como a energia renovável poderia crescer. Nada de mais significativo estava acontecendo até então. Ele e sua colega, a diretora de programas Jennie Curtis, convenceram

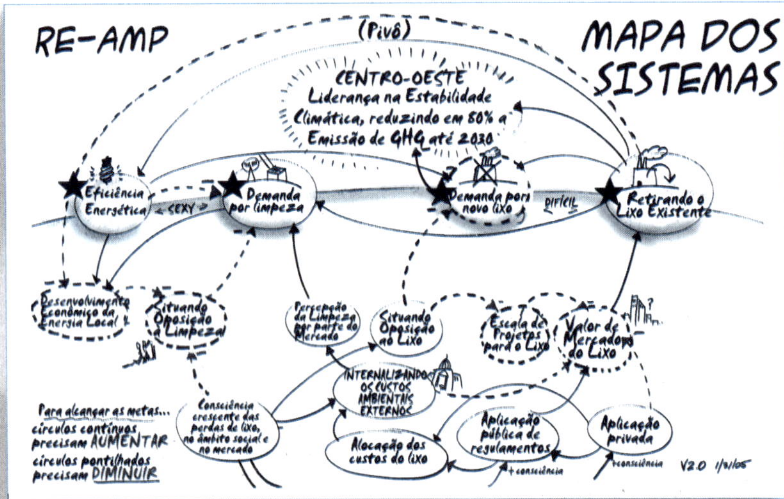

MAPAS SISTÊMICOS RE-AMP

Esta é uma imagem do mapa que norteou novas pessoas para os quatro grupos iniciais de trabalho da RE-AMP. É um exemplo de uma maneira formal de representar graficamente sistemas dinâmicos chamados de "esquema de circuitos" e é um método de visualização desenvolvido por cientistas que estudam os ecossistemas — que trabalham em formas dinâmicas, não-mecânicas. O original era colorido. Nesta versão, os fatores pontilhados (círculos) precisam diminuir, com uma consequente redução do efeito negativo das linhas pontilhadas. Os círculos sólidos precisam aumentar, com um efeito crescente das suas linhas sólidas. O carvão foi rotulado como "lixo" devido à sua enorme contribuição para a poluição do aquecimento global. Cerca de 70 fábricas na região contribuem com 25% dos poluentes do aquecimento global nos Estados Unidos.

a diretoria da Garfield a financiar uma colaboração entre filantropos e organizações ambientais sem fins lucrativos para desenvolver uma abordagem sistêmica para o problema. O primeiro ano envolveu vários workshops e um contrato com um consultor de pesquisas chamado Scott Spann. Ele ajudou a produzir um sistema de mapas de fator 175, desenhado a partir de mais de 35 entrevistas e sessões de habilitação com vários especialistas. Reduzido a um mapa mais refinado, fator 16 (mostrado aqui), o grupo concluiu que o problema de criar um setor de energia limpa, renovável, teria de ser abordado sistemicamente para ter um mínimo de impacto. O mapa possibilitou à equipe este tipo de pensamento.

Se você examiná-lo, vai perceber que estes tipos de diagrama não são intuitivamente claros. Mas, depois de pensar minuciosamente, o Comitê Gestor RE-AMP concordou que os quatro fatores precisavam ser tratados em paralelo.

1. **Carvão Antigo:** As 70 usinas existentes na região precisavam ser fechadas ou limpas.
2. **Carvão Novo:** As 25 propostas de novas fábricas a carvão, a "Demanda por novo lixo", como eles chamam, precisou ser interrompida.
3. **Energia Renovável:** A demanda e a disponibilidade de energia renovável precisavam aumentar.
4. **Eficiência Energética:** O empenho para poupar energia precisava expandir-se.

Segundo Rick, eles tinham organizado quatro grupos de trabalho para tratar de cada uma dessas quatro áreas, com um prazo de elaboração de planos estratégicos nos seis meses seguintes. Eles estavam procurando consultores para facilitar o processo.

"Mas como é que chegaram à meta de 80% até 2050?", perguntei. Rick disse que um outro exercício gráfico tinha sido um efeito catalisador para o comitê de direção avançar para essa meta extraordinária. Ele recebeu o nome de "Comportamento ao Longo do Tempo", e está reproduzido aqui. Ao ver a amplitude da lacuna, todo mundo percebeu que, se não alcançassem um resultado de 80%, seus esforços seriam inúteis, e eles apenas perderiam tempo.

Eu me juntei aos esforços da RE-AMP em dezembro de 2004, em uma reunião do Comitê Diretor da Fundação McKnight, em Mineápolis, quando Scott fez um resumo de seu trabalho ao comitê, e eu comecei a trabalhar com o grupo para criar um plano de ação para o processo de formação da estratégia. Era o início de uma experiência de equipe que se tornou um padrão de alta performance para mim.

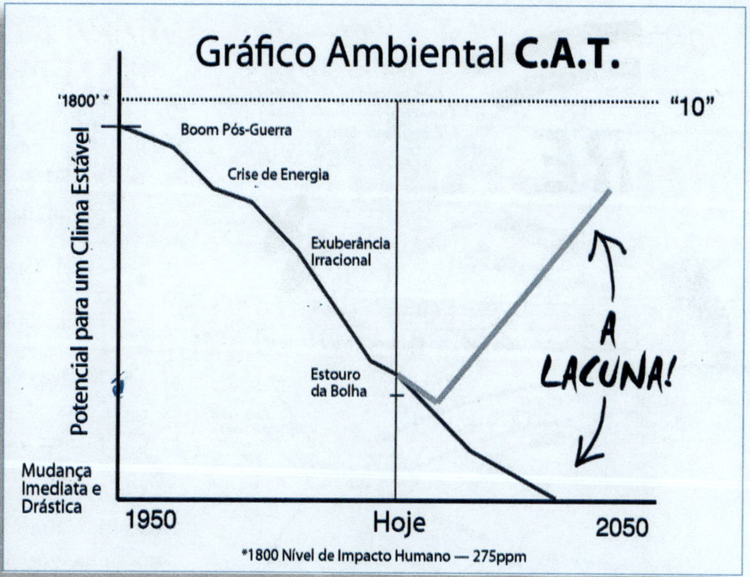

GRÁFICO DE COMPORTAMENTO AO LONGO DO TEMPO

Este gráfico é mais uma forma de conceituar um sistema dinâmico. Ele ilustra o tempo no eixo x e o potencial para um clima estável no eixo y. A linha pontilhada na parte superior representa como atmosfera estava em 1800 — 275ppm — uma referência de estabilidade atmosférica. A linha descendente indica a crescente incapacidade da atmosfera de se estabilizar, com alguns dos eventos históricos que marcam o tempo indicado. O grupo RE-AMP usou este gráfico para pensar na diferença que os esforços de sua filantropia atual e ONG fariam. A inclinação quase não mudou. A visão da enorme lacuna catalisou uma tomada de consciência coletiva do grupo. Se eles não tentassem limpar 80%, os esforços que estavam empreendendo não fariam diferença alguma.

Inovação e Visualização Necessárias

A história da RE-AMP é complexa, e contá-la inteira não é a finalidade deste capítulo. Quero me concentrar aqui na equipe de funcionários que acabou apoiando o processo e descrever como enfrentamos e vencemos os desafios e nos tornamos verdadeiramente uma equipe de alta performance. Os desafios foram consideráveis. O esforço da RE-AMP foi uma espécie de colaboração sem precedentes entre as ONGs e fundações em todo o mundo do financiamento ambiental. Tínhamos membros que entravam e saíam do grupo, financiamento limitado, política em rápida evolução, estratégias emergentes e não tínhamos escritório. Nosso compromisso era "pensar sistemicamente e agir cooperativamente". Como o pensamento visual é necessário para o pensamento sistêmico, tornou-se um elemento característico da nossa abordagem. Nós "vivíamos" a colaboração em nossa equipe.

Garfield foi previdente ao financiar a equipe de apoio montada por Rick. O comitê de direção e as ONGs ligadas ao projeto sentiram que a criação de uma outra organização não era seu objetivo. Eles queriam que a RE-AMP fosse um verdadeiro consórcio, com todas as organizações dividindo as tarefas de apoio. Mas, no começo, a rede não estava comprometida, e as 27 pessoas do comitê de direção inicial precisavam de ajuda dedicada. Elas precisavam de pessoal, não de uma equipe que iria se constituir em uma outra organização. Precisavam de uma equipe verdadeiramente orientada para a autonomia e a ação. Nós nos chamamos de "equipe de infraestrutura" (Equipe-I). Era composta por:

LOGO DE IDENTIDADE DA RE-AMP

As discussões sobre esta imagem levaram o Comitê Gestor da RE-AMP e rede de trabalho a uma maneira simples de explicar o que estavam fazendo. O conceito foi inicialmente diagramado como um resumo gráfico da estratégia (mostrado abaixo) e evoluiu para o logotipo (mostrado acima) ao longo do primeiro ano. O alvo representa o grande objetivo final. As setas que apontam para baixo representam menos dependência do carvão. As duas que apontam para cima são a energia renovável e a eficiência energética. O nome RE-AMP permaneceu, apesar da intenção da equipe de não se focar apenas na energia renovável.

- Rick Reed como gerente de projeto da Garfield.
- Ruth Rominger, do Instituto Monterey de Tecnologia e Educação, como designer de uma comunidade digital para compartilhamento de informações.
- Sissel Waage, da Natural Step, como avaliadora para desenvolver "indicadores" de sucesso.
- David Sibbet, da The Grove Consultants International, como facilitador líder.
- Michael Goldberg e Dick Brooks, da Action Media, dois especialistas em "framing" (ou "enquadramento" é uma técnica para deixar uma imagem esteticamente agradável, capaz de manter o espectador focado nela) e comunicações que poderiam ajudar com mensagens.

Michael e Dick trabalharam de maneira relativamente independente nos projetos de comunicação; mas Rick, Ruth, Sissel e eu nos tornamos uma verdadeira equipe de alta performance. Cada um de nós tinha funções específicas, e nossas reuniões regulares de estratégia eram verdadeiras colaborações em cada uma das nossas áreas de especialização.

A Visualização Emerge como Ferramenta Essencial

Para as quatro "frentes" (como as chamávamos) terem sucesso na criação de estratégias em seis meses, precisávamos trabalhar rápida e visualmente. A Equipe-I chegou a um acordo sobre algumas ferramentas iniciais:

- Um **plano de ação** gráfico do Comitê Gestor para orientar nosso trabalho.
- Uma **identidade e logotipo para o projeto**.
- **Modelos especiais** para apoiar a formação da estratégia do grupo de trabalho.
- Uma **linha do tempo** para contar a história original.
- Um **Mapa de Sistemas simples** para explicar os motivos para aquela estratégia.

Decidimos desenvolver cada um desses gráficos com o comitê diretivo, usando o processo de design gráfico como uma maneira de obter alinhamento.

Um Plano de Jogo Visual, conforme descrito no Capítulo 9, surgiu logo a partir da primeira reunião.

Em seguida, desenvolvemos um logotipo que refletia a ideia de sistemas de carvão novo e velho diminuindo e de eficiência energética e energia renovável aumentando.

E precisávamos providenciar imediatamente uma história visual para orientar todas as pessoas novas que estavam sendo recrutadas para os grupos de trabalho.

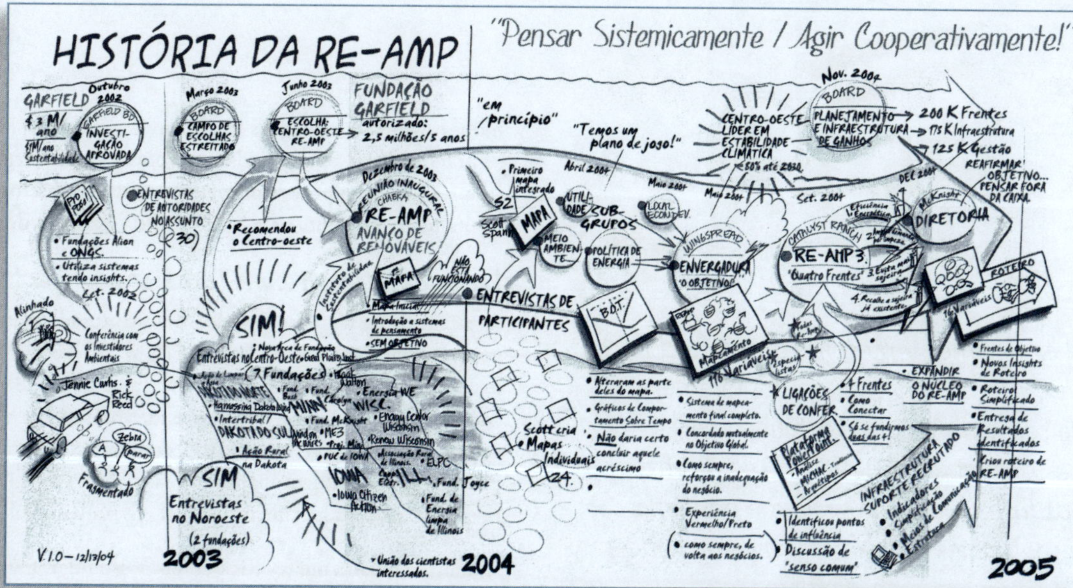

HISTÓRIA DA RE-AMP

Este gráfico registra os anos iniciais do projeto RE-AMP. Ele ilustra as muitas organizações ambientais no alto Centro-Oeste que levaram a Garfield Foundation a focar o projeto nessa região. Os círculos representam as reuniões importantes. As pequenas figuras de gráficos e documentos registram as principais imagens usadas para dar coerência ao projeto.

Lembro-me de Rick Reed e eu mapearmos esta que está exibida ao lado, numa noite, no hotel. Tornou-se o nosso mapa de orientação constante, juntamente com o diagrama do sistema partilhado anteriormente. Todos esses painéis foram criados em cores, com canetas hidrográficas e giz. Você terá de imaginar as versões coloridas a partir destas.

Apoiando os Grupos de Trabalho

Nos seis primeiros meses de 2005, houve uma avalanche de reuniões, ao vivo e virtuais, com os quatro grupos de trabalho. Como estes estavam distribuídos em locais diferentes, eles determinaram que só poderiam se reunir frente a frente duas vezes; no resto do tempo, eles trabalhariam virtualmente. Nossa equipe de infraestrutura sentiu que isto demonstrava ainda mais fortemente que era necessário um vocabulário visual padrão entre os grupos. Após cada reunião, relatórios em PDF contendo todos os gráficos e imagens foram enviados a todos os participantes, adicionados a uma base digital central que Ruth estava ajudando a criar. Ter um repositório central para todos os documentos mostrou ser de um valor inestimável neste esforço interorganizacional, em que cada um tinha um padrão ligeiramente diferente para compartilhar esse tipo de coisa.

Equipe de Infraestrutura Torna-se uma Verdadeira Equipe

As atividade de nossa equipe de infraestrutura fluíram suavemente ao longo destes primeiros meses. Nós tínhamos um acordo bastante claro com relação ao nosso propósito e desejo de ser parte do projeto; reunimo-nos pessoalmente uma meia dúzia de vezes nas fases iniciais do projeto e passamos a confiar uns nos outros e a compreender totalmente nossas diferentes competências. Ajudou o fato de sermos todos do tipo "produtivo", com bastante experiência de trabalhar sob pressão. Nenhum de nós buscava glória nem mérito. Nossos objetivos eram claros. Nosso comprometimento de trabalhar no problema do aquecimento global era profissional, de um modo que ia muito além deste projeto.

Nós tínhamos um acordo bastante claro com relação ao nosso propósito e desejo de ser parte do projeto; reunimo-nos pessoalmente uma meia dúzia de vezes nas fases iniciais do projeto e passamos a confiar uns nos outros e a compreender totalmente nossas diferentes competências. Ajudou o fato de sermos todos do tipo "produtivo", com bastante experiência de trabalhar sob pressão.

Ajudou imensamente ter Rick como nosso líder. Como diretor de programas da Garfield, ele tinha autoridade para lidar com orçamentos em consultoria com a Garfield. Nesse sentido, nossa tomada de decisão era clara. Nós trabalhamos por consenso, e, nas questões importantes de orçamento, Rick e Jennie tomaram as decisões, ou faziam a solicitação à Garfield. Rick também era experiente em arrecadação de fundos e em recrutar apoio adicional da fundação, por isso tivemos acesso aos recursos, mesmo eles sendo limitados.

A fim de manter claras todas as peças em movimento, para nós e para o Comitê Gestor, nós criamos um roteiro para cada ano, que era então atualizado no final do ano como um relatório-resumo (ver exemplo na próxima página). Estes planos nos permitiram implementar um alto grau de disciplina.

Alcançando a Alta Performance

Se você examinar o roteiro, vai notar um retângulo vertical no meio intitulado "Charrete de Planejamento de Ação Entre Equipe". Foi aqui que a nossa Equipe-I alcançou a alta performance.

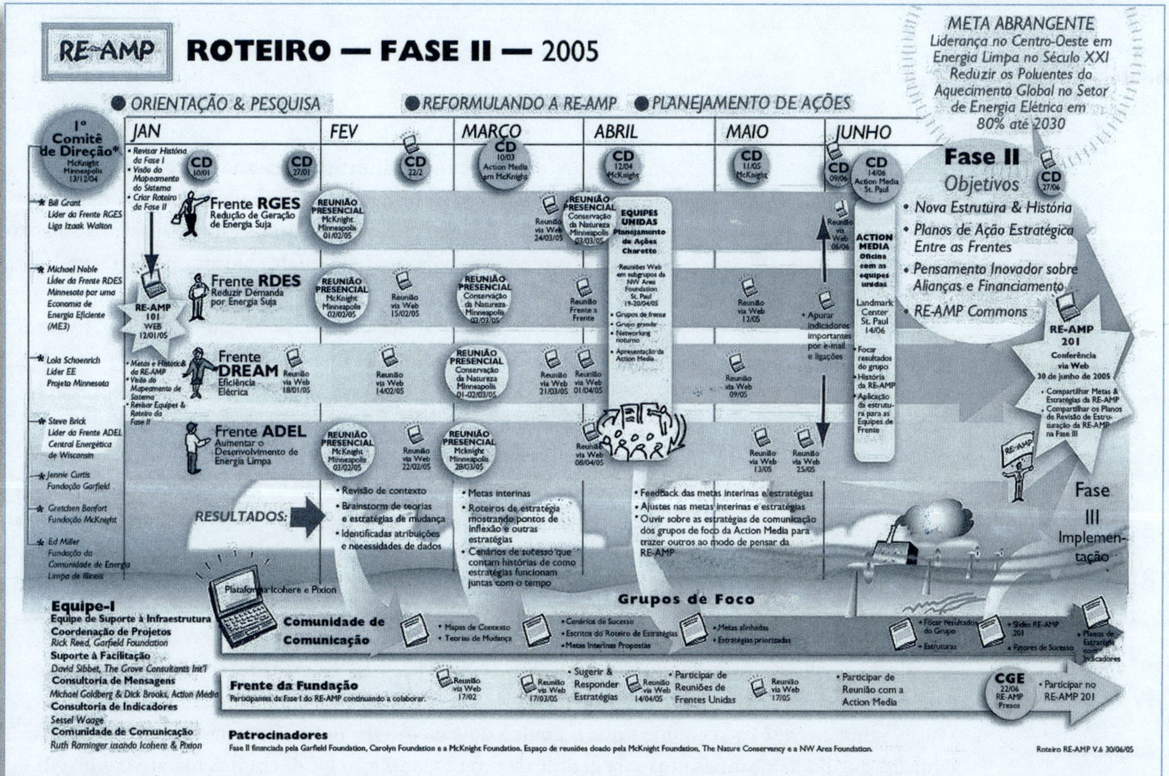

ROTEIRO DA RE-AMP

Este gráfico orientou os grupos de trabalho e a Equipe-I na gestão do processo RE-AMP, e foi usado para fazer um relatório ao final de cada ano. Ele foi criado originalmente no Adobe Illustrator e compartilhado como PDF. Os círculos representam as reuniões. Os pequenos computadores são conferências via web. Os canais (que estão coloridos no original) são os grupos de trabalho. Ele ilustra como os documentos de saída fluíram para o Comunications Commons, nosso repositório online. As fundações formaram seu próprio grupo de trabalho, ilustrado na parte inferior. As equipes principais e seus líderes são retratados à esquerda. Os objetivos estão à direita. Este tipo de mapa nos forneceu uma visão geral integrada para orientação e acompanhamento.

O desafio que enfrentamos foi uma sensação crescente de que todas as questões sobre os diferentes grupos de trabalho estavam interrelacionadas. Mas os grupos de trabalho estavam operando separadamente. O grupo de energia renovável, por exemplo, estava muito preocupado com tecnologias como sequestro de carbono, uma abordagem não-testada para reinserção de carbono no solo, a partir de fábricas movidas a carvão. Outros estavam preocupados com a energia nuclear. As questões ambientais normalmente envolvem as pessoas.

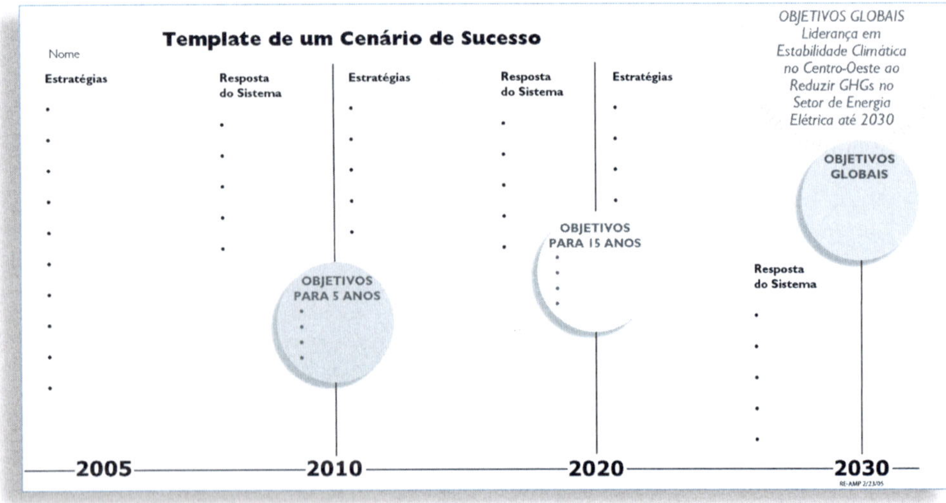

MODELO DE UM CENÁRIO DE SUCESSO

A Equipe-I sabia que estávamos diante de uma perspectiva assustadora em termos de estratégia, com nosso grandioso objetivo de 80%. Uma suposição que fizemos foi que, se as pessoas não conseguem enxergar como as ações do dia a dia estão se movendo na direção de determinados objetivos, elas ficam atoladas na política do trabalho, buscando a aprovação dos indivíduos em vez de saber se o seu trabalho é realmente eficaz ou não. Por isso queríamos que os grupos de trabalho definissem objetivos para 5 anos, 15 anos e objetivos globais, como uma expressão da grande meta final da RE-AMP. Para auxiliar isto, criamos o modelo mostrado nesta página. Esse formato permitiu que os quatro grupos de trabalho entendessem claramente as intenções de cada grupo e dessem sugestões.

Nosso projeto inicialmente precisaria de duas reuniões de um dia, com as equipes para alinhar seu projeto, mas nossa Equipe-I começou a ver que nestes estágios iniciais as pessoas precisavam de mais tempo de conversa pessoal para lidar com o tamanho dos problemas que estavam considerando. Em uma das reuniões críticas do Comitê Diretivo, tivemos a ideia de consolidar as duas reuniões em uma reunião de dois dias, e fazer dela um processo muito bem concebido inter-equipes. Nossa Equipe-I chegou a um consenso e, em seguida, conversou com líderes individuais do Comitê Diretivo. Argumentamos que os grupos de trabalho necessitavam da mais intensa experiência ao vivo para poder apoiar o trabalho virtual. Sabíamos também que pensar em nível sistêmico requer mais tempo. Após uma resistência inicial, conseguimos chegar a um acordo e mudamos nossos planos.

Essa decisão colocou nossa Equipe-I na berlinda. Como iríamos, na verdade, conduzir o processo para facilitar a verdadeira consciência de trabalho entre grupos? Nós então adotamos uma solução visual. Sabíamos que cada equipe tinha o gráfico do Cenário de Sucesso mostrado aqui. Sabíamos também que podíamos usar uma sala grande de uma organização local sem fins lucrativos, em Mineápolis. "E se colocarmos cada grupo em um canto da sala, com gráficos nas paredes?", pensamos. Com isso, os quatro grupos se encontrariam pessoalmente, depois fariam um rodízio, conversando uns com os outros, trocando sugestões e, em seguida, retornando a seus respectivos postos para fazer considerações e alinhar suas estratégias. Todas as sugestões seriam registradas graficamente para tornar isto possível.

Essa ideia exigia mais duas pessoas na nossa equipe para facilitar graficamente os outros grupos. Incluir novos membros em uma equipe solidificada é complicado. Às vezes pode fazer com que a performance do grupo retroceda. Precisávamos que nossa equipe de suporte permanecesse focada e flexível, então decidimos chamar Laurie Durnell e Sunni Brown, que já trabalhavam de maneira visual na The Grove. Cada uma delas lideraria um grupo. Rick precisava trabalhar em estreita colaboração com o Comitê Diretivo. Sissel faria as avaliações. Eu comandei o terceiro grupo, e Ruth, o quarto.

Era essencial que todas as pessoas da The Grove compartilhassem um vocabulário visual comum e compreendessem o modo de trabalhar com o modelo gráfico; caso contrário, o processo entre equipes seria difícil. Embora Laurie e Sunni não tivessem participado das reuniões anteriores, a Equipe-I confiava em mim e, portanto, confiaram nelas. Nós também tínhamos história, mapa de sistemas e roteiro como documentos de orientação, portanto nossas reuniões de preparação foram bastante eficientes.

REUNIÕES DE GRUPOS DE TRABALHO

Laurie Durnell, da The Grove, facilita o grupo RE-AMP, que estava trabalhando na redução da demanda de energia de carvão. Depois de compartilhar suas estratégias de sucesso e receber feedback de outros grupos, cada grupo se reuniu novamente para as próximas etapas de layout. Todos os gráficos de cada sala entraram no documento visual final da reunião.

Nasce a Tradição de uma Reunião Anual

A reunião transcorreu muito bem. Na verdade, as sugestões entre os grupos e as considerações facilitadas pelos grandes gráficos criaram uma verdadeira empolgação conforme a rede começou a ver o sistema como um todo e saiu de seu foco individual. A confirmação final foi a rede decidir realizar um evento como esse anualmente.

A rede RE-AMP cresceu rapidamente. Em 2010, ela tinha mais de 140 ONGs e 15 fundações associadas. Em muitos estados formaram-se forças-tarefa de aquecimento global, que começaram a ativar os padrões de eficiência energética e explorar um esquema de comércio regional de carbono. O Comitê Gestor adotou termos rotativos e eleições de membros de grupos de trabalho e em geral. Um Centro de Mídia surgiu a partir do trabalho de comunicação da Action Midia. A Communications Commons passou por dois redesigns completos e tornou-se a espinha dorsal do movimento naquela parte do país. Michigan e Ohio também se associaram, e um Grupo de Transporte Especial de Trabalho e Grupo de Trabalho de Estratégia de Aquecimento Global surgiram a partir das subsequentes reuniões anuais. A organização RE-AMP tornou-se uma financiadora essencial para milhões de dólares filantrópicos em prol das questões do aquecimento global e uma das mais bem organizadas colaborações do país.

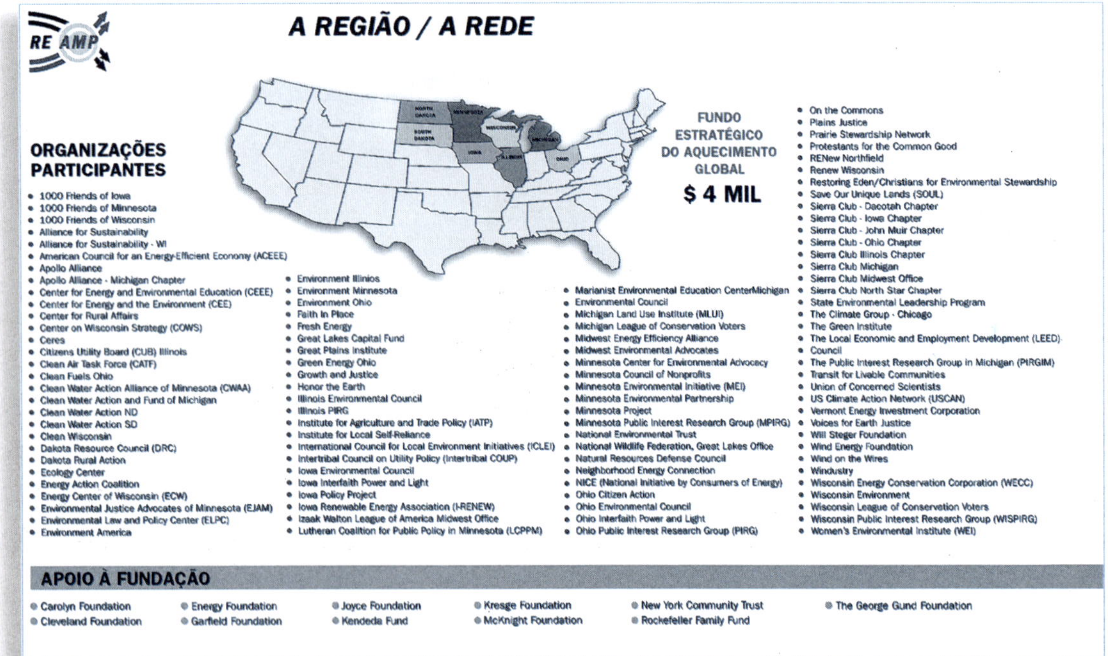

INFOGRÁFICO DA RE-AMP

Este infográfico e o gráfico na página seguinte (foram divididos aqui para publicação) propiciaram, em conjunto, um grande mural como pano de fundo para as reuniões anuais da RE-AMP. A parte mostrada aqui ilustra as empresas associadas. A da direita ilustra os grupos de trabalho, centro de mídia, estratégia de documentação e objetivos.

Nesta página (e na próxima), há um grande infográfico que Tiffany Forner, da equipe da The Grove, que criou no terceiro ano do projeto para ilustrar o sistema organizacional e a participação na rede. Este painel proporcionou o pano de fundo para todas as reuniões subsequentes.

Em *Reuniões Visuais*, contei a história de uma recente reunião anual da RE-AMP, na qual analisamos toda a ação em oito estados, em uma revisão visual de duas horas e meia com outro conjunto de modelos gráficos. Desde o colapso econômico em 2008, as oportunidades de emprego se tornaram uma preocupação política predominante na região, portanto houve certa retenção, mas a força das relações na rede RE-AMP está permitindo que ela persista e forneça um modelo para outras iniciativas regionais.

No terceiro ano, a Equipe-I transferiu a maioria de seus empregos para outras pessoas. Neste ponto, a RE-AMP contratou um diretor executivo e, em seguida, uma equipe de meio-período para cada comissão de trabalho. Todos os funcionários são recebidos por organizações associadas, por isso ainda não há um escritório central. Houve, naturalmente, vários fatores que contribuíram para o sucesso da RE-AMP, além do trabalho visual, mas a metodologia visual foi um fator-chave de sucesso para dar ao amplo movimento um senso de alinhamento e identidade. A Equipe-I tornou-se para mim um modelo do que uma equipe visual pode realizar quando está familiarizada com os diferentes tipos de mídia e quando tem uma linguagem visual comum para o pensamento sistêmico.

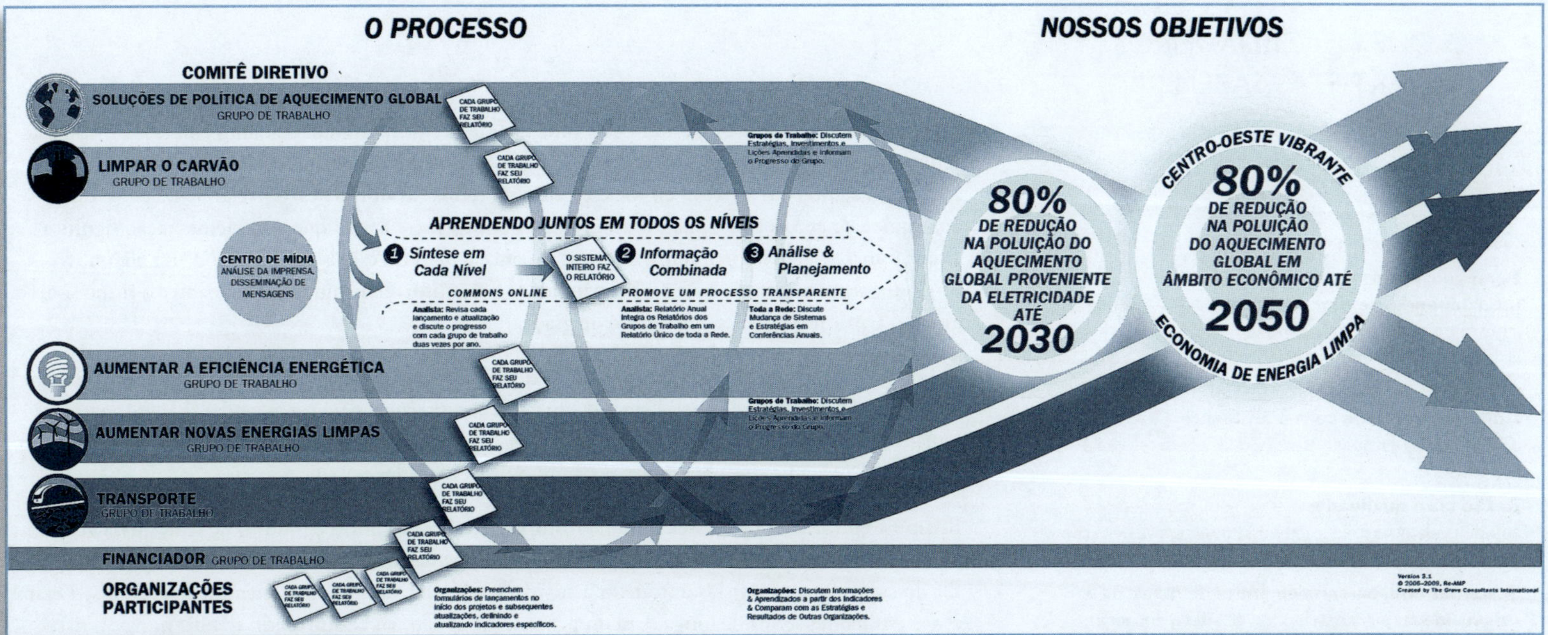

MAPA DE PROCESSO DA RE-AMP

Esta parte do grande mural (cujo lado esquerdo está na página anterior) ilustra a forma como os grupos de trabalho, o Centro de Mídia, e os centros digitais interagem ao longo do trabalho para atingir as metas da RE-AMP ilustrados nos grandes círculos.

Alta Performance como Mestria

Equipes de alta performance têm muita sinergia, algo que acontece quando os resultados obtidos pelo conjunto são verdadeiramente maiores do que qualquer uma das partes poderia alcançar. E elas são caracterizadas pela espontaneidade e improvisação, e por obter resultados que superam as expectativas iniciais. Tudo isso acontecia na Equipe-I da RE-AMP e nas outras equipes de alta performance que mencionei. Um desafio interessante para as equipes visuais que querem alcançar a alta performance decorre dos próprios benefícios de trabalhar visualmente — clareza de conceitos, ideias e planos. A alta performance requer ter este tipo de clareza e *não* ser amarrada a ele.

Ao escrever este livro me deparei com o trabalho de uma consultora, chamada Hilary Austen, que escreveu *Artistry Unleashed: A Guide to Pursuing Great Performance in Work and Life* ("Mestria

O QUE OS VERDADEIROS ARTISTAS SABEM

Hilary Austen define sete características da verdadeira mestria em *Artistry Unleashed: A Guide to Pursuing Great Performance in Work and Life*. Eu gosto muito da ideia de que estas podem ser aplicadas a equipes visuais de alta performance. Veja se você concorda. (Eu acho que os números são consonantes com as fases do MPE.)

1. **Perseguir os fins e os meios de forma interdependente:** Trata-se de combinar a aprendizagem e a busca de soluções ao mesmo tempo. É sobre o mergulho em um propósito e deixar que as metas surjam, refinando-as à medida que você avança.
2. **Cultivar a unidade com o ambiente:** Os artistas adquirem uma profunda "sensibilidade" com relação à sua atividade.
3. **Razão com qualidades:** Sabor, som, movimento, forma e atitude podem ser o foco de nossa inteligência, bem como palavras, símbolos e números, e até mesmo substituí-los.
4. **Sustentar uma parceria dinâmica de maestria e originalidade:** No fim das contas, os artistas equilibram controle e novidade, procurando por ambos.
5. **Permanecer imperturbável pelas falhas e não se fixar na fama:** As pessoas inovadoras e empreendedoras falham e seguem em frente. Os verdadeiros artistas sabem que a fama e o sucesso podem ser uma armadilha. Uma vez em ação, eles permanecem avançando.
6. **Desenvolver emoções cognitivas:** As emoções podem se confundir com a "sensibilidade" relacionada à sua atividade. Os verdadeiros artistas continuam abertos quando as emoções pessoais ameaçam fechá-los, aprendendo a dizer: "Eu sou curioso; eu sou compreensivo; eu sou corajoso".
7. **Expressar ideais pessoais, compreensão e consciência em ação:** A inteligência envolve a beleza de compreender nossa experiência. Acho que Austen está induzindo à renovação!

Desencadeada: Um Guia para Perseguir uma Ótima Performance no Trabalho e na Vida"). Eu o li simultaneamente enquanto escrevia este capítulo e experimentei um grande avanço. Em todos estes anos de trabalho com o MPE, eu me esforcei para refinar as distinções, especialmente entre uma boa equipe de execução e uma que seja de alta performance. Eu sei que a implementação significa alcançar metas. Sei também que a alta performance é mais do que isso. Trata-se de ter algo novo surgindo, algo inesperado e de ter a flexibilidade para absorver as mudanças e manter o ritmo. Nos esportes e na música é estar no estado de graça.

Austen pesquisou este tópico com a hipótese de que a mestria ocorre em qualquer campo e que tem algo a ver com as mesmas qualidades — superar a competência para surpreender. Ela entrevistou e analisou várias pessoas criativas, e resume tudo com sete princípios que caracterizam o processo artístico. Fiquei animado. Ela estava ecoando o processo reflexivo!

Resumi os princípios de Austen aqui na história lateral como outro conjunto de lentes para visualizar a alta performance. Ela descobriu que o segredo é trabalhar nos fins e nos meios ao mesmo tempo. Ela descobriu que os artistas dominam a atividade que praticam. Nossos membros da Equipe-I eram todos estudantes sérios de longa data do processo de grupo, eu compreendi. Ela diz que os artistas dominam a mestria e a originalidade, permanecendo abertos à surpresa. Eles continuam não se incomodando com as falhas e não se fixam no sucesso. E eles expressam ideais pessoais, compreensão e consciência em ação. Tudo isso acontecia na Equipe-I.

O que me fez parar para pensar foram dois de seus princípios: "Razão com Qualidades" e "Desenvolver Emoções Cognitivas". Cozinheiros provam, dançarinos se movimentam, músicos ouvem a música — estas pessoas se expressam com mais do que palavras e símbolos. Eu percebi que os processos de uma equipe excelente sustentam um campo energético que deve ser sentido. Líderes e facilitadores precisam tanto da inteligência emocional como da clareza visual. Estes princípios me fizeram lembrar que algumas coisas são conhecidas por pessoas muito talentosas e não são simbolizadas em texto ou gráficos. Agora, quando penso a respeito, vejo que essa aceitação pode ter sido o ingrediente secreto da Equipe-I. Nós todos abraçamos o mistério em nosso processo, uns com os outros, e a RE-AMP como um todo.

13. Reuniões de Avaliação, Diálogo e Compartilhamento

A Importância do Aprendizado e da Renovação

O motivo principal de o MPE passar de uma metáfora de "construção" para uma de "performance" é destacar a realidade de que o processo de equipe é contínuo, e as experiências de alta performance, em particular, são vulneráveis à mudança e à instabilidade. Isto torna a aprendizagem fundamental para qualquer equipe que queira manter sua performance. Além disso, qualquer organização que queira promover uma cultura de equipe irá querer apoiar a aprendizagem que se move entre equipes diferentes.

Quando a flexibilidade e a capacidade de mudar são necessárias, a competência é uma função da amplitude de repertório. Isto é especialmente verdadeiro para artistas, atletas e facilitadores. É por isso que os músicos ensaiam e os atletas conversam nos vestiários. A reflexão e a renovação são essenciais para as verdadeiras equipes de alta performance. Este capítulo irá descrever as principais ferramentas que o ajudarão a apoiar a renovação.

Estratégias para Renovação

Os fatores de sucesso identificados no MPE para a renovação são reconhecimento e celebração, maestria na mudança e poder de permanência. As equipes visuais empregam uma série de estratégias para isso.

1. **Avaliações de performance da equipe e diálogo:** Uma das principais maneiras de apoiar o desenvolvimento da equipe é gerar informações confiáveis sobre a necessidade de mudar. Isto é mais útil quando parte da própria equipe, por meio de ferramentas de avaliação estruturadas. As pessoas precisam acreditar que há uma necessidade de mudar antes de gastar tempo com isso. Neste capítulo vou descrever as diferentes escolhas de avaliação que estão disponíveis no Sistema de Performance de Equipe (SPE) e algumas das ferramentas gráficas que ajudam a apoiar o feedback e as sessões de aprendizagem.
2. **Compartilhamento:** Fazer com que as equipes compartilhem o aprendizado e sugerir melhorias em uma organização é algo que pode ser feito de forma muito criativa. Veremos dois exemplos, um do programa de liderança de alta performance da National Semiconductor e outro da Agilent Technologies.

AVALIAÇÃO GRÁFICA DE EQUIPE

1. Pendure uma folha grande de papel ou cartolina e divida-a em sete colunas e duas linhas, conforme ilustrado aqui.
2. Convide a equipe a começar a explorar o relatório PE e identificar onde abordaram com êxito alguns dos pontos. Liste-os como pontos fortes.
3. Convide a equipe a procurar lacunas e problemas, refletidos nessas partes do relatório, onde as pontuações são divididas e não há acordos.
4. No final da revisão, identifique uma ou duas áreas em que as melhorias aumentariam a performance ou favoreceriam mudanças.

3. **Rituais de passagem e workshops de transição:** O teatro fornece várias ferramentas para criar cenas que simbolizem transições. Vou compartilhar alguns exemplos de um consultor organizacional da HP extraordinariamente criativo que realizou dramatizações de sessões de tribunais e funerais como uma forma de lidar com a renovação. As demonstrações visuais podem ser muito eficazes no reconhecimento do trabalho árduo. Você já considerou usar imagens de alguém montando um elefante ou pousando um avião como ferramentas no repertório de uma equipe visual?

4. **Charretes de mudança:** *Charrette* é um termo francês para "carroça" e é usado em design para se referir ao tipo de planejamento condensado que um grupo de designers utilizam para resolver um problema de design. Experiências cara a cara bem elaboradas que engajam os participantes na necessidade de mudar são as ferramentas-chave em qualquer kit de ferramentas de performance. Vou contar como Chris McGoff inventou um novo nível de esforço de uma equipe de trabalho incumbida de aumentar a eficácia das respostas de logística dos Estados Unidos para crises como o terremoto no Haiti e o furacão Katrina no golfo do México.

As avaliações SPE são criadas para entregar um relatório que seja catalisador para a discussão, e não que necessariamente descreva, de alguma forma, o pensamento das pessoas quando as fizeram.

As etapas de alta performance e renovação no processo de equipe são interativas, no sentido de que o trabalho feito para a renovação ajuda a manter a performance. Não é preciso esperar até o fim de um processo de equipe para colocar essas ideias em prática.

Visualizando Progresso e Necessidades: Avaliação de Performance da Equipe

Nos primeiros anos de desenvolvimento do Sistema de Performance de Equipe, Allan Drexler e eu, com a ajuda de Russ Forrester, um dos colegas de Allan, desenvolvemos uma avaliação de 72 perguntas chamada Inventário de Performance da Equipe. Ela coloca três questões para cada uma das três chaves em cada uma das sete etapas do MPE, além de sete questões relacionadas ao líder da equipe. Esta avaliação evoluiu ao longo dos anos, com extensos testes de clientes feitos por Allan e Russ através de sua empresa, a Quality Team Performance. O feedback das várias aplicações informava atualizações no MPE propriamente dito, conforme as distinções eram refinadas em resposta às observações dos clientes sobre as chaves. Na década de 2000, Allan e Russ desenvolveram uma autoavaliação de 42 perguntas, em papel, chamada Indicador de Performance de Equipe, e um guia para usá-lo que também estão disponíveis através da The Grove.

A The Grove já desenvolveu, além disso, uma Pesquisa Online de Performance de Equipe, com 21 perguntas, mais três para o líder, em resposta à demanda do cliente por uma simples avaliação.

Em todos esses casos, a vantagem das pesquisas está em facilitar o diálogo para o aprendizado da equipe, usando seus próprios dados como trampolim. Descobrimos, ao longo de muitos anos de trabalho, que não existem fórmulas rígidas para o que faz uma equipe ser bem-sucedida. Enquanto os sete desafios enunciados no MPE mantiveram-se em todo o mundo, as melhores práticas que as equipes usam para responder a esses desafios são muito diversas e, em alguns casos, intimamente ligadas à cultura e normas da organização. Por este motivo, as avaliações SPE são criadas para entregar um relatório que seja catalisador para a discussão, e não que necessariamente descreva, de alguma forma, a equipe além da conversa sobre o que as pessoas pensavam quando fizeram as avaliações.

As estratégias para realizar este feedback estão baseadas em bons métodos de visualização.

Mapeamento de Pontos Fortes e Oportunidades

A maneira mais prática de conduzir uma sessão de aprendizado em equipe é fazer uma das avaliações após firmar o compromisso de que ela não será utilizada para avaliação de performance individual ou medidas disciplinares. Um facilitador de performance da equipe, geralmente um funcionário do RH ou um consultor externo bem informado sobre os SPE, disponibilizará então o relatório e agendará uma sessão de aprendizagem — de três a quatro horas de duração, para que seja mais produtiva. A ilustração na página anterior mostra uma maneira de usar uma grande tabela para refletir as ideias da equipe. Esta mesma abordagem pode ser utilizada em uma reunião virtual e em um documento único com registro gráfico de sugestões e reflexões.

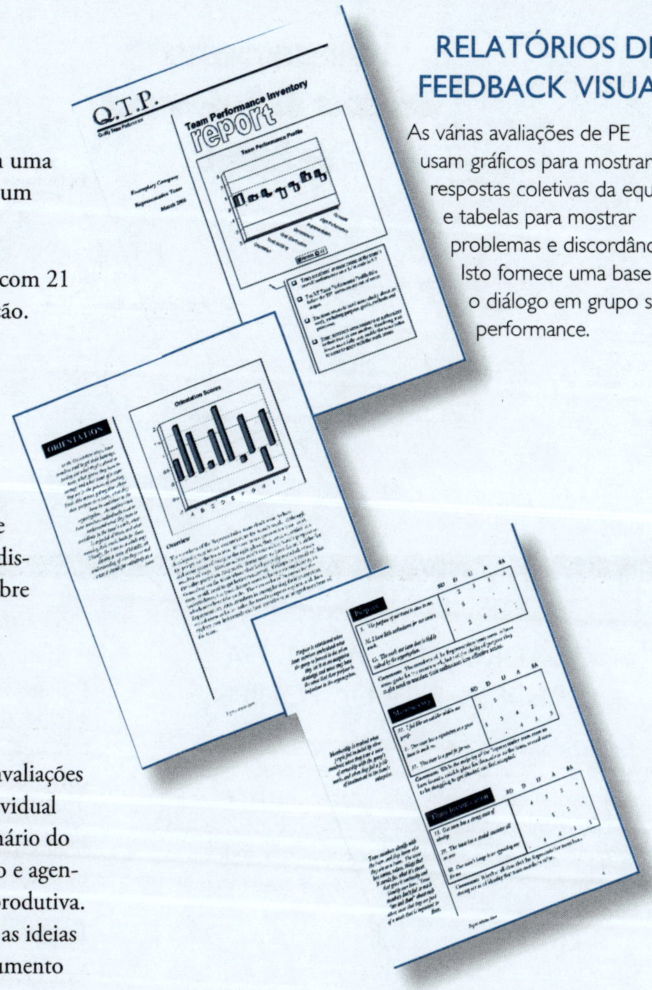

RELATÓRIOS DE FEEDBACK VISUAIS

As várias avaliações de PE usam gráficos para mostrar as respostas coletivas da equipe e tabelas para mostrar problemas e discordâncias. Isto fornece uma base para o diálogo em grupo sobre performance.

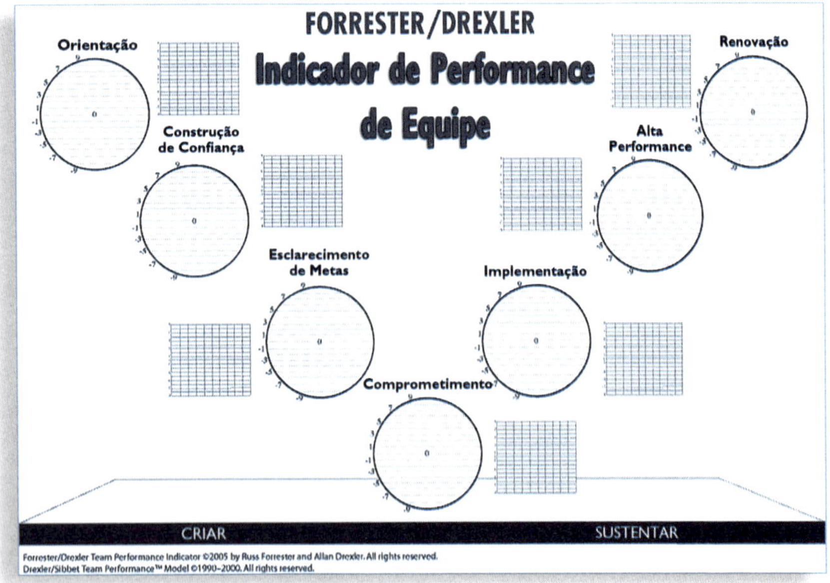

QUADRO INDICADOR DA PERFORMANCE DA EQUIPE

Os resultados de um IPE de autoavaliação em papel, elaborado por Russ Forrester e Alan Drexler, podem ser mapeados para este modelo, calculadas as médias, e os círculos preenchidos para indicar graficamente até que ponto as diferentes áreas estão ou não resolvidas. Este modelo e ferramentas de PE estão disponíveis em www.grove.com.

Os próprios relatórios são bastante visuais e contêm gráficos que mostram anonimamente como cada pessoa avaliou cada etapa. É possível visualizar graficamente, através dos sete estágios, quão alinhada ou dispersa a equipe está em sua avaliação. Cada etapa ilustra todas as avaliações específicas para cada pergunta em tabelas que destacam em que pontos a equipe se encontra dividida em seus sentimentos sobre a performance e em quais todos concordam. Como a avaliação tem descrições sucintas de todas as etapas e chaves, ela serve como apoio educacional para os membros sobre a performance da equipe, além de fornecer dados da equipe.

Um modelo especial de mapeamento para o Indicador PE permite que as equipes mostrem os resultados, em uma representação visual, de em que pontos os problemas foram solucionados e quais ainda precisam ser resolvidos. O Indicador PE vem com instruções sobre como usar o modelo de parede.

A maioria dos profissionais de recursos humanos usa vários tipos de avaliação para fornecer às equipes um feedback sobre sua performance. O instrumento de Meyers-Briggs tem adaptações para esta finalidade. Avaliações de estilo de diferentes tipos, como a True Colors, também facilitam a compreensão das diferenças. Muitas delas, além das avaliações SPE, são citadas na seção de recursos deste livro. A característica que diferencia uma equipe visual seria aprender a usar grandes gráficos e tabelas para completar esse tipo de avaliação, de forma que a equipe possa realmente ver os padrões de consenso à medida que se desenvolvem.

Compartilhamento

Em 1994, durante a virada da National Semiconductor (NSC), a equipe de mudança da empresa organizou uma viagem de campo para Milliken Carpet, uma bem-sucedida empresa multinacional da Geórgia, que institucionalizou o que chamamos de "Compartilhamento", para reconhecer as contribuições dos funcionários para o negócio. Os executivos da NSC voltaram profundamente comovidos com a experiência que tiveram. Eles viram os fundadores da Milliken comparecer a um evento de grande porte quase como uma festa de entrega do Oscar, com dezenas de equipes e pessoas mencionadas e reconhecidas por aquilo com que estavam contribuindo. A atmosfera era contagiante e, impressionados com o grau de sucesso da Milliken em manter uma cultura de contribuição, os executivos da NSC quiseram iniciar um processo similar.

Uma equipe especial recebeu a incumbência de organizar pela primeira vez um evento de compartilhamento para as unidades de manufatura e embalagem da NSC na Ásia. Eles fecharam um hotel para o evento em Sentosa, uma pequena ilha ao sul de Cingapura, e convidaram cada departamento a enviar as equipes que haviam contribuído de maneira especial para a NSC no último ano. Quando chegaram em Cingapura, cada equipe teve algum tempo e materiais para criar um estande ao estilo de bazar, expondo o que havia aprendido e os resultados obtidos. Este evento aconteceu num grande salão do hotel, para uma tarde de apresentação geral e visitação da diretoria. Para muitas das pessoas foi o primeiro congresso a que tinham ido, e a energia era eletrizante.

Criando uma Feira de Aprendizagem pela Ação da Agilent

Lembrei-me da experiência da National Semiconductor dez anos mais tarde, ao trabalhar com a Agilent Technologies em um evento culminante de suas equipes de alto potencial envolvidas em um

FEIRA DE APRENDIZADO DE AÇÃO DA AGILENT

A foto mostra um pequeno conjunto de 20 estandes criados pelas equipes de aprendizado pela ação na Agilent, durante a feira de aprendizado pela ação em 2005. Cada equipe recebeu materiais gráficos e acesso a impressoras e outras mídias no início de um Fórum de Liderança Global de uma semana de duração. Entre a segunda-feira e a realização da feira na quinta, cada equipe criou estes estandes para expor seus resultados.

ESTANDE DE APRENDIZADO PELA AÇÃO

A foto mostra parte de um de 20 estandes da equipe de aprendizado pela ação criado para a Feira de Aprendizado pela Ação na Agilent Technologies, em meados da década de 2000. A The Grove trabalhou com cada equipe e seus respectivos projetos, ensinando a MPE como trabalhar virtualmente, por isso foi muito bom ver esta equipe refletindo esse aprendizado em seu estande. A maior parte deste trabalho gráfico foi criada durante o contexto do Fórum de Liderança Global.

programa de seis meses de aprendizagem pela ação. Será que conseguiríamos reproduzir a emoção do compartilhamento da NSC em um congresso de aprendizagem pela ação? A equipe de design do Global Leadership Forum gostou da ideia.

Nós fornecemos a cada uma das 20 equipes material para cartazes, marcadores, impressoras a cores, monitores LCD e outros materiais gráficos para criar um estande que iria comunicar o que eles haviam aprendido na equipe e com o que contribuíram para a Agilent. O evento foi no quarto de cinco dias de um Global Leadership Forum, de modo que cada equipe teve vários intervalos livres durante os quais puderam preparar seus estandes. As instruções eram para que preparassem murais e telas que permitissem que um membro ou membros da equipe compartilhassem seus resultados com os demais.

Para garantir que todos se envolvessem nessa atividade, cada membro de equipe foi convidado a classificar todos os outros estandes segundo quatro critérios:

1. **Resultados do negócio:** Ideias tangíveis para melhorar tanto produtos quanto processos.
2. **Criatividade:** Relacionada tanto ao estande de apresentação quanto à forma como o projeto foi realizado.
3. **Trabalho em equipe:** Classificação da evidência de como a equipe trabalhava em conjunto.
4. **Aprendizado:** Se o projeto não produzisse resultados específicos, a equipe poderia mostrar o que tinha aprendido?

Para adicionar ainda mais energia, foi pedido a cada equipe que preparasse um "infomercial" publicitário de dois minutos de seu estande, que seria apresentado em uma grande sessão plenária na parte da manhã. Após a sessão, a feira abriria e todos teriam algumas horas, incluindo o almoço, para visitar os estandes e absorver o aprendizado em equipe. A gerência e a diretoria que haviam patrocinado equipes de aprendizagem pela ação também foram convidadas para o evento e também iriam classificar os estandes, aumentando a visibilidade dos participantes de alto potencial.

O resultado foi emocionante. Muitas das equipes tinham feito a maior parte do trabalho virtualmente, de forma que a criação dos estandes foi a primeira vez que tiveram a oportunidade de realmente trabalhar em grupo. O fato de terem uma ampla gama de opções de mídia para usar também catalisou as equipes e possibilitou que todos participassem. Algumas equipes foram bastante criativas em sua maneira de se expressar.

Todos os grupos investiram nas apresentações de dois minutos. No primeiro ano deste programa, cerca de metade eram esquetes. Nos segundo e terceiro anos, as equipes sabiam sobre esse recurso e criaram slides e apresentações de vídeo surpreendentes.

O tema de feira *country* funcionou perfeitamente. Todos se divertiram muito. E o evento foi fechado com uma cerimônia de premiação naquela noite. O primeiro ano da equipe que propôs um osciloscópio de baixo custo novo para a China recebeu o prêmio "Resultados de Negócio". Quando o produto acabou sendo um grande sucesso, a reputação do programa de aprendizagem pela ação subiu, e apresentações subsequentes receberam ainda mais atenção.

Usando Rituais para Facilitar a Transição

Um dos consultores de organização mais criativos que conheço é Geoff Ainscow, que trabalhou por várias décadas na HP. O uso de certos rituais para eventos de renovação moldou os meus próprios padrões de excelência para esse tipo de coisa. Por exemplo, na década de 1990, a HP precisava fechar uma fábrica no sudoeste. Eles pediram a Geoff para trabalhar na transição. Na época, a HP ainda era famosa por sua cultura direcionada aos funcionários e pelo "HP Way" (prática de excelência em Recursos Humanos). Esta abordagem foi contestada pelas dificuldades econômicas da década de 2000, mas a abordagem de Geoff para o fechamento da fábrica continua a ser uma resposta sensível e maravilhosa. Ele e os operários de lá decidiram que, em vez de fingir que nada estava acontecendo, iriam encenar um funeral ao estilo de Nova Orleans e comemorar seus longos anos de trabalho conjunto. No dia do evento, um grupo de operários, todos vestidos com sacos de lixo pretos e carregando um caixão, entrou no escritório da fábrica, atrás de músicos tocando uma clássica marcha

A IMPORTÂNCIA DAS IMAGENS PARA EQUIPES DE APRENDIZAGEM PELA AÇÃO DA AGILENT

Leslie Camino-Markowitz é líder de programas de liderança de alto potencial da Agilent Technology. Estas são suas respostas a uma entrevista sobre trabalhar visualmente com as equipes de aprendizagem pela ação.

P. Qual foi a maior contribuição de ferramentas visuais no desenvolvimento do programa de desenvolvimento de liderança da NextGen?

R. As ferramentas visuais facilitam a aprendizagem, a dinâmica da equipe, a criatividade e a inovação. Elas apoiam a nossa colaboração em equipe multifuncional e multigeográfica para produzir projetos orientados para os resultados.

Juntamente com a crescente capacidade dos indivíduos, os projetos de aprendizagem pela ação impactaram os produtos geradores de receita (aumento de lucros, introdução de novos produtos, atualização de modelos financeiros etc.).

Os gráficos servem como ferramentas para acessar o pensamento do lado direito do cérebro — criativo, intuitivo e visão geral — em culturas lógicas, de engenharia, e auxiliam a compreensão de sistemas complexos, multifacetados. Se devidamente utilizados, os gráficos podem levar as pessoas do envolvimento racional para o emocional e apoiar projetos bem-sucedidos com clareza sobre os resultados.

O Projeto da Feira liderou o caminho para eventos similares dentro da empresa, como a Innovation Fair, que é essencial para a nossa iniciativa de inovação. Embora a princípio as pessoas estivessem céticas, a experiência demonstrou ser fenomenal em termos de aprendizagem, devido à alta qualidade do trabalho, ao nível de envolvimento produzido e ao impacto positivo sobre a dinâmica da equipe, sem falar na grande honra que foi receber os prêmios. As feiras continuaram a evoluir para incluir feiras virtuais.

fúnebre. Conforme passavam, todos colocavam algum objeto favorito de suas mesas e estações de trabalho dentro do caixão.

Do lado de fora, as famílias de todos os trabalhadores cumprimentaram os enlutados. Eles marcharam até uma cova e enterraram o caixão, depois começaram a rasgar os sacos de lixo pretos para revelar camisetas com fênix renascendo das cinzas e, em seguida, todos participaram de um grandioso piquenique de comemoração. As famílias ficaram muito emocionadas com o fato de a empresa apoiar esse tipo de evento. A transição transcorreu com tranquilidade. E, evidentemente, a HP também se empenhou para recolocar o maior número possível de funcionários na empresa.

A mudança de ser um centro de custo para produtor de receita foi uma mudança de cultura em massa e exigiu um evento de renovação que teria um impacto profundo e vivencial na equipe de gestão e seus subordinados diretos a fim de ser bem-sucedido.

O Julgamento do Plano Estratégico

A segunda história maravilhosa que ouvi sobre o trabalho de Geoff foi de quando ele submeteu o plano estratégico de uma divisão da HP a julgamento. Sabendo que a obtenção de concordância do nível seguinte de gestão é sempre uma chave para o sucesso no planejamento de trabalho, ele sentiu que era necessário algo mais envolvente do que uma sessão de comunicação. O julgamento de O.J. Simpson (famoso ex-jogador de futebol americano e ator de cinema) estava em andamento na época, e ele convenceu a equipe executiva a colocar seu plano em julgamento.

Na preparação para o grande evento, Geoff entrevistou funcionários sobre o entendimento deles com relação ao plano e às perguntas que tinham a fazer a respeito. Em seguida, ele contratou uma companhia de teatro para atuar como os promotores de acusação no caso. Os executivos foram acusados de (1) financiamento inadequado, (2) falta de ousadia no plano, (3) falta de alinhamento e (4) ignorar as necessidades dos clientes.

Durante dois dias, os executivos foram levados a julgamento, com seus subordinados diretos compondo o júri. Os promotores os atacaram com todas as perguntas e preocupações que haviam sido anotadas durante as entrevistas. O cenário de tribunal e os trajes usados pelos promotores colocaram os executivos numa situação e num estado de espírito diferente, que trouxe à tona talentos ocultos e uma paixão por aquilo em que eles realmente acreditavam com relação ao plano de negócios. A renovada convicção

conquistou o júri. No final de uma sessão muito emocionante, os executivos foram absolvidos de todas as acusações, e a divisão tinha um plano que todos compreendiam inteiramente.

Relatório sobre a Boa-Nova

Tive o privilégio de realmente trabalhar com Geoff em um terceiro projeto para a Divisão de Circuito Integrado de Negócios (DCIN) da HP. A empresa estava mudando de uma política de projeção de chips em grande escala com orçamento padrão, para um modelo de Perdas e Lucros no qual a divisão pagaria taxas para outras divisões. Esta mudança de ser um centro de custo para produtor de receita foi uma mudança de cultura em massa e exigiu um evento de renovação que precisaria ter um impacto profundo e vivencial na equipe de gestão e seus subordinados diretos a fim de ser bem-sucedido.

Por experiência, Geoff sabia que a liderança e seus seguidores teriam de sentir a mudança, não apenas pensar nela. Geoff insistiu para que os executivos fossem os membros centrais de uma equipe

METÁFORAS PARA A MUDANÇA

Quando a Divisão de Circuito Integrado da HP precisou mudar de uma cultura P&L para uma suportada pelos orçamentos corporativos, a equipe administrativa — 200 gerentes e 2.500 participantes virtuais — mergulhou em um evento de visualização estratégica de dois dias, ancorando a mudança em uma rica experiência de uma maneira diferente de trabalhar. Eu tirei esta representação da empresa 2B2K de "notícias" que a equipe de design criou em um post diário que começava com "esta é uma das melhores reuniões que eu já vi".

A EVOLUÇÃO DA ICBD

Na Estação 2B2K, a mudança para a cultura externa da Integrated Circuit Business Division da HP (Divisão Integrada de Circuito de Negócios da HP), um evento noturno adicional, acabou sendo um verdadeiro ponto de virada no processo.

Inspirada no sucesso de reuniões experimentais anteriores, a equipe de projeto tinha contratado uma companhia de teatro para vir entrevistar os funcionários sobre a história e a cultura da ICBD e criar um roteiro que traçasse a evolução da divisão desde a Idade da Pedra até os tempos modernos.

Em uma reviravolta, acabou sendo a própria diretoria que atuou, aparecendo fantasiados e lendo os scripts em pranchetas. A noite foi hilária. Eu nunca vi adultos rirem tanto, enquanto viam seus executivos sujeitando-se a parodiar a si mesmos em público. A declaração foi inegável. A mudança já estava acontecendo, e os líderes estavam na vanguarda do processo de aprendizagem que seria necessário!

de projeto, para garantir o comprometimento. No nível em que ele queria trabalhar, eles precisariam ser totalmente favoráveis, e seria nas sessões de projeto que grandes mudanças na maneira de pensar e aprender iriam ocorrer.

A equipe decidiu incorporar um evento de dois dias em uma metáfora de um jornal. Os diretores seriam os locutores âncoras, anunciando as novas políticas e estratégias em noticiários ao vivo. Eu seria o repórter do tempo, graficamente mapeando as respostas e reações em grandes "mapas meteorológicos" e fornecendo uma visão geral de vez em quando. Os 200 melhores engenheiros e os funcionários seriam os repórteres e foram solicitados a escrever histórias sobre como os objetivos e estratégias seriam realizados no futuro.

Para ser o mais realista possível, um conjunto de luzes com a mensagem "no ar" e "fora do ar" e uma mesa de notícias transformaram o salão do hotel. O nome da estação, 2B2K, simbolizava as metas de receita — 2 bilhões até o ano 2000. Na parte do fundo, uma equipe especial de notícias usava vários computadores que transmitiam ao vivo uma conferência por computador para qualquer pessoa da empresa que quisesse participar. À medida que os participantes entravam, cada um recebia uma pequena câmera digital, que poderia usar para tirar fotos e fazer postagens quando quisesse.

O evento foi um enorme sucesso. A mesma dinâmica do tribunal aconteceu na reunião da redação. Todos os 2.500 funcionários foram convidados online e poderiam "participar" se cumprissem algumas condições. (1) Ler o plano de negócios, (2) Participar verbalmente, (3) Fazer anotações e (4) Comprometer-se a realizar uma reunião de relatório com seus colegas de trabalho que não comparecessem. O cenário de departamento de redação e os gráficos os colocaram na pele de jornalistas, o que os ajudou a mudar o estado de espírito. Mais de 175 histórias e fotos foram publicadas. Os "repórteres" criaram 20 tabelas de histórias do futuro, que foram graficamente ilustradas num vistoso display visual na frente da sala.

Charretes para Galvanizar a Ação

Os tipos de atividade que se pode fazer para a renovação são muitas vezes semelhantes ao que acontecem para impulsionar novos processos. A realização de uma reunião especial cara a cara que convida a todos para encarar as novas realidades, e aderir à mudança, é uma forma consagrada pelo tempo de galvanizar as equipes para aceitar um novo processo.

Chris McGoff é o fundador da The Clearing, uma empresa de consultoria em Washington, DC, dedicada a assumir os problemas realmente difíceis dos tempos atuais. Ele concebeu uma equipe visual trabalhando com um grupo de especialistas em logística convocados por um general do Exército. "Eles sentem que o momento é propício, sucedendo-se aos desafios do terremoto no Haiti e do furacão Katrina", disse Chris, "para coordenar a forma como o Governo dos EUA pode coordenar as respostas de logística". Ele facilitou uma "charrete" para este objetivo e decidiu que o apoio gráfico e a consultoria de processos ajudariam.

Chris e eu temos o mesmo mentor, Michael Doyle, cofundador da Interaction Associates. Michael já é falecido, mas suas ideias continuam vivas. Na verdade, pouco antes de Michael morrer, ele e Chris estavam trabalhando em um livro que iria descrever os conceitos-chave de consultoria que estavam no coração de seu sucesso de consultoria. Chris terminou o livro sozinho. Chama-se *The PRIMES: How Any Group Can Solve Any Problem* ("Os NÚCLEOS PRINCIPAIS: Como Qualquer Grupo Pode Resolver Qualquer Problema"). No seu cerne está um conceito chamado "NÚCLEO PRINCIPAL". A aplicação de Chris para a equipe de logística entre agências ajudou a chegar a um novo nível de operação. A agenda seguiu literalmente o diagrama mostrado aqui:

1. Primeiro, a equipe mapeou a situação em detalhes gráficos, contando histórias do Haiti e do Katrina.
2. Depois eles analisaram o ambiente atual e todas as forças e fatores que cercavam tais efeitos.

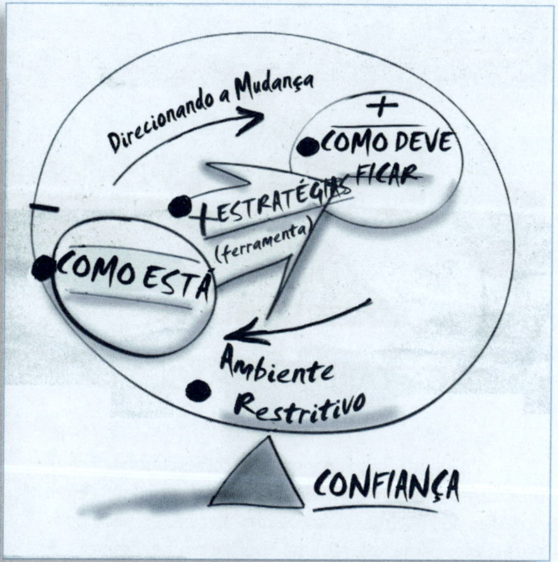

O NÚCLEO PRINCIPAL

Esta é uma ilustração gráfica do NÚCLEO PRINCIPAL descrito por Chris McGoff em seu livro *The PRIMES: How Any Group Can Solve Any Problem*. É o modelo que impulsiona a consultoria da maior parte das mudanças. Enquanto muitos outros retratam o processo central da mesma forma — comparando a análise do estado atual com a projeção de um estado futuro e depois explorando estratégias — o que o NÚCLEO PRINCIPAL acrescenta é um foco no difícil trabalho de certificar-se de que a liderança tenha real confiança na mudança. O foco deve inclinar-se para o futuro, para que a verdadeira mudança aconteça. Vire mentalmente o triângulo para obter o arco MPE. "Confiança" tem tudo a ver com fazer uma "virada" real, não uma pseudovirada, no sentido da implementação.

FORÇA-TAREFA DE LOGÍSTICA INTERAGÊNCIAS

Chris McGoff, da The Clearing, está comentando sobre o processo altamente visual que o grupo completou em dois dias de implementação de uma decisão tomada por seus chefes para explorar uma abordagem de logística interagências. Esta empreitada está longe de terminar e é confidencial até o momento, por isso esfumacei o rosto dos participantes. Mas é um exemplo tão perfeito de como os processos de equipes visuais eficientes podem ser, que eu quis incluí-lo aqui.

Esta foto e as referências ao The PRIMES na página anterior foram usadas com permissão da The Clearing, Inc.

3. A equipe, então, olhou diretamente para o quanto estava em jogo se nenhuma mudança fosse feita. Se não houvesse um acordo de que o "como está" era inaceitável, nenhum trabalho ganharia força.
4. Em seguida, eles desenvolveram uma visão do futuro.
5. Isto proporcionou um contexto para traçar estratégias de ação e capacitar um grupo de tarefa ou subordinados diretos para começar a desenvolver um quadro de uma resposta à crise de "todo o governo".

Chris levou este "offsite" a um novo nível, no ponto de cruzamento, quando ele estava testando a confiança que as pessoas tinham na mudança. Ele dividiu a equipe em três grupos e pediu a cada um que preparasse um argumento de por que um esforço integrado de governo deveria acontecer. Logo após a apresentação inicial, ele convidou os outros dois grupos para destrinchar a primeira apresentação!!! O segundo grupo poderia, então, incorporar quaisquer outras ideias que surgissem a partir deste processo. A mesma coisa aconteceu com o segundo grupo. No terceiro grupo, os argumentos eram profundos. Do lado de fora, na praça, ao cair da tarde, ao som dos pios que vinham do derramamento de óleo no golfo, a liderança aceitou a mudança. O restante do offsite foi muito produtivo, assim como o workshop de acompanhamento com especialistas em logística habilitados por seus chefes para colocar este processo em andamento.

Esses tipos de "charretes" intensas quase sempre empregam gráficos em grande escala e métodos de reuniões visuais para alcançar seus resultados. Quando combinado com modelos mentais claros e memoráveis sobre o porquê de o processo ser projetado do jeito que é, as pessoas podem se deslocar para níveis extraordinários de cooperação e criatividade. Esta charrete, naturalmente, não foi o fim do trabalho desta equipe, mas um novo começo, assim como acontece com a renovação e a performance de equipe.

V: Criando uma Cultura de Equipes Visuais

Pensando GRANDE sobre as Oportunidades

V: Criando uma Cultura de Equipes Visuais

Capítulo 14: Apresentando as Equipes Visuais Se você gosta da ideia de equipes visuais, como pode obter suporte para trabalhar desta forma? Qual é a fórmula para a mudança? Que tipos de projetos-piloto parecem funcionar melhor? Qual é o papel da alta administração ao apoiar uma cultura de pensamento visual e comunicações visuais?

Capítulo 15: Desenvolvendo Habilidades de Equipes Visuais O Modelo de Performance de Equipe é uma aplicação de uma teoria poderosa de processo que ajuda a integrar as formas fragmentadas em que as pessoas pensam sobre grupos, colaboração e trabalho em equipe. Este capítulo explica como você pode aprender a usar o pensamento de processo visual para dar sentido a diferentes abordagens para o desenvolvimento da equipe.

Capítulo 16: Linguagem Visual Compartilhada Cultivar uma rede de aprendizagem de praticantes visuais é a chave para que as equipes visuais se tornem uma forma viral de trabalho. O que é necessário? Onde foi que isso já aconteceu? Quais funções são mais importantes para a aprendizagem e o desenvolvimento? Este capítulo tem histórias de aplicações bem-sucedidas.

14: Introduzindo Equipes Visuais

Comunicando os Benefícios

Vamos supor que você esteja animado com o conceito de reuniões visuais e com a ideia de trabalhar visualmente como equipe, e que você e sua equipe apreciem os benefícios de trabalhar mais como designers. Mas a sua organização está um pouco devagar, prefere fazer apresentações com slides, usar e-mails, SMS e teleconferências para coordenar, e evita reuniões sempre que possível. Esta situação é familiar para você? É incrível como muitas empresas ainda trabalham desta forma. E elas não vão mudar até que as pessoas experimentem algo diferente e mais eficaz. Mesmo assim, as pessoas resistem à mudança, especialmente se isso significa que você tem de aprender algo novo.

A Fórmula para a Mudança — DxVxA>R

Os consultores de mudanças usam uma pequena fórmula para lembrar que é necessário que as empresas mudem. Isto inclui equipes, claro. A fórmula DxVxA>R significa *Descontentamento vezes Visão vezes Ação que deve ser maior do que a Resistência.* Esta é uma variante do Núcleo Principal ilustrado no capítulo anterior. Significa que você e os demais precisam estar descontentes com a maneira como as coisas estão agora — com a situação "como está". Mas esse descontentamento precisa ser multiplicado pela atração por uma visão de "como deve ficar". E tudo isso precisa ser multiplicado por medidas de ação claras para prosseguir. E tudo isso combinado deve ser maior do que a resistência. As pessoas começam a sentir confiança na mudança quando estas condições são satisfeitas. Vamos construir a mudança das equipes visuais.

"D" — Construir Descontentamento com a Situação Atual

O primeiro passo para introduzir equipes visuais em uma empresa é compreender inteiramente por que *não* trabalhar desta forma é tão difícil. Meus melhores argumentos estão listados no boxe desta página. Subjacente a estes argumentos contra a comunicação não visual estão as vantagens de ser explícito e colaborativo versus as desvantagens de ser competitivo e manipulador. Não quero dizer com isso que não haja necessidade de diálogos profundos em algumas situações, sem imagens ou murais, ou de conversas informais e discussões abertas que não precisam ser registradas, gravadas ou fotografadas. O descontentamento deve ser com o fato de nunca ter chance de interagir, jogar, prototipar e ser criativo como grupo.

O CASO CONTRA TRABALHAR NÃO VISUALMENTE

Pouco Envolvimento

- ❑ Mais resistente a obter a contribuição de todos.
- ❑ Não reconhecimento público de ser ouvido quando alguém fala.
- ❑ Membros da equipe tendem a ignorar as pessoas que parecem ter uma imagem clara em sua mente.
- ❑ Sentar-se em círculo é muito menos saudável do que mover-se para lá e para cá em reuniões.

Sem Pensamento Sistêmico de Grupos

- ❑ Não é possível pensar em um nível sistêmico como grupo.
- ❑ Não é possível ver o panorama e as conexões.
- ❑ Sem chance para criar uma imagem coletiva do que está acontecendo ao somar todos os pedacinhos.
- ❑ O trabalho se concentra frequentemente em táticas e operações.

Sem Estímulo Criativo Visual

- ❑ Equipes perdem o estímulo e a criatividade para trabalhar com o apoio de imagens — sem apoio direto para o lado direito do cérebro, pensamento intuitivo.
- ❑ Os projetos novos precisam de manifestação visível para evoluir.

Memória de Grupo Fraca

- ❑ Dificuldade para mostrar aos outros o que está fazendo.
- ❑ Memória de grupo ineficaz para fazer a ponte entre uma reunião e outra.
- ❑ As pessoas raramente leem ou estudam minutas redigitadas.
- ❑ A equipe perde toda a atenção que é obtida com o uso de ótimos recursos visuais.

O CASO A FAVOR DE TRABALHAR VISUALMENTE

Alta Participação/Eficiência

- ❑ Todos os que participam se tornam reconhecidos graficamente.
- ❑ O conteúdo dos registros de reuniões é validado publicamente e corrigido.
- ❑ Equipe que desenha e trabalha com notas é muito mais ativa do que a que senta e conversa.
- ❑ Os modelos gráficos dão suporte à coleta e revisão de dados rapidamente.

Pensando no Quadro Maior

- ❑ Painéis de trabalho visual apoiam o pensamento sistêmico em termos de equipe.
- ❑ Imagens estimulam o lado direito do cérebro, o pensamento criativo.
- ❑ A visualização abre a consciência de nossos modelos mentais.
- ❑ Cocriar murais gráficos suporta o entendimento e o alinhamento.
- ❑ Telas grandes apoiam a visualização de novos relacionamentos.

Memorabilidade/Compartilhamento

- ❑ Notas de reuniões e planos de ação são fáceis de compartilhar e convidam a dar opiniões.
- ❑ A captura digital de painéis de trabalho suporta a memória do grupo.
- ❑ Todos se lembram mais do que aconteceu.
- ❑ As práticas visuais permitem que as equipes acompanhem o que está acontecendo ao longo do tempo.

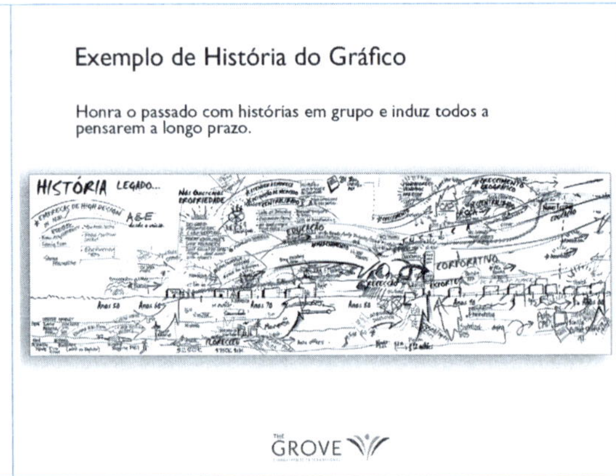

"V" — Desenvolver uma Visão Pessoal de Onde Você Pode Ter Sucesso

No Capítulo 3, onde descrevo o MPE, listei como as equipes visuais lidariam com cada etapa. Se você quiser introduzir esta forma de trabalhar na sua empresa, você precisa determinar onde sua equipe está empacada para que ela se liberte, se você tentar algo novo e visual. Você precisa ter um senso pessoal de como exatamente você se beneficia com um trabalho visual. As oportunidades específicas que você terá serão exclusivas para a sua situação, é claro, mas há alguns benefícios comuns para as equipes visuais em geral. Estes também estão listados no boxe desta página.

De longe, a forma mais eficaz de fazer com que seu gerente ou equipe visualizem o que é possível é mostrar a eles os resultados do trabalho de uma outra equipe visual. A reprodução de um relatório da reunião visual nesta página é um exemplo. Imagine este relatório em seu tamanho real, com folhas de 30cm x 50cm. Para a pessoa que lê um relatório, o tamanho dos gráficos visuais é quase o mesmo de quando um participante da reunião olha para a parede. Os participantes se sentem como se estivessem na reunião.

Esses tipos de relatório funcionam melhor quando você os usa para contar pessoalmente a história da reunião e ajudam a navegar no visual. Para quem não estava na reunião, eles podem parecer confusos.

"A" — Propor Alguns Passos de Ação Concretos

Ser pessoalmente convencido das vantagens das equipes visuais e retratar uma visão das possibilidades não é suficiente. Você terá de propor algumas medidas de ação específicas para que a pessoa com quem você estiver falando possa imaginar concretamente a execução. Aqui estão alguns primeiros passos, experimentados e verdadeiros:

- **Faça anotações visuais em suas reuniões e compartilhe-as:** A maioria das pessoas que se sentem confortáveis trabalhando com linguagem visual usam-nas para fazer suas próprias anotações. Se você praticar um pouco e pegar o jeito, compartilhe suas anotações com os outros membros da equipe e sugira que vocês poderiam fazer isso em maior escala.

- **Tome a iniciativa e faça você mesmo os registros:** Pegue alguns marcadores e anote sua agenda, etapas da ação e/ou acordos em um bloco. Seus companheiros de equipe irão apreciar essa atitude e, provavelmente, ficarão mais abertos. Você não precisa ser um grande desenhista para que isto seja útil.

- **Faça *brainstorm* com post-its grandes em vez de pequenos:** Se faltarem post-its grandes, use fita adesiva no verso de metades de folhas de sulfite. Existem, no entanto, alguns fabricantes de notas autoadesivas grandes (incluindo a The Grove).

- **Use um tablet para o registro de conferências via web:** A simples mudança de slides e apresentação para discussão e registro gráfico em uma conferência via web vai mudar o envol-

RELATÓRIOS GRÁFICOS DE REUNIÃO

Relatórios como o mostrado aqui promovem o trabalho de equipes visuais, tanto quanto qualquer outra coisa que você possa fazer. Esta é uma pequena amostra do que poderia ser um relatório visual de 20 a 30 páginas. É perfeito para contar histórias para as pessoas que não estavam em uma reunião. O gráfico à esquerda é um Guia Gráfico de Iniciação de Reunião da Grove. O do meio é um Mapa de Contexto. O seguinte é uma grade SPOT. O relatório continua na próxima página para que você tenha noção de como podem ser panorâmicos.

Exemplo da Visão de Matéria de Capa

Visualização — 1 hora

"Imagine sua empresa como a matéria da capa de uma revista importante."

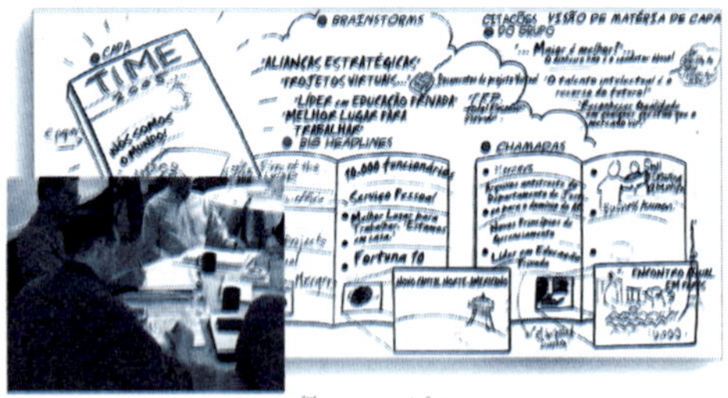

Visão Estratégica Final

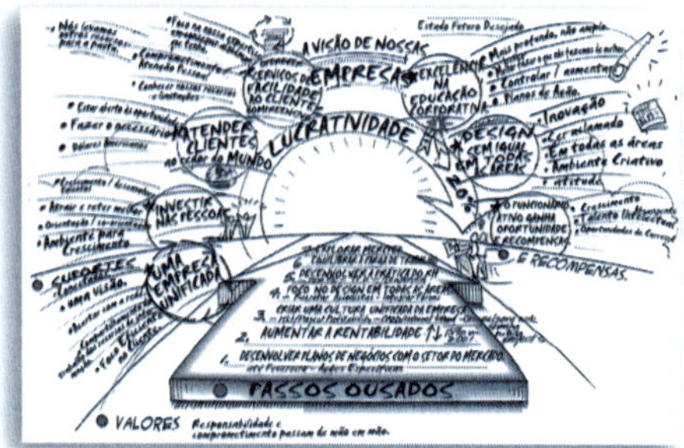

Plano de Jogo como Apresentado

O processo colaborativo permite que a liderança apareça.

Refinar ideias

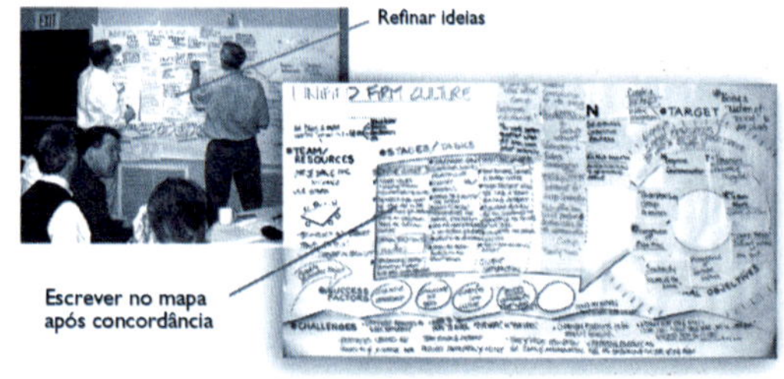

Escrever no mapa após concordância

RELATÓRIOS GRÁFICOS DE REUNIÃO, Continuação

Nesta parte do relatório da reunião visual para uma empresa de arquitetura, o processo offsite (externo) concentrou-se na visualização e planejamento da ação. O Guia Gráfico à esquerda é a Visão da Matéria de Capa. O do meio são os Cinco Passos Ousados. O da direita é o Plano de Jogo Gráfico. A empresa de arquitetura que fez este planejamento reproduziu a visão estratégica final e a publicou em mais de uma dezena de escritórios em todo o país. Como ela representava um verdadeiro consenso dos sócios proprietários, teve bastante credibilidade. (Todos estes Guias Gráficos estão disponíveis em branco em www.grove.com.)

vimento de uma apresentação de mão única com um pouco de feedback para um verdadeiro debate com propostas e respostas. Pegue um tablet simples e um programa de gráficos e veja o que você pode fazer (ver Seção VI para ideias).

- **Utilize modelos gráficos simples para grupos em formação:** Uma forma testada e verdadeira de começar as atividades gráficas é ter pequenos grupos desenvolvendo em conjunto suas ideias sobre um modelo de gráfico e, depois, comparar os resultados com outros grupos para identificar as ideias que aparecem em todos. Há muitos exemplos desses modelos neste livro. O Guia Gráfico de Mapa de Contexto mostrado no relatório da reunião na página anterior funciona maravilhosamente com grupos de pequeno porte.

- **Destrinche um projeto com uma história visual:** Outro processo testado e aprovado é destrinchar um projeto importante mapeando graficamente o que aconteceu e procurando insights e aprendizagens. Existem algumas maneiras de fazer isso em grupo. Uma delas é pedir que todos produzam artefatos visuais do projeto — slides, mapas, imagens, diagramas e gráficos de qualquer tipo — e fazer uma colagem com eles em uma linha do tempo. Em seguida, conte a história do projeto, mapeando o que aconteceu em uma segunda linha do tempo, ou fazendo anotações em volta dos itens colados. A vantagem deste tipo de atividade não está na qualidade do desenho, mas no processo em si.

- **Crie uma visão de equipe ou mapa:** Sugerir que a equipe crie um cartaz visual da sua visão ou um mapa irá propiciar uma validação imediata das vantagens de trabalhar visualmente.

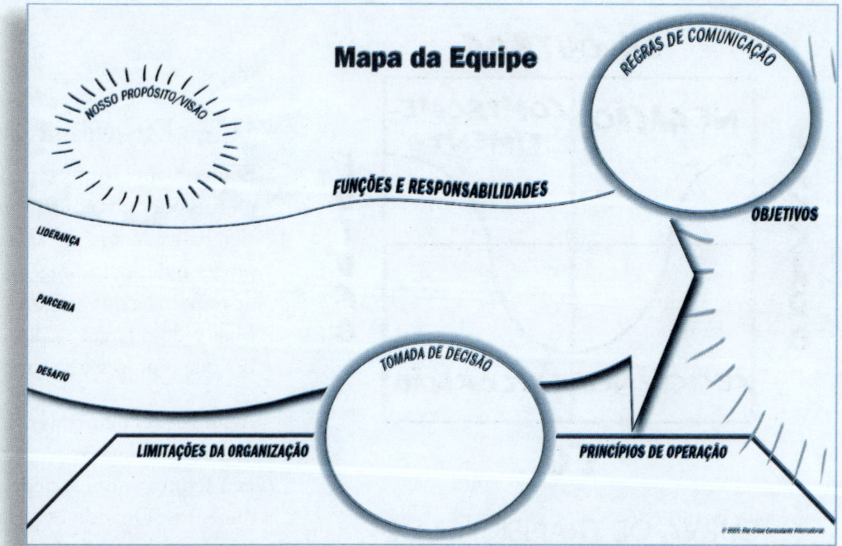

MODELO DE MAPA

Esta é uma amostra do Guia Gráfico de Mapa de Equipe que a The Grove usou com diferentes equipes para obter clareza sobre os campos indicados. Com este tipo de visualização e desenvolvendo um mural especial que reflita uma minivisão para a equipe, é possível reforçar ainda mais os acordos na imaginação de todos.

Os argumentos sobre como visualizar o propósito da equipe serão divertidos. O processo será lembrado. E você terá um artefato que poderá ser utilizado posteriormente para fins de alinhamento.

- **Crie um roteiro da equipe:** A única coisa mais produtiva que você pode sugerir se sua equipe não trabalha visualmente é mapear os planos em uma linha do tempo ou calendário. O Capítulo 11 tem exemplos claros, no caso da equipe de RH da Otis. Novamente, isto não é um concurso de desenho, e sim um desafio de usar uma cartolina e post-its grandes, algo muito fácil de fazer.

- **Use um Plano de Jogo Visual para sua próxima sessão de planejamento de equipe:** Muitos líderes concordam que usar slides em reuniões de equipes administrativas impede a troca de ideias e um bom diálogo sobre o que é possível e o que deve ser feito. Os apresentadores chegam "carregados" e exibem uma longa e cansativa sessão de slides, com todo mundo fingindo estar envolvido. Posso estar exagerando um pouco, mas não muito. Se você sente que suas reuniões de planejamento de ação estão empacadas, use modelos de gráficos e discussões registradas, em vez de slides, e perceba a diferença. Eu falo sobre isso detalhadamente em *Reuniões Visuais* e destaco que a experiência visual, interativa e participativa de trabalhar com registro gráfico, post-its e mapeamento de ideias realmente transforma os níveis de envolvimento. Uma maneira simples de começar é trabalhar com um Plano de Jogo Visual na sua próxima reunião de planejamento e ver o que acontece.

- **Organize uma reunião visual ou workshop de Facilitação Gráfica:** Se você conseguir que um pequeno grupo de pessoas tenha uma experiência comum em um programa de treinamento, elas se tornam uma rede de suporte mútuo. O Capítulo 16 discorre sobre como criar este tipo de rede de aprendizagem. Não surpreendentemente, este tipo de trabalho é ver para crer. Se a sua equipe começar a trabalhar em problemas reais, como o conteúdo do workshop, ela é duplamente beneficiada por esta atividade.

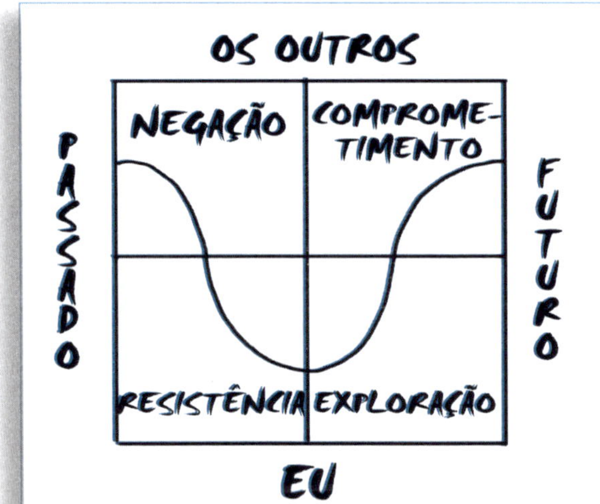

CURVA DE TRANSIÇÃO DE TRABALHO DE MUDANÇA

A dra. Cynthia Scott, consultora de mudança sênior, descreve o processo que as pessoas previsivelmente experimentam durante a mudança. Inicialmente, a maioria das pessoas acha que o processo vai envolver outras pessoas e que as coisas não irão mudar tanto assim para elas. Quando se torna evidente que a alteração pode ter um impacto, o passo seguinte é resistir. Se a mudança persistir, as pessoas passam a explorar o novo e, depois, o comprometimento do grupo com relação à mudança. Ela usou este modelo para ajudar os líderes a verem que a resistência na verdade é um progresso. Também é um grande exemplo de persistência visual "de baixo para cima" como uma forma de explicar o processo. Para mais informações, leia o livro que ela escreveu com Dennis Jaffe, *Getting Your Organization to Change: A Guide for Putting Your Strategy Into Action* ("Fazendo Sua Empresa Mudar: Um Guia para Colocar em Ação a Sua Estratégia").

"R" — Responder à Resistência Trabalhando Respeitosamente

É interessante como as pessoas podem ser resistentes até mesmo a adotar ideias que são claramente úteis. Todos nós confiamos em nossos hábitos a fim de trabalhar de forma rápida e eficaz. Mudar algo básico, como a forma como você conduz reuniões de equipe, exige que todos passem por um processo de aprendizagem. Isto requer tempo e propósito. Nem sempre é agradável. Prever os tipos de resistência que surgirão, aceitar pacientemente e voltar com uma nova tática ajudam bastante. Mais cedo ou mais tarde, a equipe terá uma experiência verdadeiramente bem-sucedida, que permitirá que o processo se enraíze.

Algumas das maneiras como as pessoas resistem estão listadas na tabela na próxima página. Como o quadro ao lado explica, a resistência não só é normal, como também um sinal de que a mudança está acontecendo. A negação e a passividade durante a mudança é que são os verdadeiros impedimentos. Quando as pessoas resistem ativamente, significa que alguma coisa está "pegando" e fortalecendo a resistência. Se você aprender a aceitar a resistência como um sinal de esperança e uma janela aberta para os verdadeiros interesses das pessoas, você conseguirá encontrar o caminho do ganha-ganha, favorável a todos.

Promovendo a Liderança

Se você conseguir que a liderança-chave na sua empresa alcance o sucesso trabalhando visualmente, isso irá enviar uma mensagem, para toda a organização, de que esta forma de trabalhar é eficaz. Os sucessos mais difundidos da The Grove nas organizações muitas vezes têm essa característica. Aqui estão alguns exemplos.

- **National Semiconductor:** Quando Gill Amelio usou um infográfico para compartilhar a visão da alta liderança no workshop na National's Leading Change, a visão estratégica se tornou um modo de trabalho preferido e mais de uma dezena de divisões copiaram o processo. Os membros da equipe de mudança se tornaram muito eficientes trabalhando com modelos de planejamento visual e continuaram a trabalhar desta forma ao mudar de emprego e de empresa.

RESISTÊNCIA E RESPOSTAS PARA TRABALHAR VISUALMENTE

RESISTÊNCIA	RESPOSTA POTENCIAL
❑ As pessoas acham que demora muito tempo	❑ Demora mais tempo quando as equipes esquecem o que disseram ou fizeram. Demonstre eficiência fazendo com que sua primeira aplicação poupe tempo — como fazer um plano de ação utilizando notas para *brainstorm*.
❑ Ninguém sabe tirar fotos digitais e compartilhá-las	❑ Arranje uma câmera e aprenda a configurar as exibições. Qualquer câmera comum tira fotos claras o suficiente para compartilhar. O Picasa ou iPhoto podem facilmente melhorá-las e iluminá-las.
❑ Medo de parecer mal nos gráficos	❑ Concentre-se em ouvir e entender as ideias dos outros em vez de parecer bem.
❑ Nenhuma experiência no uso de gráficos em conferências via web	❑ Consiga um tablet e experimente usá-lo. Tudo que você precisa fazer é clicar em "compartilhamento de desktop" no Skype ou outro programa de conferência via web.
❑ Não sabem como é fácil usar o Skype	❑ Experimente primeiro com sua família e amigos, depois é só usar!
❑ Algumas pessoas que se concentram bem em ouvir acham que as imagens visuais distraem a atenção	❑ As pessoas não precisam olhar para os gráficos. Faça um levantamento na sua equipe e descubra quantos preferem apenas ouvir a olhar e ouvir.
❑ Alguns querem fazer suas próprias anotações	❑ Incentive-os a fazê-las. De novo, ninguém precisa ficar olhando para os gráficos. Mas usar tanto anotações pessoais como murais de parede ajuda cada um que está fazendo suas anotações a recuperar itens que passaram batido. Explique que as notas públicas também irão ajudar a orientar as pessoas que não compareceram à reunião.
❑ Os líderes na verdade não querem colaboração	❑ Não há uma resposta fácil para esta, a não ser demonstrar que seus objetivos seriam mais facilmente alcançados se houver envolvimento. Significa entender o que o líder está realmente tentando alcançar.
❑ Comunicar algo pronto parece ser mais seguro	❑ Incentive o uso de murais preconcebidos se uma pessoa quiser ter controle visual. Em seguida, adicione inputs com post-its.
❑ As pessoas preferem a previsibilidade à criatividade	❑ Faça um link das suas sugestões com objetivos específicos que a empresa ou equipe precisa alcançar que requerem criatividade. Usar post-its para o brainstorm é uma intervenção universalmente bem-vinda.
❑ Alguns acham que imagens são para leigos	❑ Defina o que você está fazendo como mapeamento e busca de padrão, em vez de ilustração. Seja mais linear e analítico nos tipos de gráfico que você usa inicialmente.
❑ Não há necessidade de pensar sobre as coisas sistemicamente	❑ Sugira a visualização quando tiver certeza de que será útil, por exemplo, para definição de problemas ou planos de ação.
❑ Más experiências anteriores com gravadores com má qualidade de som	❑ Deixe claro que o seu objetivo é atender aos interesses do grupo, e não aos seus próprios. Se a sua intenção de fazer isso for forte, o grupo irá trabalhar com você para que os gráficos reflitam o que o grupo como um todo está dizendo e fazendo.
❑ A superfície das paredes não é ideal para prender folhas de papel	❑ Consiga algumas placas grandes de espuma, coloque-as em dois cavaletes e prenda nelas as folhas de papel. Use os cavaletes lado a lado. Projete de um tablet e do computador.

SEJA CONSCIENTE SOBRE A MÍDIA

Cada vez mais uma das funções da liderança é definir a abrangência com que a empresa aprende a usar os diferentes tipos de mídia para comunicações. As opções são tantas que esta questão não pode ser deixada ao acaso, ou os sistemas começarão a se fragmentar.

É bastante comum os CEOs serem bem claros sobre como querem que seus subordinados diretos se comuniquem nas reuniões de diretoria. Se você conseguir que o melhor ou principal líder da empresa aceite as equipes visuais, incentive o treinamento e use os métodos com a equipe de gerência, e você vai encontrar as portas abertas para criar uma verdadeira cultura de equipes visuais em sua empresa.

- **Apple Computer:** Quando o workshop da Leadership Experience para gerentes de alto potencial utilizou extensivamente os métodos de reuniões visuais na década de 1980, durante a gestão de John Scully, eles se estenderam para o marketing, desenvolvimento de software, Universidade Apple e laboratórios da Apple.

- **Nike:** Como executivos da Tesouraria, TI e RH realizaram processos visuais de planejamento estratégico para as suas equipes de gestão, outras equipes puderam sentir os resultados e estão começando a trabalhar visualmente. Os gerentes de transição interna adotaram o MPE como um método-chave.

- **Laboratórios Hewlett Packard:** Na década de 1990, quando Joel Birnbaum administrava os laboratórios, ele se convenceu de que a linguagem visual era essencial para enxergar através das sinergias laboratoriais e oportunidades de negócios. Sua abertura para esse processo em reuniões externas com os diretores de laboratório levou a uma cascata de aplicações visuais em equipes P&D e outras partes da HP.

- **Procter & Gamble:** Vários CEOs trabalharam com o Institute for the Future e se beneficiaram de seu mapeamento visual de tendências e cenários futuros. Outros grupos empresariais seguiram o exemplo, e vários profissionais internos se tornaram especialistas.

- **San Francisco Foundation:** Na década de 1970, Martin Paley, um diretor executivo extraordinariamente criativo, convenceu-se da utilidade da facilitação gráfica e fez dela uma peça central das diferentes iniciativas da fundação para encorajar entidades sem fins lucrativos e colaborações interorganizacionais.

- **Exército dos EUA:** Quando Colin Powell era Chefe do Estado Maior do Exército, seus subordinados se reportavam a ele usando quadros gráficos para transmitir as informações. Isto resultou num extensivo treinamento em Gráficos do Grupo, na unidade de eficácia organizacional de Fort Ord, na década de 1970.

Como vou demonstrar no Capítulo 16, o desenvolvimento de uma rede de base de profissionais ajuda a suportar esse tipo de liderança desde o topo.

15. Desenvolvendo Habilidades de Equipes Visuais

Dicas e Ferramentas de Aprendizagem

Incorporar uma nova forma de trabalho em sua empresa ou equipe será um passo bem-sucedido se você conseguir encorajar as pessoas a trabalharem visualmente e ensinarem umas às outras. É assim que se disseminam as inovações. As pessoas que sabem ensinam às pessoas que querem aprender. O treinamento formal e os workshops de design podem ajudar a plantar as sementes iniciais e a dar suporte àquelas que estão germinando, mas o verdadeiro envolvimento acontece informalmente, no dia a dia. Uma cultura baseada em equipes precisa de diversas formas de apoio.

Comunidades de Prática

As pessoas nas organizações aprendem de maneiras diferentes. O Institute for Research on Learning (IRL) uma unidade, histórica do Research Lab de Palo Alto da Xerox, realizou uma pesquisa dentro das empresas durante os anos 1980 e 1990, e formulou um modelo gráfico das escolhas que eu ilustrei nesta página. Uma importante descoberta foi que as pessoas relataram aprender melhor com grupos informais — tomando café, nos corredores, encontrando e conversando com pessoas que poderiam ajudar diretamente com o assunto do trabalho. Desde então, Etienne Wenger, um dos pesquisadores da IRL, passou a escrever livros e dar consultoria sobre o que agora são chamadas “comunidades de prática”, ou CPs. Na experiência da The Grove, as equipes visuais mais evoluídas são aquelas que desenvolveram esses tipos de redes informais de aprendizagem.

A equipe de mudança na National Semiconductor no início de 1990 foi uma equipe e tanto. A solicitação inicial foi do CEO Gil Amelio, que patrocinou a criação de um grande mural da estratégia da virada da empresa. O seu sucesso levou a vários eventos de implementação graficamente facilitados, ao desenvolvimento de modelos de planejamento visual e a uma equipe de consultores internos de mudança que aprenderam a trabalhar desta forma. Grande parte do nosso aprendizado foi através dos nossos projetos.

O Treinamento Formal Tem Sua Função

Depois que as pessoas veem o que podem realizar com reuniões visuais e começam a entender o valor de ter uma linguagem visual e práticas comuns em equipes, os workshops podem acelerar o aprendi-

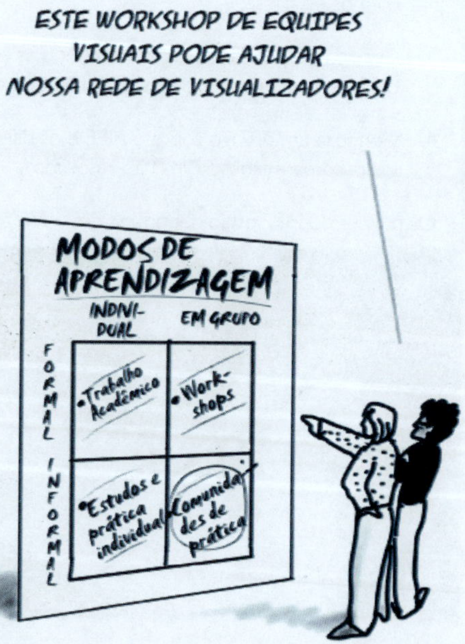

JOGAR COM UM QUEBRA--CABEÇA DE PERFORMANCE DE EQUIPE

Use conhecimentos aprendidos em equipe como uma maneira de introduzir o modelo MPE em uma equipe.

1. Obtenha um quebra-cabeça de performance de equipe que tenha todos os 7 estágios em pequenas fichas separadas.
2. Divida o grupo em duplas ou trios e peça a cada um que resolva o quebra-cabeça, combinando as fichas com os estágios.
3. Circule e responda às perguntas quando as equipes se detiverem em áreas sobre as quais não têm certeza.
4. Conduza um diálogo sobre o MPE e os diferentes indicadores "resolvido" e "não resolvido".

Os puzzles do MPE estão disponíveis em www.grove.com

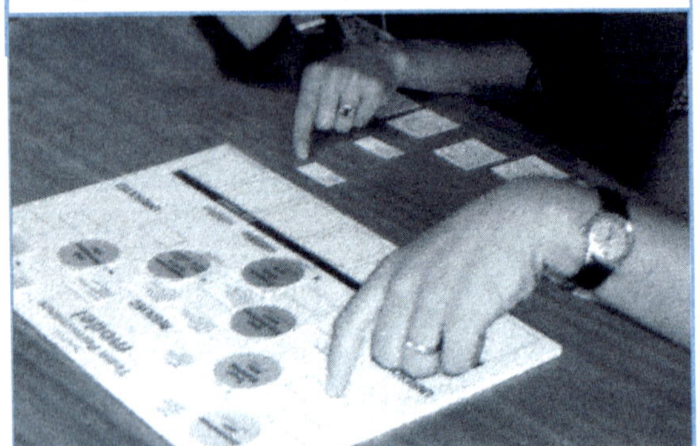

zado de quem consegue imaginar a utilidade dessas ferramentas. A The Grove aborda este desafio de desenvolvimento, com workshops que levam os participantes a se envolverem na prática e a brincarem com a visualização, assim como fariam em seu local de trabalho, e suprindo todos com ferramentas de referência bastante completas, que auxiliam na continuidade da aprendizagem após os workshops, no local de trabalho. Vou descrever algumas dessas atividades aqui para inspirar você a experimentá-las.

Adquira Novos Modelos Mentais ao Construí-los

Estou convencido de que, após anos ensinando as pessoas a pensarem e trabalharem visualmente, a melhor maneira de desenvolver um novo modelo mental é jogar com ele por meio de desenhos e anotações. Na verdade, é o mesmo processo de aprender a usar uma ferramenta de um software. Comece a mexer e testar, e descubra o que cada comando e menu faz quando você clica neles. Marcadores, papel, tablets e computadores são muito permissivos. Cometer erros e fazer versões é a maneira como você começa a descobrir como as coisas funcionam.

No campo da arquitetura, fazer maquetes é uma forma consagrada pelo tempo de refletir sobre os problemas e obter uma nova visão. Os designers criam camadas de desenhos em papel vegetal. Esta forma de trabalhar está sendo desafiada pelo design gráfico, e já existe um debate na área das profissões de design sobre se isso facilita ou dificulta a inovação, ou nem uma coisa nem outra. Alguns acham que ser detalhado demais logo no início dificulta manter o foco no quadro maior e reduz a sensibilidade ao contexto e ambiente. Outros acham que jovens designers podem desenhar e fazer diferentes versões em casa com o CAD. Seja como for, é fazendo e testando uma ampla gama de ideias que se chega a um bom design.

Brinque com Quebra-Cabeça de Equipe

A abordagem de "construir para aprender" é possível, permitindo-se que os grupos brinquem com *puzzles*, ou quebra-cabeças. A The Grove criou um Puzzle de Performance de Equipe, no qual todos os indicadores resolvidos e não resolvidos para as diferentes chaves do MPE estão em pequenos retângulos, os quais pequenos grupos, de 2 ou 3 pessoas, precisam associar às etapas do modelo. Este método de aprendizagem em pequenos grupos faz com que os membros da equipe aprendam sobre o sistema brincando com ele, conversando informalmente e, depois, trocando perguntas e respostas com o grupo maior. Mapas de aprendizagem funcionam da mesma maneira. Eles incluem uma grande quantidade de informações que precisam ser relacionadas para que sejam compreendidas, exigindo discussão e acordo em equipe.

Use o MPE para Mapear Melhores Práticas

Outra forma de aprendizado em equipe é fazer a própria equipe descobrir sua dinâmica usando uma versão pequena ou grande do MPE. Eu descrevi anteriormente um exercício simples de pedir a pequenos grupos onde eles acham que a equipe está concentrada e, em seguida, discutir suas escolhas. Um exercício mais elaborado é mapear as melhores práticas para o MPE. Na ilustração desta página, um grupo de treinamento fez um brainstorm sobre maneiras de introduzir o modelo para a empresa em geral.

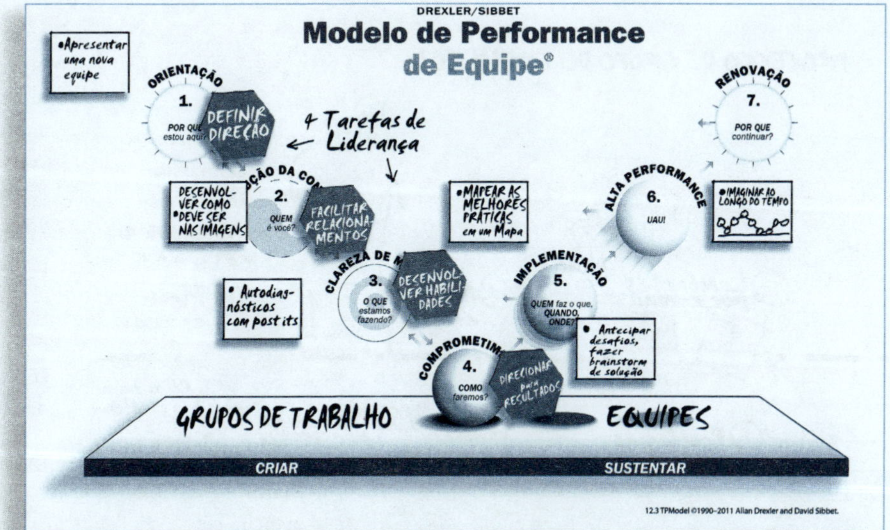

BRINCANDO COM UM CARTAZ MPE

Um grupo aprendendo o MPE mapeou os quatro trabalhos de liderança discutidos no Capítulo 4, sobre o modelo, e fez um brainstorm com post-its sobre como o modelo pode ser apresentado a outras pessoas. Esta exposição surgiu de um workshop de equipe destinado a aprender mais sobre a performance da equipe e como ela pode ser melhorada.

Compartilhe Estudos de Casos e Explique com o Modelo

Uma maneira ainda mais experimental para sua equipe compreender suas próprias dinâmicas e práticas é trabalhar com um projeto específico ou processo de grupo. Agende uma revisão do projeto ou workshop da equipe, onde todos ilustrem graficamente o processo vivido sobre uma linha do tempo. Para facilitar, use post-its. Prenda artefatos com fita adesiva. Conte a história. Quando você tiver um gráfico completo, distribua uma versão pequena do MPE. Em seguida, veja se consegue identificar como a equipe lidou com os diferentes estágios e quando cada um se tornou o foco de atenção da equipe. Lembre-se de que o MPE está organizado em uma hierarquia do simples para o complexo, e as etapas podem se encontrar no foco da atenção do grupo em diferentes padrões.

Você provavelmente será capaz de identificar locais onde a equipe trabalhou na confiança e que, talvez, tenha ficado um pouco "turbulenta", como diz Tuckman. Você talvez encontre outras ocasiões em que os acordos divergiram e a energia se dispersou. Você pode localizar algumas voltas e desvios

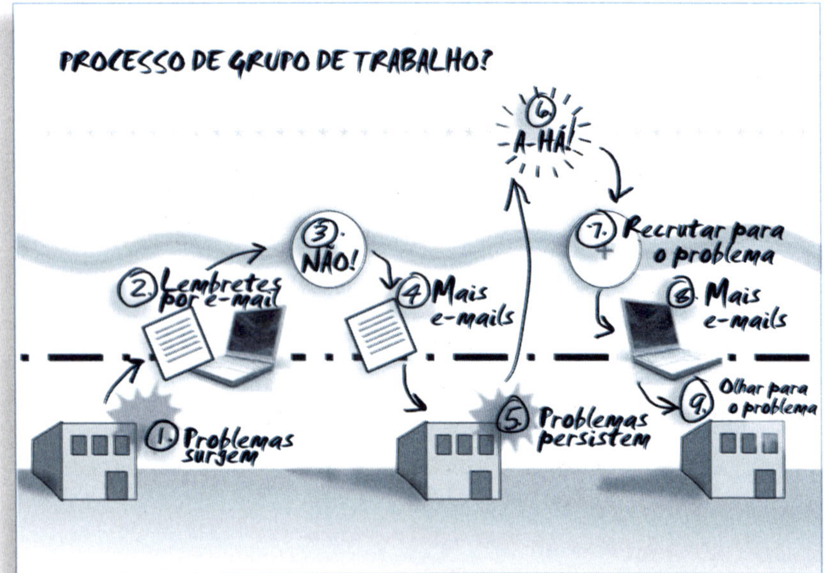

VOCÊ JÁ VIU UM PROCESSO DE EQUIPE COMO ESTE?

Esta é uma história com mais problemas do que inspiração e visão. As coisas podem funcionar aos trambolhões por um longo tempo, com problemas persistentes, se você e os demais não sentirem a necessidade de abordar as questões. A comunicação pode parecer funcionar, mas pouco progresso será realmente feito sem um forte senso de propósito e um comprometimento de todos para mudar.

aqui e ali dentro da história de implementação. Pode haver lugares onde você colidiu com a alta performance, como golfinhos saltando para fora da água. Mas essas ocorrências provavelmente serão curtas e flutuarão de volta para outras preocupações.

Eu ilustrei aqui alguns mapas fictícios de processos de equipe para indicar a variedade de processos que você pode descobrir com estes estudos de casos reais. Foi fazendo esse tipo de trabalho visual que eu percebi como o modelo mental (o "teclado") é diferente da vida real que emerge da "música" de um processo de grupo.

Incentive Reuniões sem Slides

Ao longo deste livro, eu enfatizei a importância de trabalhar de forma interativa com apresentações visuais, criando exemplos e propostas a toque de caixa, e trabalhar em grupo para desenvolver apresentações — como a equipe BLAST fez na HP. Trabalhar desta forma pode exigir que você deixe um pouco de lado a exibição de slides, se for o caso, ou até mesmo banir por completo esse procedimento em algumas reuniões, a fim de obter um resultado diferente e experimentar a visualização ativa. Eu sei de várias equipes de gestão que incentivaram o uso de murais e diálogos reais em sessões de estratégia, acreditando que compreender uns aos outros é mais importante do que ficar olhando dados e mais dados. As recompensas são as seguintes:

- ❑ Equipes em vez de indivíduos desenvolvem murais. Isso amplia o envolvimento e o diálogo.
- ❑ Os murais permitem a apresentação tanto linear quanto não linear.
- ❑ Os murais são permanentes e podem ser revistos facilmente.
- ❑ Um grupo de murais pode ser digitalizado para similaridades e divergências, aumentando a descoberta de padrões.

- ❑ Os murais encorajam mais as respostas e opiniões do que os slides.
- ❑ Os murais requerem que os apresentadores destilem a sua mensagem e realmente pensem a respeito.

Facilite para Trabalhar Visualmente

A forma mais importante de apoiar as equipes visuais é criar um ambiente onde seja fácil e convidativo trabalhar visualmente. Os Laboratórios P&D e centros de inovação têm inúmeros quadros e lugares para mostrar as coisas. Os centros de suporte de decisões rápidas também. Como veremos na próxima seção, há muitos tipos de ferramentas que possibilitam que as equipes trabalhem visualmente. Se as equipes importantes estiverem munidas com essas ferramentas e se o seu uso for encorajado, algumas barreiras serão removidas.

Vale repetir que as normas de uma empresa ou organização são provavelmente as forças mais controladoras do comportamento. O que é ou não é permitido é muito mais uma questão do que a liderança encoraja e desencoraja. Os jovens têm grande experiência em trabalho com multimídia, vídeo, fotografia digital, redes sociais e pensamento visual. No entanto, eles podem se mostrar mais inibidos quando se trata de escrever em gráficos e fazer desenhos, e precisam ser incentivados. Ter papel, grandes modelos e bons marcadores hidrográficos promove um grande avanço.

Pessoas do tipo Caneta Preta, Caneta Amarela e Caneta Vermelha

Dan Roam, autor de *Back of the Napkin* ("Verso do Guardanapo"), gosta de compartilhar sua pesquisa informal sobre a orientação das pessoas no sentido da visualização. Em suas sessões, ele sempre faz esse teste.

- **As pessoas caneta preta** não resistem a desenhar, se houver papel, quadro branco e marcadores.

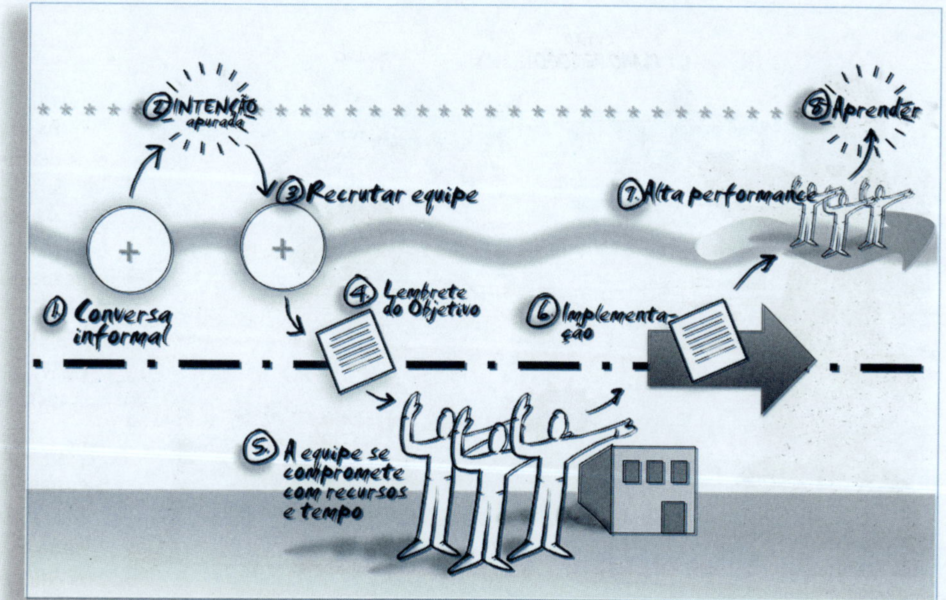

OU A SUA EQUIPE É ASSIM?

Seu processo pode ter um padrão mais clássico e ser como este segundo mapa. Você pode notar nos dois desenhos onde os símbolos são consistentes. A camada operacional física é representada por gráficos 3D. A camada de comunicação é representada por imagens da mídia. A camada interpessoal ou energética, representada pela linha ondulada, é ilustrada com círculos que representam reuniões ou conversas. Os insights sobre propósito e direção são mostrados como auras. Você pode usar este tipo de sistema de símbolos, combinado com palavras, para traçar um projeto em um modelo de quatro fluxos.

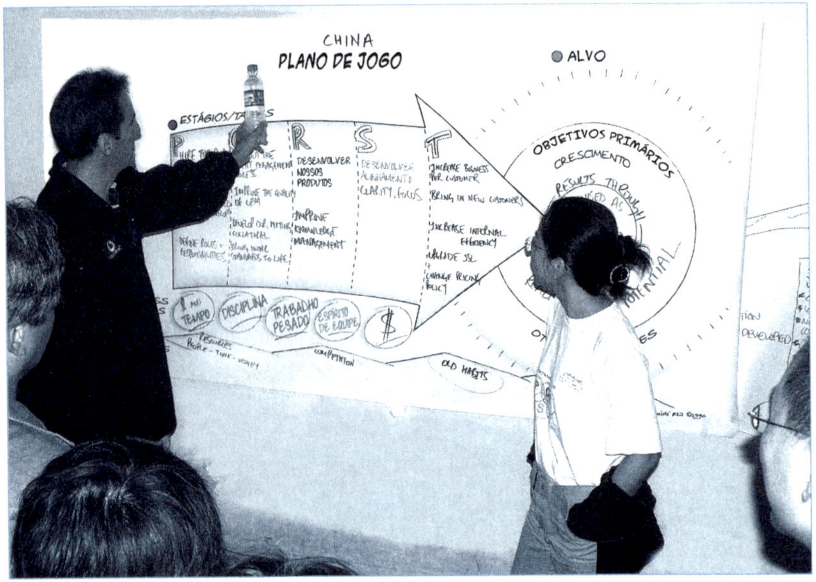

COMPARTILHANDO UM PROCESSO PROPOSTO

Uma equipe de consultores de RH na China usa o Plano de Jogo Visual para apresentar um processo proposto e colocar os outros membros da equipe a par das consequências que acarretaria. Em vez de simplesmente ficar sentado escutando uma palestra ilustrada por slides, todo mundo podia ficar ao redor e interagir, fazendo perguntas e compreendendo todas as implicações do quadro geral.

- **As pessoas caneta amarela** não resistem a destacar e interagir com desenhos e diagramas depois que estes são introduzidos.
- **As pessoas caneta vermelha** acham que o desenho e a visualização perdem as nuances, ignoram a verdadeira perícia e encorajam o pensamento simplista.

Segundo os relatórios de Dan, 25% das pessoas relatam ser "caneta preta", 50% afirmam ser "caneta amarela" e outros 25% admitem ser "caneta vermelha".

Haverá pessoas que não desejam trabalhar em grupos ou equipes, não gostam de colaboração, de cocriação, nem de trabalhar como designers. Mas a grande maioria das pessoas gosta, e muitos problemas que as organizações enfrentam requerem o tipo de criatividade e produtividade que as equipes visuais podem oferecer.

Lidere Experiências de Desenvolvimento de Equipes com Reflexões Significativas

Se você estiver em uma situação onde as pessoas realmente não valorizem os displays visuais e o pensamento visual, talvez você precise cultivar a consciência com atividades mais indiretas. Um exemplo poderoso da importância do nosso senso visual para o pensamento se revela em uma atividade clássica de desenvolvimento de equipe, chamada "quadrados cegos". O colapso das comunicações estritamente verbais se torna muito aparente, bem como uma série de outras percepções sobre estilos pessoais, esclarecimento de dúvidas e o impulso de liderar. Este exercício deixa bem claro que seria muito mais simples se todos pudessem ver o que estão fazendo.

Estas e muitas outras atividades baseadas na experiência estão disponíveis para as equipes. Veja a seção de recursos deste livro para mais ideias. Minha intenção neste livro é apresentar as oportunidades de visualização para as equipes dentro de um contexto de compreensão da dinâmica geral da equipe, mas não descrever toda a gama de práticas de cujo conhecimento você tiraria proveito.

Além das experiências de desenvolvimento de equipe que abordam diretamente o poder de ver o que está sendo feito, a visualização ativa é uma ferramenta importante para avaliar as atividades da equipe. Um erro que as pessoas normalmente cometem ao realizar atividades experimentais é reduzir o tempo despendido para mapear a compreensão da experiência no ambiente de trabalho real. Imediatamente após uma experiência desse tipo, convide as equipes envolvidas para refletir um pouco. Com o uso de um bloco grande apoiado num cavalete, ou de uma cartolina, esboce o quadro do MPE e use-o como guia para rever e analisar a experiência, refletindo sobre como a equipe lidou com a orientação, a confiança, o esclarecimento e o comprometimento. Em brincadeiras como essa, geralmente fica muito claro como é a sensação quando uma equipe se compromete com um plano de implementação e se dispõe a uma ação coerente e alinhada.

Treinamento Formal em Reuniões Visuais

Uma das ironias da época atual é que cada vez mais pessoas se entusiasmam com o uso de tablets e com a visualização multimídia, e cada vez menos pessoas se sentem confiantes com relação ao seu design gráfico e sua capacidade de redação. A boa notícia é que qualquer um pode aprender a fazer os gráficos simples e escrever os textos necessários para conduzir boas reuniões visuais online e ao vivo. É muito mais uma questão de prática do que de capacidade. Os desenhos simples que fazem efeito estão enraizados em gestos que são universais. Tudo que se precisa é saber segurar uma caneta! A The Grove oferece vários guias autodidatas para esse tipo de coisa, portanto basta você munir sua equipe com ferramentas como o *Fundamental of Visual Language* (disponível em www.grove.com, conteúdo em inglês), que descreve centenas de ícones simples com traços específicos. Meu livros *Graphic Facilitation: Tapping the Power of Groups Through Visual Listening* (disponível em www.grove.com, conteúdo em inglês) e *Reuniões Visuais: Como Gráficos, Lembretes Autoadesivos e Mapea-*

QUADRADOS CEGOS

1. Pegue uma corda longa de escalada e dê um nó gigante, amarrando as duas pontas. Coloque uma venda em cada pessoa da equipe.

2. Faça com que cada pessoa segure a corda com as duas mãos, com as instruções: "Não soltem a corda, nem mudem as mãos de lugar; podem deixar a corda deslizar para um lado e para outro, mas não passem a mão sobre a da pessoa a seu lado".

3. Peça à equipe, ainda com os olhos vendados, para formar um quadrado perfeito com a corda. (Você pode deixar que eles conversem entre si ou não, enquanto tentam. De qualquer maneira, você perceberá o esforço e a estratégia de cada um.)

4. Quando a equipe achar que formou o quadrado com a corda, peça que o coloquem no chão.

5. Tire as vendas e discuta o processo. Use o MPE para analisar as diferentes etapas.

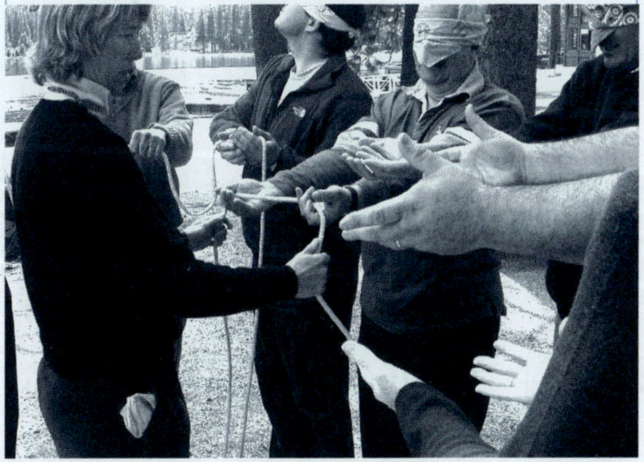

GRUPOS GRÁFICOS NA CHINA

Em meados da década de 2000, o Grupo IWNC na China pediu à The Grove para ir treinar seus consultores na facilitação visual. A necessidade de recursos humanos nas empresas chinesas em desenvolvimento estava superando os recursos disponíveis. As pesquisas na web encontraram a The Grove. Este é um retrato do grupo de aprendizagem do Teclado de Grupos Gráficos, em um centro de conferências perto da Muralha da China. As culturas asiáticas já são bastante visuais, devido ao uso de linguagens baseadas em caracteres. Este tipo de aplicação moderna faz muito sentido. O grupo IWNC era composto por 50% de chineses nativos e 50% de cidadãos estrangeiros residentes na China.

mento de Ideias Podem Transformar a Produtividade de um Grupo (Editora Alta Books) estão repletos de orientações específicas sobre como fazer painéis visuais.

A implementação mais eficaz de reuniões visuais e equipes visuais dentro de grandes organizações geralmente envolve a realização de workshops personalizados, nos quais os participantes trabalham com reais desafios de trabalho enquanto aprendem o ofício.

Após o capítulo seguinte, onde eu argumento sobre um sistema operacional visual para pensar sobre o processo organizacional, irei descrever todas as ferramentas das novas tecnologias que estão disponíveis para equipes cujos membros se encontram em locais diferentes, muitas das quais tornam o trabalho visualmente muito possível. Se você gosta de teoria, vai achar o próximo capítulo muito interessante. Se não, pule para a Seção VI.

16. Linguagem Visual Compartilhada

Progredindo para um Sistema Operacional para Equipes Visuais

Quando incorporar o Sistema de Performance de Equipe em sua empresa, você vai querer saber mais sobre o esquema subjacente. Ele é intencionalmente projetado para apoiar as equipes, da mesma forma que o software apoia a criatividade. No mundo da informática, há uma maneira visual comum de pensar sobre as camadas de tecnologia que precisam trabalhar juntas. É o chamado "bolo de noiva" ou "pilha". Inicia-se no nível do código que permite que as máquinas se conectem. No nível seguinte estão os protocolos de hardware, a linguagem de máquina que faz um trabalho de computação. Acima está o sistema operacional (SO) — um programa que executa a unidade de processamento central, memória de acesso aleatório, controle de potência etc. Depois vêm os aplicativos, como processadores de texto, planilhas, programas de configuração de páginas, programas de apresentação e, agora, "Apps" (aplicativos) para os tablets. O nível superior é o nível de interface, onde um ser humano interage com os programas. A intenção do usuário ativa todo o sistema. O sucesso das ferramentas de software reside na eficiência dos designers em antecipar o que o leque de intenções dos usuários trará para as ferramentas e da elegância com que organizam o acesso. Problemas e inconsistências no sistema operacional tornam muito difícil acontecer alguma coisa flexível ao nível da aplicação. O mesmo vale para as ferramentas para colaboração, como o SPE.

PILHA DE TECNOLOGIA

A tecnologia trabalha em camadas, com os níveis elevados flexíveis que dependem de níveis estáveis mais baixos. Esta imagem é a tradução visual de um leigo dessa arquitetura.

Organizações Possuem Sistemas Operacionais

Quando os seres humanos compreendem uma maneira comum de trabalho e adotam processos coletivos e interoperáveis como o SPE que todo mundo usa, funciona como um sistema operacional para a organização. Numa época em que o gerenciamento da informação e da comunicação é uma forma dominante de trabalho, e a informação visual é um elemento crítico nessa combinação, faz sentido adotar ferramentas mentais estáveis e fornecer uma plataforma para uma ampla gama de aplicações integradas. E é importante que se use a linguagem visual de uma forma sofisticada. Parece uma restrição, mas um sistema operacional robusto é realmente o caminho para a flexibilidade e a criatividade.

Lembro-me de que, em meados dos anos 1980, quando a HP decidiu padronizar sua empresa no HP 3000, um minicomputador que ela estava vendendo. Isso significava que todos tinham de usar essa mesma máquina para dar suporte às diferentes divisões. Esta escolha restritiva resultou em uma fonte de criatividade e levou a HP a ser uma das primeiras empresas a incorporar o e-mail para toda a empresa. A energia de todos estava voltada para os aplicativos. Minha esperança para o SPE é que ele possa trazer o mesmo tipo de criatividade para as organizações com sistema de equipes. Uma razão para o meu otimismo é o fato de que o SPE subjacente é uma Teoria do Processo com base nas últimas descobertas da ciência sobre como o processo funciona na natureza. Se achar que este capítulo está teórico demais, passe para a última seção, sobre ferramentas. Mas, se quiser saber como pensar visualmente sobre a estrutura profunda do processo, continue a ler!

O que Significa Ser Organizado?

Quando as pessoas dizem "Nós somos organizados", eu acho que querem dizer que todos têm noção de como as diferentes partes da organização se encaixam. Você diz que você é "bem organizado" se este padrão funciona ao longo do tempo e as diferentes atividades de cada um apoiam-se umas nas outras para obter um resultado.

Quando as pessoas dizem "Nós somos organizados", eu acho que querem dizer que todos têm noção de como as diferentes partes da organização se encaixam. Você diz que é "bem organizado" se este padrão funciona ao longo do tempo e as diferentes atividades de cada um apoiam-se umas nas outras para obter um resultado. Se você concorda com essa visão, então é uma questão estratégica ser claro sobre quais modelos mentais as pessoas usam para pensar sobre organizações e equipes e como esses modelos funcionam.

Se os membros de uma equipe tiverem modelos muito diferentes de trabalho em equipe, serão tomadas decisões que não necessariamente se integrarão. Se as ferramentas usadas pela equipe não forem suficientemente flexíveis para lidar com todos os diferentes tipos de coisas sobre as quais ela quer pensar, a equipe vai experimentar a mesma frustração que os indivíduos sentem com um software que é simplista demais. Os usuários de software querem aplicativos que trabalhem em conjunto em diferentes plataformas. As equipes também. Pense no esforço organizacional que é despendido tentando conciliar ideias concorrentes de como colaborar.

Na minha opinião, as ferramentas visuais propiciam uma maneira nova e estimulante de pensar sobre como as equipes podem se entrosar, porque toda a ideia de "entrosamento" está enraizada na representação visual. Examine o gráfico da próxima página, com todos esses símbolos pequeninos. Pergunte a si mesmo: "Qual é a organização que existe aí?". Para entender a correlação entre um e outro, você precisa primeiro identificar um dos elementos, digamos, uma das pessoinhas — e depois

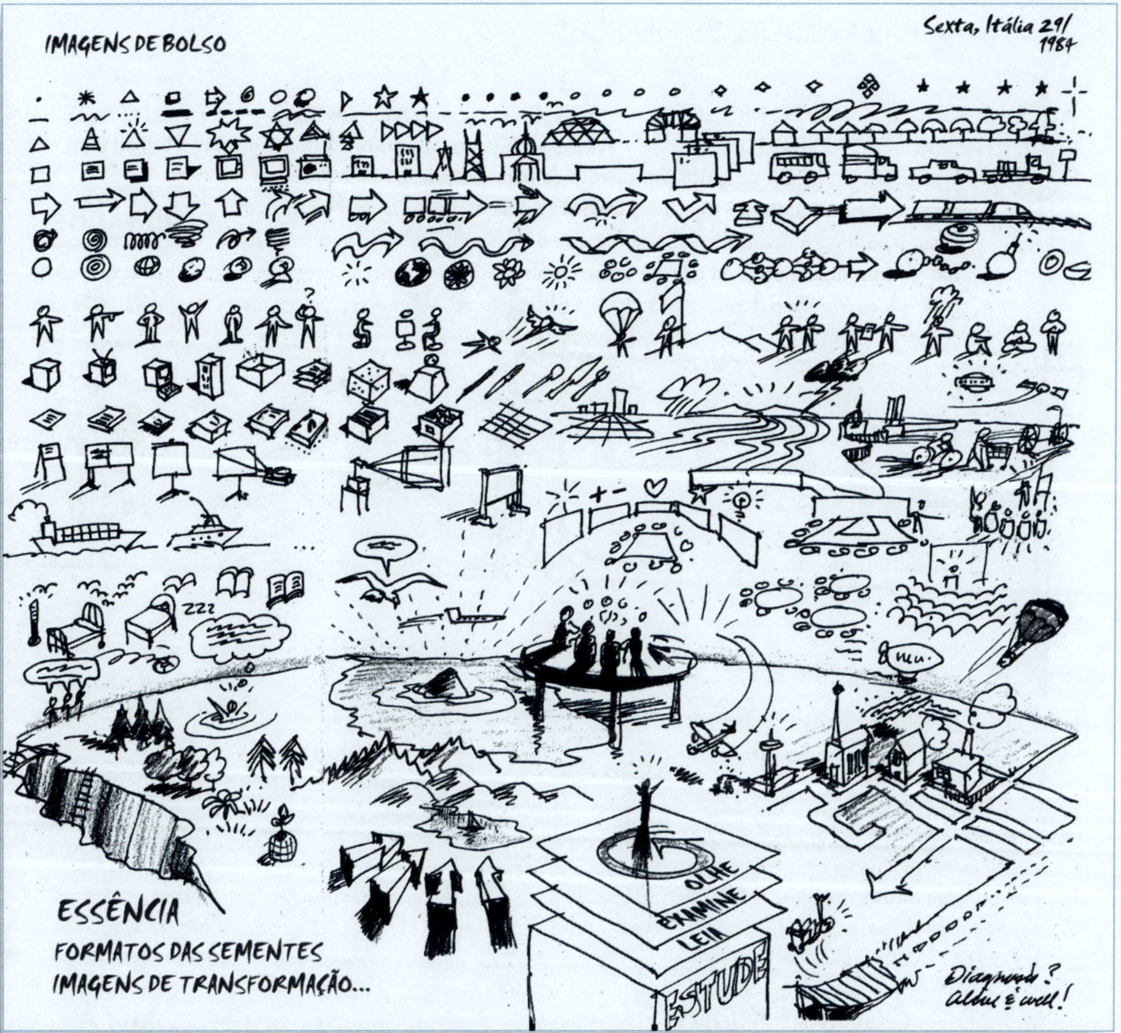

O QUE SIGNIFICA SER ORGANIZADO?

Eu encontrei esta página em um dos meus diários e acho que ela demonstra visualmente o que os seres humanos entendem por organização. No topo estão pequenos "átomos" de informação visual, separados e não ligados entre si. No entanto, estão em linha reta, como um tipo de organização. Conforme eles fluem para a parte inferior da página, alguns deles começam a se agrupar — outra forma de organização. Perto da parte inferior, eles caem em pequenos cenários visuais — um cânion, um lago, uma sala de reuniões e uma pequena cidade. Na parte inferior há um diagrama conceitual, um tipo de modelo mental hierárquico que você pode usar para ver uma outra forma de organização. Que partes deste desenho saltam aos olhos num primeiro momento? Qual é o conceito que você percebe, à primeira vista? Você consegue "ler" as imagens como textos? Se você procurar identificar datas e links, o que você encontra? Eu acho que ser organizado significa, no âmago, ser capaz de compreender o padrão que conecta os elementos, seja o que for que você estiver considerando.

GUIA PARA MODELOS MENTAIS						
1. ESTÁTICOS	2. MECÂNICOS	3. AUTORREGU-LAMENTADOS	4. AUTORRE-PRODUTIVOS	5. AUTOEX-PANSÍVEIS	6. AUTOMOVI-MENTADOS	7. AUTORRE-FLEXIVOS
ESTRUTURAS	**O RELÓGIO ANDA**	**SISTEMAS CIBERNÉTICOS**	**CÉLULAS**	**PLANTAS**	**ANIMAIS**	**SERES HUMANOS**
		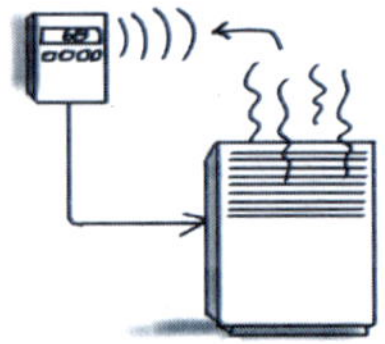	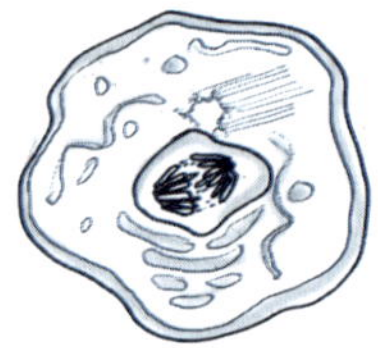			
As partes se conectam	As partes se conectam e se **movem**	As partes se conectam, se movem e se **adaptam**.	As partes se conectam, se movem, se adaptam e se **reproduzem**.	As partes se conectam, se movem, se adaptam, se reproduzem e **crescem**.	As partes se conectam, se movem, se adaptam, se reproduzem, crescem e se **movem sozinhas**.	As partes se conectam, se movem, se adaptam, se reproduzem, crescem, se movem sozinhas e são **conscientes**.
Inclui prédios, andaimes, pontes, bancos e estruturas estáticas de todos os tipos.	Inclui relógios, motores, carros, aviões, barcos e máquinas mecânicas de todos os tipos.	Inclui termostatos, reguladores, sistemas de computadores e softwares inteligentes.	Inclui células vivas, vírus e plantas unicelulares.	Inclui flores, vegetais, arbustos, árvores e ecossistemas de plantas.	Inclui pássaros, mamíferos, insetos e peixes.	Inclui famílias, gangues, equipes, organizações, comunidades e civilizações.

BAIXA ——— COMPLEXIDADE ——— ALTA

olhe para outro elemento, digamos, um computador — e veja se consegue perceber uma conexão. Todos os padrões de conexão são exemplos de diferentes tipos de organização. Meu argumento é que, quanto mais estáveis e robustas forem as suas estruturas subjacentes, mais flexível se torna a sua atividade no nível de aplicação. Mas, assim como um sistema operacional de computador, a simplicidade contém uma certa complexidade.

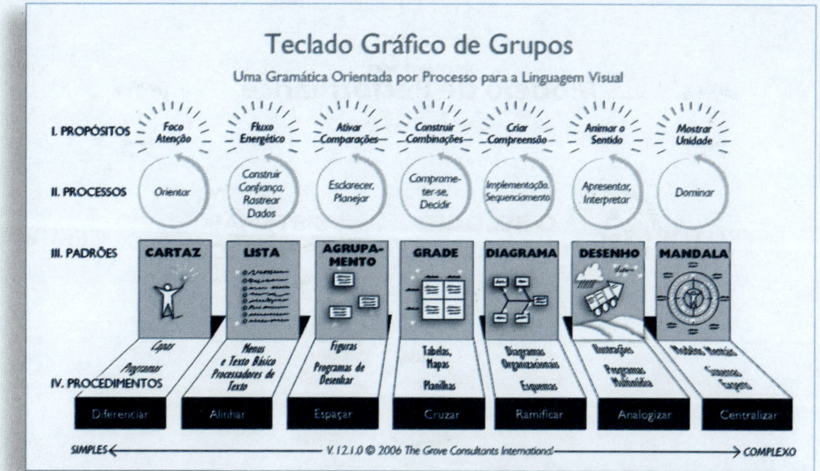

Um Guia para Modelos Mentais

No meu livro de 2006, *Graphic Facilitation: Transforming Group Process With the Power of Visual Listening* (um livro para os facilitadores profissionais disponível através da The Grove), eu descrevo um quadro para uma "reflexão sobre o pensamento" de Kenneth Boulding, autor de *The Image*. Ele descreve uma hierarquia de modelos mentais que, na minha experiência, tem funcionado bem e fornece uma chave para a questão de como começar a pensar sobre a organização do pensamento visual em equipes. O gráfico na página ao lado explica este conceito de maneira visual (usando um formato de matriz).

Você pode ver que o quadro é construído a partir de modelos que ilustram como as partes se conectam, para aqueles em que há movimento, para aqueles que permitem adaptação, depois reprodução, depois expansão, mobilidade e consciência. Este padrão tem uma semelhança com os padrões de processo evolutivo que eu aprendi com Young, que começam com forças e elementos simples que se combinam, aprendem a reproduzir, a mover-se e se tornam conscientes.

Do Simples ao Complexo

Eu tenho notado, ao longo dos anos, que as metáforas simples, estáticas e mecânicas são as favoritas justamente porque são simples e universais. Por outro lado, usamos metáforas humanas porque são familiares — comparando equipes de negócios a times esportivos, por exemplo. Mas as metáforas que estão no meio, de sistemas cibernéticos, células, plantas e animais, não são tão bem compre-

TECLADO GRÁFICO DE GRUPOS

Em *Graphic Facilitation* ("Facilitação Gráfica") e depois em *Reuniões Visuais*, eu descrevo um sistema formal de pensamento visual chamado *Teclado Gráfico de Grupos* — minha primeira aplicação formal da Teoria do Processo de trabalho que eu entendi. Ele emprega uma das características arquitetônicas de um sistema operacional visual em que os formatos gráficos mais simples se aninham em outros mais complexos, como nos quadros de Boulding. O **Cartaz** se destaca por focar a atenção. Imagens focais podem ser subelementos em uma **Lista** que flui numa forma linear de organização. Estes podem ser subelementos de um **Agrupamento**, como um grupo de post-its, sem conexões. Todas estas podem ser incluídas em uma **Grade** que formalmente compara as categorias de informação. Continua assim através do **Diagrama**, onde os elementos são conectados em padrões de ramificação, e dos **Desenhos**, onde as analogias gráficas e metafóricas animam o gráfico. O formato final, uma **Mandala**, que tem todas as informações organizadas em torno de um centro comum, pode na verdade incorporar todos os formatos anteriores.

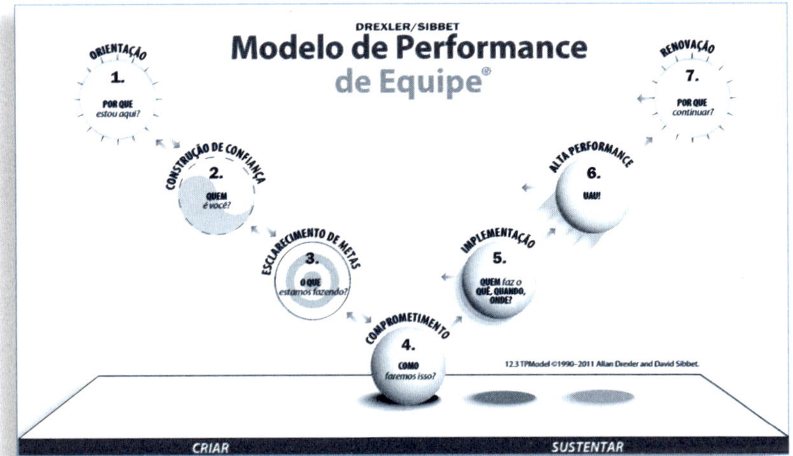

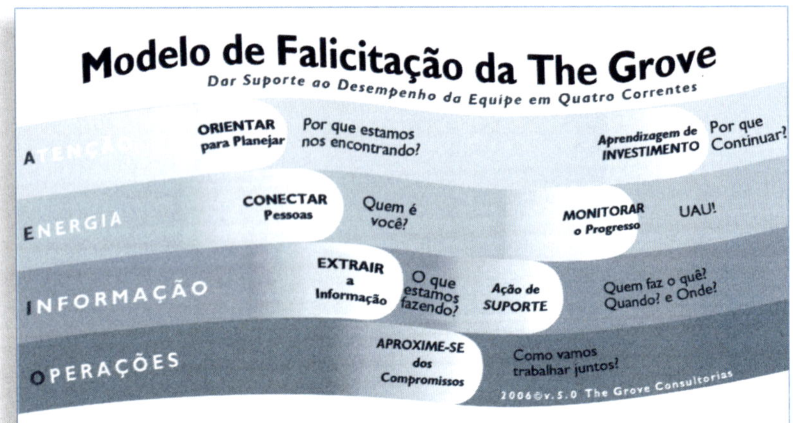

MPE E MODELOS DE FACILITAÇÃO DA THE GROVE

Estes dois modelos de processo são modelos de aplicação usando a Teoria do Processo como um sistema operacional.

endidas. No passado, as pessoas, em geral, provavelmente compreendiam melhor do que nós as plantas e os animais, porque tinham mais contato com eles. Mas, nas organizações de hoje, o conhecimento prático de biologia, agricultura, ecossistemas e sistemas animais é bastante limitado. Por outro lado, a ciência contemporânea tecnicamente conhece muito mais sobre todas estas formas de pensar agora do que as gerações anteriores. Criar interfaces visuais acessíveis para usuários, para este tipo de conhecimento, é uma das minhas paixões.

Rumo a um Sistema Operacional para Equipes Visuais

Como eu observei no início deste capítulo, o MPE é construído sobre um sistema operacional bastante estável e robusto chamado Teoria do Processo, articulado por Arthur M. Young (veja o apêndice para uma análise da teoria formal). O Teclado Gráfico de Grupos foi minha primeira aplicação desta teoria para o que eu conhecia bem — processo de grupos. Isso resultou em um avanço conceitual, na medida em que eu comecei a olhar para visualização como um conjunto de processos com os padrões sendo os artefatos. Isto é o que o livro *Reuniões Visuais* explica em detalhes. O Modelo Drexler/Sibbet de Performance de Equipe foi a minha segunda aplicação e funcionou durante toda a década de 1980. O Modelo de Facilitação da The Grove mostrado aqui foi o terceiro, para ilustrar o que faz um facilitador em relação às fases de performance da equipe. Você vai notar que todos têm um projeto semelhante. Vejamos de uma maneira geral como este tipo de sistema visual funciona, começando com a camada de aplicativos e depois aprofundando para dentro do sistema operacional.

O Teclado GG é plano em vez de refletir um ângulo reto na virada para acomodar várias "chaves", mas o mesmo movimento da liberdade para a restrição e de volta à liberdade é incorporado nas distinções. Você pode notar que os sete passos do Modelo de Performance de Equipe estão incluídos na segunda linha de "chaves".

No teclado orgânico, existem várias linhas de teclas que produzem diferentes sons. O arranjo é lógico e sequenciado pela crescente frequência do som. Os modelos de processo da The Grove são sequenciados por graus crescentes de complexidade. Mas o fato de que eles estão em uma progressão da esquerda para a direita não significa que você tenha de "tocá-los" nesta ordem. Significa apenas que eles são organizados dessa forma para que você possa se lembrar dessas propriedades. Nos processos de MPE identificados acima, cada um dos formatos no teclado tem uma ressonância com os formatos abaixo, mas não uma ligação mecânica. Assim como na música, é possível ter elementos dissonantes e diferentemente justapostos — por exemplo, utilizando um formato de exibição de grade para a construção de confiança. Como todos estes modelos têm sistema operacional subjacente semelhante, com a prática pode-se mover a consciência para cima e para baixo, e para trás e para a frente, naquilo que eu chamo informalmente de "pensamento helicóptero".

Nesta página estão algumas das outras aplicações que fiz usando esta mesma estrutura visual. O modelo de facilitação da The Grove indica que um facilitador estaria fazendo ressonância com as diferentes etapas da performance da equipe. Isto poderia ser considerado como um guia para liderança facilitadora de equipe, também. O Modelo de Comunidades de Desenvolvimento de Prática, ou COP, como foi chamado, foi criado para a Marinha dos EUA. Tenha em mente que os oficiais são inerentemente informais e organizados em torno de fluxos de melhores práticas, daí a faixa de fundo. Um modelo final é o Modelo de Organizações Sustentáveis Sibbet/Le Saget. Este descreve as escolhas que a liderança tem quando está estruturando a organização geral. Será um tema para livros futuros. Estes modelos, como qualquer bom programa de computador, têm passado por anos de refinamento. Eu não espero que eles adquiram vida e significado apenas porque você os está vendo aqui. Você tem que explorá-los e aplicá-

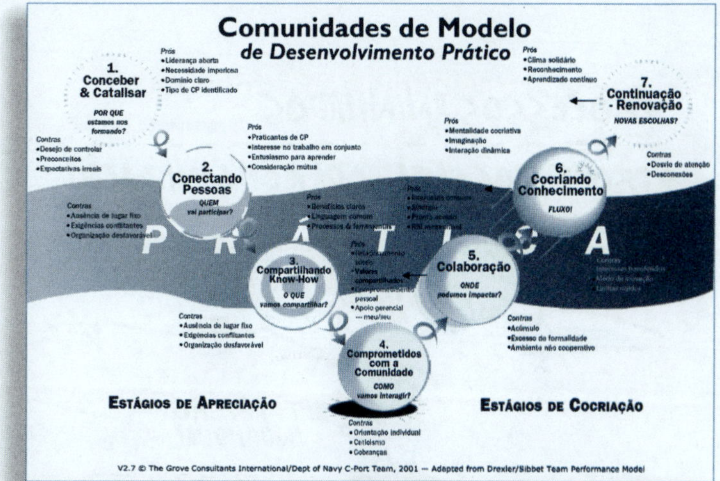

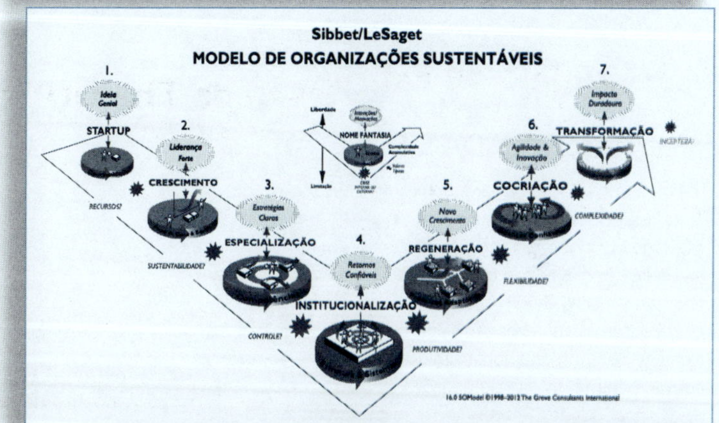

AS COMUNIDADES DE PRÁTICA E MODELOS DE ORGANIZAÇÕES SUSTENTÁVEIS

Estes modelos também refletem padrões de processo arquetípicos.

-los para ver por que eles são tão úteis. O restante deste capítulo se destina a ajudar você a entender as suposições subjacentes e os princípios de design, o suficiente para que você se sinta confortável para começar a trabalhar com eles e conheça a emoção de ter uma liderança bem integrada e ferramentas úteis para o gerenciamento da equipe.

Processos de "Segmentação" e Aninhamento

Um princípio fundamental na organização visual é a "segmentação". Trata-se de segmentar as informações em grupos lógicos, considerando que a memória de curto prazo não funciona muito quando há mais de quatro a sete segmentos de nível superior. Em um nível muito abstrato, por exemplo, é útil ver os processos de organização operando em quatro níveis, em uma pilha não muito diferente da ilustrada no início deste capítulo. Estes elementos seriam:

1. **Trabalho individual:** Todos os processos que você usa para escrever e-mails, escrever relatórios, prestar um serviço direto, e assim por diante.
2. **Reuniões:** É onde você vê como o seu trabalho individual se relaciona com os outros.
3. **Equipes:** Combinam reuniões e os trabalhos individuais em projetos com objetivos específicos.
4. **Processos para toda a Organização:** Mudanças estratégicas, iniciativas além-fronteiras e processos de mudança de cultura em larga escala integram muitas equipes diferentes.

Pense primeiro nesta ideia aqui expressa em texto e depois examine o gráfico desta mesma ideia, no alto da página.

O visual ilustra um segundo princípio refletido nos sistemas vivos — "aninhamento". É a ideia segundo a qual os fenômenos na natureza têm níveis semelhantes de complexidade em cada nível, do

ESCALADA E FRACTAIS

"Aninhamento", ou o que é tecnicamente chamado de "escalada" ou "fractais", é uma característica que os cientistas estão descobrindo em todos os sistemas vivos. Significa que os níveis de complexidade e os tipos de processos encontrados nos níveis macro de um sistema são espelhados em todos os subsistemas, às vezes por todo o caminho, camada por camada. Benoit Mandelbrot simulou esses tipos de sistemas com a matemática e criou padrões visuais incríveis que têm essas propriedades "fractais". Elas se devem ao fato de que a complexidade do sistema surge a partir de processos simples repetidos infinitas vezes em todos os diferentes níveis.

macro ao micro. Isto é possível porque os processos essenciais que são executados através de um sistema manifestam as estruturas visíveis. Se você alguma vez já fez parte de um projeto de reestrutura organizacional em conexão com a implementação de um sistema corporativo de gestão de recursos, você sabe que existem centenas de processos em qualquer organização. Os consultores que são especialistas neste tipo de trabalho filtram-nos até chegarem aos processos essenciais e se certificam de que o sistema funcione para eles. Estou sugerindo que a mesma abordagem seja aplicada ao que você escolher para suportar todo o sistema de pensamento visual. Estou sugerindo que trabalho pessoal, reuniões, equipes e iniciativas da organização como um todo são esses processos essenciais.

Não seria útil, eu imaginei, ter conjuntos de ferramentas que funcionem para cima e para baixo nesta pilha inteira? E se a avalanche de modelos e linguagens que parecem se acumular em torno de cada nível de trabalho tiver um padrão de conexão mais profundo e integrado que todos compreendam? Você provavelmente já viu que o Teclado Gráfico de Grupos e o Modelo de Facilitação norteiam o trabalho individual de um facilitador e ajudam a moldar as escolhas nas reuniões. O Modelos MPE e COP operam como programas de aplicação em nível de equipe. O Modelo de Organização Sustentável funciona para a liderança organizacional.

Assumindo a Totalidade — Mecanismo com Partes ou Organismo Unificado?

Até agora eu descrevi as características da aplicação de um sistema operacional visual. Quais são os pressupostos comuns em toda a pilha?

Uma suposição inicial fundamental é que todos os elementos em um processo de equipe estão interligados de alguma forma e que diferentes equipes e outras partes de uma organização estão interligadas, e as organizações estão interligadas umas às outras, aos seus clientes, fornecedores e outras partes interessadas. A totalidade, é claro, é uma suposição e não é demonstrável em um sentido objetivo. E mesmo que você aceite essa postura, há diferentes maneiras de pensar sobre a totalidade e interli-

MODELOS MECÂNICOS

Quantos pilares tem a sua organização? Você está "dentro ou fora do barco?" Você está aberto a "feedback"? Você "constrói" suas equipes? Estamos imersos em metáforas da era industrial. Gostamos de usá-las por sua familiaridade e simplicidade. Elas têm um efeito tremendo em tempos caóticos, quando nossa mente está gritando por simplicidade. Às vezes eu comparo esses modelos simples, que todos os consultores gostam, a trenós mentais. Eles têm facilidade de saltar e deslizar por um monte nevado. Mas, se você realmente quiser fazer manobras e se divertir, você logo vai querer esquis. Demora mais tempo para aprender a usar, mas proporcionam momentos inesquecíveis de divertimento e alegria. Os modelos de processo da The Grove são mais como esquis mentais.

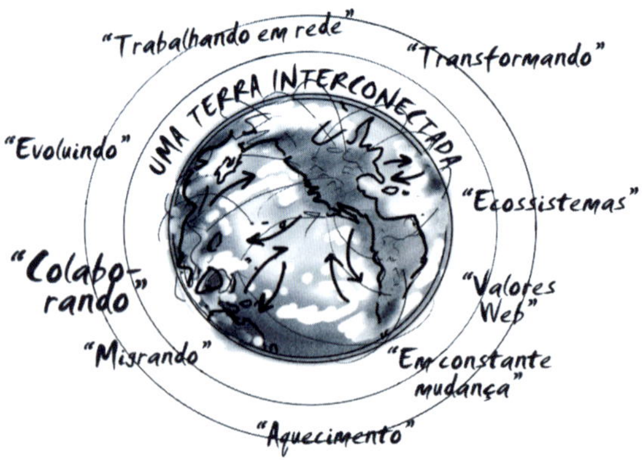

MODELOS ECOLÓGICOS

Estas são algumas das palavras que são a tendência crescente de novos entendimentos sobre a organização. Elas extraem seu significado a partir de sistemas vivos. Curiosamente as mais complexas metáforas de sistemas vivos podem incorporar as mais mecânicas, mas não o inverso.

gação. Uma coisa é pensar que sua organização está toda interligada, como uma grande máquina. Mas é uma perspectiva completamente diferente enxergá-la como campos de energia e informação interligados, em fluxo constante.

Nossos conceitos sobre a organização foram moldados por uma era industrial. Todo mundo tem uma rica experiência com mecanismos, e a maioria de nós é treinada para dar mais ao pensamento "objetivo" do que ao conhecimento interior. Os mecanismos são satisfatórios. Podem ser analisados, se segmentados. Os elementos têm formas bastante precisas de se conectar. Eles podem muitas vezes ser substituídos. Os objetos podem ser medidos, avaliados e descritos com precisão. É uma maneira de pensar que, em sua forma mais simples, vê a organização como um grande desafio de construção de blocos, com o organograma e seus boxes como um símbolo icônico. Muitas pessoas ainda pensam nestes termos sobre os problemas de administração.

A conveniência de uma maneira mecânica de pensar é a clareza. Se esses tipos de modelo são vistos como lentes e janelas, e não como modelos e arquiteturas, eles são úteis. Mas o lado negativo desta forma de pensamento é que as organizações não funcionam assim. Tentar ver a "totalidade" em uma organização através de uma lente objetiva é como olhar através de um caleidoscópio. Todos os pedacinhos parecem diferentes e não se encaixam. Os pedaços confusos são ignorados ou até mesmo descartados.

Eu adoro construir e fazer coisas. Mas meu sentido de "totalidade" em relação aos sistemas vivos (que é o que as organizações são) está profundamente influenciado pelo trabalho precoce na área de agricultura e de ter sido um jardineiro a vida inteira. Eu pessoalmente acredito que a civilização está se movendo firmemente na direção de uma forma de pensamento biológica, ecológica, impulsionada por nossas próprias necessidades de sobrevivência. Os malefícios causados ao nosso sistema agrícola pelo aquecimento global exigirá uma abrangência de compreensão e de inovações que as gerações anteriores podiam apenas levemente imaginar. O crescimento e a urbanização das populações carregam consigo a aceleração na adaptação de vírus e doenças às contramedidas humanas. Diminuição da natalidade, idade média da população cada vez maior e os efeitos colaterais dos crescentes níveis de

toxicidade gerada por nossos próprios processos industriais estão pressionando e impulsionando mais compreensão e reação. O fato de que muitos ainda olham para a saúde, agricultura e meio ambiente através dos filtros da era industrial e de modelos mentais mecânicos não significa que as formas mais inclusivas e complexas de pensamento da biologia não sejam mais eficazes. Elas são. Mas requerem um esforço um pouco maior para aprender. A boa notícia é que os modelos antigos se aninham nos novos (mas não vice-versa).

Desenvolvimento Organizacional Requer Pensar em Sistemas Abertos

Acho que atualizar nossos modelos mentais sobre formação de equipes e colaboração é uma prioridade nos dias de hoje, em administração. O campo de desenvolvimento organizacional, minha base profissional e intelectual, originou-se deste pressuposto da totalidade dos sistemas. Ele cresceu a partir de uma rede de pensadores da organização que viam as organizações como organismos, muito mais como seres vivos do que mecanismos. A própria raiz da palavra é "órgão", que é um termo biológico. Ser organizado como organismos tem um conjunto muito diferente de qualidades. Algumas das características dos organismos vivos são listadas no quadro ao lado. Também é possível detectar o crescimento das novas formas de pensar nos tipos de termos que as empresas e organizações estão usando como linguagem comum hoje em dia:

- Valores Web
- Ecossistemas de negócios
- Saúde econômica
- Redes sociais
- Parceria
- Colaboração
- Cocriação
- Crescimento sustentado
- Evolução da tecnologia
- Biotecnologia
- Bifurcação
- Clima

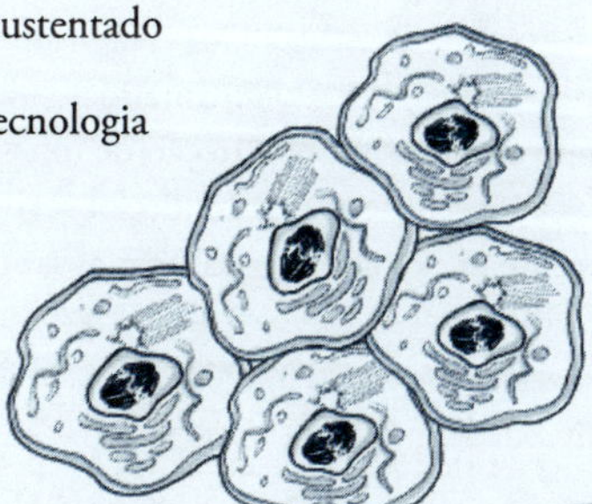

CARACTERÍSTICAS DOS ORGANISMOS

- ❑ Organismos operam com matrizes de elementos independentes, agregando e cooperando, com sistemas profundamente interligados.
- ❑ Organismos organizam-se em torno de fluxos de energia e recursos mais do que estruturas.
- ❑ Estruturas são diversas e ramificadas.
- ❑ Organismos crescem, reproduzem-se e morrem.
- ❑ Organismos são afetados e afetam seu ambiente, e estão em contínua e íntima interação com ele.
- ❑ Organismos comunicam-se de maneiras sutis e em várias camadas.
- ❑ Organismos vivos estão em constante movimento e em constante mudança.
- ❑ Padrões de organização em organismos muitas vezes surgem de interações complexas em vez de ser centralmente "projetados".
- ❑ Organismos têm conjuntos de modelos embutidos, mas não totalmente consistentes, em seu DNA, que são distribuídos por todo o organismo.

FOTOS OU FILMES?

Tudo que você vê tem forma e também se move. Você aprecia estruturas e desenhos tirando fotos, literal e mentalmente. Você aprecia processos e mudanças com histórias, roteiros e fazendo filmes. Eu fiz um desenho aqui para ilustrar a diferença. Cada perspectiva tem um conjunto de fundamentos visuais que deveriam ser parte da compreensão de todos. Eles se integram dentro de nosso cérebro.

Os modelos mentais de desenvolvimento de células que Boulding descreve são exemplos de formas de pensar enraizadas na compreensão dos sistemas vivos. As células se reproduzem, e não é por acaso que chamamos as células terroristas de "células". As plantas crescem e produzem frutos. Novamente, não é por acaso que chamamos fábricas de "plantas". Quando Kevin Kelly escreveu sobre sistemas autossustentáveis em seu livro *Out of Control: The New Biology of Machines, Social Systems, and the Economic World* ("Fora de Controle: A Nova Biologia das Máquinas, Sistemas Socias e o Mundo Econômico"), ele escolheu a imagem de uma colmeia para a capa. Sua mensagem é que este novo mundo é de conexões que estão em constante movimento. É um mundo onde os nativos digitais fazem um "enxame" e as empresas "funcionam em conjunto" ("crowd-source"). Os animais não vivem como indivíduos. Eles são encontrados em bandos, rebanhos, manadas, enxames, famílias, cardumes e matilhas.

Tudo isso se soma a um argumento para ter um sistema de operação visual que, em sua raiz, enfatiza o processo sobre a estrutura, pois em sistemas vivos o fluxo de energia é mais fundamental do que a forma.

Pensar a Partir de um Ponto de Vista de Processo

A perspectiva da foto instantânea ilustrada nesta página revela padrão e forma. Os sete arquétipos do Teclado Gráfico de Grupos são esses padrões básicos. Mas o que estou argumentando é que a prioridade de um sistema operacional para uma organização visual deve ser a visualização de uma perspectiva de processo, uma vez que o movimento e a mudança são fundamentais nos sistemas vivos. Portanto, embora o Teclado Gráfico de Grupos pareça estático na impressão, os diferentes formatos são, na verdade, os artefatos de sete pequenos processos, ou o que eu chamo de "procedimentos", no Teclado. Se você usar esses formatos como um registro gráfico, você vai experimentar a crescente complexidade dos *processos* à medida que se move da esquerda para a direita.

O Modelo de Performance de Equipe é intencionalmente mais inclinado para ver o processo — apreciar o filme da vida. À primeira vista parecem sete bolas separadas e poderia ser confundido com um modelo de instantâneo estático enfatizando uma estrutura fixa. Mas Allan e eu usamos a metáfora da "bola quicando" para induzir o espectador a imaginar o movimento. Na prática, você vai descobrir que não só é o processo global movendo-se constantemente em diferentes padrões, como a música, mas também que os sete estágios são todos pequenos processos por si só. Com a prática, você pode passar a ver o MPE como um teclado de 48 teclas, com cada um dos sete estágios espelhados em cada uma. Pode também imaginar os pequenos círculos no modelo como "lentes" através das quais você olha para o mundo real em movimento, em toda a sua riqueza. Cada lente orienta você para ver uma qualidade diferente, todas elas trabalhando em conjunto numa equipe desenvolvida.

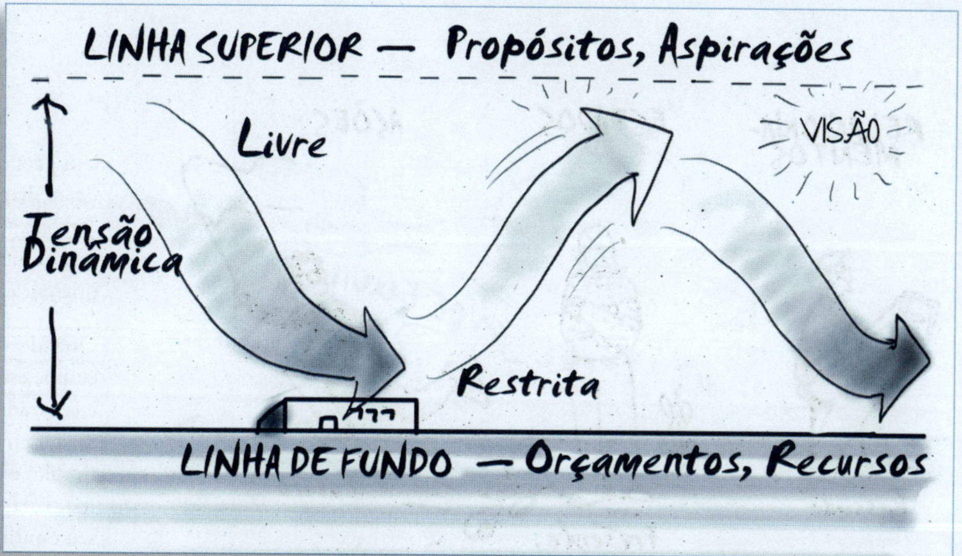

A DUPLA NATUREZA DE TODO O PROCESSO

Vivemos na seta do tempo em um ritmo pulsante entre liberdade e restrição, *yin* e *yang*, convergência e divergência, puxar e empurrar, linha superior e linha de fundo, inspirando e expirando. É um padrão fundamental de toda a vida que vive no fino envoltório de nossa atmosfera entre a terra sólida e o vasto cosmos.

O Operador Duplo

Depois de aceitar o pressuposto da unidade (uma perspectiva de sistema vivo, no meu caso), a teoria formal de processo de Young define as maneiras arquetípicas como os seres humanos começam a dividir as coisas a fim de entendê-las conscientemente, começando de forma simples e articulando um conjunto de modelos mentais aninhados no nível mais abstrato. Esses padrões são aqueles que Young viu refletidos nos achados da ciência contemporânea e reforçados pelo entendimento tradicional. Sua tendência como matemático e inventor era mantê-los tão elegantes quanto possível e, como uma boa lente ótica, polir cuidadosamente as distinções.

A primeira maneira como os seres humanos dividem a totalidade é entender a natureza dupla do tempo e da experiência — o movimento de fundo que flui para dentro e em torno de todos os processos organizacionais. Isso pode ser expresso visualmente como a flecha do tempo — o movimento da energia e da vida que se move em uma direção e flutua entre liberdade e restrição, ou energia e matéria. Isto é ilustrado como uma linha "superior" e "de fundo", e é um dos padrões que esca-

AÇÕES, ESTADOS E RELAÇÕES

Esta forma tríplice de ver as coisas distingue as ações, que são "o futuro focado"; os estados de espírito que eles afetam, que são o "presente"; e os nossos entendimentos sobre tudo isso, que são de necessidade orientada para o passado, já que a ação e os resultados que estamos compreendendo já aconteceram. Esta forma tríplice de olhar para o fenômeno é uma convenção padrão em física e engenharia. Ela também é uma maneira muito comum de pensar sobre um processo de qualquer espécie.

lam para cima e para baixo na organização. Como os seres humanos ficam de pé a maior parte do dia e pensam no solo como algo sólido e "embaixo" e no cosmos como expansivo, aberto e "em cima", eu acho que os mapas de processos visuais e gráficos são mais eficazes com essa orientação para cima e para baixo.

Quando você compreender esta ideia e começar a discernir quando sua equipe está convergindo para acordos ou divergindo para estados mais energizados e de alta performance, sua compreensão do processo irá operar em um nível mais sofisticado do que com modelos de processos simples e diretos, que meramente conectam um estágio com o próximo. Esta perspectiva pressupõe que a sua vida interior e imaginação — seu espírito e alma, se quiser usar uma terminologia popular — são tão importantes quanto seu pensamento e experiência operacional — sua mente e corpo, para continuar a comparação. Os artistas trabalham em todos estes níveis de uma só vez. Eles praticam tanto o domínio como a surpresa. E as equipes de alta performance fazem o mesmo.

É uma característica da natureza dupla do processo que ele seja mais sentido e experimentado do que calculado ou observado. A energia e o movimento são moldados por intenção, confiança e motivação — todas qualidades muito subjetivas. Embora o MPE graficamente enfatize isto em seu design de "arco", a sua compreensão deve ser enraizada em sentir diretamente esse padrão na vida das suas equipes.

O Operador Tríplice — Passado, Presente e Futuro

Estar "no fluxo" em um nível de sentimento não é a única maneira que os humanos relacionam a viver naquilo que Young chama de "flecha do tempo". Também movemos nossa atenção entre passado, presente e futuro. Ao projetar uma reunião, você considera o antes, o durante e o depois. Nas equipes, essa característica tríplice aparece nas ações de movimento para a frente dos membros individuais, nas consequências que são vividas no presente para outros membros da equipe e na compreensão da equipe sobre a relação entre ambas. Nas ciências físicas, as ligações de causa e efeito são descritas com precisão. Na interação humana, que inclui participantes conscientes e com livre--arbítrio, os entendimentos que formamos após as ações terem ocorrido não serão tão precisos, mas mesmo assim se manifestam como histórias, desculpas e justificativas.

Toda a ação acontece no presente, é claro, mas às vezes nos focamos em para onde essa ação está conduzindo (uma orientação para o futuro) e, às vezes, experimentamos o impacto e as "mudanças de estado" resultantes da ação, e de estar presente com o que está acontecendo. Em outros momentos, analisamos e pensamos sobre tudo isso.

O Operador Quádruplo — Pensar sobre o Pensar

Quando os seres humanos param e analisam alguma coisa para compreendê-la totalmente, quatro perspectivas são necessárias, afirma Young. Você deve reconhecer isto como o "código-fonte" para o Modelo de Quatro Fluxos.

1. **O Conhecedor:** Suas intenções, projeções e "ponto de vista", algo imaterial e não objetivo, representam um aspecto que você precisa entender. Você consegue isso através da autoconsciência. Mesmo a ciência moderna admite que a perspectiva do observador afeta o observado nos reinos mais sutis da física subatômica. Suas intenções definitivamente impactam o relacionamento.
2. **O Conhecido:** Este é o outro extremo do espectro e inclui o que você pode discernir objetivamente a partir de seus sentidos — leitura, observação, verificação, pesagem, mensuramento e descrição. Este é o reino de dados e representações objetivos — conhecimento científico.
3. **Seu Processo:** A compreensão total também envolve estar ciente de como você interage com o que está tentando entender, e os sentimentos, valores e experiências que resultam. Lembranças de interações passadas funcionam como associações e conotações que têm suas próprias qualidades.
4. **A Coisa Propriamente Dita:** Você pode não ter como provar, com argumentos, que existe algo além do seu conhecimento sobre o assunto, mas é uma postura muito prática pressupor

QUÁDRUPLO EM USO

Suponha que você esteja escolhendo um modelo de smartphone. Você pode considerar o que é "conhecido" objetivamente sobre o telefone, incluindo o visual, o tamanho, a funcionalidade e assim por diante. O outro lado desta análise é a compreensão de suas próprias intenções e perspectivas — o "conhecedor". Suas necessidades e intenções irão afetar sua escolha. Há duas outras perspectivas necessárias para entender completamente o telefone. Você vai experimentar como é a interação com o telefone, qual é a sensação e como você se sente com relação à qualidade e ao rigor de sua pesquisa. A quarta perspectiva é finalmente comprar e usar um aparelho. Ele pode ou não atender concretamente às suas outras avaliações. Se uma parte não funciona direito, ele não vai funcionar, independentemente do que você pensa.

CARGA, DESIGN, PEÇAS DE TRABALHO E COMBUSTÍVEL

Em 1948, quando Don Fletcher fundou a Coro Foundation, um dos primeiros programas de desenvolvimento de liderança baseado em experiência do país, ele ficou fascinado com a forma como os engenheiros da Universidade de Stanford resolviam os problemas. Ele aprendeu que se você for capaz de responder a quatro perguntas sobre uma máquina, você terá plena compreensão da mesma.

Fletcher achou que se os Fellows (membros) da Coro aplicassem a mesma estrutura para analisar a organização, uma completude semelhante de pensamento resultaria disso. Tornou-se uma ferramenta fundamental para os Fellows de Relações Públicas e um exemplo clássico do quádruplo em uma de suas milhares de formas. Estas perguntas foram:

CARGA: O que a máquina deve fazer, o que vai levar, quais são as dificuldades esperadas? Estas exigências, é claro, decorrem da intenção dos designers e usuários potenciais.

DESIGN: Qual é o plano formal? Como você descreveria a forma, o aspecto e o tipo geral?

PEÇAS DE TRABALHO: Quais são os elementos concretos, específicos, realistas?

COMBUSTÍVEL: Qual é a energia que faz a coisa funcionar? Nas organizações, o que motiva as pessoas?

Como você combinaria estes quatro itens com os Quatro Fluxos? Eles não estão organizados da mesma forma aqui, mas as distinções são harmônicas.

que existe! A coisa em si não é o que você pensa sobre ela. Não é sua interação com ela. Não são as suas intenções sobre o assunto.

Young dizia que o conjunto quádruplo de distinções foi espelhado ao longo da história, quando as pessoas tentavam pensar em dividir o todo da vida em algumas partes elegantes. Essas distinções são aquelas que Aristóteles fez descrevendo quatro causas — Causa Final (intenção), Causa Material (substância ou qualidade), Causa Formal (planos) e Causa Eficiente (o trabalho propriamente dito). Carl Jung via os seres humanos com quatro modalidades de percepção — Intuição, Sentimento, Pensamento e Sensibilidade. Os alquimistas da Idade Média dividiam os elementos em Fogo, Água, Ar e Terra, cada um servindo de símbolo metafórico para as quatro distinções que Young descreve. Até mesmo os nativos americanos organizaram seu pensamento nas quatro direções da roda medicinal, com um significado ressonante. Em *The Geometry of Meaning* ("A Geometria do Significado"), Young mostra como a engenharia moderna usa essas mesmas distinções em suas designações formais de quatro tipos de ação — posição (D ou nenhuma ação ou local), velocidade (DxT ou mudança constante na posição), aceleração (LDT2 ou alteração na mudança de ação) e controle (DT3 ou mudança na aceleração). Os argumentos matemáticos e científicos de Young estão fora do escopo deste livro, mas estão resumidos no Apêndice, juntamente com links para mais recursos. Young afirma, com propriedade, que uma quinta distinção não é necessária para pensar, porque a mudança na aceleração basicamente interrompe a ação e leva de volta ao começo.

Instâncias de modelos quádruplos usam diferentes palavras e descrevem diferentes fenômenos, mas estão refletindo o padrão universal de um conhecedor criando a compreensão do conhecido através de algum processo — todos relacionados com algo que tem uma existência real além do saber.

Originando os Modelos

Tenho certeza de que você agora consegue perceber que a maneira quádrupla de segmentar e resolver as coisas é a estrutura de quatro fluxos que está implícita nas bolas que quicam no MPE.

Quando você combina a forma dupla de experimentar o processo com esta forma quádrupla de pensar a respeito, os modelos de arco de sete estágios são o resultado. (Quatro maneiras de pensar sobre a criação da equipe e quatro sobre como sustentá-la, sendo que a quarta distinção sobreposta é uma só, porque é a própria equipe se manifestando — objetiva e particular.)

Se você seguir o caminho quádruplo de compreensão e aplicá-lo a cada uma das posições tríplices, isso resultará em uma "Pedra de Roseta do Significado", com 12 distinções. Estas mapeiam para o que chamamos de "fórmula de medida" da engenharia moderna. Elas também ressoam com as 12 distinções sobre o processo incorporadas na astrologia tradicional. Este tipo de pensamento integrado não obteve grande aceitação na ciência e na metafísica, por isso Young sofre "resistências" em ambas as áreas. Mas a Teoria do Processo ainda representa o pensamento integrado mais sofisticado que eu conheço. Suas ligações com a ciência contemporânea são de valor inestimável, e ele usa gráficos para explicá-la, o que pode ser a chave para torná-la possível.

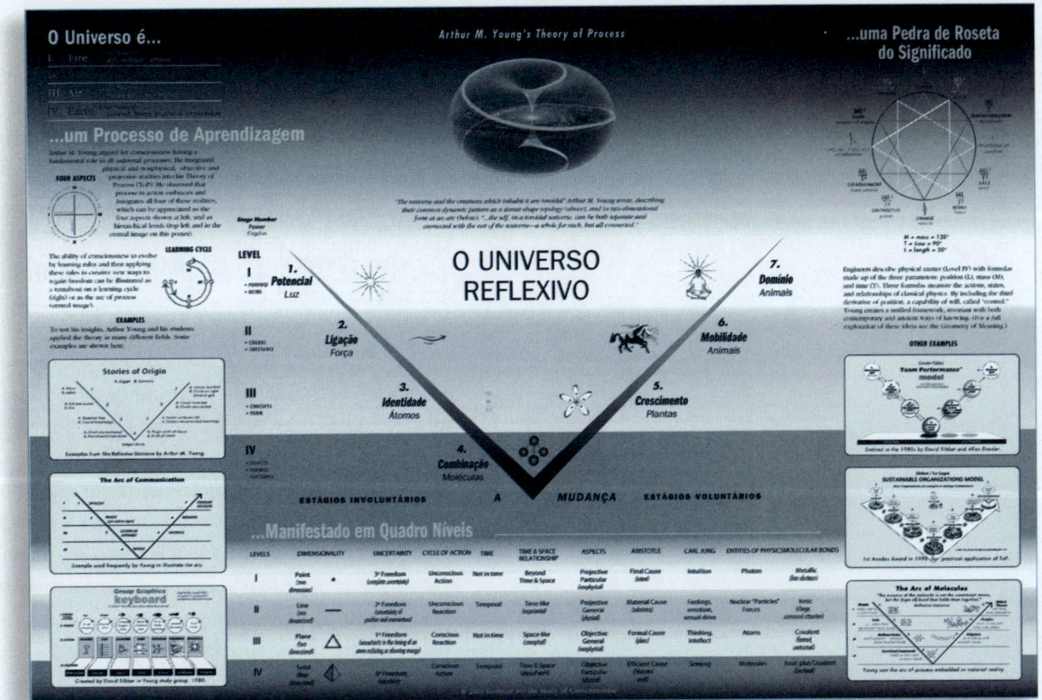

Aqueles que estudaram com Young sabiam que ele inventou, com sucesso, o Bell Helicopter, o primeiro helicóptero comercial licenciado do mundo. A solução dele para o problema de estabilidade que todos os inventores anteriores enfrentaram foi colocar uma pequena barra de suspensão cardã sobre o eixo da lâmina rotativa em 90° com a lâmina grande. Através da combinação e integração de dois sistemas, ele conseguiu chegar a uma maneira de operar de forma mais flexível. Nós que fomos seus alunos gostamos de pensar em trabalhar com essa teoria como "desenvolvendo o pensamento helicóptero".

TEORIAS DE PROCESSO RESUMIDAS

Para aqueles que estão interessados no pensamento original de Young, um site muito completo está disponível em www.arthuryoung.com. Depois que ele faleceu, em 1995, o Instituto para o Estudo da Consciência, fundado por Young sem fins lucrativos, elaborou um infográfico canônico em quatro cores de sua teoria, mostrada aqui em duas cores. Ele está disponível através da The Grove, juntamente com um resumo da teoria.

Quando as equipes começam a comandar a destreza no pensamento, combinando um forte modelo de processo — com o MPE como um modelo de estrutura de organização, ou os pequenos "processos aninhados" no desenho no início deste capítulo (a quádrupla) —, eles também incorporam o pensamento helicóptero. Os membros podem mudar a situação geral ou entrar em detalhes, avançar ou recuar e permanecer orientados para a visão integrada o tempo todo. Que grande vantagem em um mundo virtual!

Teoria do Processo: Um Elo entre Ciência e Organização

Ao desenvolver uma interface gráfica para a Teoria do Processo e desenvolver e testar programas aplicativos baseados neste sistema operacional, eu comecei a perceber o quanto a própria natureza nos deu modelos de como organizar equipes e organizações. Young desenvolveu sua teoria para dar sentido ao nosso processo evolutivo, no mais geral dos níveis, e para mostrar como as ciências contemporâneas também nos mostram que o mundo fenomenal é uma dança entre os reinos abertos, livres e subjetivos da consciência dos seres humanos e os reinos restritos e deterministas do mundo físico e concreto. Ele não rejeita a ciência, mas amplia seu quadro para reincluir o que historicamente foi relegado ao pensamento de psicólogos e metafísicos. Usando uma linguagem visual disciplinada, no caso dele a linguagem da geometria, ele conseguiu considerar distinções no espaço visual e alcançar a flexibilidade com linguagem e rótulos. Eu acho que o mesmo é possível com o pensamento organizacional, de uma forma mais focada.

A última parte deste livro nos leva de volta ao reino das ferramentas de visualização que estão disponíveis para as equipes contemporâneas. Eu permaneço focado nas práticas, o que você vai gostar de saber caso tenha achado que este capítulo avançou para um território um tanto "fora do alcance". Eu sei, no entanto, por intermédio dos muitos observadores que me enviam as últimas informações sobre o que as pessoas estão fazendo com a visualização de dados, design de interface, vídeo e outras mídias dinâmicas, que não demorará muito para que seja realmente possível ver os processos em execução — um desenvolvimento que nos levará para bem longe das simplicidades estruturadas dos modelos de organização estáticos e mecânicos.

VI: Novas Ferramentas Tecnológicas

Uma Revolução na Colaboração Visual

VI: Novas Ferramentas Tecnológicas

Capítulo 17: As Ferramentas Gráficas Atingem a Maioridade O Projeto de Software Colaborativos para Usuários do Institute for the Future na década de 1990 definiu o campo emergente de softwares orientados à colaboração, os precursores das atuais mídias sociais, ambientes de jogos e ambientes imersivos. Este capítulo utiliza a lente da Equipe de alta performance de Usuários de Groupware para mostrar a varredura completa de ferramentas gráficas disponíveis para equipes.

Capítulo 18: Gráficos para Equipes Remotas Este capítulo se concentra em maneiras práticas de usar gráficos para teleconferências e web conferências, incluindo documentos chave, gravação em tablet e vídeo.

Capítulo 19: Salas de Equipe e a Internet O mundo digital fornece às equipes "espaços" para se reunir dentro de bases de dados da equipe, programas de gerenciamento de projetos, sites dedicados e ambientes virtuais. Este capítulo explora o que é possível com esses tipos de ferramentas.

Capítulo 20: Tecnologia Móvel As equipes estão trabalhando em um mundo que é cada vez mais móvel, um desenvolvimento que está forjando novas possibilidades e desafios. Este capítulo explora como o mundo pode ficar e que tipo de pensamento os líderes administrativos preveem para as organizações.

17. As Ferramentas Gráficas Atingem a Maioridade

Vivenciando a Alta Performance no Institute for the Future

Lembro-me bem de quando o Projeto Usuários de Groupware começou. Foi em outubro de 1988, quando Bob Johansen, então líder da equipe de tecnologia no Institute for the Future (IFTF) em Palo Alto, e eu estávamos no avião, voltando de um trabalho para a Management Systems Division (MSD) — Divisão de Sistemas de Gestão — da Procter & Gamble (P&G). Essa divisão da P&G era responsável pela busca e implantação de novas ferramentas de software para as equipes dentro da empresa. A P&G, sem anunciar este fato, estava totalmente engajada em descobrir como usar conferências de computador, vídeo, ferramentas de qualidade total e outros tipos de tecnologia para enriquecer suas equipes. Bob e o IFTF eram líderes em explorar como usar videoconferências para equipes remotas e estavam ocupados trabalhando com a P&G, assim como com a Hewlett Packard, Bellcore, AMEX e outras empresas que pesquisam tecnologias emergentes. Eu tinha trabalhado com Bob em projetos de diferentes clientes, utilizando métodos de reuniões visuais e o que chamávamos de *Group Graphics* (Gráficos de Grupo) na época.

GERENCIAMENTO DE INFORMAÇÃO DA EMPRESA

O Projeto Usuários de Groupware foi concebido quando Bob Johansen, do Institute for the Future, e eu estávamos trabalhando na Procter & Gamble, no final da década de 1980. Esta imagem mostra como nós usávamos displays visuais na época para ilustrar os sistemas de informação e suas possibilidades.

Por Que Não um Projeto Sobre Ferramentas Gráficas?

"Por que não podemos colaborar em um projeto sobre ferramentas gráficas para grupos através do IFTF?", perguntei a Bob em nosso voo de volta. Fazia algum tempo que estávamos conversando sobre o trabalho que estávamos fazendo, e grande parte dele envolvia ajudar com meios visuais de vários tipos. Oito meses antes, eu havia trabalhado na P&G, ajudando-os a projetar um workshop sobre ferramentas para gestão de qualidade total (GQT). Eles haviam tido sucesso com um curso inicial sobre os princípios gerais descritos por Edwards Deming, mas agora queriam ferramentas práticas para suas equipes de GQT. Eu percebi, na época, que 80% do que eles estavam falando era sobre maneiras de usar tabelas e gráficos para literalmente ver o que as métricas e os dados indicavam — gráficos Pareto, diagramas de dispersão, diagramas espinha de peixe, listas de frequência, histogramas, fluxogramas e gráficos de controle eram todos ferramentas gráficas! E grande parte do trabalho que Bob e eu estávamos fazendo para ajudar a MSD com a estratégia envolvia cocriar diagramas visuais dos sistemas e processos que eles estavam recomendando.

Eu estava muito motivado a escrever sobre esse campo. Eu tinha aberto um escritório de consultoria para oferecer registros gráficos a consultores de estratégia em 1977 e, depois, em 1988, incorporei uma nova empresa chamada Graphic Guides, Inc., com a intenção de escrever e publicar ferramentas visuais, além de oferecer a facilitação visual e os serviços de consultoria. Nós tínhamos nos mudado para um escritório no centro de São Francisco, dividindo espaço com nossos parceiros da CoVision, que estavam usando vídeo para ajudar os gerentes a esclarecer suas visões e a voz do cliente. Eu havia conhecido o fundador da CoVision, Lenny Lind, trabalhando na Apple Computer, e essa experiência estava nos impulsionando mais ainda em direção à visualização, conforme víamos o poder das interfaces visuais transformando o mundo da computação.

Na época, eu estava estudando a Teoria do Processo. Young convidou nosso grupo para testar suas teorias em uma área que conhecíamos como a palma da nossa mão. Para mim, aquilo era usar ferramentas gráficas com grupos. Meu trabalho com Young resultou no Teclado de Gráficos de Grupo, descrito no último capítulo. Bob participou de um dos meus primeiros workshops, em 1980, sobre estas ideias, e se converteu. Ele tinha seguido a minha aplicação dessas ideias para equipes também.

Nosso propósito e intenção estavam claros. Queríamos definir esse novo campo e identificar as oportunidades para as organizações dos nossos clientes. Também queríamos fazer essa pesquisa a partir do ponto de vista dos usuários.

Nasce um Projeto de Groupware

Bob estava interessado na minha proposta sobre um projeto de ferramentas gráficas para grupos. Talvez pudéssemos planejar conferências para os adeptos do projeto, além de fazer a pesquisa. Poderíamos escrever um Guia de Gráficos de Grupo. Poderíamos retornar aos nossos respectivos clientes e fazê-los criar um fundo de pesquisa para patrocinar uma equipe conjunta do IFTF e Guias Gráficos (atualmente, a The Grove Consultants International).

Bob deu alguns telefonemas. Ele e o IFTF estavam acostumados com projetos multiclientes como esse e tinham um espectro de organizações influentes já dando suporte a diferentes tipos de pesquisa. O IFTF foi criado como um *spin-off* (derivado) da Rand Corporation, um grupo líder de discussão no sul da Califórnia e que, na época, tinha 25 anos de experiência em previsão e pesquisa de futuro. O IFTF tinha apostado nas áreas de planejamento estratégico, tecnologia e saúde como áreas para a pesquisa, e a cada ano publicava (e ainda o faz) uma previsão de 10 anos para tendências e fatores que poderiam afetar seus clientes, assim como relatórios específicos em cada um dos seus três campos de estudo. Os funcionários complementaram esta pesquisa geral com trabalho personalizado para clientes individuais, aplicando a pesquisa a problemas específicos e urgentes das organizações afiliadas. Nas experiências tecnológicas que Bob comandava, estar localizado no coração do Vale do Silício deu ao IFTF uma vantagem distinta, por estar em estreito contato com as tendências emergentes.

As reflexões de Bob acabaram ampliando nossa ideia além das ferramentas gráficas para alcançar o maior fenômeno emergente de ferramentas colaborativas digitais.

O mapa da próxima página oferece uma sensação visual do que estávamos vendo.

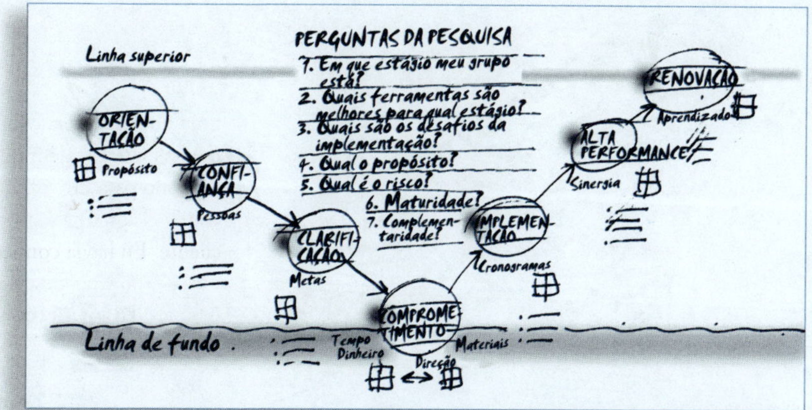

USANDO O MPE PARA IDENTIFICAR QUESTÕES DE PESQUISA

A equipe do Projeto de Groupware usou o MPE para pensar sobre quais perguntas de pesquisa ele precisava responder no projeto.

Nossa Primeira Reunião da Equipe de Groupware

"Eu acho que as ferramentas gráficas são apenas um elemento no fenômeno mais amplo chamado groupware, (ferramentas colaborativas digitais)", Bob explicou a quatro de nós em um encontro inicial no IFTF. Ele havia convidado Paul Saffo, um advogado por formação e excelente escritor e pensador sobre o futuro; Alexia Martin, uma das pesquisadoras sêniores do IFTF que trabalhava com tecnologia; e eu. "Os clientes esperam que deixemos claro o sentido do campo mais amplo dos softwares orientados a grupos, e isto vai construir a reputação do IFTF no campo da videoconferência. Podemos integrar as práticas tecnológicas e de papel em um projeto combinado!" Bob suspeitava que a HP, a Bellcore, a P&G, a IBM e várias agências governamentais entrariam nesse projeto e, de fato, foi o que aconteceu.

A partir desta primeira reunião, nosso propósito e intenção ficaram claros. Queríamos definir esse novo campo e identificar as oportunidades para as organizações dos nossos clientes. Também queríamos fazer essa pesquisa a partir do ponto de vista dos usuários, e não dos inventores e vendedores das novas ferramentas, sabendo muito bem quantas declarações esperançosas são feitas quando surgem inovações. Decidimos nessa primeira reunião usar o MPE como um quadro para o nosso trabalho e realizamos uma reunião especial para nos organizarmos. Também concordamos que precisávamos de

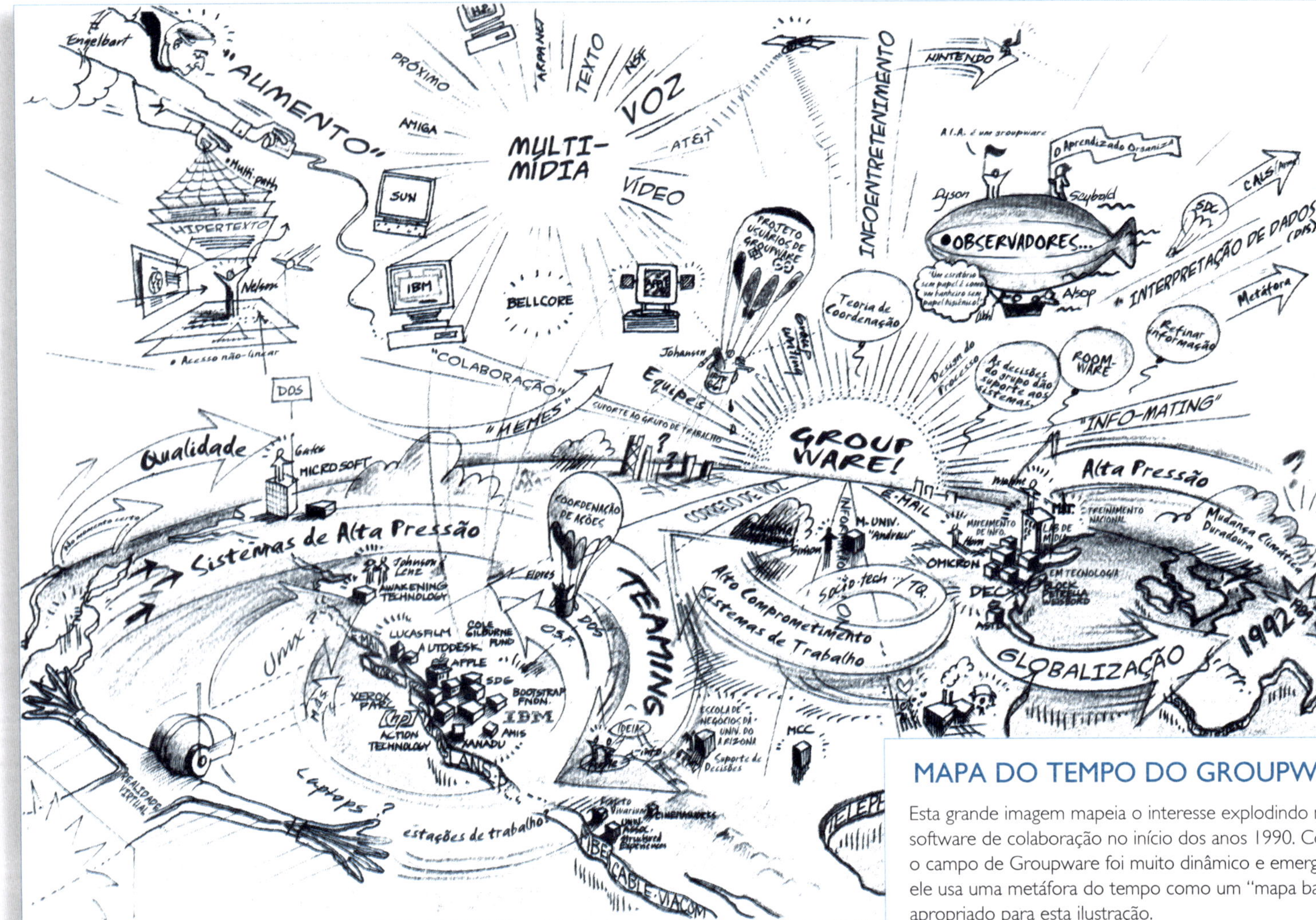

MAPA DO TEMPO DO GROUPWARE

Esta grande imagem mapeia o interesse explodindo no software de colaboração no início dos anos 1990. Como o campo de Groupware foi muito dinâmico e emergente, ele usa uma metáfora do tempo como um "mapa base" apropriado para esta ilustração.

Robert Mittman, um pesquisador do IFTF com ampla experiência em tecnologia de computação, e Sue Bensen, da minha equipe, uma experiente escritora e editora que trabalhava em nossas publicações da Graphic Guides, Inc.

Logo depois, Bob e eu trabalhamos em um acordo de joint venture entre nossas duas empresas e nossas funções. Bob iria dirigir o projeto, e eu trataria dos aspectos de desenvolvimento organizacional — intercâmbio de usuários, estruturas de processos e ferramentas de facilitação. Sabíamos que os projetos que já estavam funcionando com a Apple, P&G, Bellcore e HP iriam nos apoiar com real fundamentação no campo.

Rumo à Alta Perfomance

Nossa Equipe de Usuários de Groupware assumiu quatro ou cinco projetos de pesquisa naquele ano inicial e realizou nosso primeiro intercâmbio de usuários na Universidade do Arizona, uma conceituada fonte de experimentação em aprendizagem distribuída e software colaborativo ou groupware. Nós planejamos e começamos a escrever nossa primeira obra, o *Groupware User Guide*. Escrevemos coletivamente, com a minha empresa sendo responsável pelo design e produção. Na época, o IFTF não tinha designers gráficos na equipe. Seus relatórios eram tradicionalmente limpos, bem editados, baseados em textos com mapas e diagramas quando apropriado, mas não se destacavam como sendo altamente visuais.

Nossa equipe de Groupware trabalhou dez anos nesse projeto, com o grupo expandindo-se para cerca de 10 a 12 pesquisadores. Nosso primeiro lançamento, em 1989, foi republicado por Addison Wesley em 1991, na Série OD, e foi intitulado *Leading Business Teams: How Teams Can Use Technology and Group Process Tools to Enhance Performance* ("Liderando Equipes de Negócios: Como as Equipes Podem Usar Tecnologia e Ferramentas de Processo de Grupos para Melhorar o Desempenho"). Foi um dos primeiros livros abrangentes sobre groupware.

Intercâmbios de Usuários de Groupware

Todos os anos a nossa equipe de projeto organizava e conduzia duas conferências com usuários de groupware do mais alto nível, nas quais eles podiam experimentar com todo tipo concebível de ferramenta (veja a história lateral na próxima página). A primeira foi na Universidade do Arizona, conhecida por seu currículo de ensino a distância. Eles estavam usando um novo tipo de software

LIDERANDO EQUIPES DE NEGÓCIOS

Nosso primeiro relatório do ano autopublicado tornou-se um dos primeiros livros abrangentes sobre Groupware de 1992.

NOVAS FERRAMENTAS EXPLORADAS NO PROJETO DE GROUPWARE

- ❑ Desenho coletivo, utilizando o MacDraw da Apple.
- ❑ Software de apoio à decisão Group Vision para Arizona State e Microsoft.
- ❑ Salas de groupware do MIT representando visualmente a interação e a escrita em grupo.
- ❑ Smartboards da Smart Technology em Calgary, Canadá — líderes em lousas interativas — conectando três breakouts na simulação de uma conferência remota.
- ❑ Videoconferência com um grupo grande na Bellcore, em Nova Jersey, e com um grupo menor na Telia, na Suécia, com os dois grupos reunidos em uma grande videoconferência uma hora por dia.
- ❑ Conferências multissemanais por computador usando a plataforma da P&G.
- ❑ Exercícios de uso de murais, facilitação visual, mapas de cenário e post-its em intercâmbios de usuários.
- ❑ Apresentação dos resultados em infográficos.
- ❑ Mapeamento cooperativo e treinamento com post-its para dar sentido à pesquisa.
- ❑ Exploração de votação e ferramentas de votação, como as criadas pela CoNexus.

denominado Group Vision, que tinha o que era chamado de ferramentas de apoio à decisão, como brainstorm eletrônico, qualificação, classificação e agrupamento. Este software era totalmente baseado em texto. Depois fomos para a Apple Computer e levamos seus sistemas aos limites gráficos fazendo desenhos em grupo com o MacDraw.

Descobrimos nestes intercâmbios que a tecnologia pode se sobrepor nos processos de grupos e resultar em reuniões que não têm muita interação e vida. Mas vivenciamos a vanguarda do que se tornaram hoje ferramentas muito mais flexíveis e transparentes. Veja a história lateral para conhecer algumas das outras ferramentas que exploramos no projeto. Eles pressionaram nossa equipe a ser muito ágil com o processo, assim como com o conteúdo e a tecnologia. Nós tivemos de trabalhar duro em todos os quatro fluxos de atividade em um processo. Um dos princípios que vieram de toda essa experiência foi a profunda convicção de que as ferramentas orientadas para grupos precisam ser simples e fáceis de desaparecer, para que a interação do grupo possa vir para o centro das atenções de todos.

Dentro da nossa equipe de Projeto Usuários de Groupware, os registros gráficos, grandes infográficos, diagramas e modelos visuais conceituais tornaram-se uma prática padrão. Na próxima página há um exemplo típico de todos os recursos visuais utilizados em nossos intercâmbios. É interessante que, em meio a toda a tecnologia que estávamos explorando, simplesmente escrever em papel e lousas e usar post-its tornaram-se nossa escolha de ferramentas mais poderosas na maior parte do tempo.

Visitando o Capture Lab do MIT

Embora grande parte da nossa pesquisa e a maioria dos intercâmbios de usuários lidassem com softwares que na verdade visavam ao suporte e gestão do processo do grupo presente, nós também analisamos como as pessoas estavam usando computação e visualização para pensar conceitualmente em dinâmica de grupo. Nossa visita ao Capture Lab do MIT em Cambridge, Massachusetts, ficou na minha memória até hoje. Na página 228, há uma imagem da montagem que eu desenhei no meu diário — uma mesa de conferências com telas embutidas para cada pessoa, onde elas podiam escrever ou desenhar. Elas se projetavam em duas grandes telas BARCO que haviam sido integradas para que pudessem mostrar duas imagens diferentes ou uma imagem formada por duas partes.

ENCONTRE AS FERRAMENTAS DE VISUALIZAÇÃO

Esta ilustração que eu fiz no meu diário na ocasião do nosso Intercâmbio de Groupware na Apple Computer mostra toda a gama de coisas que testamos lá. Veja se você consegue encontrar os seguintes itens na imagem:

- ❑ Agenda visual
- ❑ Modelo mental visual
- ❑ Sistema de classificação visual orientado para grupos e projetado no MacDraw
- ❑ Uma rede de Mac SE para brainstorm de grupo
- ❑ Uma "secretectária" fazendo anotações em um programa de processador de texto
- ❑ Gravação gráfica ativa de discussões

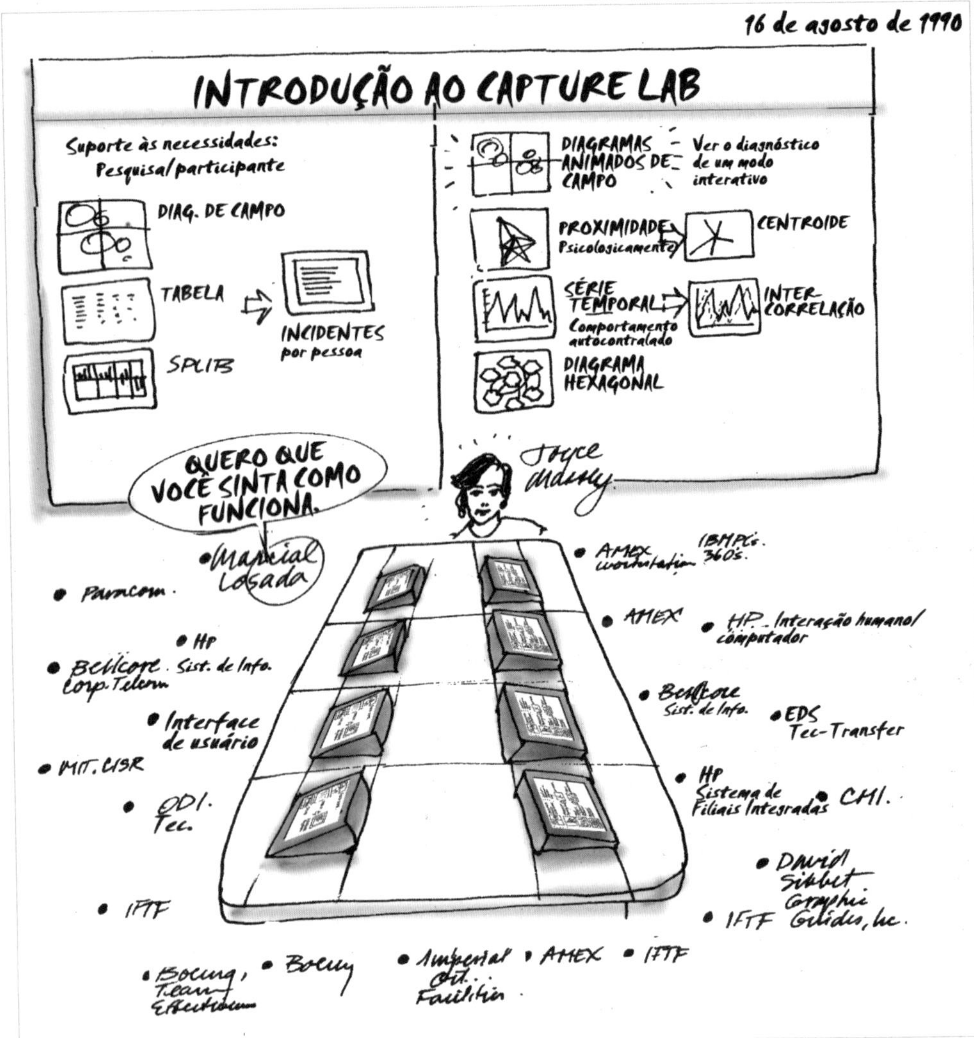

Se você examinar este desenho, verá uma série de pequenos desenhos sobre o espaço que representam as telas grandes. Eles representam dez maneiras diferentes de os pesquisadores visualizarem o processo do grupo em seus estudos. Enquanto nos reuníamos e discutíamos nossa experiência, três pesquisadores se sentaram atrás de uma janela de vidro espelhado e codificaram cada interação do grupo, fazendo marcas de escala em alguns quadros especiais que tinham desenvolvido. Estes dados foram compilados durante a noite e, no dia seguinte, fomos capazes de ver filmes animados de nossa interação em grupo, como raios X em nosso processo de grupo.

Este livro não é sobre esse tipo de pesquisa, mas é interessante ver os recursos visuais que eles escolheram para os diferentes aspectos dos grupos que estavam estudando. Aqui está a lista:

- Mapas de bolha em um modelo de quatro caixas para mostrar os quatro "campos" de atividade — quem estava mais ativo oferecendo ideias, construindo ideias, bloqueando ideias ou sendo passivos.
- Tabelas dos mesmos dados.
- Gráficos de barras mostrando divisões na atividade.
- Animações de mapas de "campo".
- Diagramas de proximidade.
- Diagramas de controle.

- Visões de séries temporais.
- Visões de séries temporais interrelacionadas.
- Diagrama hexagonal de sistemas do grupo.

Se você estiver familiarizado com os sete tipos de displays arquetípicos representados no Teclado de Gráficos de Grupo mostrado anteriormente, você vai reconhecer que eles estavam usando cinco dos sete.

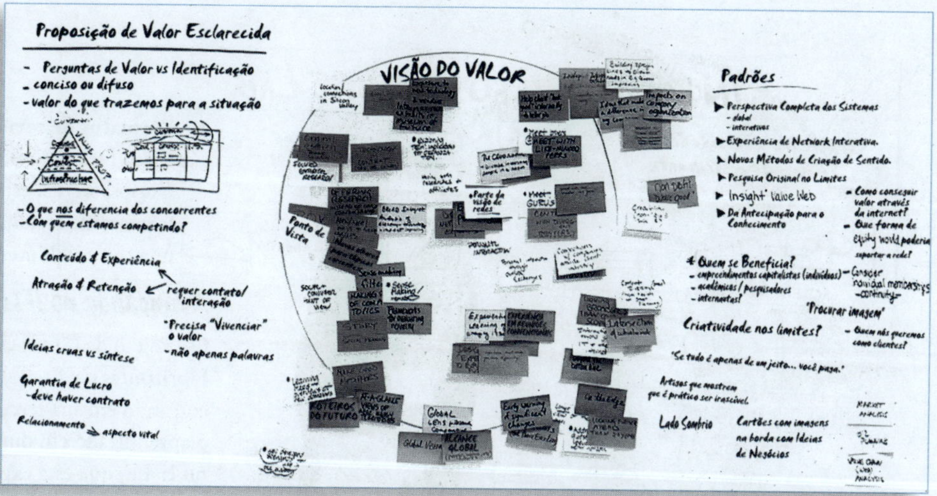

TIRANDO SENTIDO DE INFORMAÇÕES COMPLEXAS

Este tipo de exibição de agrupamento foi utilizada com regularidade, pela equipe do Projeto Usuários de Groupware, para fazer os cortes iniciais em suas pesquisas. No original, os post-its tinham quatro cores, cada um indicando um tipo de valor diferente. Este gráfico foi usado durante o planejamento anual para refinar a proposta de valor do projeto e encontrar padrões no que os clientes queriam. Fiquei fascinado com o fato de que, apesar de ter toda a tecnologia, ainda tendíamos a simples displays de post-its e registro gráfico ativo.

Lições sobre Trabalho em Equipe

O aprendizado desta década de trabalho em equipe é extenso e inclui muito mais do que nossas explorações visuais. Aqui estão alguns dos destaques que vale a pena compartilhar:

- **Funções:** Fiquei maravilhado com a forma como um grupo de "egos" tão fortes conseguiu cooperar como nós fizemos. Lembro-me da reunião em que foram comparadas as experiências anteriores da equipe e eu percebi que o nosso líder, Bob, tinha sido um astro do basquete universitário e era claramente experiente em "armações", "passes" e "arremessos" no aros intelectuais contra os quais jogamos.

- **Metáforas:** Logo no início, as mulheres da equipe se queixaram de que era difícil para elas se manifestarem nas nossas reuniões. Percebemos que os homens estavam lançando mão de uma espécie de hóquei verbal e sentindo-se bastante confortáveis em ser o centro das atenções na sala. As mulheres da equipe preferiam um pouco mais de reflexão. Esta metáfora melhorou acentuadamente nossas reuniões a partir de então.

- **O áudio é tudo:** Em nossos experimentos virtuais, testamos repetidamente a fidelidade do aúdio. Em uma grande videoconferência para 90 pessoas divididas entre Bellcore, em Nova Jersey, e Telia, na Suécia, descobrimos pelos engenheiros que as normas para a telefonia vocal foram criadas para otimizar o timbre masculino. É muito difícil equilibrar microfones para ambos os registros, masculino e feminino.

MAPEANDO OS HORIZONTES DA TECNOLOGIA

Kathi Vian, uma ex-funcionária do IFTF que retornou ao grupo durante o Projeto Usuários de Groupware, é mostrada aqui em frente a um dos esboços de conceito para os mapas visuais que agora caracterizam os relatórios do IFTF. Ela é uma talentosa visualizadora gráfica, e também escritora, que usa integralmente os dois lados do cérebro. Por ocasião da produção deste livro, ela estava liderando o trabalho 10-Year Forecast (Previsão de 10 Anos) no IFTF.

- **Formatos de revista:** Ficamos muito frustrados tentando descobrir como escrever nosso livro inicial, até que chegamos ao formato de revista como um conceito. Curiosamente, este formato tem se expandido para jornais, blogs e sites como o formato de escolha. As revistas foram a primeira mídia impressa a abraçar inteiramente a total interdependência de texto e imagem.

Avançando no IFTF

O Projeto de Groupware foi tão bem-sucedido que se transformou no projeto Horizontes da Tecnologia, que continua no IFTF como um projeto multicliente, já entrando em sua terceira década. A maioria de nós da equipe original passou a aplicar o aprendizado em outras atividades. Mas ainda estamos em contato com o novo grupo no IFTF, que está explorando toda a tecnologia que associamos com o século XXI — jogos, computação em nuvem, crowdsourcing, geodata e redes sociais.

A visualização tornou-se um aspecto tão incorporado à nossa Equipe de Usuários de Groupware, e posteriormente ao IFTF, que era tratada como qualquer outro canal de comunicação, moldando muitas das práticas descritas em *Reuniões Visuais*. Tornou-se, e ainda é, uma característica de trabalho para o IFTF, cujas previsões e relatórios anuais são regularmente acompanhados por grandes mapas gráficos e diagramas acessíveis, apoiados agora por uma sofisticada equipe de designers de informação.

Nas reuniões da equipe, onde o IFTF se concentra em tirar sentido das pesquisas, os grandes displays são a maneira aceitável de fazer protótipos conceituais. Normalmente, um subgrupo menor trabalha os conceitos-chave e depois examina os mapas com o grupo maior, para refinamento e input. Estas ferramentas ampliam a capacidade da equipe de pensar de maneira sistêmica e abrangente como grupo — não é um desafio pequeno, com informações tão complexas quanto as que são organizadas pelo IFTF. Como o instituto agora, na década de 2000, explora redes sociais, jogos e simulações, ele vem explorando ativamente como redes inteiras de trabalho podem ajudar a indicar a fonte dos dados, mapas e cenários que ajudam a orientar seus clientes a pensar sobre o futuro.

18: Gráficos para Equipes Remotas

Teleconferências e Web Conferências

Equipes do mundo inteiro estão cada vez mais usando teleconferências e web conferências para suas reuniões. Na The Grove, nosso trabalho avançou firmemente nessa direção. Estamos totalmente empenhados em explorar como essas plataformas podem beneficiar o trabalho visual e descobrimos muitas estratégias. Este capítulo descreve algumas das nossas experiências e ideias sobre para onde este trabalho está se dirigindo.

Quais São as Opções para o Trabalho Visual Virtual?

Há um espectro de formas para trabalhar em tempo real a partir de diferentes locais remotos. Esta é a opção "mesma hora/lugares diferentes" no mapa quadrangular descrito no Capítulo 2. (O próximo capítulo vai lidar com as plataformas de "horas/lugares diferentes".) Aqui estão suas escolhas.

- **Teleconferência sem imagens explícitas:** A opção mais simples é fazer uma chamada telefônica e pedir a um dos participantes da equipe que tome notas e envie um e-mail para todos os outros depois. Se os membros da equipe compartilharem modelos visuais comuns, como o MPE, a linguagem visual compartilhada permite que uma equipe dê opiniões mais sofisticadas sobre o processo e o trabalho.

- **Teleconferência com documento chave:** De longe a forma mais comum de trabalhar visualmente é distribuindo um conjunto de documentos via e-mail e fazendo uma chamada telefônica.

- **Web conferência com documento de destino:** A prática comum é carregar documentos importantes em uma plataforma de conferência via web e compartilhá-los com retorno de áudio e chat.

- **Conferência via web com registro gráfico:** A plataforma padrão de conferência via web geralmente tem compartilhamento de desktop, que permite que todos vejam a gravação por tablet em sua tela.

CONFIGURAÇÃO DE UMA GRAVAÇÃO BÁSICA

Esta figura é de um MacBook Pro com um Tablet Bamboo da Wacom, com o Otis Roadmap carregado no Sketchbook Pro a partir de um arquivo salvo de um slide do Powerpoint do The Grove's Roadmap Graphic Guide. A plataforma de conferência é WebEx, um serviço da Cisco de conferência via web que é um dos líderes atuais. Essa é a configuração padrão para facilitar graficamente uma reunião distribuída com foco em um único documento. Combina a vantagem de um documento central com registro ativo de comentários de todos. Sem dúvida, todos esses recursos serão substituídos quando os computadores tablet integrados começarem a refletir essas mesmas capacidades.

O ÁUDIO AINDA É FUNDAMENTAL

Pode parecer que todas estas interconexões visuais suplantarão o áudio, mas isso não é o que diz a minha experiência. Os seres humanos se relacionam com a história e narrativa em primeiro lugar, e tiram sentido das coisas visualmente em segundo. Se você não pode ouvir outras pessoas em uma teleconferência ou via web, isso vai prejudicar qualquer outra coisa que você esteja tentando fazer. Devido a esse requisito, trabalhar virtualmente envolve em geral uma cuidadosa análise de sua configuração para se certificar de que tudo funciona, e treinamento dos participantes sobre como conectar o áudio. Se uma pessoa estiver em um carro com um telefone celular, o ruído da estrada pode atrapalhar toda a reunião. Então, todos precisam entender como ativar ou desativar o silencioso nestas situações.

Craig Neal, que ensina a arte de tirar mais de teleconferências (e tem um novo livro, *The Art of Convening: Authentic Engagement in Meetings, Gatherings, and Conversations*) consegue envolvimento e foco extraordinários, insistindo que todos os participantes usem fones de ouvido e absolutamente abstenham-se de multitarefas.

- **Videoconferências com chat:** Os softwares de chat padrão cada vez mais incorporam simples vídeos das câmeras embutidas no computador.
- **Videoconferências com quadro branco compartilhado:** É possível ter uma janela de chat de vídeo aberto, enquanto se trabalha em um quadro branco e tablet. Serviços de áudio podem ser integrados ou separados.
- **Telepresença:** Sistemas avançados de videoconferência desenvolvidos por companhias como Cisco, AT&T, Siemens e HP proporcionam conexão em alta definição entre os participantes que simulam se acomodarem ao redor de uma mesma mesa. Esses sistemas possibilitam mostrar telas gráficas e interagir em tempo atual.
- **Quadros interativos:** Empresas como a Smart Technologies, do Canadá, agora permitem que seus quadros interativos sejam multitoque e integrados por vários tópicos diferentes. Um servidor central pode baixar o software do cliente, que permite que os participantes a distância vejam e interajam com a tela de trabalho.
- **Telepresença e quadros interativos:** Uma sofisticada sala de equipe pode combinar telepresença em alta definição com quadros interativos.
- **Mundos virtuais:** Ambientes tridimensionais como o Second Life e seus muitos semelhantes fornecem um mundo compartilhado para reuniões. Estas soluções têm uma curva de aprendizagem e exigem conectividade de banda larga, mas estão cada vez mais disponíveis.

Alguns serviços de teleconferência estão surgindo com novas opções para proporcionar reuniões em tempo real. Maestro é um dos primeiros líderes, oferecendo a capacidade de configurar o áudio de pequenos grupos, ativar ou desativar o silencioso controlado pelo facilitador e sondagens com as teclas do telefone. Estes sistemas podem auxiliar, em tempo real, audioconferências com centenas de participantes.

Teleconferência com Alvos Visuais

Vamos começar com a mais simples das escolhas. Alguns tipos de documentos visuais que são comumente usados para obter foco em uma teleconferência seriam os seguintes:

- **Agendas:** Reservar um tempo para formatá-las como agendas de blocos de tempo ajuda as pessoas a verem a quantidade de tempo que os diferentes elementos irão levar. Eu incluí um exemplo de uma verdadeira agenda criada em um programa de processamento de texto com a identificação do cliente removida. Ao incluir cabeçalhos claros, nomes em negrito para diferentes eventos e estruturas de grade com contornos que mostram os blocos de tempo, o design da reunião se torna mais visível.

- **Missões e Visões:** Incluir documentos importantes que referenciem as missões, visões e estratégias abrangentes proporciona um contexto para o trabalho em equipe. Em muitos casos, estes são conjuntos de slides fornecidos como pano de fundo para a ligação. Se a sua organização possui um infográfco de sua direção geral, seria bom incluí-lo.

- **Orçamentos:** É quase impossível ter uma boa discussão sobre alocação de recursos em uma teleconferência sem um orçamento visível. Estes são apresentados em tabelas e planilhas. A formatação visual para apoiar a digitalização ajuda muito.

- **Planos de Ação e Mapas de Percurso:** Ter um bom gráfico que ilustre o processo geral da equipe também ajuda a orientar as pessoas para as comunicações sobre as partes. Qualquer um dos muitos exemplos neste livro pode ser compartilhado com antecedência e referenciado em uma ligação. Também é padrão em projetos ter uma lista de ações que mostre itens específicos, datas de vencimento e as instâncias responsáveis.

- **Relatórios de Reuniões:** Se você criar relatórios gráficos de reuniões que incluam cópias de cartas, fotos e similares, estes podem ser enviados como arquivos anexados e referenciados na conferência.

Conferências Via Web com Registro Ativo

A adição de registro gráfico ativo para uma reunião com os documentos de referência transforma os níveis de envolvimento que a sua equipe vai experimentar. Isso requer mudança para uma plataforma de conferência via web a partir de uma teleconferência simples. A boa notícia é que estas estão facilmente disponíveis. Há uma ampla gama de opções: desde acesso gratuito para serviços até a assinatura de serviço completo. Algumas das considerações que você precisa levar em conta são listadas na caixa lateral na próxima página.

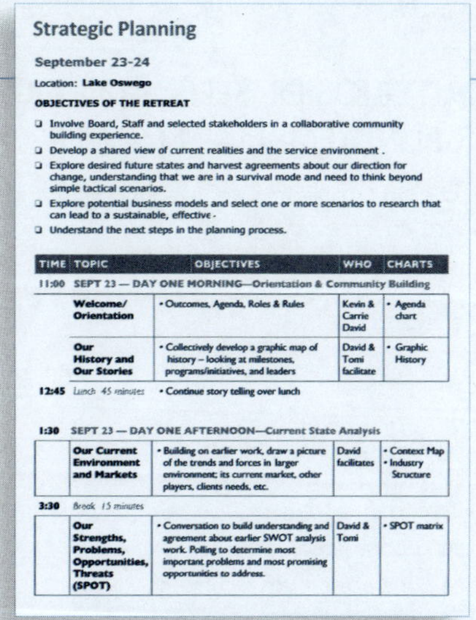

Strategic Planning

September 23-24

Location: **Lake Oswego**

OBJECTIVES OF THE RETREAT

- Involve Board, Staff and selected stakeholders in a collaborative community building experience.
- Develop a shared view of current realities and the service environment .
- Explore desired future states and harvest agreements about our direction for change, understanding that we are in a survival mode and need to think beyond simple tactical scenarios.
- Explore potential business models and select one or more scenarios to research that can lead to a sustainable, effective -
- Understand the next steps in the planning process.

TIME	TOPIC	OBJECTIVES	WHO	CHARTS
11:00	SEPT 23 — DAY ONE MORNING—Orientation & Community Building			
	Welcome/ Orientation	• Outcomes, Agenda, Roles & Rules	Kevin & Carrie David	• Agenda chart
	Our History and Our Stories	• Collectively develop a graphic map of history – looking at milestones, programs/initiatives, and leaders	David & Tomi facilitate	• Graphic History
12:45	*Lunch 45 minutes*	• Continue story telling over lunch		
1:30	SEPT 23 — DAY ONE AFTERNOON—Current State Analysis			
	Our Current Environment and Markets	• Building on earlier work, draw a picture of the trends and forces in larger environment; its current market, other players, clients needs, etc.	David facilitates	• Context Map • Industry Structure
3:30	*Break 15 minutes*			
	Our Strengths, Problems, Opportunities, Threats (SPOT)	• Conversation to build understanding and agreement about earlier SWOT analysis work. Polling to determine most important problems and most promising opportunities to address.	David & Tomi	• SPOT matrix

AGENDAS DE BLOCO DE TEMPO

Ao adicionar blocos visuais em torno de itens que ilustram espacialmente o tempo de um evento, você pode aumentar a compreensão na web e nas teleconferências. O uso de títulos de gráficos e legendas auxilia nisto.

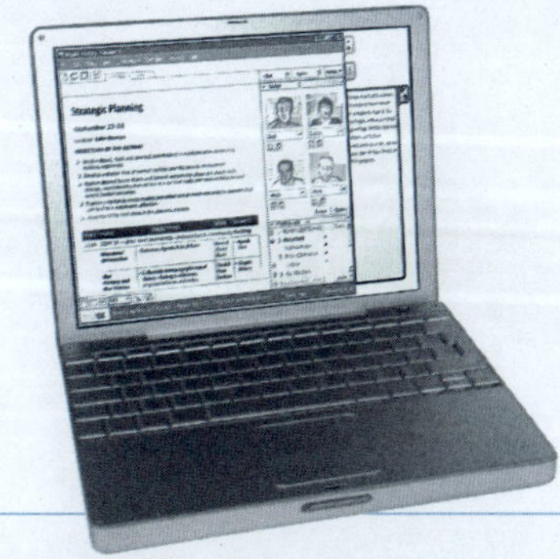

CRITÉRIOS DE SELEÇÃO PARA PLATAFORMAS NA WEB

- ❑ A conexão é confiável e conta com bom suporte técnico do fornecedor?
- ❑ Ela suporta *voice over Internet protocols* (VOIP) de alta qualidade ou você precisa de uma linha separada para teleconferência?
- ❑ Há o serviço multiplataforma de trabalho entre PCs e Macs?
- ❑ A conexão permite o compartilhamento de desktop?
- ❑ Você pode fazer chat e votação durante a conferência?
- ❑ Ela incorpora vídeo?
- ❑ Você pode acessar um recurso de quadro compartilhado?
- ❑ Ela grava a sessão?
- ❑ É muito cara?
- ❑ Ela facilita o envio de links para a conferência de todos os participantes?
- ❑ Há serviços técnicos disponíveis durante a conferência?

Desafios com Registro Gráfico de uma Web Conferência

Há alguns desafios que você pode encontrar ao trabalhar desta forma. Estes podem parecer menores, mas acabam fazendo a diferença na qualidade da experiência.

- **Conseguir um efeito gráfico limpo:** As melhores ferramentas para usar são os tablets, que lhe permitem ver o que você está gravando diretamente sob a ponta da sua caneta eletrônica. Um tablet básico funciona dessa maneira. O mesmo acontece com um tablet sofisticado, como o Cintiq da Wacom. Tablets mais baratos que se conectam em sua porta USB mostram o que você está gravando na tela. Você tem de praticar o trabalho desta forma. Felizmente nosso cérebro se adapta rapidamente e consegue correlacionar os movimentos das mãos para o que você está vendo na tela. Os iPads e outros tablets voltados ao consumidor são inicialmente focados em ser espectadores e ainda não têm a funcionalidade para serem usados interativamente em uma conferência via web (embora isso possa mudar rapidamente se houver um aumento da demanda).

- **Saber o que registrar:** Princípios básicos que se aplicam ao registro gráfico em papel também se aplicam ao trabalho com tablets. O livro *Reuniões Visuais* aborda isso de forma completa. Na forma mais simples, você grava o que é relevante para os objetivos declarados. Uma boa vantagem dos tablets é ter capacidade de pincel em muitos dos programas de desenho. Isto permite sombrear e destacar uma exibição para retirar o material necessário, da mesma forma que você faria com giz em um papel.

- **Compartilhamento de desktop bloqueia o bate-papo:** Em muitos serviços, quando você ativa o compartilhamento de desktop de modo que todos na ligação possam ver o que você está gravando em um tablet ou digitando em um documento, você não consegue ver a caixa de diálogo da web conferência, a janela de bate-papo e assim por diante. Nesses casos, você terá de trabalhar com outra pessoa que também esteja registrada na conferência e ela verificará as perguntas no chat, fará pedidos para a ativação de voz e outras comunicações realizadas através da tela principal do software de web conferência.

- **A janela do bate-papo bloqueia os gráficos:** Para os participantes, a janela de bate-papo aberta em programas de conferência via web pode encobrir parte da tela e, possivelmente, o display gráfico que você está criando. A maioria das plataformas permite que você feche esta janela, mas cada participante deve fazer isso individualmente. Isto requer instruir a todos como fazê-lo. Em equipes que não estão acostumadas com web conferências, isso pode ser uma distração. Se você não consegue reduzir o tamanho das janelas de bate-papo, então precisa testar o que parte de seu pessoal de exibição de trabalho pode ver e manter sua gravação com a área de qualquer programa de desenho que você esteja usando.

- **Os participantes referem-se a telas anteriores:** Uma tela de computador ou tablet é uma "janela" relativamente pequena dentro da qual se exibem informações. Quinze minutos de uma reunião podem facilmente encher uma página, que depois precisa ser salva. Os diferentes programas disponíveis para esboçar anotações não foram projetados para registradores gráficos em reuniões ao vivo e têm comandos de arquivos diferentes de salvamento, quase todos abrindo caixas de diálogo à direita no topo da tela. Isto requer que você esteja BASTANTE familiarizado com a forma como o programa funciona, de modo que possa eliminar esse incômodo e encontrar a página que está procurando. Alguns programas criam pequenas miniaturas que ficam ao lado da tela principal e podem ser acessadas clicando sobre elas. Este tipo de interface é preferível, mas não está amplamente disponível, exceto em softwares de quadros interativos criados especialmente para reuniões colaborativas. Eu, pessoalmente, configuro todos os meus arquivos anteriormente com cabeçalhos e números de página, para que eu possa alternar para frente e para trás entre eles rapidamente. Outra abordagem é a criação de páginas nas camadas que programas como o Pro Sketchbook fornecem e transformá-las dentro e fora do acesso.

- **Cortar, colar e redimensionar:** Softwares de esboço geralmente permitem às partes que peguem seu desenho ou texto e os movam. O Sketchbook Pro também torna mais fácil redimensionar o que você tem. Esta é outra maneira de lidar com o pequeno espaço no visor. Pegue sua página, selecione-a e reduza-a para um espaço menor.

- **Fazer anotações em gráficos predefinidos:** Muitas vezes, em uma conferência via web, todos querem falar sobre um documento gráfico ou documento central. Existem várias maneiras de fazer isso. Se você colocar uma imagem no programa de conferência via web, terá canetas

GRAVAÇÃO DE WEBINÁRIO

Uma equipe de liderança de alto potencial se reuniu em um sala de conferências com o CEO da empresa, mas queria partilhar suas experiências com todos os outros participantes do programa em uma conferência via web. Estas anotações visuais das perguntas e respostas tornaram possível que a rede como um todo participasse em tempo real.

DICAS PARA REGISTROS POR TABLETS

- ❑ Crie um mapa de assentos virtual com todos os nomes dos participantes no início.
- ❑ Registre as informações relevantes ao lado de nomes como um check-in de pessoas.
- ❑ Use cabeçalhos e números grandes para as diferentes partes da conferência.
- ❑ Se você não sabe para onde vai a discussão, trabalhe em colunas simples, começando com uma lista, ou escolha um outro formato.
- ❑ Use um desenho se as pessoas estiverem falando de algo visual.
- ❑ Registre as informações que se relacionam com os objetivos da reunião, concentrando-se nas palavras-chave.
- ❑ Imprima em letra maiúscula para o cabeçalho e em caixa baixa para as informações de suporte.
- ❑ Use ícones simples que sejam relevantes — tais como pessoas pequenas, imagens de documentos, setas etc.
- ❑ Configure suas canetas ou pincéis para duas larguras de linha, mais escuras para os títulos e mais leves para o texto.
- ❑ Informação do grupo com borda e sombreamento se o visor estiver ficando muito difícil de ler.
- ❑ Apague e mova informações ao redor, se tiver tempo.
- ❑ Faça perguntas para se certificar de que você está capturando corretamente.
- ❑ Verifique se as pessoas conseguem ver o que você está fazendo.

e marcadores rudimentares para tomar notas. Alguns não quebram palavras e necessitam de muita prática para fazer mais do que marcas de verificação e caixas. O software Sketchbook Pro e outros similares geralmente permitem importar uma imagem jpg ou tiff. Depois, você pode gravar nas margens ou diretamente na imagem de destino. Mas isso requer receber essas páginas criadas antes da ligação, na maioria dos casos. Outra maneira de lidar com isso é ter a imagem de destino em uma página ou camada e fazer anotações sobre o assunto em outras páginas ou camadas, e alternar para a frente e para trás.

Se você estiver usando um formato de registro especial, como agendas de blocos de tempo, grade, ou diagrama, chegue a um acordo com o grupo de que esta será uma maneira útil de registrar para que vocês possam manter o foco.

Registros pelo iPad

O iPad criou um novo gênero de tablets em 2010 e dezenas de outras marcas inundaram o mercado em 2011. Estes novos aparelhos são diferentes dos tablets tradicionais, não têm teclado, não utilizam sistemas operacionais padrão e são adaptados principalmente para a web e entretenimento nestas versões iniciais. O software e as ferramentas estão em rápida evolução e podem ser utilizados para registar reuniões virtuais.

Durante o primeiro mês do lançamento do iPad, Rachel Smith, diretora de Serviços de Facilitação Digital na The Grove, testou quatro dos programas de esboços que estavam disponíveis e fez um gráfico de prós e contras de cada um. Esta informação em breve estará defasada, mas fornece um conjunto útil de critérios para julgar um novo software que vai certamente permanecer relevante. As imagens na próxima página mostram suas anotações iniciais. Considerando que a tecnologia de tinta digital nesses dispositivos usa condutividade e não pressão, eles não trabalham com canetas pontiagudas, como tablets ou periféricos. Requer um pouco de prática para obter resultados precisos. Novos modelos com extremidades mais pontiagudas devem chegar ao mercado em breve.

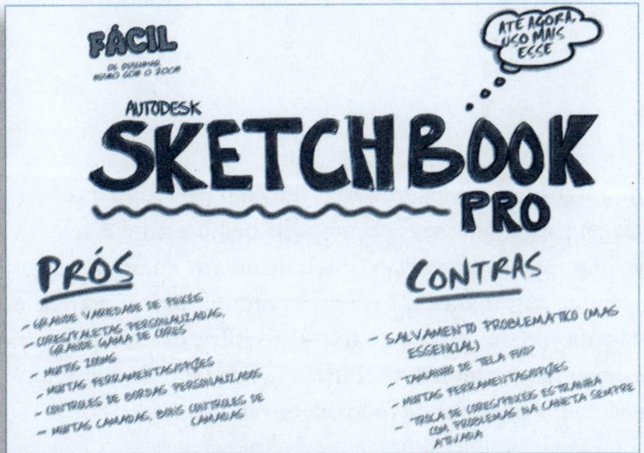

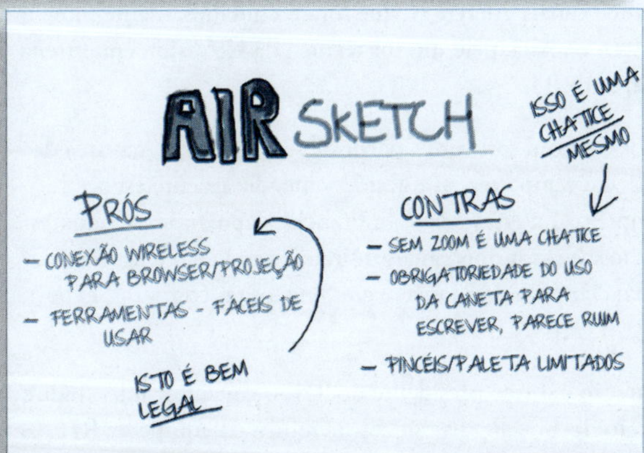

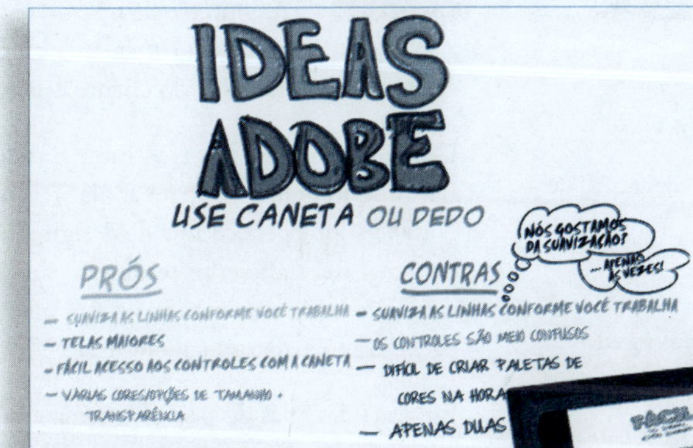

REGISTROS NO TABLET

Rachel Smith pulou para a plataforma do Novo iPad, quando ele foi lançado, e testou vários aplicativos disponíveis para esboço. Estes irão em breve ser ultrapassados, mas os prós e contras são uma rica fonte de ideias do que procurar à medida que novos aplicativos e atualizações aparecem.

CINCO CANAIS DE CONFERÊNCIA VIRTUAL

1. Uma **web conferência** básica, com apresentações de slides das equipes de diferentes países
2. Um **canal de vídeo** no sistema interno da empresa
3. Um **sistema interativo baseado no navegador** da CoVision permitiu que cada equipe do país respondesse às perguntas enviadas para todos os participantes
4. Um **canal de registro gráfico** composto de compartilhamento de tela de um computador da Grove e tablet
5. Um **Skype backchannel** permitiu que os facilitadores falassem uns com os outros e tomassem decisões em tempo real durante a conferência

Conferências Multicanal

Recentemente, colaborei em um projeto virtual inovador liderado pela minha colega de consultoria Meryem Le Saget para um de seus clientes. Ela pediu a mim e à CoVision para ajudá-la a facilitar uma conferência via web de quatro horas, um prenúncio do tipo de conferência que se tornará cada vez mais comum. Esta conferência conectou seis lugares da Ásia para rever os planos de ação específicos de cada país para implementação da visão de uma grande empresa multinacional de bens de consumo, desenvolvida em uma reunião com a presença de todos alguns meses antes.

A conferência operou em cinco canais diferentes, que foram cuidadosamente integrados, a partir do local central na Ásia, pelo diretor técnico da CoVision em estreita colaboração com o RH do cliente e as equipes de TI.

Um dos consultores da CoVision ajudou-os com seu software a partir de seu escritório, na Área da Baía de São Francisco, para apoiar respostas em tempo real às questões cuidadosamente esboçadas por Meryem e pela equipe de design da empresa. Eu estava em São Francisco apoiando os gerentes com registro gráfico dos resultados dos planos. Nossos dois canais uniram-se ao vídeo e ligações de conferência via web para as seis instalações da empresa, no Japão e em Singapura, com um Skype backchannel para os facilitadores.

Em uma das salas do país estavam a alta direção e o vice-presidente de RH, o consultor líder, o diretor técnico da CoVision, o gerente de projeto de TI e alguns poucos membros da equipe de RH para apoiar o processo. Cada uma das salas periféricas tinha um técnico de TI, um facilitador de RH e o gerente do país. O grupo central controlava qual canal estava transmitindo cada apresentação local, fosse a equipe ou meus gráficos de resultados gerenciais. Cada sala de reunião também tinha uma tela LCD para o vídeo. Os computadores individuais ligados através da web utilizavam o software CoVision para apoiar reuniões de pequenos grupos e respostas às perguntas. Uma extensa preparação e um ensaio completo levaram a um evento de grande sucesso que foi muito estimulante para as equipes envolvidas!

Redes SmartBoard

Líder na tecnologia de quadros interativos, a Smart Technologies, em Calgary, no Canadá, tem agora a capacidade de conectar até 64 placas, PCs e iPads diferentes em conferências remotas com apoio de quadros bidirecionados que permitem desenhar em cima de qualquer coisa que você tenha no seu computador — sites, slides, planilhas, desenhos ou esboços. Os blocos de texto são agrupados automaticamente e são redimensionáveis e móveis com movimentos multitoque, como aqueles que agora existem em smartphones e tablets. A caligrafia pode ser convertida automaticamente. Tudo isso pode acontecer em cima de tudo o que você tem no seu computador, ou no software do Smart. Podem ser salvos com um simples toque de uma tecla e armazenados abaixo da área de trabalho como pequenas imagens em formato de postal, expandindo para preencher a tela a um toque do dedo. Este tipo de conectividade para as equipes se tornará padrão, tenho certeza, especialmente para as equipes de design e qualquer um que tenha de produzir algo tangível que requeira revisão de conceitos e versões.

Eu, pessoalmente, espero que cheguemos a salas inteiras com essa capacidade. Parece que, com a Smart Technology, agora é possível. A empresa embutiu em seu software um código especial que permite que um usuário com múltiplos conselhos (*boards*), literalmente, agite uma das imagens para um segundo conselho a seu lado, e até mesmo um terceiro, finalmente permitindo o pensamento panorâmico que aqueles de nós que trabalhamos com cartolinas regularmente desfrutamos. Os participantes de tal reunião de multiconselhos não podem ver todos de uma vez, mas podem alternar entre eles facilmente.

Como se isso não bastasse, o software SmartBoard foi construído com a captura de imagens e qualquer som que possa acompanhá-las. Isto significa que, com um fone de ouvido e alguns ensaios, os Smartboards se tornam uma plataforma de produção para grupos que querem comunicar ideias para aqueles que não estão diretamente nas reuniões. Esta mistura do trabalho ao vivo com os meios de criação e reação assíncrona abre novos vastos canais de colaboração. A prototipagem rápida é funda-

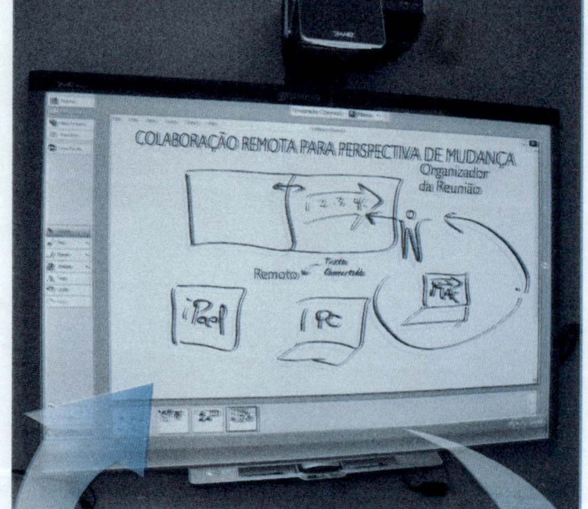

QUADROS BIDIRECIONAIS

Smartboards unidos para desenho, interatividade remota e conferência.

mental para a maioria das metodologias de inovação, e é isso que permite a criação de meios de comunicação. O próximo passo é ligar os quadros interativos com a telepresença!

Salas de Telepresença

Nas tecnologias de conexão sofisticadas, um número crescente de organizações está investindo em salas de telepresença. A recuperação dos custos de passagens aéreas, hotéis e transporte paga por estas salas se as empresas forem grandes e os sistemas usados com frequência. O esboço desta página ilustra como elas são, de modo geral. Esta imagem, em particular, faz link para quatro lugares. Você pode ver como os gráficos são tratados no momento presente, com uma tela de LCD abaixo das telas de telepresença. Uma forma alternativa é ter um quadro separado interativo que é capaz de exibir telas e usar os dois juntos. Eu suspeito que a telepresença completa será muito popular entre as equipes de gestão, enquanto as equipes de projeto podem preferir a capacidade de quadro interativo.

CONFERÊNCIAS DE TELEPRESENÇA

Videoconferências de alta definição estão tornando possível simular uma única reunião em vários locais, como o encontro de quatro locais ilustrado aqui. Combine estas unidades com quadros interativos e as equipes podem realmente se tornar visuais!

O Desafio de Apoiar o Pensamento Panorâmico

Quando as equipes podem ver uma sala cheia de informações e ideias em alguns gráficos distintos, o grupo pode seguir para um nível panorâmico do pensamento sistêmico. Funciona de uma maneira completamente diferente de uma reunião que assume um tópico de cada vez e não mantém nenhum registro visual global. O trabalho linear e analítico está lado a lado com as imagens evocativas e panoramas do lado direito do cérebro. Eu continuo trabalhando para alcançar esse mesmo tipo de suporte em ambientes virtuais. Parece que estamos quase lá!

19. Salas de Equipe e a Internet

Espaços Físicos ou Espaços Virtuais?

Nos primeiros dias do Projeto Usuários de Groupware, quando nossa equipe estava desenvolvendo ideias sobre como as pessoas poderiam usar o software de colaboração, parecia cada vez mais claro que a ideia de "espaços" digitais estava intimamente relacionada ao mundo real, aos espaços físicos de trabalho. O importante, tanto em um como no outro, é ter um ambiente estável e de referência consistente dentro do qual as mudanças sejam significativas. Os espaços virtuais operam em "horas/locais diferentes" (ou o que às vezes é chamado de modo "assíncrono") a maior parte do tempo, mas poderiam operar em "mesma hora/locais diferentes" se todos estiverem no ambiente no mesmo horário. Os sites de mídia social, por exemplo, têm cada vez mais funções de bate-papo que mostram quem está logado ao mesmo tempo, de modo que as pessoas possam se conectar em tempo real.

Neste capítulo, quero sugerir alguns dos desenvolvimentos que são possíveis, extrapolando a partir de alguns dos usos atuais da sala de equipe e espaços de reuniões virtuais.

Salas de Equipe Virtuais

As equipes têm agora uma explosão de softwares fornecendo-lhes as comunicações um para um e muitos para muitos, prometendo apoio às reuniões virtuais, armazenamento de documentos, calendários, suporte para apresentações, e-mail, perfil e outras características. A maioria das grandes empresas oferece estes tipos de ambiente para suas equipes. Aqui estão algumas das abordagens que estão sendo testadas. Este setor está mudando muito depressa, por isso não pretendo definir nada aqui. Mas quero representar a variedade de abordagens:

- **Gestão de documentos:** Alguns serviços, como o eRoom.net da Documentum, evoluíram no modo de lidar com o problema de gerenciamento de conteúdo. Todo o sistema faz a interface com servidores de documentos que podem produzir qualquer um dos diversos itens ali armazenados. O Google Docs está abrindo este espaço para favorecer o consumidor. Os vários serviços na "nuvem" também estão se direcionando para o espaço de gestão de documentos.

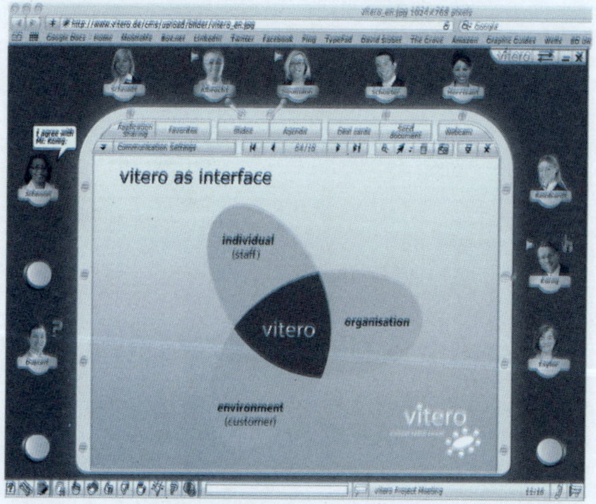

INTERFACE VITERO

À medida que cresce a popularidade das redes sociais, as interfaces das salas de equipe estão ficando cada vez mais visuais e pessoais. Aqui está um exemplo de um serviço da Alemanha e sua tela de boas-vindas, com fotos dos membros da equipe na home page. Pesquise Vitero.de/English.

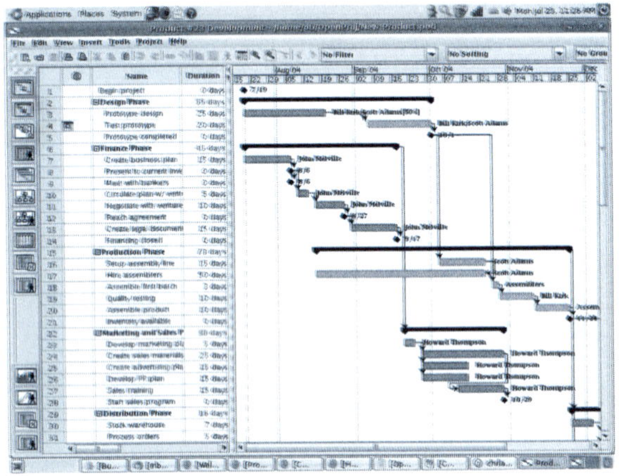

GRÁFICO PADRÃO DE GRANTT

O projeto da Microsoft inclui vários tipos de relatórios, sendo este o mais gráfico. Ele mostra o início e o fim de todas as tarefas, e algumas interdependências. Estes tipos de gráficos são úteis em outros tipos de tabelas e relatórios que esses tipos de software produzem para gerentes de projeto.

- **Integração das convenções de mídia social:** A explosão de sites de mídia social está fazendo com que muitas organizações busquem entender como alguns dos mesmos tipos de interconexão sejam possíveis dentro dos firewalls da empresa. A Vitero.de, um derivado do Franhofer IAO, um dos maiores institutos de pesquisa da Alemanha no campo da tecnologia da informação e organização do trabalho, está se focando mais nos aspectos decorrentes da integração "pessoa para pessoa" na formação de equipes.

- **Sites de suporte de tecnologia:** Algumas plataformas de web conferência, como a HP Virtual Rooms, fornecem uma base de conferência via web com armazenamento de documentos, chat e outros recursos, e têm versões de suporte que permitem que as equipes de suporte de tecnologia trabalhem virtualmente.

- **Conferência virtual e sites de fórum:** O líder original de conferências por computador, o Caucus, está disponível como eCampus e representa um serviço destinado a apoiar conferências via web que não são realizadas em tempo real. Esses sites permitem que os organizadores publiquem informações-chave, perfis, postagens em fóruns e alertas que informam quantos posts você tem ou não leu.

Software de Gerenciamento de Projetos

Um tipo mais analítico de "espaço" para as equipes de projeto inclui os muitos tipos diferentes de plataformas de gerenciamento de projetos, que estão começando a integrar os recursos de salas virtuais de equipe. Alguém postou uma comparação de software de gerenciamento de projetos na Wikipedia e enumera 124 diferentes aplicações. Duas dúzias delas são programas autônomos que não são baseados na web, mas a maioria funciona na web. Cerca de duas dúzias, também, são de código aberto, mas a maioria é particular. As completas incluem software de colaboração, sistemas de acompanhamento de questões, programação, gerenciamento de portfólio de projetos, gestão de recursos e sistemas de gerenciamento de documentos. Muitas dessas plataformas apoiam as equipes de desenvolvimento de software, que estão bastante confortáveis no trabalho virtual.

Algumas das versões iniciais para o consumidor deste tipo de software incluíam:

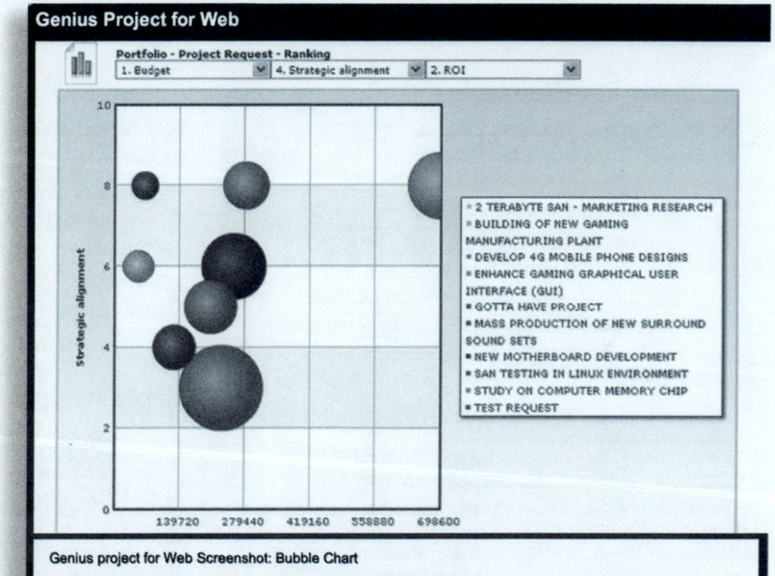

Genius project for Web Screenshot: Bubble Chart

- **Microsoft Project:** Primariamente focado no cronograma e gestão de recursos.
- **MacProject:** Também focado no cronograma e gestão de recursos.
- **Basecamp:** Focado em colaboração, gerenciamento de documentos e gestão de recursos, mas não em cronograma.

Opções mais atuais e baratas incluem o Tom's Planner e o Viewpath. Embora a maioria desses programas pareça visualmente enraizada de uma forma muito linear, estilo "lado esquerdo do cérebro" de representação de dados, o movimento é para uma interface muito mais visual. Os relatórios de cronogramas geralmente têm opções de listas, grades e Gráficos de Gantt — os que mostram barras de atividade ao longo do tempo com marcos. Eu incluí alguns *screenshots* (imagens capturadas da tela de um PC ou tablet) para dar uma ideia das convenções visuais em uso. Os softwares de gerenciamento de projetos tendem a ser utilizados por diretores de projeto para controle e documentação, não tanto para o desenvolvimento e a comunicação da equipe. Mas eu acho que a tendência será a integração de recursos de redes sociais nos programas mais formais, à medida que as organizações continuarem a trabalhar virtualmente.

A IGU ESTÁ CHEGANDO

Com exceção de listas e grades, os softwares de gerenciamento de projetos não aceitaram realmente a ideia de uma IGU, ou interface gráfica do usuário. Existem algumas exceções, como esta opção gráfico de bolhas no Projeto Genius.

Trabalhando em Nuvem

As equipes que trabalham visualmente vão descobrir que os arquivos ficaram muito grandes. Felizmente, uma série de serviços surgiu para lidar com essa questão de uma forma muito objetiva. Eles são semelhantes na medida em que permitem o upload e download de arquivos grandes a partir da "nuvem" e algum nível de gerenciamento de arquivos. Ao trabalhar neste livro com minha filha, que é designer e mora em Portland, usamos o Box.net para compartilhar os arquivos de InDesign e gráficos do Photoshop. Estes serviços interagem com e-mail e enviam alertas quando há atividade.

Alguns preveem que a computação está se movendo fortemente na direção de ter interfaces muito móveis para estes ambientes na nuvem e, assim, veremos o declínio do computador pessoal. Os

REGRAS DE LISA KIMBALL PARA EQUIPES VIRTUAIS

Lisa Kimball é uma das pioneiras em conferência por computador — os tipos de reunião em que as pessoas trabalham em horários diferentes, de lugares diferentes, fazendo o *login* em um site comum. Ela foi uma das primeiras a fazer parte de uma equipe da Metanet, que desenvolveu o que é agora Caucus e E-campus, uma das mais robustas plataformas de conferência por computador. Ela é presidente do Plexus Institute e diretora executiva do Group Jazz. Ela destaca cinco diretrizes para trabalhar nestes tipos de ambiente. Fiquei impressionado pela forma como muitas dependem de visualização.

Tornar o conjunto visível para todos: Usar fotos da equipe, pequenos cartazes de mesa, mapas de localização e gráficos que mostrem toda a equipe virtual.

Fornecer uma "linha de visão": Criar relatórios do tipo "diário" sobre as reuniões com fotos, reconhecer as pessoas que faltaram e criar "salas de cafezinho" para troca informal de histórias.

Catalisar as conversas valiosas: Realizar teleconferências periódicas que são como "conversas após o jantar", sem detalhes de administração, com tópicos não rotineiros e convidando "especialistas" externos.

Amplificar a energia: Encontrar maneiras de "destacar" indivíduos fazendo coisas interessantes, enviando boletins de notícias "quentes" e celebrando realizações.

Criar trilhas e pegadas no espaço físico: Criar um sinal ou uma equipe de caixa de entrada usando títulos de equipe e formatações especiais que coloquem a equipe no contexto.

precursores destes sistemas foram os clientes antigos que se conectavam a um grande *mainframe*, que continha todo o software. Como as velocidades de conexão continuam a aumentar, esse tipo de solução está se tornando mais disponível.

As equipes visuais que trabalham remotamente precisam de algum tipo de suporte para grandes arquivos gráficos, seja incluído em uma e-plataforma, seja independente e vinculado ao e-mail. À medida que as equipes aderem ao vídeo, as pressões para aumentar a capacidade de armazenamento e a largura de banda serão constantes.

Sites Dedicados

Junto com o crescimento da Internet, veio o crescimento das plataformas de design de sites que fornecem modelos para fácil construção de um site ou blog dedicado. As equipes visuais têm as opções de construir um ambiente próprio, se os membros da equipe se sentirem confortáveis com esse tipo de projeto ou tiverem acesso a pessoas tecnologicamente experientes. Estes tipos de serviço são geralmente muito fáceis de configurar no que diz respeito às comunicações de texto e, às vezes, oferecem desafios quando se trata de gerenciar grandes imagens e arquivos visuais.

Se você quer ter um site visualmente flexível em uma plataforma para o consumidor, vai precisar desenvolver imagens em diversos níveis de resolução. Imagens em miniatura são necessárias para as páginas de visão geral. Imagens maiores precisam ser adicionadas a estas em link para que um usuário possa clicar na miniatura e ver uma imagem maior. O software de design de blogs fornece este tipo de funcionalidade automaticamente. Se você quer imprimir as imagens, uma camada adicional de arquivos PDF ou arquivos de resolução de impressão terá de ser criada. Os sistemas de gestão de documentos completos têm este tipo de capacidade embutida, mas os programas de desenvolvimento de sites fáceis de usar muitas vezes não a possuem.

A vantagem de um site dedicado é a capacidade de estabelecer uma identidade real para a equipe. A desvantagem é que oferece um outro serviço que as pessoas precisam verificar, especialmente se não houver link para e-mail.

Mundos Virtuais

Desde 2006, eu exploro regularmente as possibilidades de mundos virtuais, como o Second Life (SL) para as equipes. Estou convencido de que, com o aumento de potência e largura de banda, esses tipos de plataforma irão se tornar opções para as equipes visuais. Esses ambientes são profundamente ligados ao mundo dos jogos, que já está completamente imerso em interação 3D. Ambientes como o World of Warcraft (WoW) envolvem interação complexa da equipe para gerenciar as missões mais difíceis. Uma nova geração de jovens está chegando ao mercado de trabalho com bastante cultura nesses tipos de sistema. Por ocasião em que este livro foi finalizado, o WoW já tinha 11,5 milhões de assinantes. A SL conta com 25 milhões. Ambos têm, frequentemente, 50 mil a 80 mil pessoas online a todo momento, com a SL apoiando todos ao mesmo tempo, e o WoW em cerca de 240 domínios, com 4 mil a 5 mil usuários simultâneos em cada um. E esta é apenas a ponta do iceberg do mundo virtual. Veja o mapa do site do Virtual Worlds Research na próxima página para evidências de toda esta atividade em crescimento.

Eu já vejo evidências de sua propagação lenta nos negócios. Os desafios de aprender a navegar neste tipo de espaço são reais para pessoas que não são jogadoras, e o movimento atual para a computação móvel está realmente desviando a atenção do consumidor para o outro lado, em direção a uma crescente simplicidade, mensagens de texto e afins (tópicos que tratarei no próximo capítulo). Mas alguns tipos de trabalho em equipe estão sendo bem apoiados por ambientes virtuais.

- **Projetos de Design**: Arquitetos jovens são muito ativos na Second Life e outros ambientes virtuais, criando todos os tipos de estrutura e ambiente para explorar suas ideias e habilidades.

O GROVE GLOBAL CENTER

Este é o meu avatar, Sunseed, recebendo você no lobby do Global Network Center da Grove, na Second Life. Ele simula a nossa sede real no Presídio de São Francisco e explora o que poderia ser possível em ambientes virtuais quando eles se tornam mais amplamente disponíveis. Serve como uma HQ virtual para qualquer associado da The Grove que desejar mostrar aos outros como as equipes visuais trabalham. Os visitantes acessam SecondLife.com., baixam o visualizador, criam um avatar e procuram por "The Grove". Um mapa no píer permitirá que você se teletransporte para este local. Toque na porta para entrar. Está aberto para quem quiser visitar.

Listas de Mundos Virtuais por Categoria

Tantos mundos, tão pouco tempo. Não sabe por onde começar? Eis algumas recomendações:

Melhor para Crianças

Disney's Toontown
Mokitown
Virtual Magic Kingdom
Whyville

Melhor para Adolescentes

Coke Studios
Dubit
Habbo Hotel
The Manor
The Palace
Playdo
Second Life for Teens
The Sims Online
Sora City
There
TowerChat
whyrobbierocks.com
Yohoho! Puzzle Pirates

Melhor para Pessoas entre 20 e 30 anos

Active Worlds
Cybertown
Dreamville
The Manor
Moove
Muse
The Palace
Second Life
The Sims Online
Sora City
TowerChat
There
Virtual Ibiza
Voodoo Chat
VP Chat
VZones
Worlds.com
Yohoho! Puzzle Pirates

Melhor para Maiores de 40 anos

The Manor
Moove
The Palace
There
Traveler
VP Chat
Voodoo Chat
Worlds.com
Yohoho! Puzzle Pirates

Melhor para Técnicos

Active Worlds
Cybertown
Muse
Second Life

Melhor para Principiantes

Coke Studios
Dubit
Habbo Hotel
Playdo
The Sims Online
There
TowerChat
Virtual Magic Kingdom
VP Chat
VZones
whyrobbierocks.com
Whyville
Yohoho! Puzzle Pirates

Melhor para Artistas

Active Worlds
Cybertown
Muse
Second Life
There
Worlds.com

Melhor para Acesso Discado

Coke Studios
Dubit
Habbo Hotel
The Manor
Mokitown
The Palace
Playdo
TowerChat
Traveler
Virtual Ibiza
Voodoo Chat
VP Chat
VZones
Whyville
Worlds.com

Acesso Gratuito!

Active Worlds
Coke Studios
Dreamville
Dubit
Habbo Hotel
Mokitown
Moove
Muse
The Palace
Playdo
Second Life
Sora City
There
TowerChat
Traveler
Virtual Ibiza
Virtual Magic Kingdom
Voodoo Chat
whyrobbierocks.com
Whyville
Worlds.com
Yohoho! Puzzle Pirates

Acesso por Mac

Coke Studios
Dubit
Habbo Hotel
The Manor
Mokitown
The Palace
Playdo
Second Life
TowerChat
Virtual Ibiza
VZones
whyrobbierocks.com
Whyville
Yohoho! Puzzle Pirates

Melhor para Acesso por Banda Larga

Active Worlds
Cybertown
Disney's Toontown
Dreamville
Moove
Muse
Second Life
The Sims Online
There
Yohoho! Puzzle Pirates

DIVERSIDADE DE MUNDOS VIRTUAIS

Mesmo que muitos destes sejam sites de entretenimento, a experimentação extensiva sugerida por este mapa de sites aponta para um futuro com uma gama de opções para trabalhar virtualmente.

- **Simulações:** A empresa IBM criou ambientes onde um visitante pode, literalmente, caminhar por um dos seus sistemas de computadores. Sei de ecologistas que reproduziram diferentes tipos de ambientes naturais. O Exploratorium em São Francisco tem uma versão mundial chamada Splo que traz todos os tipos de fenômeno científico e percepção visual.

- **Educação:** Muitos grupos estão criando mundos virtuais que refletem interesses especiais, como a vida do nativo americano, ordens maçônicas, a prática budista, o templo de Salomão, catedrais cristãs, Atlantis e quase qualquer outra coisa que você possa imaginar. Um dos maiores "proprietários de terra", o New Media Consortium (NMC), tem dezenas de ilhas e ajuda instituições de ensino a criarem laboratórios especiais em espaços alugados pelo NMC.

- **Senso de Comunidade:** Pessoas com necessidades especiais e certos tipos de deficiência estão encontrando liberação criativa em mundos virtuais.

- **Projetos de Arte:** Os mundos virtuais estão repletos de artistas plásticos de todos os tipos, criando galerias, exposições, experiências e todo tipo de experimento com animação, luz, forma e cor. Muitos desses projetos são colaborativos.

- **Empresas:** Os mundos virtuais estão criando economias e empresas em seus próprios contextos. A fabricação de objetos digitais para venda é enorme, assim como é o comércio global desses objetos. Redes de criadores, vendedores e profissionais de marketing estão aprendendo a trabalhar nestes novos canais de interesse. Na forma tradicional de fazer negócios, esses ambientes não são considerados especialmente úteis, e as especulações que chamaram atenção da mídia no início da década de 2000 caíram.

- **Música ao vivo:** Alguns músicos estão encontrando seu público através de ambientes virtuais. Lady Gaga, a cantora pop com um talento nato para ser diferente, na verdade, acabou de produzir uma série de primeiros lançamentos que estão disponíveis apenas para os participantes do Farmville. Alguns desafios devem ser realizados, a fim de ouvir a música. Você pode apostar que, se uma tendência como a Gaga está sendo levada a sério nesses mundos, provavelmente há muito mais vindo por aí.

- **Seminários, Conferências e Grupos de Diálogo:** Esta última categoria de atividade tem certa sobreposição real com o mundo das equipes visuais. As pessoas que conseguiram reunir a equipe em lugares como a SL descobriram que os níveis de intercâmbio e de divulgação podem ser bastante interessantes e significativos.

  Eu faço parte de um círculo de diálogo que se reúne duas horas e meia por semana há três anos, trabalhando com mensagens de texto ao redor de uma fogueira virtual. Nós todos nos conhecemos bem e estamos descobrindo que este tipo de encontro é uma estrutura de apoio real para o nosso trabalho. Todos somos consultores ou estamos no ramo de visualização de alguma forma para que haja afinidade real entre o meio e os nossos interesses. Um de nossos membros é líder na aplicação de métodos World Café em mundos virtuais e criou várias reuniões muito eficazes dentro dessa metodologia.

Se você olhar para as interfaces visuais dos sites tradicionais de gestão de projetos que eu reproduzi aqui e compará-las com as interfaces de jogos e do mundo virtual, irá experimentar mais do que uma metáfora sobre as diferenças na cognição e alfabetização visuais que se deslocam pelas gerações. Não tenho dúvidas de que os jovens dominarão, mais cedo ou mais tarde.

Um Trabalho em Rede É uma Equipe?

Nossas ideias clássicas sobre as equipes são formadas a partir da experiência de trabalho em locais fixos — fábricas, escritórios, centros de pesquisa e hospitais. Mas a forma como as pessoas estão trabalhando, como funcionários por contrato, *freelancers* e internautas, pode estar evoluindo para uma nova classe de cooperação. O mundo das redes sociais permite agrupamentos de diferentes maneiras, mas esses tipos de relacionamento são verdadeiramente interdependentes, ou isso é um outro tipo de

SIMULAÇÃO DA GARDEN ROOM DA THE GROVE

Na sede da Grove, em Presídio, há uma sala que chamamos de Garden Room (Sala do Jardim), porque a luz solar vem do jardim. É basicamente isso. É onde podemos trabalhar com grandes efeitos visuais panorâmicos, como os Guias Gráficos de Visão Estratégica mostrados aqui. No SL, esta sala é em cores e pode-se circular e olhar qualquer um dos displays de perto. O pequeno computador em cima da mesa está reproduzindo uma apresentação de slides de estudo de caso do uso desses métodos num escritório de arquitetura. Procure "The Grove", na Second Life.

grupo de trabalho dedicado à troca de informações e conhecimentos, mas realmente não tendo que se unir em uma direção?

Na minha experiência, algumas das redes em que estou envolvido têm um sentimento de intenção compartilhada e um tipo de compromisso não declarado para trabalhar com um certo nível de integridade quanto ao que passar para o outro. Como não sou um pesquisador, tenho pensado sobre isso em termos mais metafóricos, tentando chegar a algum tipo de clareza sobre o que estou experimentando. Estou começando a ver o surgimento de redes líderes de pensamento que se assemelham a associações comerciais independentes ou algum tipo de serviço de imprensa. Mas essas comparações realmente não descrevem a experiência de ter uma constelação de leais escudeiros e jornalistas de confiança sobre os diferentes aspectos do nosso negócio. É o equivalente digital das comunidades informais de prática, que são consideradas a fonte mais rica de aprendizado pelas pessoas que pesquisam esses temas.

Estou começando a ver o surgimento de redes líderes de pensamento que se assemelham a associações comerciais independentes ou algum tipo de serviço de imprensa.

Parte do que faz o mundo digital tão interessante é a sua abertura e fator surpresa. Mas eu o vejo fechando-se. Eli Pariser fez história na Internet postando online na sequência dos atentados de 11 de setembro e criando o MoveOn, uma das primeiras redes bem-sucedidas de organização online. Seu novo livro, *The Bubble Filter*, descreve o crescimento da "personalização" e filtragem. Ele diz que dois pesquisadores do Google não obterão mais os mesmos resultados. Este trabalho foi historicamente preenchido por editores humanos em jornais e revistas. O que isso significa para o futuro, Eli pergunta?

Suponho que seja inevitável que a ampla gama da Internet comece a ficar cercada e encurralada. Mas as implicações para as organizações que incorporam estas ferramentas e começam a aprender como usar equipes de ajuda precisam manter as bandeiras de precaução, especialmente se a inovação e a criatividade forem as principais preocupações. Estas mesmas ferramentas podem se tornar amarras e caixas, isolando equipes com informações interessantes, porém incompletas.

20. Tecnologia Móvel
Remodelando as Equipes de Amanhã

Chegando ao final deste livro sobre equipes visuais, vejo-me pensando sobre quantas mudanças acontecem e estão prestes a acontecer no modo como as equipes fazem o trabalho colaborativo. A revolução da informação dos últimos 20 anos tem transformado muitas organizações. O trabalho virtual é comum. A comunicação visual é uma norma. O trabalho global é um dado. A produção multimídia e o compartilhamento estão explodindo. É difícil acreditar que o e-mail só se tornou onipresente na década de 1990. E agora todos encaramos a mobilidade! As implicações para as equipes são enormes.

Os Desafios das Equipes São Universais

A boa notícia é que os desafios que as equipes enfrentam não mudaram de fato. Eles estão enraizados na forma como os seres humanos se movem pela vida enquanto colaboram, sendo sociais. Você ainda precisa de orientação para o seu propósito. Vocês devem aprender a confiar uns nos outros e ser claros sobre seus objetivos. Vocês ainda precisam chegar a um acordo sobre as decisões, recursos e funções. Vocês têm de ser disciplinados sobre processos de implementação da produção de algo. Ainda é possível encontrar ocasionalmente uma brecha e ter a experiência de superar os resultados e a alta performance. E, dada toda a mudança e fluxo, você vai querer saber de seus projetos e iniciativas só para repetir o processo todo novamente.

Práticas Estão Se Transformando

Mas as melhores práticas — as formas como as equipes enfrentam esses desafios — a maneira como realmente o trabalho é feito — são muito diversas, culturalmente sensíveis e passíveis de transformação, face às novas ferramentas tecnológicas. Eu acredito que nós acabamos de ver o início disso. Quero terminar este livro especulando um pouco sobre o que é possível, com especial atenção para o que as comunicações móveis nos reservam e por que eu acredito que as equipes visuais serão ainda mais beneficiadas nesse tipo de ambiente.

Para que este capítulo não deixe você preocupado com tanta mudança, há muitas práticas tradicionais de equipe que são como âncoras na tempestade. Você ainda vai querer uma boa história sobre o porquê

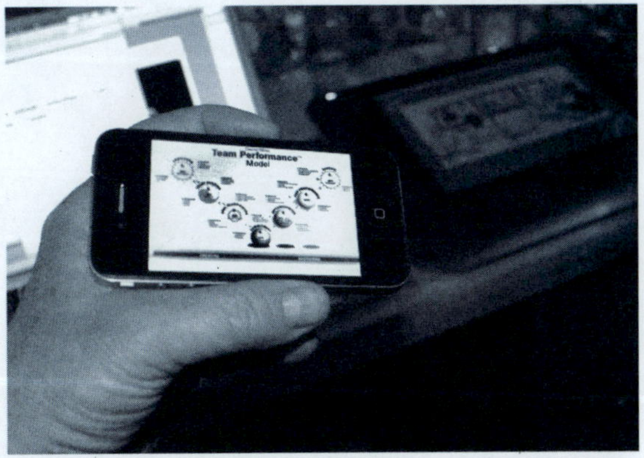

FERRAMENTAS TRANSFORMACIONAIS

Ao escrever a primeira parte deste capítulo, tive a ideia de mostrar o quão radicalmente os smartphones estão mudando as comunicações. Em poucos minutos tirei esta foto com minha câmera digital para enviar o MPE a um colega (eu tenho todas as nossas ferramentas no meu iPhone). Você pode ver meu MacBook Pro e tablet Cintiq em segundo plano, o que me permite desenhar o que eu quiser. Eu processo desenhos e imagens no Photoshop e os coloco no InDesign para legendas como esta, e agora você está lendo sobre o assunto. Esse tipo de plasticidade em comunicação visual está tendo um enorme impacto sobre as equipes.

de você precisar trabalhar junto com os outros e o que você espera alcançar. Você ainda vai desenvolver confiança fazendo uma refeição e saindo para tomar um café como uma forma de conhecer as outras pessoas da equipe. Estes hábitos estão profundamente enraizados nas necessidades humanas. Mas, quando você pensa sobre como se comunicar, sobre o que você pode e não pode comunicar, como o mundo das coisas físicas está estruturado e como as empresas de fato trabalham em relação a leis, finanças e sistemas, você percebe que vivemos uma época de tremenda perturbação.

Para que este capítulo não deixe você preocupado com tanta mudança, há muitas práticas tradicionais de equipe que são como âncoras na tempestade. Você ainda vai querer uma boa história sobre o porquê de você precisar trabalhar junto com os outros e o que você espera alcançar. Você ainda vai desenvolver confiança fazendo uma refeição e saindo para tomar um café como uma forma de conhecer as outras pessoas da equipe. Estes hábitos estão profundamente enraizados nas necessidades humanas.

Desenvolvimentos Recentes Abastecem a Mudança

Pense em como os seguintes desenvolvimentos estão abastecendo a mobilidade e em outras mudanças que estão afrouxando as amarras organizacionais.

- **Smartphones:** Cada vez mais pessoas no mundo inteiro têm smartphone e algum dispositivo portátil que rivaliza com alguns dos maiores computadores de 20 anos atrás. Já é possível fazer transferência de dinheiro digital, por telefone. Cartões de embarque de avião são transmitidos por telefone. E-mail, mensagens de texto, vídeos, e-books, jogos, pesquisas e milhares de aplicativos estão fazendo destes dispositivos algo inimaginavelmente flexível.
- **Mensagem de texto:** Os jovens mandam mais SMS do que e-mails, e muitos dizem que nem usam e-mail. Este é um desafio para as equipes que dependem de e-mails.
- **Computação na nuvem:** A nuvem permite que qualquer um que pode pagar os honorários do serviço (muito baratos) armazene tudo em servidores remotos e acesse as informações a partir de qualquer dispositivo ligado à rede. A nuvem abastece smartphones e vice-versa, e muitos acreditam ser a liderança da próxima grande revolução na computação.
- **Tablets:** Os estudiosos sugerem que os tablets vão em breve vender mais do que PCs e que o número de consumidores que querem tudo em um único dispositivo irá desencadear uma verdadeira revolução nesta nova plataforma. Se você se lembra do primeiro computador Macintosh e conhece a rápida evolução que se seguiu, pode ter uma ideia do que está começando a acontecer com os tablets. Eu prevejo que dentro de poucos anos seremos capazes de:

- Facilmente transferir documentos de tablet para tablet.
- Criar desenhos que integram grupos ao vivo e participantes a distância.
- Controlar todos os seus dispositivos a partir do tablet.
- Projetar qualquer coisa a partir do tablet.
- Acessar e jogar em mundos 3D.
- Ler, com permissão, o que está no tablet de outra pessoa.
- Escrever pela fala.
- Traduzir qualquer coisa, em tempo real, em texto ou na língua falada escolhida (alguns aplicativos já fazem isso!).

• **Inteligência artificial e coleta de dados:** O debate é sobre quando os computadores irão imitar satisfatoriamente a inteligência humana, e é uma questão de alguns anos, não de uma vida inteira. Máquinas já fazem traduções. Algumas estão escrevendo artigos de feeds de notícias. Elas já moldam os mercados com uma análise altamente rápida dos dados. Elas pilotam aviões. Elas filtram nossa atividade na Internet para saber nossas preferências. Determinam quais propagandas você provavelmente gostará de ver. Podem ser um adversário à altura em muitos jogos emocionantes. O link para a mobilidade é a possibilidade de ser capaz de acessar seus "coaches" (treinadores) automatizados de onde quer que você esteja.

• **Vigilância:** O progresso em dados geográficos, dados de vídeos, dados de rastreamento e o software que pode analisar e dar sentido a esses padrões está se movendo em um ritmo bem fora do que um cidadão comum pode acompanhar. Conforme a mobilidade cresce, também surgirão novos tipos de laços e amarras, com as empresas tentando manter o controle de funcionários remotos.

• **Protocolo de *voice-over* na Internet e de bate-papo de vídeo:** A telefonia como a conhecemos já não é mais a mesma. Hoje as pessoas já esperam ser capazes de fazer ligações livremente ao redor do mundo e ver vídeos também! Os dispositivos móveis também são máquinas portáteis de teleconferência. Serviços que permitem repartir os grupos para realizar reuniões e, em seguida, reagrupá-los já estão disponíveis.

A REVOLUÇÃO DO TABLET

As novas lousas e tablets permitem que as pessoas acessem diretamente as informações. As funções de esboço e anotações ainda estão no início e vão evoluir rapidamente. Aqui estão algumas anotações que fiz na Conferência Horizon do Institute for the Future. Jamai Caisco está comparando as organizações às espécies "r" e "k" definidas na biologia evolutiva, alegando que, em tempos muito turbulentos como os de hoje, nenhuma das duas é superior.

- **Vídeo:** As ferramentas para criar filmes e mídia estão totalmente disponíveis para qualquer pessoa, e o sucesso vertiginoso do You Tube é prova disso. A escala de criação de conteúdo nunca foi vista antes. Ninguém sabe para onde isso vai, só sabe que está acontecendo. Você pode procurar praticamente qualquer coisa que você possa pensar em realizar ou fazer, e alguém já fez um vídeo mostrando como. Músicos, atores, comediantes e palestrantes agora estreiam neste meio.

- **Animação em vídeo:** Você já deve ter visto o crescente número de negociações com uso do quadro branco, onde os gráficos são acelerados, saltando da ponta da caneta do ilustrador na velocidade da luz. Veja um exemplo na legenda na próxima página.

- **Redes Sociais:** Esse termo existia há alguns anos? Houve um tempo antes do Facebook, LinkedIn e Google+? O mundo do Facebook é maior do que muitos países. Transforma-se e muda tão rapidamente que as empresas não conseguem acompanhar. Este fenômeno está gerando uma atenção enorme e pode muito bem ter o maior impacto de todas as novas tecnologias sobre as equipes. Não estou tentando especular aqui sobre onde isso vai dar, a não ser para afirmar que terá um grande impacto em como as empresas começam a adotar sistemas semelhantes para apoiar o desenvolvimento de relacionamento e para compartilhar conhecimento.

Esta lista cita apenas algumas das tecnologias de comunicação. Ciência de materiais, neurociência, astronomia, tecnologias de energia e campo após campo são abalados com mudanças e novas descobertas.

As equipes que dedicarem tempo para visualizar sua missão e finalidade, criarem mapas de suas competências e recursos, concordarem com metas explícitas na linguagem e símbolos que todos compreendem, unirem todos em planos de ação detalhados, mapas e roteiros, conectando-se a novas mídias e fazendo um acompanhamento com relatórios visuais serão muito, muito mais produtivas e criativas.

Implicações para Equipes

Eu escrevi anteriormente sobre a minha hipótese de que o aumento da virtualização e a descentralização do local de trabalho irão exigir modelos mentais mais altamente desenvolvidos e compartilhados. Equipes tradicionais e grupos de trabalho que ainda trabalham nos mesmos ambientes veem uns aos outros informalmente, sabem muito sobre a vida e os hábitos uns dos outros e podem comunicar um monte de coisas de forma bastante eficiente, pois há suporte mais que suficiente para fazer interpretações corretas. Ser capaz de compreender o que seus companheiros estão pedindo e precisam tem a ver com este tipo de entendimento. É lógico que a mobilidade terá um impacto enorme sobre essa capacidade.

Imagine um time de futebol que é obrigado a usar capacetes e apenas leem mensagens de texto em seus visores. Ridículo? Não está muito longe do que esperamos das equipes. Agora, se o capacete tivesse uma imagem do campo de jogo e os dados que correspondem a todos os jogadores como pequenos ícones ou pontos e algum backup de inteligência artificial (IA) antecipando onde a bola se moveria, com sugestões adequadas para o transporte no campo, então você certamente teria um jogo!

A Vantagem da Equipe Visual

As equipes que dedicarem tempo para visualizar sua missão e finalidade, criarem mapas de suas competências e recursos, concordarem com metas explícitas na linguagem e símbolos que todos compreendem, unirem todos em planos de ação detalhados, mapas e roteiros, conectando-se a novas mídias e fazendo um acompanhamento com relatórios visuais serão muito, muito mais produtivas e criativas. Todas essas coisas podem ser feitas remotamente, mas requerem tempo para aprender algumas das novas ferramentas e escolher um conjunto comum de plataformas que todos na equipe entendam.

Lembra-se dos capítulos iniciais, quando escrevi sobre Robert Fritz e sua ideia de que a tensão entre as aspirações e realidades impulsionam a criatividade humana, assim como a tensão estrutural nos cabos de pontes suspensas buscam resolução e sustentam a ponte? Não é difícil imaginar que, juntamente com a elevação das temperaturas na nossa atmosfera e nos oceanos, a temperatura também está subindo nas cozinhas das finanças, governo e grandes empresas. Nossas aspirações não correspondem à realidade atual.

Para alguns, esse estresse leva ao pensamento simplista e à crença verdadeira. Tenho certeza de que algumas chefias acham que vai ser mais fácil simplesmente dar ordens e exigir o cumprimento de tarefas do que lidar com novas mídias e mudanças no estilo de trabalho.

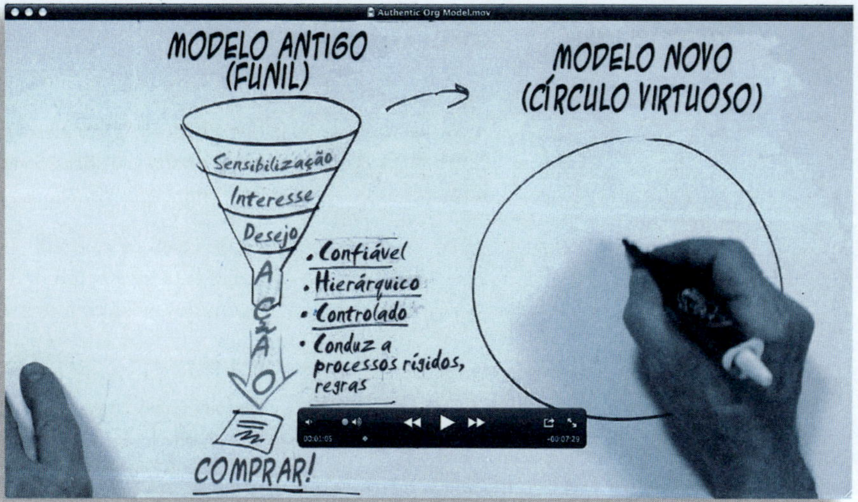

ANIMAÇÃO EM VÍDEO

Uma nova abordagem de animação visual está recebendo o nome de "animação em vídeo". Trata-se de gravar um visualizador criando um esboço e, então, acelerar o desenho para que o mapeamento apareça quase que de maneira mágica conforme a narração se desenrola. Eu criei este em meu próprio estúdio com vídeo original integrado com narração no iMovie. Seu objetivo era dar *feedback* aos participantes de uma cúpula sobre novos modelos para as comunicações principais e diretores de marketing. O novo modelo não está pronto para lançamento, mas posso lhe mostrar uma tomada estática do vídeo aqui. Você verá muito disso como um tipo comum de comunicação no futuro. Eu acho que é um meio maravilhoso de compartilhar conceitos e explicar novos modelos mentais.

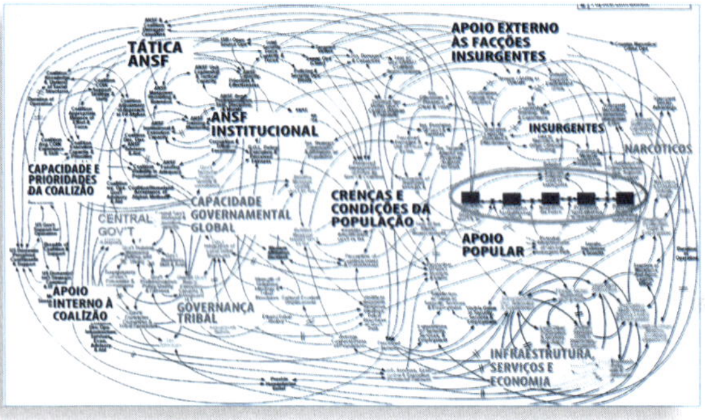

COMO A COMPLEXIDADE LEVA À SIMPLICIDADE

Usando como exemplo de complexidade um gráfico na página do *The New York Times* da diagramação da guerra no Afeganistão, Eric Berlow mostra, quando você olha para todo o sistema e em seguida elimina os elementos que você não pode influenciar e que não mudam muito, como você pode ver uma simplicidade muito maior. "Tire o *zoom* e aceite a complexidade, a fim de ampliar novamente e ver os detalhes simples que mais importam", diz ele. (Veja em www.ted.com/talks/eric_berlow_how_complexity_leads_to_simplicity.html)

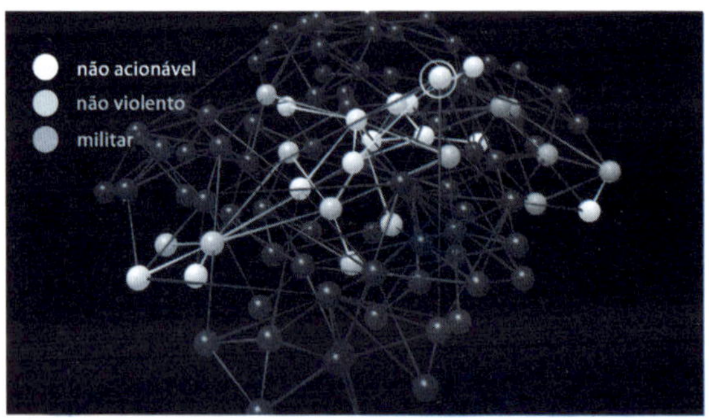

Por que se estressar quando você pode estar completamente certo e dizer aos outros o que fazer? É um velho mecanismo humano de lidar com as coisas. Mas, para outros, ele irá impulsionar verdadeiros avanço e inovação.

Eu, pessoalmente, acredito muito na criatividade e na mudança como uma forma de solução, e vejo razões para ter esperança. A energia e a motivação dos jovens sempre surpreenderão. Aqui estão alguns dos meus exemplos esperançosos.

Simplicidade a partir da Complexidade

Eu falei recentemente com um jovem ecologista do Instituto de Pesquisa de Sierra Nevada da Universidade de California Merced, chamado Eric Berlow. Em 2010, ele se tornou um TED Fellow e conseguiu apresentar uma palestra maravilhosa em menos de três minutos chamada "Como a Complexidade Leva à Simplicidade", aplicando suas ferramentas gráficas ecológicas a conceitos sociais. (Se você não sabe sobre o TED, é uma das organizações mais inovadoras — realiza uma conferência anual sobre Entretenimento e Design na Tecnologia que suporta uma doação de dezenas e dezenas de apresentações de suas "melhores ideias" na internet.) A apresentação de Eric resultou em 200 mil downloads e pedidos vindos de grandes empresas e até mesmo do governo para ajudá-los a tirar sentido de alguns dos montes de dados que eles haviam coletado. Ele está percebendo que sua compreensão de sistemas complexos poderia ser aplicada ao bem social. Seus projetos são sempre colaborações com equipes pequenas que têm acesso aos dados e que precisam de seu tipo especial de facilitação visual (e inteligência criativa) para encontrar as simplicidades.

Pioneiros da Mudança

Na Dinamarca, Ole Qvist-Sørenson é parte de uma grande rede informal (1.500), chamada *Pioneers for Change* (Pioneiros para a Mudança). Ele dirige uma pequena empresa chamada Bigger Picture e usa facilitação visual (ou "pensamento visual, métodos e ferramentas") para ajudar a criar envolvimento estratégico nos processos complexos de mudança. Ole trabalha internacionalmente e concentra-se tanto quanto possível nas questões de sustentabilidade. Ele é casado com uma russo-ucraniana, Nataliya. Isso levou o seu trabalho e uma rede em expansão para a Europa Oriental, onde há uma crescente necessidade, interesse e utilização. Os Pioneiros não agem muito formalmente, mas todos os seus membros estão ainda animados pelos princípios de funcionamento dos Pioneiros que evoluíram. Vale a pena apreciar como um prenúncio de normas futuras de colaboração:

- Seja você mesmo
- Faça o que importa
- Nunca pare de fazer perguntas
- Envolva-se com os outros
- Comece agora

Jogos de Inovação

A jogologia é um grande negócio e torna-se cada vez maior à medida que os jovens aplicam o que estão aprendendo sobre os jogos nas empresas e organizações. Luke Hohmann é fundador de uma recente startup chamada Jogos de Inovação. Ele penou fazendo programação de contratos e operações de análise para grandes empresas, mas agora está avançando para a área de colaboração movida a jogo. Seu grupo de desenvolvimento é uma equipe visual. Eles se sentam ao redor de uma mesa comum, em Palo Alto. Um grande mural contém 24 notas de rodapé que mapeiam a lógica do jogo que estão projetando. Eles vivem e respiram o que é chamado de "desenvolvimento ágil de software", criando versões suficientemente boas e recebendo um rico feedback. Ele tem um que se chama "podar a árvore do produto" (mostrado aqui), que permite às equipes estabelecer prioridades, jogando de forma interativa com os elementos de post-its que eles podem mover e classificar em uma árvore simbólica, como uma maneira de determinar a carteira adequada. Eles estão totalmente empenhados em tornar esses tipos de jogo de aprendizagem disponíveis em tablets. Eu sei que eles não estão sozinhos, neste aspecto. Ferramentas como esta estarão amplamente disponíveis em um futuro próximo. A vantagem dos jogos é que eles representam vividamente uma divertida "brincadeira". Os neurocientistas estão convencidos de que isto ajuda a criatividade.

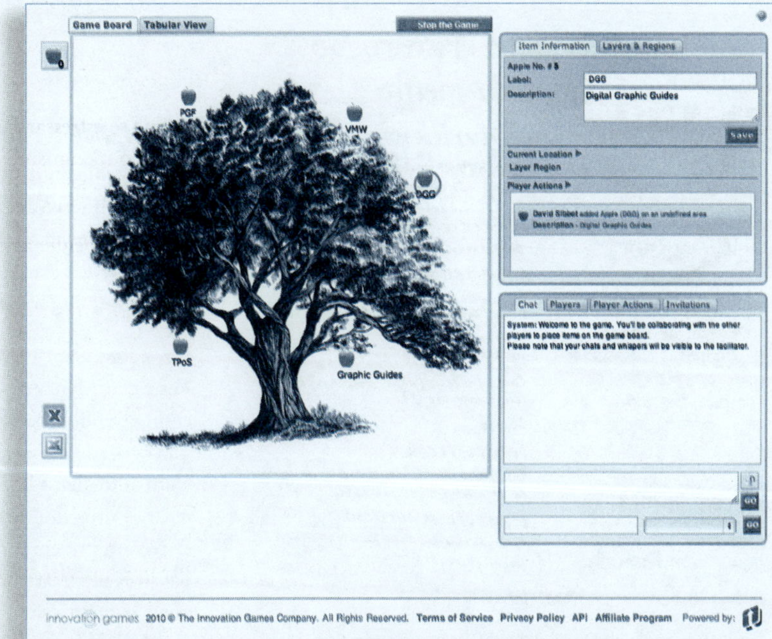

PODANDO A ÁRVORE DE PRODUTO

Jogos de inovação oferecem uma ótima maneira para as equipes brincarem com a tomada de decisões complexas online. Nossa equipe na The Grove jogava com a "poda da árvore de produto", onde diferentes jogadores entravam com os produtos e acabavam classificando e discutindo quais eram os mais importantes. Este jogo está disponível gratuitamente no site público. Você pode puxar qualquer gráfico de fundo e usar a mesma funcionalidade.

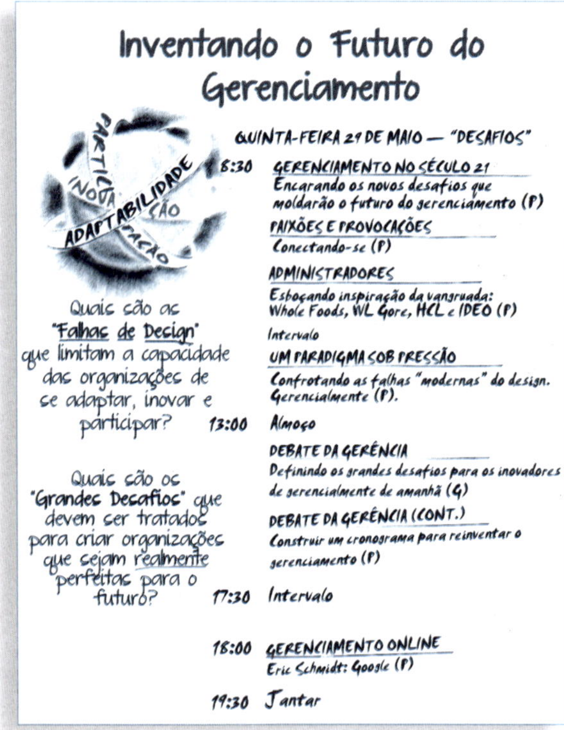

OLHANDO PARA UM CENÁRIO MAIS AMPLO

A agenda para o primeiro dia da cúpula do Mlab Inventing the Future of Management lhe dá uma noção do objetivo ambicioso deste encontro.

Inventando o Futuro da Gestão

Os exemplos que acabei de citar são todos provenientes das raízes da grama e do solo de pessoas criativas querendo sair para o desconhecido. Estou convencido de que não haverá escassez de inovações nesse nível. Mas eu sei que as equipes também precisam do apoio da chefia das organizações. Até que ponto os líderes serão receptivos para esses emergentes e vivos sistemas e padrões de organização?

Em 2008, Gary Hamel convocou, na Califórnia, uma reunião de cúpula chamada "Inventing the Future of Management". McKinsey, a empresa de consultoria estratégica, copatrocinou o evento com a London Business School e o MLAB, o novo empreendimento sem fins lucrativos de Gary, que é focado em catalisar a colaboração e contribuição para o campo que tem sido a sua vida. Gary é um verdadeiro líder, que pensa nas áreas de liderança, gestão de organizações e empresas em particular. Trinta líderes conhecidos do pensamento em desenvolvimento, gestão, educação e consultoria estiveram presentes, incluindo Chris Argyris (aprendizado do *loop* duplo), Tim Brown (designer), Kevin Kelly (rastreador de tecnologia da Wired), Tom Malone (educador — MIT), Henry Mintzberg (organização e estratégia na McGill University), Jeff Pfeffer (professor de teoria da organização em Stanford), C.K. Prahalad (consultor), Peter Senge (organizações de aprendizado), Julian Birkinshaw (professor na London Business School) e Shoshana Zuboff (professora de administração em Harvard) só para citar alguns — assim como os CEOs da Whole Foods, W.L. Gore, IDEO, Google, Seventh Generation e HCL (uma das empresas de TI que mais cresce na Índia). A pergunta inicial de Gary foi: "Por que não podemos trazer tanta inovação quanto adaptação e compromisso de nossas organizações, como fazemos para o nosso desenvolvimento de produtos e tecnologias?". A reunião moldou algumas grandes questões para mim que parecem uma maneira apropriada para encerrar este livro.

1. Estamos num Ponto de Virada Importantíssimo da História?

Gary enquadrou o encontro como um momento em que o paradigma de gestão vai mal há muito tempo e não é mais viável, dadas as forças no trabalho em nossos tempos. Ele identificou várias que eu tinha mapeado em um gráfico de instalações nucleares que foi colocado no alto da parede na sessão. O gráfico mostrou um tradicional arco "S" curvado para cima a partir dos primeiros períodos do taylorismo, através de Hawthorne, McGregor, Sloan e outros pioneiros (ver próxima página). "Estamos em uma inflexão onde uma outra revolução de gestão é necessária?", Gary perguntou ao grupo. Não há dúvida de que a hipercompetição, a globalização, a web, os trabalhadores da próxima geração e aceleração da mudança parecem estar mudando o jogo, mas a mudança é histórica? Cerca de 80% dos participantes achavam que sim, mesmo que apenas por causa da revolução da internet e como ela está mudando os modelos de negócios. Houve quem visse a crise de crédito, a globalização e *boomers* (geração nascida logo após a Segunda Grande Guerra) aposentados apenas como ameaças iminentes à ordem atual.

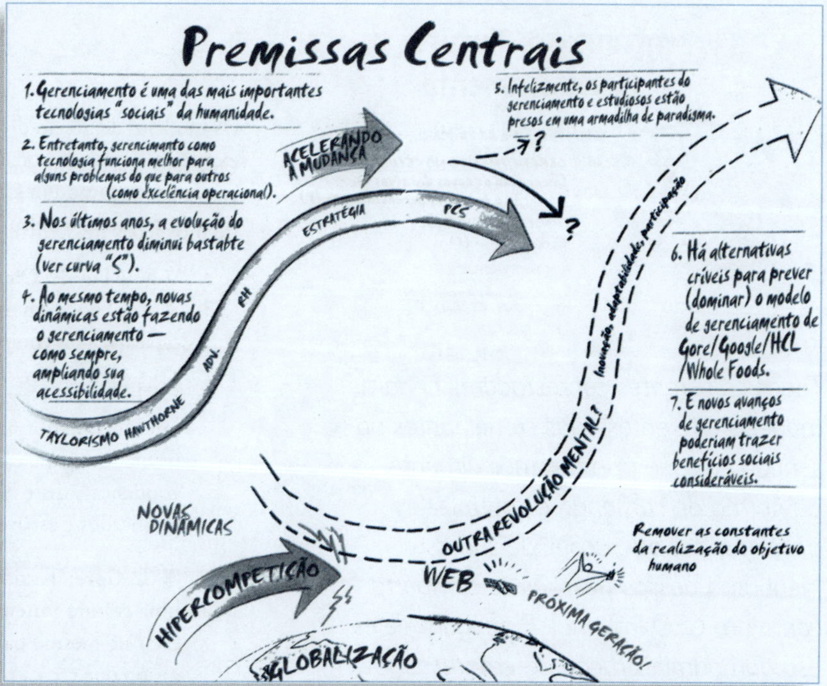

ESTAMOS EM UM PONTO DE INFLEXÃO (TURNING POINT)?

Gary Hamel identifica essas premissas do porquê de um novo esforço ser necessário para inventar um novo futuro para a gestão.

Mas alguns, como Henry Mintzberg, professor da Universidade McGill e autor de vários livros provocantes sobre estratégia e organização, não concordaram. Ele não viu acontecer mudanças importantes, mas sim as pessoas e organizações agindo mais ou menos como sempre, com abundantes questões de poder e controle. Eu achei interessante que a evidência para grande mudança enfatizasse fatores externos. Isso foi até o painel de gestão começar.

2. Por que as Inovações Emergentes Não Estão na Moda e se Espalhando?

Grande parte da nossa primeira manhã foi passada ouvindo cinco importantes CEOs falando sobre seus modelos de negócios disruptivos. John Mackey da Whole Foods, Vineet Nayar de HCL na Índia, Terry Kelly da W.L. Gore, Tim Brown da IDEO, e Jeffrey Hollender da Seventh Generation falaram por cerca de vinte minutos, incidindo sobre o que distingue suas empresas.

Todos os gerentes contestadores tinham modelos diferentes, mas semelhantes no sentido em que partiam radicalmente da norma de comando e controle para grandes operações de sucesso. Nenhuma dessas pessoas se comporta como um CEO imperial. E nenhum deles estudou administração de empresas! Eles vivem e respiram a cultura de suas empresas de dentro para fora.

Os modelos de gestão divergiam entre si, mas eram semelhantes no sentido de que partiam radicalmente da norma de comando e controle para grandes operações de sucesso. Nenhuma dessas pessoas se comporta como um CEO imperial. E nenhum deles estudou administração de empresas! Eles vivem e respiram a cultura de suas empresas de dentro para fora.

- **Whole Foods:** O grupo embalava-se em sua inventividade. John Mackey falou sobre o foco da Whole Foods em um propósito mais profundo e valores fundamentais, sendo o papel do gestor capacitar suas equipes autogerenciadas e garantir que estivessem contentes e bem treinados.

- **HCL:** Vineet Nayar falou sobre postar todas as pontuações dos feedbacks de 360° dos 55 mil funcionários na intranet, em uma cultura que colocava abertamente os funcionários em primeiro lugar e era bastante receptiva sobre o que estava acontecendo. "A transparência gera confiança", disse Nayar. Todos as solicitações e tempos de resposta das equipes também são publicados e estão disponíveis para qualquer pessoa com acesso à intranet.

- **W.L. Gore:** Terri Kelly, da W.L. Gore, defendeu um profundo foco de equipe, dentro de uma cultura fortemente técnica. Sua crença no indivíduo, no poder das equipes pequenas, em estar no mesmo barco e ter uma visão de longo prazo gerou práticas como dividir qualquer grupo que cresça para mais de 200 pessoas, insistindo em que os líderes vivam a cultura praticando a liberdade. (Não foi por acaso que eles pediram à The Grove para treinar, durante boa parte de 2010, o pessoal de RH de seus diversos escritórios pelo mundo no Método Drexler/Sibbet de Performance de Equipe.)

- **IDEO:** Tim Brown falou sobre como eles construíram uma cultura de criatividade, com a contratação de aprendizes em vez de especialistas e oferecendo suporte para utilizarem plenamente a sua criatividade (A IDEO é líder em definir o que significa ter uma cultura visual. O livro *Change by Design: How Design Thinking Transforms Organizations and Inspires Innovation* é seminal neste campo.)

- **Seventh Generation:** Jeffrey Hollender é um fornecedor da Whole Foods e falou sobre sua filosofia de desenvolver as pessoas, fazendo crescer o negócio com um enfoque na igualdade social.

Houve muitos outros achados e conversas, é claro. Mas o que mais me impressionou foi a disposição de cada um dos líderes confiáveis e comprometidos em experimentar, adaptar e mudar, no interesse de seus funcionários e equipes. Por mais que eu tenha certeza de que cada uma dessas organizações tem uma sombra, como qualquer entidade sempre tem, muita luz e esperança foram geradas a partir dessa sessão.

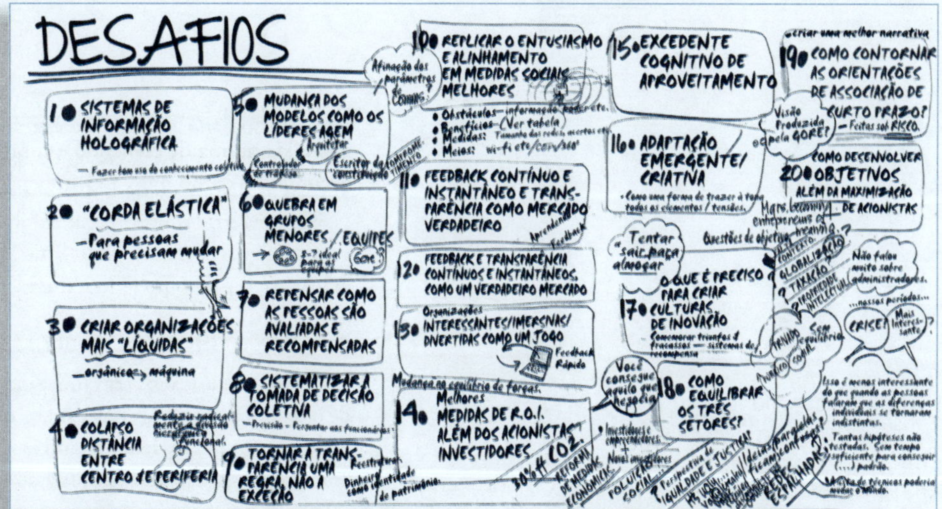

Ao considerar por que essas ideias não estão se disseminando, o grupo voltou a considerar a influência do contexto, da intenção, do tempo, de ciclos virtuosos e outros fatores. É óbvio que a maioria das organizações com as quais nós consultores trabalhamos não é conduzida por líderes com o tipo de integridade, paixão e criatividade que estávamos vendo nas cinco que Gary havia escolhido para aquela reunião. Grandes empresas são organizações moldadas pela história e por procedimentos, pelas melhores práticas dos tempos antigos e uma grande dose de inércia. Como estas organizações poderão mudar... se é que vão?

MAPA DE DESAFIOS

Aqui está um gráfico criado na cúpula Inventing the Future of Management a partir da discussão de quais desafios assumir. Veja se você pode imaginar quais poderiam ser abordados com uma melhor comunicação e pensamento sistêmico.

3. Que Desafios Precisam de Atenção?

Nesses dois dias de conferência, Gary focou-se na ideia de identificar os destaques do século XXI que, em administração, podem se equiparar aos desafios de engenharia que galvanizaram uma geração de inventores e tecnólogos no século XX. Pequenos grupos de equipes mistas de cinco abordaram esta questão na parte da tarde. Os desafios que surgiram são ilustrados no gráfico desta página, uma cópia do grande mural criado na reunião.

No final deste relatório, o grupo estava com um sentimento de incerteza, de não ter realmente chegado a muitas novidades. Essas ideias já persistiam havia algum tempo, e muitas já tinham sido abordadas antes. Alguma coisa estava faltando. Várias pessoas tentaram refletir a respeito pelo lado inte-

Fiquei fascinado com o fato de haver tanta ênfase em networking, auto-organização e organização centrada no propósito. Todas estas são características de sistemas vivos.

lectual. Shoshana Zuboff, professora da Harvard Business School e autora de livros sobre teoria de aglomeração industrial e redes de apoio social, disse: "Isto não parece tão interessante como quando as pessoas falaram como indivíduos, de manhã. Não passamos tempo suficiente juntos nem mesmo para entendermos nosso vocabulário básico". Este argumento levou alguns a se perguntar por que o grupo não havia mencionado equidade e justiça, um enorme problema, ou a crise do aquecimento global, ou o papel das redes difusas. E a globalização, a tributação, a propriedade intelectual?

4. O Grupo "Inventivo" É um Espelho do que Ainda Está por Vir?

Os nativos americanos têm um conceito de que as pessoas são um "espelho esfumaçado", no sentido de que nossas respostas uns para os outros são reflexos e de que podemos nos enxergar nos outros, embora não com clareza e exatidão. Comecei a ficar cada vez mais interessado no fato de aquela reunião ser um espelho esfumaçado do que é possível em processos cooperativos. À medida que a reunião avançava, várias pessoas tendiam a voltar ao formato de temas de pauta e breakouts relativamente curtos. Outros desafiaram a metáfora de "encarar desafios altos". Mas todo mundo estava completamente engajado e envolvido naquela rica troca. Quando o pessoal se reuniu no final da noite para planejar o segundo dia da reunião, começamos a ficar fascinados com a ideia de praticar o que os mais contestadores estavam pregando e deixar o grupo se auto-organizar em torno de seus verdadeiros centros de interesse. Decidimos realizar uma sessão de espaço aberto pela manhã e deixar os participantes propor os temas. Eles prenunciam alguns movimentos importantes.

1. **Capitalismo consciente:** John Mackey reuniu um grupo com foco em objetivos além da rentabilidade, orientação aos acionistas e energia de engajamento. O grupo fez brainstorm de ideias para uma conferência inicial sobre o assunto.

2. **Criar as condições de auto-organização:** Este grupo reuniu-se para explorar como as teorias de sistemas vivos podem informar as organizações. Eles mergulharam em ideias sobre biologia evolutiva e os padrões sociais de uma comunidade de cupins.

3. **Maximizar o potencial da organização:** Terri Kelly liderou um grupo focado na criação de uma arquitetura de sistemas em nível de clareza de propósitos, princípios orientadores, papel da liderança, como o trabalho é feito na transferência de conhecimento e sistemas de recompensa.
4. **Criação de verdadeiros mercados internos:** John Malone liderou um grupo para analisar como aplicar redes de previsão e leilões de recursos para os desafios organizacionais internos.
5. **Como podemos utilizar os princípios psicológicos dos jogos online com múltiplos jogadores como um ajuste para todo o trabalho?** Leighton Read, um investidor de sucesso da biotecnologia, liderou um grupo de jogos que acabou inventando um jogo de verdade para ensinar higiene nos hospitais.

IMERSÃO TOTAL

Estar rodeado visualmente pelo equivalente a dois dias de pensamento cria um contêiner conceitual que suporta altos níveis de pensamento integrador. Com este tipo de orientação, o diálogo pode fluir profunda e amplamente e voltar para temas centrais, e é possível acompanhar os resultados depois. Esta foto foi tirada no final do segundo dia da reunião Inventing the Future of Management de Gary Hamel.

Fiquei fascinado com o fato de haver tanta ênfase em networking, auto-organização e organização centrada no propósito. Todas estas são características de sistemas vivos. Eu encontrei neste espelho esfumaçado provas de que estamos realmente nos movendo para um paradigma ecológico, de todo o sistema, ainda que lentamente. Curiosamente, os participantes mais jovens eram os mais articulados neste sentido.

5. Qual é o Papel da Visualização?

No meu papel como facilitador gráfico, eu estava completamente absorvido no desafio de refletir o pensamento deste grupo de volta para si mesmo. Eu não podia ajudar, mas tenho várias ideias de como a visualização irá funcionar no futuro das organizações, de um modo muito parecido como foi neste grupo *ad hoc*, reunido durante dois dias para compreender o sentido de material muito complexo. Foi depois que percebi que havíamos usado o teclado inteiro de possíveis formatos de visualização neste evento.

PRINCÍPIOS OPERACIONAIS PARA EQUIPES VISUAIS

Ao longo deste livro, eu enfatizei um conjunto de princípios sobre a vantagem das equipes visuais.

1. **Imagine trabalhar como designer:** Os designers resolvem problemas mantendo visões de possibilidade em tensão criativa com a realidade atual e sempre brincando com as formas de "satisfação".
2. **Confie na tensão criativa em busca de resolução:** A equipe não precisa ter todas as etapas estabelecidas para mapear visões e recursos e começar a jogar com as possibilidades.
3. **Ferramentas de aprendizado para visualização:** Há uma gama crescente de opções para trabalhar tanto presencial quanto virtualmente.
4. **Comprometa-se com uma linguagem visual comum:** Os modelos visuais mentais apoiam as comunicações a distância mais robustas.
5. **Desenhe figuras de progresso:** O acompanhamento visual e a coordenação são centrais para o gerenciamento de projetos eficazes em qualquer tipo de atribuição complexa de uma equipe.
6. **Espere por surpresas:** Fique aberto às novas possibilidades e ideias o tempo todo.
7. **Reserve tempo para aprender e melhorar:** A formação e o trabalho em equipe é um processo, que se beneficia de ter um repertório de práticas. Se você não despender algum tempo para desenvolvê-las, ficará dando voltas no mesmo lugar.

1. **Cartazes:** Nós tivemos um logotipo, logo no início do cronograma — e cartazes direcionais e citações.
2. **Listas:** Existe uma maneira mais fácil de fazer uma agenda?
3. **Aglomerações:** Nossa introdução de "Paixões e Provocações" foi um diagrama grande ou um mapa de temas agrupados — sem conexões, apenas nuvens para ideias e lampejos para paixões.
4. **Grades:** Nosso modelo do primeiro grupo era uma grade de perguntas, e meu registro dos administradores era basicamente uma grade na frente da sala.
5. **Diagramas:** Todos os grupos que falavam em ver as organizações como sistemas inteiros desenharam diagramas. É a linguagem fundamental do pensamento sistêmico.
6. **Desenhos:** O símbolo das Premissas Essenciais era um desenho da curva em "S", mais o globo.
7. **Mandalas:** Pela forma como os gestores falaram sobre suas empresas, ficou claro que eles pensam nelas como unificadas em torno de objetivos centrais, e foi dessa maneira que eu as desenhei.

Nós Fechamos o Ciclo

Este livro é uma extensão das ideias de *Reuniões Visuais: Como Gráficos, Post-its e Mapeamento de Ideias Podem Transformar a Produtividade de um Grupo*. Aqui eu argumentei que serão as equipes que fazem reuniões visuais e outros tipos de formas multimídia de trabalho que irão criar o nosso futuro. A coisa maravilhosa sobre este movimento é o seu espírito de colaboração, improvisação e inovação. Jogar com imagens, mídia e todas as novas ferramentas solta a mente, ao mesmo tempo que fundamenta ideias e propostas em recursos visuais que constroem alinhamento e comprometimento. Minha esperança é que mais administradores tenham visão e imaginação para deixar esta revolução prosseguir e que se abram para o jogo e as possibilidades que coprojetar o futuro implica. Minha esperança é que aqueles que estão descobrindo sua própria centelha criativa brilhar cada vez mais como resultado de todas essas ferramentas e histórias aticem essas chamas em um incêndio florestal de inovação, comprometimento e alta performance.

VII: Links, Ferramentas e Outros Recursos

Bibliografia e Apêndice

VI: Links, Ferramentas e Outros Recursos

Capítulo 21: Sites e Bibliografia Esta seção contém links para sites comentados com informações essenciais sobre trabalho em equipe e visualização, bem como uma bibliografia organizada em categorias úteis.

Apêndice: Inclui material de apoio sobre a equipe de pesquisa de Jack Gibb e a Teoria do Processo de Arthur M. Young.

Índice: Nomes e conceitos-chave são indicados por números de página.

21. Sites & Bibliografia

Desenvolvimento de equipe é um campo rico, estudado e explorado, com muitas ferramentas e recursos disponíveis. Uma pesquisa online de "desenvolvimento de equipe" trará cerca de meio milhão de links. *Equipes Visuais* se concentra principalmente em como as equipes podem usar reuniões visuais e outras mídias visuais para as comunicações, e como os recursos gráficos podem ajudar a compreender a dinâmica da equipe através de interfaces úteis, como o MPE. Eu reconheço a importância das relações interpessoais, administração de conflitos, dinâmicas de grupo etc., mas não me concentro nessas práticas fora do contexto das estratégias visuais. Esta seção de recursos oferece lugares aonde você pode ir para desenvolver mais conhecimento e proficiência sobre os aspectos humanos da dinâmica de formação de equipes. Os links e os títulos da bibliografia foram escolhidos para profissionais que buscam ferramentas e métodos em toda a gama de estratégias de desenvolvimento de equipe.

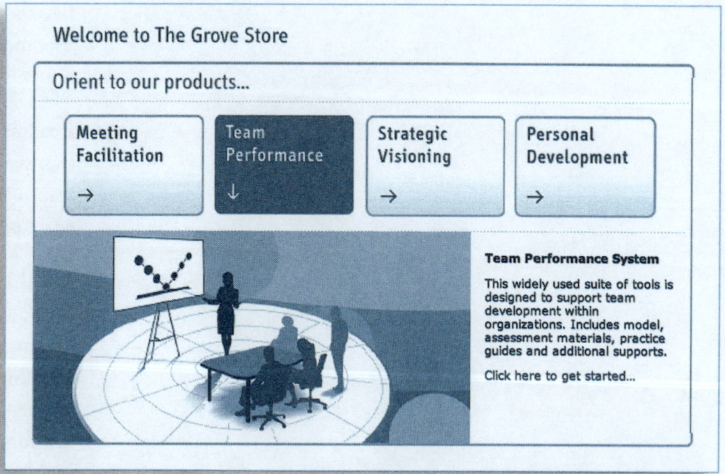

LOJA ONLINE DA THE GROVE

Escolha a opção (click here to get started) na página inicial da loja da The Grove sobre Performance de Equipe para ver um guia rápido para iniciar o Sistema de Performance de Equipe Drexler/Sibbet www.store.grove.com (conteúdo em inglês).

Ferramentas e Avaliações Direcionadas à Equipe:

- **Sistema de Desempenho de Equipe Drexler/Sibbet/Forrester (SDE):** A The Grove trabalha em desenvolvimento de equipes desde 1980. Oferece uma linha completa de ferramentas de suporte para o Sistema de Performance de Equipes Drexler/Sibbet/Forrester, incluindo Modelos de Performance de Equipe (MPE) em todos os tamanhos, de murais a apostilas; um Indicador de Performance de Equipe (IPE) com autopontuação e Indicador de Performance de Equipe de Aplicação Manual associado, uma Pesquisa Online de Desempenho de Equipe (PODE) on demand, um *Team Leader Guide*, com explicações sobre o MPE, 80 melhores práticas e 12 estratégias-chave, além de apoio para líderes, um puzzle de Modelo de Performance de Equipe; Cartas Temáticas da Equipe e um *Team Startup Guide*. A The Grove também fornece todos os suprimentos necessários para trabalhar visualmente, incluindo Guias Gráficos em todos os tamanhos, desde modelos de parede até planilhas menores, canetas, papel, marcadores, Guias Gráficos Digitais e os Guias de Facilitação associados. Para mais informações, explore a loja da The Grove.

- **Escada de Cog:** Desenvolvido por George Charrier, funcionário da Procter & Gamble em 1972. Este modelo persistiu como uma ferramenta útil para pensar sobre a dinâmica de grupo. wikipedia.org/wiki/Cog's_Ladder; www.evergreenconsulting.com/stages6b.htm (conteúdo em inglês).

- **Processos do Conselho para Reuniões Interativas:** O sistema mais robusto e simples de usar para suportar grandes equipes e redes altamente interativas com ferramentas online está disponível através da CoVision. Este sistema baseado no navegador funciona de forma flexível entre plataformas. www.covision.com/index.html (conteúdo em inglês).

- **Perfil Pessoal DISC:** Uma boa fonte é a Geier Learning, criadora do Sistema de Perfil Pessoal DISC (DISC significa Dominância, Influência, Solidez e Consciência). John G. Geier, PhD, desenvolveu-a pela primeira vez em 1958, a partir do trabalho do dr. William Moulton Marston. O Perfil DISC foi especialmente projetado para construir uma equipe coesa em um ambiente multicultural, propiciando um insight dos sintomas de desvio de personalidade de um funcionário, que poderá eventualmente provocar um conflito. As pessoas gostam deste instrumento, porque ele pode ser aplicado a indivíduos em uma configuração de equipe. www.geierlearning.com (conteúdo em inglês).

- **Liderança Facilitadora para Equipes:** A Interaction Associates, pioneira na facilitação profissional e resolução de problemas para grupos, oferece aplicações de suas bem desenvolvidas abordagens para liderança de equipe. A The Grove e a Interaction foram colaboradoras desde o início de seus negócios. www.interactionassociates.com/services/leading-teams (conteúdo em inglês).

- **FIRO-B:** Significa "Fundamental Interpersonal Relations Orientation-Behavior" ("Comportamento Orientado para as Relações Interpessoais Fundamentais"). É um questionário e modelo desenvolvido por William Schutz em 1958, para o Exército dos EUA, para trabalho em equipe em situações muito intensas. Hoje em dia é uma avaliação bastante conhecida e popularmente usada. www.youtube.com/watch?v=UCsGtSeWFiM; wikipedia.org/wiki/Fundamental_Interpersonal_Relations_Orientation; www.psychometrics.com/en-us/assessments/firob.htm (conteúdo em inglês).

- **Cinco Disfunções de uma Equipe:** Patrick Lencioni, autor de *Five Dysfunctions of a Team* e fundador do Grupo Mesa, tem uma avaliação online e materiais de apoio. www.tablegroup.com/dysfunctions (conteúdo em inglês).

- **Indicador de Tipo Myers-Briggs (ITMB):** Esta é uma ferramenta robusta, de mais de 60 anos, para avaliação de personalidade com base nos tipos psicológicos identificados por C.G. Jung. O instrumento identifica quatro modos de percepção e julgamento e 16 tipos distintos de personalidade que resultam de suas interações. As pessoas usam ITMB, pois é bastante robusta e confiável, uma vez que tem funcionado há tanto tempo. A Myers-Briggs Foundation é uma boa fonte para obter mais informações. www.myersbriggs.org/ (conteúdo em inglês).

- **Processo de Nove Portas Trimergência:** Ward Ashman criou uma adaptação do Eneagrama para a área de negócios, que identifica os estilos intelectuais preferidos — intuitivo, racional e emocional — e as nove portas para a percepção que ocorrem arquetipicamente em grupos. www.trimergence.com/team_perf.html (conteúdo em inglês).

- **Teste de Personalidade True Colors:** David Keirsey refinou o trabalho de Myers e Briggs e criou um trabalho que foi então projetado em uma metáfora baseada em cores por Don Lowry, em seu livro *Keys to Personal Success* ("Chaves para o Sucesso Pessoal"). Vários clientes meus usaram com sucesso este sistema, em atividades de desenvolvimento de equipes. Ele associa azul a compaixão, dourado a responsabilidade, laranja a espontaneidade e verde a foco conceitual. www.true-colors-test.com/ (conteúdo em inglês).

- **Modelo de Desenvolvimento de Grupo de Tuckman:** Há muitos recursos citando Tuckman como uma ferramenta. Se você quiser algumas boas descrições do modelo, verifique estes links. www.chimaeraconsulting.com/tuckman.htm; wikipedia.org/wiki/Tuckman's_stages_of_group_development); (www.e3smallschools.org/download/TuckmansTeamDevelopmentModel.pdf; www.infed.org/thinkers/tuckman.htm (conteúdo em inglês).

Bibliografia

Austen, Hilary. *Artistry Unleashed: A Guide to Pursuing Great Performance in Work and Life*. Toronto: University of Toronto Press, 2010. É um ótimo aplicativo de pesquisa sobre organizações e gerenciamento de artistas.

Axelrod, Robert e Michael Cohen. *Harnessing Complexity: Organizational Implications of a Scientific Frontier*. Nova York: Basic Books, 2000. Une os aplicativos de complexidade teórica ao serviço das organizações.

Bennis, Warren G. e Patricia Ward Biederman. *Organizing Genius: The Secrets of Creative Collaboration*. Reading, MA: Addison-Wesley, 1997. Estes casos são lidos como contos—sagas de colaboração direcionada, criativa.

Bois, Joseph Samuel. *The Art of Awareness: A Handbook on Epistemics and General Semantics*. Santa Monica, CA: Continuum Press & Productions, 1996. Este tem sido um livro seminal para mim para o pensamento sobre linguagem.

Boulding, Kenneth. *The Image: Knowledge in Life and Society*. Ann Arbor: University of Michigan Press, 1956. Este trabalho seminal modelou minhas percepções sobre modelos mentais e sua importância.

Brown, Tim. *Change by Design: How Design Thinking Transforms Organizations and Inspires Innovation*. Nova York: Harper Collins Publishers 2009. Como CEO da IDEO, Brown tem estado na vanguarda do design no Vale do Silício.

Daniels, William R. *Group Power*. San Diego, CA: University Associates, 1986. A habilidade de liderar uma força-tarefa compreende um conjunto de habilidades que um administrador deve deliberadamente perseguir. Oferece conselhos bem testados, práticos.

Drexler, Allan, e Russ Forrester. "A model for team-based organization performance". *The Academy of Management Executives* 13, nº 3 (Agosto de 1999). (www.jstor.org/pss/4165563). Resume o MPE.

Fritz, Robert. *Path of Least Resistance: Learning to Become the Creative Force in Your Own Life*. Nova York: Fawcett Books, 1984. Fritz foi uma influência crucial para Peter Senge quando este escreveu *A Quinta Disciplina*.

Gibb, Jack. *Trust: A New View of Personal and Organizational Development*. Los Angeles: Guild of Tutors Press, 1958. É a descrição de Gibb sobre seu modelo CARI e deduções subjacentes — a teoria por trás do MPE.

Goleman, Daniel. *Emotional Intelligence: Why it can matter more than IQ*. Nova York: Bantam Books, 1995. Livro inovador aplicando a neurociência às relações humanas e liderança.

Hackman, J. Richard. *Leading Teams: Setting the Stage for Great Performances*. Boston: Harvard Business School Press, 2002. Hackman identifica as cinco condições que definem o cenário para grandes performances de equipe — uma equipe verdadeira, com direcionamento, uma estrutura propícia, um contexto organizacional de suporte e possibilidade de treinamento.

Hagel, John, John Seely Brown e Lang Davison. *The Power of Pull: How Small Moves, Smartly Made, Can Set Big Things in Motion*. Nova York: Basic Books, 2010. Os autores criam um argumento sólido, bem pesquisado, sobre as pessoas que usam conexões, conhecimento e recursos para resolver problemas.

Hofstede, Geert, Gert Jan Hofstede Hofstede e Michael Minkov. *Cultures and Organizations: Software for the Mind*, 3ª ed. Nova York: McGraw-Hill, 2010. Baseado em pesquisa conduzida em mais de 70 países, ao longo de mais de 40 anos, examina o que afasta as pessoas.

Horn, Robert. *Visual Language: Global Communication for the 21st Century*. Bainbridge Island, WA: 1998. Uma história abrangente da emergência e aplicações de linguagem visual textual/gráfica.

Jaffe, Dennis, e Cynthia Scott. *Getting Your Organization to Change: A Guide for Putting Your Strategy Into Action*. Menlo Park, CA: Crisp Publications, 1999. Dois colegas muito experientes compartilham seus melhores insights.

Johansen, Robert, e Mary O'Hara Devereaux. *GlobalWork: Bridging Distance, Culture and Time*. San Francisco: Jossey-Bass Publishers, 1994. Mary escreveu este livro enquanto trabalhava na The Grove, durante nossa parceria com o Institute for the Future. Eu contribuí com uma boa parcela de escrita e gráficos para esta empreitada. Continua sendo um bom resumo dos desafios de trabalhar globalmente entre culturas e épocas.

Johansen, Robert, David Sibbet, Suzyn Benson, Alexia Martin, Robert Mittman e Paul Saffo. *Leading Business Teams: How Team Can Use Technology and Group Process Tools to Enhance Performance*. Reading, MA: Addison-Wesley Series on OD, 1991. Foi o relatório do primeiro ano do Projeto Usuários de Groupware do Institute for the Future/Grove, analisando o sentido da colaboração emergente orientada por softwares para grupos e equipes. Ainda é uma exploração muito útil dos fatores que motivam o uso de ferramentas baseadas na colaboração.

Kahane, Adam. *Power and Love: A Theory and Practice of Social Change*. San Francisco: Berrett-Koehler, 2010. Seguindo o *Solving Tough Problems*, Kahane explora a necessidade de lidar com poder, assim como confiança e cooperação.

Kaner, Sam. *Facilitators Guide to Participatory Decision Making*. San Francisco: Jossey-Bass, 2007. Este livro é uma rica compilação da colaboração subjacente dos processos dinâmicos, com amplas ilustrações e diagramas criados por Lenny Lind, da CoVision.

Katzenbach, Jon R., e Douglas K. Smith. *The Wisdom of Teams: Creating the High-Performance Organization*. Boston: Harvard Business School Press, 1993. Este clássico fornece um manual para criar o que os executivos dizem querer: equipes de alta performance. Com insights, diretrizes e histórias de equipes reais.

Kelly, Kevin. *Out of Control: The New Biology of Machines, Social Systems, and the Economic World*. Nova York: Persesus Books, 1994. Kelly é o fundador e dissidente sênior da revista *Wired*. Ele é um ótimo avaliador de tecnologia.

Kleiner, Art. *The Age of Heretics: A History of the Radical Thinkers Who Reinvented Corporate Management*, 2ª ed. San Francisco: Jossey-Bass, 2008. A galeria de fotos livres de Kleiner foca em dissidentes corporativos dos anos 50, 60 e 70, que foram pioneiros em equipes de trabalho autogerenciadas, resposta aos clientes, organização orgânica e outras formas de valorizar as relações humanas.

Kouzes, James M., e Barry Z. Posner. *The Leadership Challenge*, 3ª ed. San Francisco: Jossey-Bass, 2002. Os autores desconstroem o mito do líder como um dissidente e não um agente.

LaFasto, Frank M. J., e Carl E. Larson. *Teamwork*, 2ª ed. Londres: Sage, 2003. Os autores exploram as oito propriedades de equipes baseadas em um estudo de três anos, incluindo a equipe de investigação do ônibus espacial Challenger.

——. *When Teams Work Best: 6,000 Team Members and Leaders Tell What It Takes to Succeed*. Thousand Oaks, CA: Sage Publications, 2001. Sonda profundamente os trabalhos de centenas de equipes.

Lencioni, Patrick. *The Five Dysfunctions of a Team: A Leadership Fable*. San Francisco: Jossey-Bass, 2002. Este best-seller foca nos relacionamentos e em como são desafiados.

——. *Overcoming the Five Dysfunctions of a Team: A Field Guide For Leaders, Managers, and Facilitators*. San Francisco: Jossey-Bass, 2005. Sequência de *Five Dysfunctions of a Team*, com muitos exercícios e exemplos.

LeSaget, Meryem. *Le Manager Intuitif*. (Edição Francesa). Paris: Dunod, 2002. Um dos capítulos está no Modelo Drexler/Sibbet de Performance de Equipe.

Lipnack, Jessica, e Jeffrey Stamps. *Virtual Teams: People Working Across Boundaries With Technology*, 2ª ed. Nova York: Wiley, 2000. Serve como uma excelente base, tanto para a teoria quanto para a prática, sobre os desafios e imperativos de aprender a trabalhar virtualmente. Este livro possui um modelo similar ao Modelo Quádruplo de Groupware com seis distinções.

MacGregor, Steven Patrick. *Describing and Supporting the Distributed Workspace: Toward a Prescriptive Process for Design Teams*. Tese Doutoral na Universidade de Strathclyde, Glasgow, Escócia, 2002. Explora o Modelo Drexler/Sibbet de Performance de Equipe, entre outros. Ver www-cdr.stanford.edu/~macgregor/MacGregor2002.pdf.

Mader, Stewart. *Wikipatterns: A Practical Guide To Improving Productivity and Collaboration in Your Organization*. Indianapolis, IN: Wiley Pub., 2008. Este livro oferece conselhos práticos, comprovados, para encorajar a adoção de seu projeto wiki e transformá-lo numa ferramenta útil de colaboração.

McGoff, Chris. *The PRIMES: How Any Group Can Solve Any Problem*. Nova York: Victory Publishers, 2011. Revela os principais conceitos de consultoria de Chris e meu mentor, Michael Doyle, cofundador da Interaction Associates.

Miller, Brian Cole. *Quick Team-Building Activities for Busy Managers: 50 Exercises That Get Results in Just 15 Minutes*. Nova York: Amacom, 2004. Descreve atividades simples de construção de equipes para administradores, supervisores e líderes de equipes.

Minahan, Matt, Judy Vogel, Lee Butler e Heather Butler Taylor. "Facilitation 101: The Basics to Get you on Your Feet." *OD Practitioner*, 2007. Mostra o MPE. Ver em www.ntl.org/upload/ODP_Facilitation_101.pdf.

Morrison, Richard, e Brian Sullivan. *The Team Memory Jogger: A Pocket Guide for Team Members*. Methuen, MA: Goal/QPC, 1995. Este guia referencial de bolso ajuda com comunicação, produtividade e tomada de decisões.

Neal, Craig, Patricia Neal e Cythia Wold. *The Art of Convening: Authentic Engagement in Meetings, Gatherings, and Conversations*. San Francisco: Berrett Koehler, 2011. Pioneiros em consciência, diálogos profundos e engajamento.

Pariser, Eli. *The Filter Bubble: What the Internet Is Hiding from You*. Nova York: Penguin Press, 2011. Pariser começou a MoveOn e sabe do que está falando no que diz respeito ao mundo do trabalho em rede.

Peterson, Brooks. *Cultural Intelligence: A Guide to Working with People from Other Cultures*. Yarmouth, ME: Intercultural Press, 2004. Explica como gerenciar amplas diferenças culturais e egocentrismo cultural.

Pink, Daniel. *A Whole New Mind: Why Right-Brainers Will Rule the Future*. Nova York: Riverhead Press, 2006. Traz a neurociência para os seis sentidos de design, história, sinfonia, empatia, jogo e significado.

Reina, Dennis, e Michelle Reina. *Rebuilding Trust in the Workplace: Seven Steps to Renew Confidence, Commitment, and Energy*. San Francisco: Berrett-Koehler, 2010. A longa experiência dos autores resulta em conselhos muitos práticos.

Rath, Tom. *Strengths Finder 2.0.* Nova York: Gallup Press, 2007. Sequência do *Gallup's Now, Discover Your Strengths*, inclui uma versão revisada do teste *Strengths Finder*.

Roam, Dan. *The Back of the Napkin: Solving Problems and Selling Ideas with Pictures*. Nova York: The Penguin Group, 2008. Uma das melhores e mais práticas bases para introduzir a visualização.

Scholtes, Peter R., Brian L. Joiner e Barbara J. Streibel. *The Team Handbook*, 3ª ed. Madison, WI: Oriel, 2003. Uma escolha referencial para líderes e conselheiros de equipes de longo tempo. A nova edição deste clássico leva você além das equipes de melhoramento para trabalhar as equipes de hoje.

Schrage, Michael. *Serious Play: How the World's Best Companies Simulate to Innovate*. Boston: Harvard Business School Press, 2000. Em empresas como Walt Disney, Microsoft, 3M, Sony e Hewlett-Packard, brincadeiras sérias são trabalhos sérios. Schrage é um pesquisador associado do MIT Media Lab e escritor da *Fortune*.

Senge, Peter M. *The Fifth Discipline: The Art and Practice of the Learning Organization*. Nova York: Doubleday/Currency, 1990. Identificou e descreveu prescientemente a organização do aprendizado. Senge possui a habilidade de aplicar ideias inovadores a práticas concretas que podem ser emuladas pelos negócios. É uma ótima introdução ao pensamento sistemático.

Sibbet, David. *Best Practices for Facilitation*. San Francisco: The Grove Consultants International, 2002.

——. *Graphic Facilitation: Transforming Group Process with the Power of Visual Listening*. San Francisco: The Grove Consultants International, 2006. Livro imprescindível para quem deseja se tornar facilitador gráfico profissional.

——. *Principles of Facilitation: The Purpose and Potential of Leading Group Process*. San Francisco: The Grove Consultants International, 2002. Este livro oferece ideias para tratar de cada um dos quatro fluxos de facilitação.

——. *Strategic Visioning Agenda Planning Kit*. San Francisco: The Grove Consultants International, 2009. Baseado em fichas e cartões.

——. *The Theory of Process Poster*. San Francisco: The Grove Consultants International, 2002. Este cartaz grande, colorido e dobrável é um resumo da Teoria de Processo de Arthur M. Young, cocriado com uma equipe de trabalho do Institute for the Study of Consciousness

——."Visual Intelligence: Using the Deep Patterns of Visual Language to Build Cognitive Skills." *Theory into Practice* 47, nº 2, (2008): 118-27. Eu argumento que a prática com os formatos do Teclado de Gráficos de Grupo constrói capacidade perceptiva.

——. *Visual Meetings: How Graphics, Sticky Notes & Idea Mapping Can Transform Group Productivity*. Nova Jersey: John Wiley & Sons, 2010. Este best-seller fornece uma base para a compreensão das estratégias de visualização elaboradas em *Equipes Visuais*. Mostra como os gráficos são usados para inspiração, engajamento, pensamento e ação. Publicado no Brasil pela Alta Books — *Reuniões Visuais: Como Gráficos, Post-its e Mapeamento de Ideias Podem Transformar a Produtividade de um Grupo*.

Sibbet, David, e Ed Claassen. *Team Leader Guide: Strategies and Practices for Achieving High Performance*. San Francisco, CA: Grove Consultants International, 2003. Guia abrangente para administradores de primeira linha com as 80 melhores práticas.

Smith, George. "Group Development: A Review of the Literature and a Commentary on Future Research Directions. Group Facilitation." *A Research & Applications Journal. International Association of Facilitators*. nº 3, (Primavera de 2001). O livro de Smith é uma comparação e análise acadêmica de uma ampla gama de modelos de equipe. Faça o download do pdf via
citeseerx.ist.psu.edu/viewdoc/download?doi=10.1.1.131.1981&rep=rep1&type=pdf#page=17

Tapscott, Don. *Grown up Digital: How the Net Generation is Changing Your World*. Nova York: McGraw-Hill, 2009. Selecionado como o Melhor Livro de Negócios do Ano de 2008 pela *Economist*, é baseado em um projeto de pesquisa multianual de $4 milhões, incluindo quase 10 mil entrevistas. Bom para pensar como integrar a Net Gen na força de trabalho.

Trompenaars, Alfons, e Charles Turner. *Riding the Waves of Culture: Understanding Cultural Diversity in Global Business*, 2ª ed. Nova York: McGraw-Hill, 1998. Os autores escrevem para administradores e empresários que buscam compreender as diferenças culturais e como lidar com elas numa variedade de circunstâncias e situações.

Tushman, Michael L., e Charles A. O'Reilly III. *Winning through Innovation: A Practical Guide to Leading Organiztional Change and Renewal*. Boston: Harvard Business School Press, 1997, 2002. Esta é uma base clássica para equipes de liderança interessadas em mudança e inovação.

Von Oech, Roger. *Creative Whack Pack: Success Edition — Two Powerful Creative Thinking Tools*. Stanford: US Games Systems, 1992. Um bloco ilustrado com 64 estratégias de pensamento criativo.

Warkentin, Merrill, e Peggy M. Beranek. "Training to Improve Virtual Team Communication." *Information Systems Journal* 9, nº 4:(Outubro de 1999): 271–289.

Wheelan, Susan A. *Creating Effective Teams: A Guide for Members and Leaders*. Thousand Oaks, CA: Sage Publications, 1999. Um *best-seller* em edições anteriores — destinado a líderes de equipes, membros de estudos organizacionais, gerenciamento, recursos humanos, psicologia social, educação, estudos de grupo, liderança, sociologia e comunicação.

Young, Arhur M. *Geometry of Meaning*. Nova York: Delacourt Press/Seymore Lawrence, 1976. Young integra ciência contemporânea com sabedoria tradicional sobre como os homens dão sentido ao universo.

——. *Reflexive Universe*. San Francisco: Delacourt Press, 1976. Anodos Foundation, 1999 Edição Revisada. Este é o trabalho seminal de Young sobre o processo evolucionário e como a natureza reflete os princípios universais.

Se você estiver interessado em recursos relativos a visualização, facilitação visual e pensamento visual, verifique a extensa lista de links, livros e artigos em *Reuniões Visuais* (ver referência na página anterior).

Apêndice

A Pesquisa Original de Jack R. Gibb

Jack R. Gibb é um dos pioneiros da ciência comportamental aplicada, que publicou pesquisas sobre grupos, controle e confiança que influenciaram muitos no campo, e foi uma inspiração para Allan Drexler. A prestigiada carreira de Jack Gibb como psicólogo e consultor atravessou cinco décadas. Ele foi um pioneiro em psicologia humanista e o criador da Teoria de Nível de Confiança (Processo CARI de Confiança, Abertura, Realização e Interdependência). Muitas vezes chamado de "o avô do desenvolvimento organizacional", ele aplicou a teoria CARI a todas as formas de organização, de empresas e governos até escolas, igrejas e hospitais. Foi o proponente original da importância da confiança na dinâmica de equipe e comportamento organizacional e do efeito da confiança na criatividade.

Gibb foi um inovador precoce no National Training Laboratories (NTL) em Bethel, Maine, onde os cientistas comportamentais realizaram o trabalho pioneiro em dinâmica de equipe, comunicação, treinamento de sensibilidade e treinamento de liderança nos anos 40 e 50. Jack foi um dos primeiros e mais conceituados líderes de T-Group (grupo de treinamento) nos NTL e atuou como Diretor de Pesquisa. Seu livro seminal é *Trust: A New Vision of Human Relationships for Business, Education, Family, and Personal Living.*

Jack foi consultor para a IBM, AT&T, General Motors, Dow, DuPont, o Departamento de Estado, a Receita Federal, TVA, YMCA e o Conselho Nacional de Igrejas. Ele fez doutorado em psicologia na Universidade de Stanford e lecionou na Brigham Young, Michigan State e Universidade do Colorado, onde também dirigiu o Laboratório de Processos de Grupo. Foi presidente da Associação de Psicologia Humanista, diplomata do Conselho Americano de Psicologia Profissional e membro da APA, ASA, do NTL Institute for Applied Behavioral Sciences e da International Association of Applied Social Sciences. Contribuiu com capítulos em 26 livros profissionais sobre gestão, desenvolvimento organizacional, dinâmicas de grupo, potencial humano, comunicação e educação, e com mais de 350 artigos para revistas especializadas sobre esses temas e sobre a teoria da aprendizagem, terapia e aconselhamento. Seu artigo clássico, "Defensive Communication" ("Comunicação Defensiva"), escrito em 1960, continua a ser o padrão no campo. Seu trabalho se concentrou em formular uma nova visão de um mundo mais confiante.

No esquema de Gibb, as preocupações relativas à confiança permanecem por toda a vida de uma equipe. Elas não podem ser completamente resolvidas. As preocupações são altamente interdependentes; o sucesso em lidar com um conjunto de questões claramente afeta a capacidade de lidar com os outros. Por exemplo, quando uma equipe não resolve problemas básicos de adesão, dificilmente ela terá o tipo de fluxo livre de dados que apoia a tomada de boas decisões. Em teoria, as quatro categorias principais de preocupações são abstrações puras; na vida real, elas são desorganizadas e não vêm compartimentadas, organizadas em uma hierarquia fixa ou sequência.

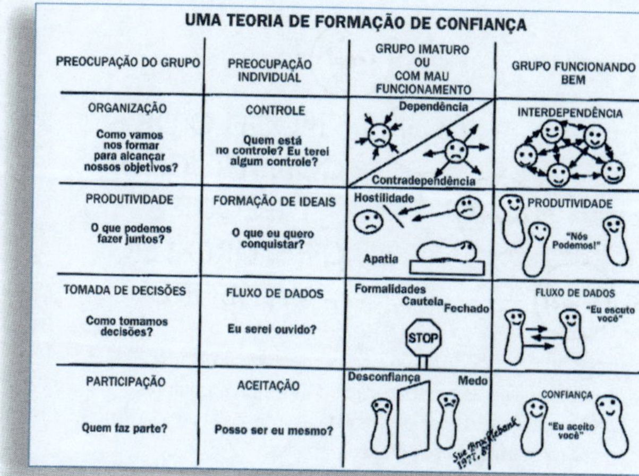

PROCESSO CARI

Jack Gibb ilustrou seu processo CARI com esta representação gráfica dos estágios de formação de confiança. Ela abrange um pouco da psicologia das fases iniciais da MPE.

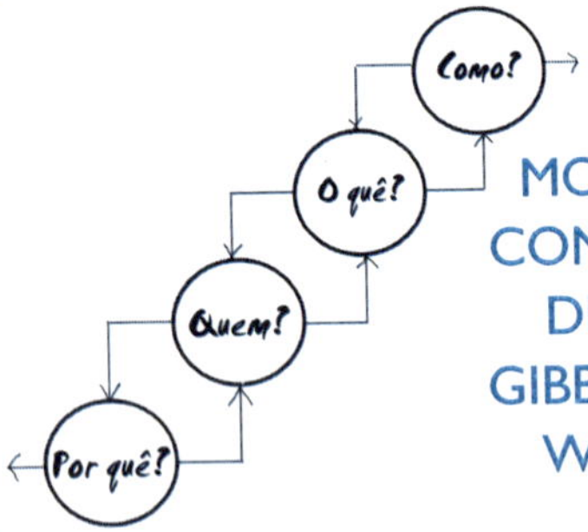

MODELO DE CONSTRUÇÃO DE EQUIPE GIBB, DREXLER, WEISBORD

Jack Gibb estudou um grande número de grupos e descobriu que as pessoas trazem as quatro seguintes preocupações básicas para todas as interações sociais: estas formam as bases de seu processo CARI e do modelo de equipe aqui descrito.

- **Preocupação de aceitação**, que está relacionada com a formação de confiança, a aceitação de si mesmo e dos outros, uma diminuição da ansiedade e um aumento na confiança (esta preocupação, em parte, aborda o envolvimento e graus de participação em uma equipe).
- **Preocupações com os dados** sobre o fluxo de percepções, sentimentos e ideias, na equipe e individualmente, e o sistema social para expressá-las.
- **Preocupação com a formação de ideais** — processo de definição de metas da equipe, resolução de problemas e tomada de decisões — e a integração das motivações intrínsecas dos indivíduos (a definição de objetivos, em parte, envolve produtividade, divertir-se, criar, aprender e crescer).
- **Preocupação com o controle** de mecanismos pelos quais as atividades são reguladas, coordenadas e colocadas em uma sequência útil.

Arthur M. Young e a Teoria do Processo

Arthur M. Young formou-se em matemática em Princeton, em 1927, e estudou relatividade e mecânica quântica com Oswald Veblen. No início da década de 30, ele começou a desenvolver uma teoria unificada de como os sistemas universais se relacionam entre si, engajado nos esforços gerais do início do século XX para descrever uma teoria de campo unificado que integrasse as principais conclusões da ciência. No processo, ele passou um bom número de anos nas décadas de 30 e 40 embasando seu pensamento no processo prático de inventar e desenvolver o primeiro helicóptero comercialmente licenciado do mundo, o Bell 47.

Ele emergiu de seu trabalho com o Bell e de uma investigação paralela, acreditando que a unidade das coisas não pode ser encontrada examinando formas e estruturas e regras determinísticas, mas sim apreciando a natureza do processo — as ações das partículas de fótons e partículas fundamentais sobre as quais tudo se baseia. Ele percebeu que todos os processos do universo estão exercendo uma tensão criativa entre liberdade e restrição, entre o potencial dos fótons de luz e as restrições de causa e efeito no nível molecular. Quando a matéria encontra as regras combinatórias no nível molecular, ela pode voltar para a liberdade através das estruturas evoluídas de plantas, animais e seres humanos.

A Teoria do Processo apresenta um conjunto integrado de ferramentas para a compreensão da evolução da vida e da consciência em muitos campos de estudo. Estudantes têm aplicado essa teoria de forma eficaz em tudo, desde artes curativas até relações internacionais. Young evoluiu sua teoria do processo trabalhando dedutivamente de princípios básicos e testando suas ideias contra fatos científicos e teorias aceitas durante um período de 30 anos. Ele conseguiu mostrar que o processo da natureza é mais fundamental do que as estruturas que ele forma. Ele identificou sete fases distintas do processo que se expressam ao longo de sete reinos da natureza.

Na prática, as ideias de Young são claras e sensatas, uma vez que se compreenda como trazer a função do propósito de volta para o método científico. Os aspectos quádruplos da natureza e o padrão de arco de sete estágios, elementos-chave na teoria, aparecem não só em matemática, física quântica, química e biologia, mas também na filosofia e na religião. O breve esboço na próxima página é apenas o começo da riqueza das ideias de Young. Foi incluído aqui como um convite a aprofundar o estudo dos livros, publicações e vídeos de Young. Veja um site bastante completo em www.arthuryoung.com (conteúdo em inglês), com links para recursos adicionais.

O Fóton como um Quantum Universal de Ação: Talvez a visão mais profunda de Young tenha sido que os físicos haviam encontrado, mas não ainda totalmente reconhecido, um agente ativo que continuamente definia o processo em movimento no universo. Este é o fóton, um quantum (unidade) de luz contendo em sua esfera uma infinita capacidade de armazenar energia. Um fóton de energia varia em proporção direta à sua frequência. Foi necessário que um dos físicos mais famosos do século XX, Max Planck, descobrisse que os fótons na natureza sempre armazenam sua energia em unidades, ou "quanta" de ação, de tamanho invariável constante. A constante de Planck por acaso também é exatamente do mesmo tamanho que a incerteza mínima no Princípio da Incerteza de Heisenberg Werner, sugerindo que é equivalente a um quantum de incerteza. Young argumentou que, já que os fótons vêm em unidades inteiras e são básicos e "anteriores a" força, tempo, espaço e matéria no universo, o fóton se encaixa na definição do que os filósofos chamariam de "primeira causa". Ele o correlacionou com a ação consciente e a decisão humana, as quais também vêm em conjuntos. Ele também sabia que os fótons estão intimamente associados com toda a atividade molecular e química, e fornecem um ponto de acesso para que o desejo efetue a matéria. Então, o que parece ser incerteza para um cientista que olhe de fora para dentro pode ser interpretada de dentro para fora como a liberdade de agir do fóton, e para os humanos, liberdade para agir visando a um propósito. Young concluiu que todo o processo no universo é posto em movimento pela ação intencional. A luz, como uma fonte pontual radiante, torna-se um ícone para a tomada de consciência.

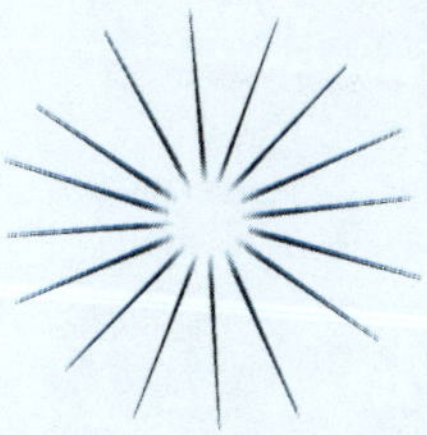

Universo como um Processo de Aprendizagem: Deste ponto de partida, Young argumentou que o universo é fundamentalmente um processo dinâmico de aprendizagem — um impulso para a frente devido ao fato de o tempo ser irreversível. O processo se move "em direção a um objetivo transcendente", no sentido de que a evolução demonstra tanto a direção quanto a propriedade de transcendência contínua de restrições. Mas, primeiramente, um sistema de causa e efeito deve ser criado a partir do que está inicialmente presente, ou seja, a luz, com seu potencial e liberdade. Estes são sacrificados para a obtenção dos meios determinados que tornam a experiência e a aprendizagem possíveis. Nas conclusões dos físicos, é possível traçar o caminho pelo qual a luz (o fóton) se transforma em matéria por meio de um investimento gradual de sua liberdade (ou incerteza). Primeiro, ele se torna massa e força através da criação de prótons e elétrons, depois confina sua energia dentro do átomo e, por fim, combina átomos em moléculas, materializando-se como o mundo físico que conhecemos. Ao tornar-se força, depois átomo e depois molécula, o fóton aprende em primeira mão as limitações da matéria e as leis de causa e efeito. Mas essa "descida" não é o fim do processo; é mais uma preparação para aprender através da transformação e usar o que foi aprendido para ascender de volta à liberdade. Ao fazer isso, o fóton (ou "mônada", como Young gostava de chamá-lo) desenvolve a complexidade e entendimento incorporados nas formas mais evoluídas de plantas, animais e seres humanos.

OS OPERADORES DA TEORIA DO PROCESSO

Young usou a geometria para ilustrar distinções básicas. Estes são três dos operadores de fundação.

Operador Duplo

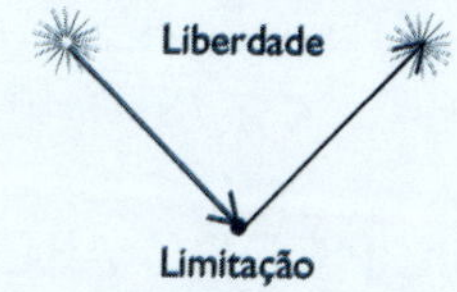

Operador Triplo

Operador Quádruplo

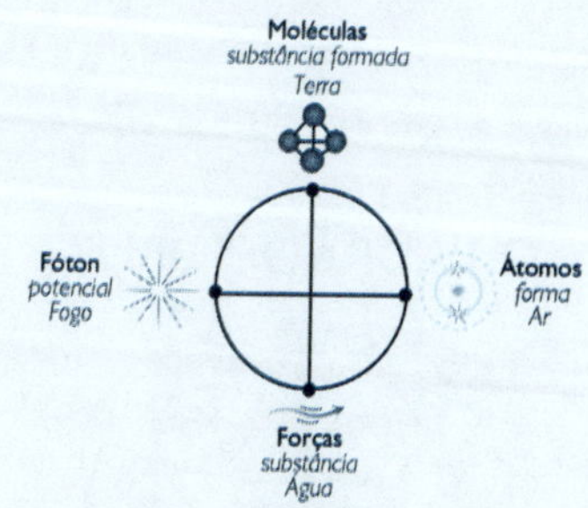

ARCO DO PROCESSO DE SETE ESTÁGIOS

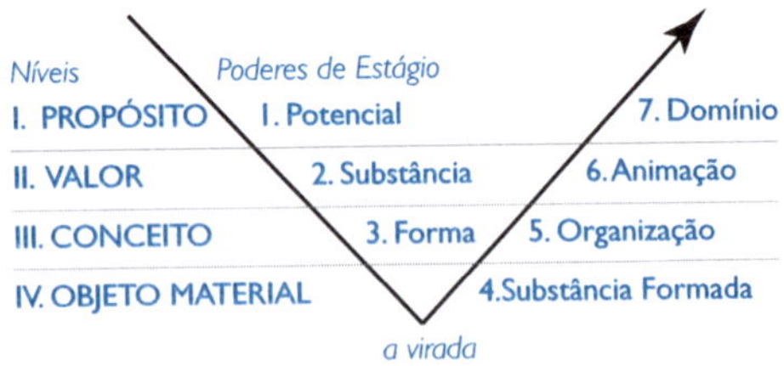

PRINCÍPIOS DO ARCO

- O universo é um processo posto em movimento de propósito.
- O desenvolvimento do processo ocorre em estágios, sete ao todo.
- Cada estágio desenvolve um novo poder, mantendo poderes aprendidos em estágios anteriores.
- Os poderes evoluem sequencialmente — no mundo natural, como reinos e subestágios.
- Os estágios iniciais assumem restrições até que ocorra "a virada"; os estágios posteriores recuperam a liberdade.
- Os níveis de restrição são os mesmos em ambos os lados do arco.
- Os estágios do processo alternam entre inovação e recapitulação.

O PADRÃO TORUS

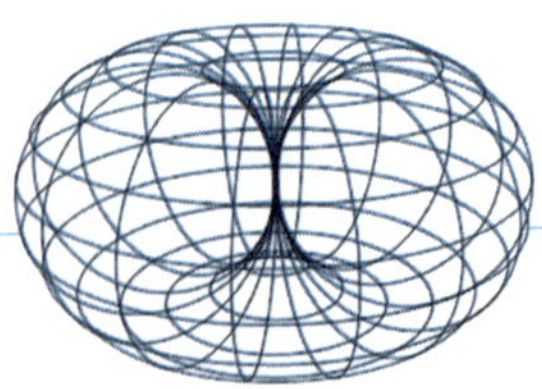

Realidade quádrupla: A teoria do processo mostra como as quatro entidades básicas da ciência física que acabamos de descrever — o fóton, as forças, os átomos e as moléculas — são uma expressão importante da antiga quadruplicidade — fogo, água, ar e terra. Estes são aspectos da realidade que Young ilustrou como direções angulares em um círculo. Ele identificou as qualidades gerais refletidas neste operador quádruplo e apontou exemplos correlatos em muitos campos de estudo. As quatro causas de Aristóteles são um exemplo — causa final (intenção), causa material (substância), causa formal (planos) e causa eficiente (trabalho fabricado). As quatro modalidades de percepção e julgamento de Carl Jung — intuição, sentimento, pensamento e sensoriamento — são outro.

Arco do Processo de Sete Estágios: Young chamava o ponto em que o processo já se manifestou totalmente na forma molecular de "a virada". Mesmo que o processo esteja agora limitado por três dimensões, ele ainda mantém certa liberdade de ação (nas moléculas, através da emissão e absorção de fótons dentro de elos moleculares) e pode ascender de volta para a liberdade através de novos níveis de organização à medida que aprende a aplicar as regras. Ilustrando o padrão descendente e ascendente através do quádruplo exibido em níveis, ao invés de relações angulares, Young cria um padrão de sete estágios que ele chamou de "arco". Ele o via descrevendo os estágios evolutivos dos reinos da natureza, um universo reflexivo. Ele também o via aplicando-se, num nível geral, paradigmático, a qualquer processo, incluindo os antigos mitos de origem ao redor do mundo.

O Torus: A ilustração do arco mostra como o processo se dobra sobre si mesmo reflexivamente conforme ele aprende as regras da natureza. Este movimento, no espaço tridimensional, é ilustrado em forma de rosca — o que os matemáticos chamam de torus. Uma forma de torus permite que o centro e a periferia de um sistema sejam completamente ligados. Young concluiu que todas as substâncias na natureza resolvem o problema de alcançar o equilíbrio dinâmico entre os estados inerte e caótico com este padrão de vórtice. Isso inclui campos magnéticos, água, ar e os campos de energia humana. Ele também desenvolveu um argumento matemático formal sobre o porquê de sete distinções serem necessárias para descrever completamente os padrões "toroidais", ao passo que apenas quatro são necessários para descrever formas esféricas.

David Sibbet se uniu ao grupo de estudo de Young, em 1976, e trabalhou durante sete anos aplicando essas teorias muito gerais a Group Graphics e equipes. Os padrões que Young articulou confirmaram a pesquisa de campo de Gibb e proporcionaram a Drexler e Sibbet um padrão para as etapas de sustentação do desenvolvimento de equipe. Também ajudaram a compreender por que os passos de formação são tão importantes e persistentes ao longo da vida de uma equipe. A noção de Young de que a liberdade pode ser recuperada dominando as restrições iniciais fornece um modelo conceitual para a compreensão das condições necessárias para a alta performance.

Para uma explicação completa destas ideias, veja *The Reflexive Universe* e *Geometry of Meaning* na bibliografia ou pesquise em www.arthuryoung.com (conteúdo em inglês).

Índice

DAVID SIBBET é presidente e fundador do The Grove Consultants International, um grupo que lidera os processos de estratégia, visão, criatividade, forças futuras, desenvolvimento de liderança e mudanças de sistemas em larga escala ao redor do mundo, desde 1977. Ele é autor do best-seller *Reuniões VIsuais: Como Gráficos, Lembretes Autoadesivos* e *Mapeamento de Ideias Podem Transformar a Produtividade de um Grupo*.

Participou do crescimento da Apple Computer, nos anos 1980, foi facilitador da equipe de mudança de gerência na National Semiconductor, no começo da década de 1990, e trabalhou na HP e depois na Agilent Technologies por muitos anos, liderando sessões de visão estratégica para grupos e setores, ajudando a desenvolver programas de liderança e projetando os Infográficos Grove para casos especiais e projetos de mudança. Ele e o grupo The Grove facilitaram os processos de visão comunitária e planejaram a conversão do Presídio de São Francisco em um parque nacional. Como um dos diretores fundadores do Headlands Centro das Artes e inquilino no Centro pela Sustentabilidade Thoreau, possui longa experiência como parceiro do parque.

Além do trabalho corporativo e governamental, David mantém um envolvimento diverso com fundações, organizações sem fins lucrativos, escolas e associações profissionais. Ao longo dos anos, ajudou a projetar e liderar muitos retiros de conselho/equipe, sessões de estratégia e projetos interorganizacionais, trabalhando em mudança social.

David é autor e criador de muitos dos processos integrados do The Grove, dando consultoria de ferramentas e orientações, incluindo o Sistema de Planejamento Visual The Grove, o Sistema Drexler/Sibbet/Forrester de Performance em Equipe, o Modelo Sibbet/LeSaget de Organizações Sustentáveis, o Processo Estratégico de Visão do The Grove e os modelos gráficos relacionados, além das Séries de Facilitação do The Grove. Em 2007, a Rede de Desenvolvimento Organizacional condecorou David e o The Grove com seu Prêmio de Membro por contribuições criativas no campo de DO.

David possui mestrado em jornalismo pela Northwestern University e é bacharel em inglês pela Occidental College. Foi premiado com uma bolsa de estudos Coro em Assuntos Públicos, em 1965, para estudar assuntos metropolitanos públicos em Los Angeles. Durante oito anos na década de 1970, foi diretor-executivo e diretor de treinamento do Centro Coro para Liderança Cívica, com programas de educação de design baseados em experiência para jovens líderes. David iniciou sua própria firma de consultoria organizacional em 1977. É um afiliado antigo do Instituto pelo Futuro, no Parque Menlo, membro da Rede Global de Negócios, em São Francisco, membro de longa data da Rede de Desenvolvimento Organizacional e do Fórum Internacional de Praticantes Visuais, e membro do Circuito do Pensamento da Rede Líder de Heartland. Atualmente, é presidente do conselho da Coro. David mora em São Francisco com sua esposa poeta/professora, Susan.

Para mais informações, acesse www.grove.com and www.davidsibbet.com (ambos com conteúdo em inglês).